AF567403

Karl Klein

Fröschweiler Chronik

Kriegs- und Friedensbilder aus dem Jahr 1870

Karl Klein

Fröschweiler Chronik

Kriegs- und Friedensbilder aus dem Jahr 1870

Herausgegeben, erläutert und kommentiert von
Tobias Arand und Christian Bunnenberg

Osburg Verlag

Erste Auflage 2021

www.osburgverlag.de

Lektorat: Bernd Henninger, Heidelberg
Satz: Hans-Jürgen Paasch, Oeste
Korrektorat: Mandy Kirchner, Weida
Umschlaggestaltung: Judith Hilgenstöhler, Hamburg
Druck und Bindung: CPI books GmbH, Leck
Printed in Germany
ISBN 978-3-95510-245-6

Inhalt

Vorwort der Herausgeber

In einer Ausgabe der ›Fröschweiler Chronik‹ aus dem Jahr 1911, erworben in einem Antiquariat, fand sich eine zwischen den Buchseiten getrocknete Kornblume eingelegt, sowie ein Zettel »Vom Schlachtfeld bei Wörth«. Dieser beglückende Fund verweist auf mehrere wichtige Aspekte dieses Buches und der Erinnerungskultur zu den sogenannten ›Einigungskriegen‹ im Allgemeinen und zur ›Schlacht von Wörth-Fröschweiler‹ im Speziellen. Die Kornblume, die Lieblingsblume der Königin Luise von Preußen (1776–1810), galt als die ›preußische Blume‹ schlechthin, aber auch als Symbol des militärischen Widerstands gegen den Luise verhassten Napoleon I. Am 19. Juli 1870, dem Tag der offiziellen französischen Kriegserklärung an Preußen, besuchten König Wilhelm I. und Kronprinz Friedrich Wilhelm das Kenotaph der Mutter und Großmutter Luise im Charlottenburger Mausoleum. Bei dieser Gelegenheit sollen sie ihr zu Ehren einen Kornblumenstrauß niedergelegt und so den kommenden Krieg symbolhaft in eine Kontinuität zu den ›Befreiungskriegen‹ der Jahre 1813 bis 1815 gestellt haben. Dem späteren Schlachtfeldbesucher, der sich eine Kornblume vom Originalschauplatz pflückte und sie in seine Ausgabe der Chronik legte, müssen diese Zusammenhänge nicht nur bewusst gewesen sein, er muss sich auch explizit mit den durch die Kornblume ausgedrückten Kontinuitätslinien und antifranzösischen Sinndeutungsangeboten identifiziert haben.

Der Umstand, dass der unbekannte Schlachtfeldtourist die Kampfstätte und ihre Denkmäler mit einer Ausgabe der ›Fröschweiler Chronik‹ unter dem Arm besuchte, verweist auf die große Popularität dieses Kriegsbuches. Diese Popularität verdankte die Chronik vielleicht nicht nur der Tatsache, dass sie sich in ihrer Drastik der Grausamkeiten des Krieges und der ungeschönten Darstellung der Auswirkungen einer Schlacht auf die betroffenen Zivilisten erkennbar von der sonst üblichen, in Tausenden Titeln erscheinenden patriotischen ›Hurraliteratur‹ des Kaiserreichs abhob, sondern auch ihrer volkstümlichen Sprache und Unmittelbarkeit. Die ›Chronik‹ bot so ein gut verständliches Gegennarrativ zur üblichen unkritisch-naiven Kriegsverherrlichung, war aber trotzdem auch für ›kleindeutsche Patrioten‹ anschlussfähig, wurden doch bei aller deutlichen Kritik Kleins an den Begleiterscheinungen des Krieges Kaiser und Reich von ihm in keiner Weise infrage gestellt.

Schließlich ist der Zettel mit dem Hinweis auf den Fundort der Kornblume ein Beleg für das Phänomen des Schlachtfeldtourismus, der sich nach dem Krieg auf den alten französischen, seit 1871 deutschen Kampfstätten von Weißenburg, Spichern, Metz und auch Wörth-Fröschweiler entwickelte. Bahnlinien wurden eingerichtet, damit Touristen die Schlachtfelder mit ihren bald zu Hunderten errichteten Denkmälern besichtigen konnten. Ein Besuch an den Orten, an denen die deutsche Einheit mit Blut errungen wurde, galt bald als patriotische Pflicht. Auch Hinterbliebene, die die Gräber ihrer Toten besuchen wollten, fuhren in den Jahrzehnten vor 1914 auf die Schlachtfelder. Veteranen blickten noch einmal auf ihre Jugend zurück und erinnerten sich vielleicht nicht nur der Siege, sondern auch der Schrecken des Kampfes. Gedruckte Reiseführer konnten vor Ort gekauft, die darin angebotenen Besichtigungswege in kilometerlangen Märschen abgelaufen werden. Wer müde, durstig oder hungrig war, fand in den ›Wallfahrtsorten‹ Restaurants, Kneipen und mehr Betten als Einwohner vor. Schließlich konnte man nach den ausgedehnten Wanderungen noch aus einem reichhaltigen Angebot an Bildkarten mit Schlachtszenen und Denkmälern wählen und mit der Post auch die ›Lieben daheim‹ an der nationalen Pilgertätigkeit teilhaben lassen.

Auch unser unbekannter Schlachtfeldtourist wird sich als Teil dieser proborussisch-kleindeutschen Feierkultur verstanden haben und sich deshalb in zustimmender Absicht die Kornblume als Erinnerungsstütze an die erhebenden Tage auf dem Schlachtfeld von ›Wörth-Fröschweiler‹ gepflückt haben. Die dortige ›Walstatt‹ galt ganz besonders als ›deutsches‹ Schlachtfeld, erhielt doch hier, wie es das Vorwort der ›Jubelausgabe‹ der Chronik formuliert, die »nord- und süddeutsche Waffenbrüderschaft« ihren »Blutkitt« durch den gemeinsamen Kampf von Preußen, Bayern und Württembergern.

Die Schilderungen des Krieges und des Leides der Zivilisten haben bis heute nichts von ihrer Wirkung verloren. Noch heute kann man mit der Chronik im Gepäck das kaum veränderte Schlachtfeld von Wörth-Fröschweiler abwandern und sich von den Schilderungen Karl Kleins ergreifen lassen. Wenn die Herausgeber, die regelmäßig und seit bald 20 Jahren mit ihren Studierenden die Orte des Geschehens rund um Wörth besuchen, an den authentischen Stellen des Geschehens Passagen aus der ›Fröschweiler Chronik‹ vorlesen, herrscht meist Stille und Betroffenheit macht sich breit. Das Thema ›Krieg‹, für einige friedliche Jahrzehnte in Europa scheinbar verschwunden, ist leider spätestens wieder aktuell, seitdem Großmächte in Europa kleinere Nachbarn überfallen, ihnen Land rauben und jahrelang unter Spannung halten dürfen. Die heutige Jugend sieht, dass ihre persönliche Sicherheit in Zeiten der Bedrohung durch den ›Brexit‹, Aushöhlung des Rechtsstaates in einigen Mitgliedsländern der EU, Bürgerkriege in Syrien und Libyen, Aggressionen aus dem Osten und Angriffe eines vier lange Jahre lang zerstörerisch wirkenden Demokratiefeinds im ›Oval Office‹ nicht wirklich größer ist als die ihrer Altersgenossen der Jahre 1870, 1914 oder 1939.

Auch wenn die ›Fröschweiler Chronik‹ an vielen Stellen also eine bewegende Anklage gegen den Krieg ist, erfolgt ihre kritisch kommentierte Neuveröffentlichung trotzdem nicht in rein affirmativer Absicht. Vielmehr soll hier eine wichtige, für Jahrzehnte vergessene Quelle wieder in den wissenschaftlichen Diskurs eingespeist, aber auch für jeden Interessierten/jede Interessierte durch die Kommentierung lesbar gemacht werden. Wenn die Chronik nicht unkritisch gelesen und publiziert werden kann, liegt dies auch in der Person ihres Autors begründet. Denn Karl Klein war in jeder Hinsicht ein Mensch des 19. Jahrhunderts und einige seiner Meinungen und Haltungen sind nur im Kontext der Zeit zu verstehen und zu beurteilen, ohne dass man sie heute noch teilen muss. Als weißer, heterosexueller Mann, protestantischer Pfarrer und Bürger einer Großmacht zu Beginn ihrer imperialistisch-kolonialen Phase vertritt er an manchen Textstellen Positionen, die heute als sexistisch, nationalistisch, rassistisch, antijudaistisch und islamfeindlich bezeichnet werden müssten, letztlich aber vor allem seiner Sozialisation und seiner Zeit geschuldet sind. Klein ist kein Rassenantisemit – diese vergiftende Ideologie ist zur Zeit der Chronik noch nicht ausformuliert – und sein Alltagsrassismus hat letztlich keine erkennbaren Auswirkungen auf sein Handeln. Für den verwundeten Turko empfindet er nicht weniger Mitleid als für dessen sterbenden ›weißen‹ Kameraden.

Die Chronik ist aber trotz der Einwände gegen die eine oder andere Textstelle eine bedeutsame Quelle für die Auswirkungen des Krieges auf den Mikrokosmos ›Dorf‹ und für die Verarbeitung der Schrecken durch die Zeitgenossen. Sie ist damit auch eine Quelle für einen meist übersehenen Teil der Rezeptionsgeschichte eines Krieges, dessen im öffentlichen Raum vor allem durch noch heute sichtbare Jubeldenkmäler und Straßennamen gedacht wurde. Diese militaristischen und monarchistischen Denkmäler und Straßennamen prägen so noch immer – wenngleich von den heutigen

Zeitgenossen in der Regel unbemerkt und unverstanden – das Bild des 70/71-Krieges. Wenn die Lektüre der ›Fröschweiler Chronik‹ dieser Prägung einen kritischeren Geist entgegenzusetzen vermag, wäre ein wichtiges Ziel dieser Edition erreicht.

Ludwigsburg/Bochum im Februar 2021

Tobias Arand/Christian Bunnenberg

Wo die »nord- und süddeutsche Waffenbrüderschaft den festen Blutkitt erhielt« – Zum historischen Hintergrund der ›Fröschweiler Chronik‹

Tobias Arand

Karl Kleins ›Fröschweiler Chronik‹ steigt mit großer Unmittelbarkeit in ihr kriegerisches Thema ein. Schon auf der zweiten Seite heißt es mit eindeutig antifranzösischem Unterton: »Und siehe, das Gewitter stieg am Himmel immer höher, immer dunkler, bis am 19. Juli ein Blitz mit krachendem Donner die Brandfackel in Preußens Hauptstadt warf.«[1]

Das Wissen um die Vorgeschichte des Deutsch-Französischen Krieges kann Karl Klein bei seinen Lesern offensichtlich voraussetzen. Im 21. Jahrhundert hingegen ist der Deutsch-Französische Krieg 1870/71 weitgehend vergessen, obwohl im Umfeld seines 150. ›Jubiläums‹ im Jahr 2020 einige Publikationen[2] und Ausstellungen[3] versucht haben, neues Interesse auf ihn zu lenken. Dass der Krieg durch Denkmäler, Sedanstraßen und Bismarckplätze noch immer im öffentlichen Raum wohl jeder deutschen Stadt präsent ist, ändert an seiner Vergessenheit nichts. Welcher Passant denkt, wenn er durch eine Weißenburgstraße flaniert, noch an eine Schlacht vom 4. August 1870? Wie kam es also zu einem Krieg, der Monate dauern und an dessen Ende ca. 200 000 Menschen tot sein sollten? Wie verlief er und welche Bedeutung kam der Schlacht von Wörth-Fröschweiler zu?

Die beiden ersten ›Einigungskriege‹ von 1864 und 1866

Nach dem Sieg gegen Frankreich und der ›in Feindesland‹ erfolgten Reichsgründung wurde der Krieg von 1870/71 in Deutschland als letzter der ›Einigungskriege‹ gefeiert. Die ›Einigungskriege‹ galten dort als der gewaltige Plan Otto von Bismarcks zur Vollendung der angeblichen ›deutschen Aufgabe‹ Preußens, die in der Gründung eines ›kleindeutschen‹ Staats ihre Erfüllung gefunden hatte. Tatsächlich nutzte Bismarck, seit 1862 preußischer Ministerpräsident, nur situativ Gelegenheiten, die sich ihm boten, einen schon im Voraus geschmiedeten Plan hatte er nicht. Allerdings war Bismarck davon überzeugt, dass eine Nationalstaatsgründung nicht zu vermeiden sei, sie aber anders als beim Versuch von 1848/49, der ersten bürgerlichen deutschen Revolution, nicht von ›unten‹, vom Volk, sondern von ›oben‹, den Fürsten, gesteuert würde und vor allem unter preußischer Regie zu erfolgen habe. Gerade zum preußischen Ministerpräsidenten ernannt, bekräftigte er diese Ansicht im September 1862 bei einer berühmten Rede vor dem Haushaltsausschuss des preußischen Landtags, als er erklärte, dass die deutsche Einheit durch »Eisen und Blut« und nicht durch »Majoritätsbeschlüsse«[4] vollzogen werden müsse. Unverhüllt deutete Bismarck hier eine auf dem Weg des Krieges zu vollziehende, antidemokratische Reichseinigung an. Hintergrund der Rede war der Versuch König Wilhelms I., gegen den Willen des liberal dominierten preußischen Landtags eine kostspielige Heeresreform durchzuführen, die u. a. eine Verlängerung des Wehrdienstes vorsah. Dass diese Heeresreform vor allem im Hinblick auf zu führende Kriege geplant wurde, war den Zeitgenossen ein naheliegender Gedanke; dass diese Kriege aber unweigerlich in einer Reichsgründung münden würden, kann niemand, auch Bismarck nicht, bereits 1862 gewusst haben.

Die erste Gelegenheit, die Sinnhaftigkeit der gegen den Willen des Landtags und damit auf dem Wege des Verfassungsbruchs durchgeführten und finanzierten Heeresreform zu beweisen, ergab sich für König Wilhelm I., Bismarck und den preußischen Kriegsminister Albrecht von Roon in den Jahren 1863 und 1864. In einem Konflikt, der sich um die Behandlung der deutschsprachigen Minderheit im Herzogtum Schleswig, Lehen des dänischen Königs, und um eine verwickelte dynastische Frage entzündete, wurde 1863 zunächst die Bundesexekution des Deutschen Bundes gegen Dänemark vollzogen, bevor es im Februar zu einem Krieg kam. Im Februar 1864 überschritten preußische und österreichische Truppen die dänische Grenze und besiegten das nordische Königreich innerhalb weniger Monate.[5]

Im Deutsch-Dänischen Krieg, später als der erste ›Einigungskrieg‹ gefeiert, konnten die preußischen Truppen zum ersten Mal seit den ›Befreiungskriegen‹ gegen Napoleon I. und der Niederschlagung der Revolution in Baden 1849 wieder ihre Kampfkraft beweisen. Besonders der am 18. April vollzogene preußische Sturm auf die ›Düppeler Schanzen‹, die den Übergang zur Ostseeinsel Alsen deckten, erhielt später einen bleibenden Platz im kollektiven deutschen Gedächtnis. Der Aufstieg Preußens zur gefürchteten Militärmacht hatte sichtbar für alle Welt begonnen. Im Vertrag von Wien trat Dänemark am 30. Oktober 1864 Schleswig, Holstein und Lauenburg an Preußen und Österreich ab. Schleswig kam unter preußische, Holstein unter österreichische Verwaltung. Das Herzogtum Lauenburg wurde von Österreich an Preußen verkauft.

Mit diesem schnellen Sieg war aus Bismarcks Sicht der erste Beweis erbracht, dass sich die Heeresreform bewährt hatte. Zugleich waren nun Schleswig und Holstein nicht mehr Teile Dänemarks, sodass auch die deutschnationalen Kräfte fürs Erste befriedigt waren.

Doch schon zwei Jahre später nutzte Bismarck die nächste Gelegenheit, den seit dem 18. Jahrhundert, seit den Angriffen König Friedrichs II. auf Schlesien, schwelenden deutschen Dualismus zugunsten Preußens zu entscheiden. Die Frage, ob ein künftiges geeintes ›Deutschland‹ mit oder ohne Österreich zu gründen sei und welcher der beiden einzigen deutschsprachigen Großmächte dann die Führungsrolle zustünde, war in den Jahren zuvor hochumstritten. Der Süden, vor allem die Königreiche Württemberg und Bayern, dachte ›großdeutsch‹, also mit Einbezug Österreichs, während nördlich des Mains überwiegend ›kleindeutsch‹, bzw. richtiger formuliert ›großpreußisch‹, gedacht wurde. 1866 inszenierte Bismarck in der Frage der Verwaltung von Schleswig und Holstein einen künstlichen Streit mit Österreich, das den Vorsitz des ›Deutschen Bundes‹ innehatte. Ergebnis dieses Streits war der Austritt Preußens aus dem ›Deutschen Bund‹ und ein nachfolgender Krieg. Preußen und seine norddeutschen Verbündeten, u. a. das Großherzogtum Oldenburg und die Hansestädte, besiegten in diesem ›Deutschen Krieg‹ die Bundestruppen, deren größte Kontingente von Österreich, Württemberg, Bayern, Baden, Sachsen, Hessen und Hannover gestellt wurden.[6] Gleichzeitig kämpfte Österreich noch gegen Italien um die österreichischen Gebiete der Lombardei und des Veneto. Bei der Schlacht von Königgrätz am 3. Juli 1866 zeigten sich die Überlegenheit der neuen preußischen Hinterladergewehre über die österreichischen Vorderlader und das taktische Genie Helmuth von Moltkes, des Leiters des preußischen ›Großen Generalstabs‹. Insbesondere die virtuose Nutzung des Eisenbahnnetzes durch Moltke ermöglichte die punktgenaue Konzentration der preußischen Kräfte am entscheidenden Tag von Königgrätz.[7]

Als Folge dieses zweiten ›Einigungskrieges‹ schied Österreich aus dem ›Deutschen Bund‹ aus, der daraufhin aufgelöst und 1867 als ›Norddeutscher Bund‹ neugegründet wurde. Zugleich verlor Österreich auch seine letzten Besitzungen in Norditalien. Hannover, Teile Hessens und die Freie Stadt Frankfurt a. M. wurden von Preußen ohne lange Diskussionen einfach einverleibt, die unterlegenen süddeutschen Staaten Baden, Württemberg sowie Bayern unter Zwang in sogenannten ›Schutz- und Trutzbündnissen‹ militärisch an Preußen gekettet. Im Kriegsfall mussten sie nun Preußen nicht nur zur Seite stehen, sondern gleichzeitig den Oberbefehl des preußischen Königs akzeptieren. Dass das Oberhaupt des ›Norddeutschen Bundes‹, dem nun alle deutschen Staaten nördlich des Mains angehörten, König Wilhelm I. von Preußen war, wurde nicht nur selbstverständlich hingenommen, sondern als Fingerzeig für die Struktur eines künftigen Deutschen Reichs verstanden. Ein Artikel der Verfassung des ›Norddeutschen Bundes‹ regelte bereits einen zukünftigen Beitritt der süddeutschen Staaten, was beweist, dass er von vornherein nur als temporäre Stufe zur ›kleindeutschen‹ Reichseinigung gedacht war.

Mit dem zweiten Sieg preußischer Waffen innerhalb von zwei Jahren hatte Bismarck vielen seiner Kritiker endgültig bewiesen, dass die Heeresreform unter der Prämisse von ›Blut und Eisen‹ als Mittel zur Einheit vielleicht doch sinnvoll war. Viele Nationalliberale, 1848/49 noch durchdrungen von freiheitlichen Prinzipien, opferten diese nun opportunistisch auf dem Altar der siegreichen Macht. Sie arrangierten sich mit Bismarck und seinen Methoden, sahen sie ihn doch auf dem Weg, das ersehnte Ziel zu erreichen. Der preußische Landtag genehmigte nach dem Sieg von 1866 Bismarck rückwirkend seinen Verfassungsbruch, die Heeresreform ohne genehmigten Staatshaushalt durchgeführt zu haben, indem er der sogenannten ›Indemnitätsvorlage‹ des Ministerpräsidenten zustimmte und diesem so ›Pardon‹ gab. Versuche, ab 1867 eine deutsche Einheit mit Hilfe eines sogenannten ›Zollparlaments‹ vorzubereiten, in dem die Vertreter des ›Norddeutschen Bundes‹ und der Südstaaten gemeinsam über wirtschaftliche Fragen abstimmen sollten, scheiterten am Partikularismus im Süden. Bei den Wahlen zum ›Zollparlament‹ erhielten im Süden Parteien die Mehrheit, die sich einer kleindeutschen Lösung verweigerten. Württemberger, aber noch stärker die katholischen Bayern, fühlten sich Österreich noch immer deutlich näher als dem protestantischen Preußen.

Wenn eingangs gesagt wurde, dass Bismarck 1862 noch kein Konzept für einen kriegerischen Dreischritt zur Einigung hatte, Krieg als Mittel aber grundsätzlich befürwortete, darf für den Zeitpunkt 1866 beim Abschluss der ›Schutz- und Trutzbündnisse‹ tatsächlich von einem Plan ausgegangen werden. Zu diesem Zeitpunkt wird Bismarck seine kriegerischen Absichten aber wohl nicht als alternativlos, sondern lediglich als eine Option betrachtet haben. Der Charakter der Bündnisse war allerdings eindeutig auf eine Situation hin ausgelegt, in der die norddeutschen und süddeutschen Staaten in einem gemeinsamen nationalen Erlebnis, einem großen Krieg, die innere und äußere Einheit – natürlich unter Oberbefehl des preußischen Königs – vollziehen sollten. Was noch fehlte, war ein überzeugender Kriegsanlass. Der aus Bismarcks Sicht nur als gescheitert zu bezeichnende Ausgang der ›Zollparlamentswahlen‹ des Jahres 1867 dürfte ihn bestärkt haben, den militärischen Plan voranzutreiben.

Dass der Gegner im Kriegsfall nun nur noch Frankreich, der vorgebliche ›Erbfeind‹[8], sein konnte, lag mehr als nah. Die Frage um die spanische Thronfolge – Königin Isabella II. hatte man zuvor verjagt – wurde von französischer wie von deutscher Seite zum Kriegsgrund stilisiert.[9] Leopold von Hohenzollern-Sigmaringen, Spross einer katholisch-südwestdeutschen Seitenlinie des preußischen Königshauses, wurde mit dezenter Unterstützung Bismarcks der spanische Thron angeboten. Frankreich, in dem wichtige Kreise rund um den alten, schwer kranken Kaiser Napoleon III. ebenso einen Krieg wünschten wie Bismarck, machte aus der Thronfolgefrage mit kräftiger Unterstützung der nationalistischen Presse eine Angelegenheit der Ehre. Man fühlte sich nun vorgeblich von Preußen umzingelt. In Wahrheit hofften Kaiserin Eugénie, ihr Außenminister, Antoine Agénor, Duc de Gramont, und ihr Kriegsminister Edmond Le Boeuf, nach einer Reihe außenpolitischer Fehlschläge und angesichts innenpolitischer Schwierigkeiten mit einem siegreichen Krieg zur Stabilisierung des ›Second Empire‹ beitragen zu können. Bismarck, der den ganzen Vorgang seinerseits mit manipulierten Pressemitteilungen forcierte, sah nun die Gelegenheit für den nationalen Einigungskrieg gekommen. Selbst als Leopold seine Kandidatur zurückzog, wurde bei einem berühmt gewordenen Treffen am 13. Juli 1870 durch den französischen Botschafter auf der Promenade des Kurortes Bad Ems noch Druck auf den dort weilenden König Wilhelm I. ausgeübt, künftig zu erklären, dass sich nie wieder ein derartiger Vorgang wiederholen möge. Der König, bereits ein alter und kriegsmüder Mann, auf dessen eindringlichen Rat hin Leopold gegen den Wunsch Bismarcks die Kandidatur zurückgezogen hatte, empfand das Verhalten des französischen Botschafters Vincent Benedetti mit Recht als Affront (Abb. 1), und schickte ein Telegramm nach Berlin, in welchem er seinen Ministerpräsidenten aufforderte, das Ereignis publik zu machen.

Abb. 1: Postkarte ›König Wilhelm und Benedetti in Bad Ems‹, Privatbesitz

Aus dieser berühmten ›Emser Depesche‹ machte Bismarck eine Pressemitteilung, in der nichts erfunden war, deren subtile Kürzungen in Frankreich aber als nationale Kränkungen empfunden wurden. Am 19. Juli 1870 erklärte Frankreich Preußen daraufhin wie gewünscht den Krieg, nachdem der französische Premier Émile Ollivier sie informell schon am 15. Juli ausgesprochen hatte. Die süddeutschen Staaten, in denen nun viele – aber keineswegs alle – Bürger ebenfalls von nationalem Taumel befallen wurden, mussten aufgrund der Bündnisverpflichtungen ebenfalls in den Krieg ziehen. Bismarck hat später am Mythos mitgestrickt, nur seine Pressemitteilung habe den Krieg ausgelöst; die Zeitgenossen glaubten bereitwillig diesem vorgeblichen Beweis seines überlegenen Geistes. In den Jahren vor seinem Tod nahm die Verehrung Bismarcks, des ›Schmiedes der Nation‹, beinah religiöse Züge an. Heute hingegen ist bekannt, dass auch ohne die Provokation der Bismarck'schen Pressemitteilung Frankreich zum Krieg entschlossen war. Schon am 14. Juli 1870 telegraphierte der württembergische Botschafter in Paris nach Stuttgart, dass die Mobilisierung überall begonnen habe.[10] In den folgenden Wochen begann man auf beiden Seiten, die Truppen an den Grenzen zusammenzuziehen.

Die Schlacht von Wörth-Fröschweiler am 6. August 1870

Aufmarsch der Truppen

Die Mobilisierung der Truppen verlief allerdings höchst unterschiedlich. Während die deutschen Kontingente nach einem vorher minutiös festgelegten Eisenbahnplan rasch in ihre Ausgangsstellungen in der Pfalz, damals Teil des Königreichs Bayern, verbracht werden konnten, versank der französische Aufmarsch im Chaos. Regimenter kamen teilweise überhaupt nicht, verspätet oder nur unvollständig in ihren Stellungen an, weil schon zu Beginn viele Soldaten desertierten. Die Magazine waren nicht gefüllt, es fehlte an Munition, Waffen, Pferden und Nahrungsmitteln. Das Günstlingssystem des napoleonischen ›Second Empire‹, das Posten häufig nach Loyalität des Kandidaten zum Kaiser oder Zahlungskraft statt nach Kompetenz vergab, wirkte sich fatal auf die Vorbereitungen eines Krieges aus, von dessen Ausgang die Zukunft des Regimes abhängen sollte. Anders als Kriegsminister Le Boeuf verkündet hatte, war die französische Armee eben doch nicht »bis zum letzten Gamaschenknopf«[11] vorbereitet. Stattdessen fanden die Soldaten leere Depots und desorientierte Vorgesetzte vor.

Anders als die deutschen Truppen, in denen Wehrpflichtige dienten, die von Berufs- und Reserveoffizieren befehligt wurden, waren die französischen Kämpfer durchgängig Berufssoldaten, die sich für längere Zeiträume dienstverpflichtet hatten. Mit dem Prestige der siegreichen Kriege auf der Krim 1853–1856 und in Norditalien 1859 verfügten die Franzosen über Kampferfahrung und Selbstbewusstsein, das durch das Fiasko des mexikanischen Abenteuers 1864–1867 allerdings ein wenig gelitten hatte. Der so vergebliche wie irrwitzige Versuch, einen österreichischen Prinzen zum ›Kaiser von Mexico‹ zu machen, hatte die französische Armee Männer und Ansehen gekostet.

Die Franzosen mobilisierten bei Kriegsbeginn ungefähr 320 000 Mann, die Deutschen etwa 500 000. Das III., IV. und V. Korps standen in Thionville (Diedenhofen), St. Avold und Bitsch und bildeten so eine Linie in Nord-Südost-Richtung entlang der Grenze zur Pfalz. Das I. und II. Korps standen in einer zweiten Linie zwischen Metz und Straßburg ebenfalls in nord-südöstlicher Richtung bis an den Rhein. Als Reserve befanden sich die Garde in Metz und das VI. Korps im berühmten ›Lager von Châlons‹. Das VII. Korps stand bei Belfort, im südlichen Elsass. Die dergestalt in zwei Linien aufgeteilte Armee unterstand im nördlichen Abschnitt Marschall François-Achille Bazaine, im südlichen Marschall Patrice de MacMahon, seit den Siegen in Norditalien Herzog von Magenta. Bis zur Ankunft des Kaisers an der Front, der dann das Oberkommando übernahm, trug Bazaine für kurze Zeit die Verantwortung für die ganze Armee.

Die deutschen Truppen teilten sich in drei Armeen auf. Die 1. Armee stand im Raum Trier, die 2. bei Mainz, die 3. bei Speyer. Das Oberkommando über die 3. Armee führte der preußische Kronprinz Friedrich Wilhelm, später im Jahr 1888 für nur wenige Monate Friedrich III. als deutscher Kaiser. Viele Soldaten hatten weite Wege mit der Eisenbahn zurückgelegt, jene aus den preußischen Ostprovinzen dabei zum Teil 1000 km, bevor sie die letzten Kilometer in ihre Lager unter der sengenden Julisonne marschieren mussten. Manche Wehrpflichtige, die solche Strapazen nicht gewohnt waren, starben bereits bei diesen Anstrengungen. Während in der 1. und 2. deutschen Armee nur preußische und norddeutsche Truppen dienten, galt die 3. Armee als die ›deutsche Armee‹, standen in ihr doch zusätzlich noch badische, württembergische und bayerische Regimenter. Im Gefolge der deutschen Truppen befanden sich bemerkenswerterweise noch Literaten, Maler und Journalisten. Von Beginn an plante und manipulierte die deutsche Führung die Berichterstattung über den Krieg mit Hilfe dieser ›embedded journalists and artists‹. Die mitreisenden Schriftsteller und Maler sollten den Krieg und die deutschen Siege in die erhofften glorreichen Worte und Bilder kleiden.

Die jeweils unterschiedlich erfolgreichen Aufmärsche waren Ende Juli 1870 abgeschlossen.

Die Kämpfe Anfang August[12]

Anders als im weiteren Verlauf des Krieges waren die Schlachten im August 1870 noch Teil eines klassischen Bewegungskrieges. Truppen trafen aufeinander, Besiegte zogen sich zurück, Sieger folgten, bis man sich an anderer Stelle wieder traf und aufs Neue bekämpfte. Die monatelangen Belagerungen von Paris, Metz und vieler kleinerer Festungen, der Kampf gegen irreguläre Freischärler, das Verwüsten und Ausrauben ganzer Landstriche entlang der Loire und die Repressalien gegen französische Zivilisten sind Ereignisse, die erst ab September 1870 allmählich einsetzten. Der August 1870 war der Monat der großen mythenumrankten Schlachten, die in rascher Folge den französischen Boden mit Blut tränkten, weil beide Seiten – vergeblich – die rasche Entscheidung suchten.

Der französische, völlig realitätsferne Feldzugsplan sah vor, entlang der Mainlinie auf deutsches Territorium vorzudringen und die südlichen von den nördlichen Ländern zu trennen. Dann sollte der süddeutsche Partikularismus genutzt werden, um die Südländer für ein Umschwenken und einen Krieg gegen Preußen zu gewinnen. Symptomatisch für die verhängnisvolle Mischung aus Überheblichkeit und Schlamperei bei der Vorbereitung des Krieges ist der Umstand, dass die französischen Offiziere nur Karten deutscher Gebiete, nicht aber Lothringens und des Elsass im Marschgepäck gehabt haben sollen. Karten des Elsass und Lothringens hätten der französischen Armee allerdings mehr genutzt, weil der Krieg bis auf eine kurze Ausnahme ausschließlich in Frankreich stattfand. Diese Ausnahme war die kurze Besetzung Saarbrückens am 2. August, die den Auftakt des Krieges bildete. Das II. Korps unter General Charles Auguste Frossard, Teil des nördlichen Abschnittes der französischen Armee, ging über die Saar und rückte nach kurzem Gefecht mit etwa 1000 Mann in Saarbrücken ein. Da dieses Vorrücken von keinerlei strategischem Konzept begleitet, sondern nur einem wenig hilfreichen Einfall Napoleons III. entsprungen war, zog sich Frossard am 5. August wieder zurück. Seine Truppen besetzten die Höhen von Spichern, südlich von Saarbrücken, bereits wieder auf französischer Seite gelegen.

Abgesehen von diesem Angriff ging die weitere Initiative im August 1870 von der deutschen Seite aus. Einen Tag vor Frossards Rückzug war es bereits am 4. August zur ersten richtigen Schlacht gekommen. Teile der 3. Armee unter Führung des Kronprinzen hatten bei Weißenburg (Wissembourg) die Grenze des nördlichen Elsass zur Pfalz überschritten. Das III. preußische Korps und die 4. bayerische Division trafen hier auf eine französische Division unter dem Kommando des Generals Abel Douay. Die Division Douays, Teil des I. Korps unter Mac-Mahon, stand getrennt vom südlichen Teil des französischen Hauptheers und so von vornherein auf verlorenem Posten. Bei schwülwarmer Hitze und auf einem vom Sommerregen durchnässten Boden kam es zu einem schweren Kampf, bei dem die deutschen Truppen zum ersten Mal auch auf die in ihren Augen exotisch-wilden ›Turkos‹ trafen. Die ›Turkos‹ waren nordafrikanische Kolonialtruppen. Ihre Kämpfer waren meist dunkelhäutig und trugen orientalische Uniformen. Sowohl von ihren weißen französischen Offizieren als auch von den deutschen Gegnern wurden sie mit rassistischer Herablassung behandelt und angesehen. Ebenfalls lernten die Deutschen bei Weißenburg die gefürchtete Wunderwaffe der Franzosen, die ›Mitrailleuse‹, eine Frühform des Maschinengewehrs kennen. Anders als die Maschinengewehre des Ersten Weltkriegs saß das Geschützrohr der Mitrailleuse aber auf einer festen Lafette, war nicht drehbar und hatte somit nur eine geringe Streuung. Die Wirkung der Mitrailleuse war daher mehr psychologischer, als tatsächlich militärischer Natur. Die Überlegenheit des französischen Chassepot-Gewehrs, eines Hinterladers mit deutlich größerer Reichweite als der preußische Dreyse-Hinterlader, lernten die Deutschen jedoch ebenfalls bei Weißenburg kennen. Diese überlegene Reichweite erlaubte es den Franzosen, aus einer defensiven Position zu operieren, weil die Deutschen näher an den Feind kommen mussten, um ihn zu treffen. Die Folge waren deutsche Angriffe auf gut gewählte französische Abwehrstellungen, die bei einer Personalüberlegenheit von 2:1 unter Inkaufnahme erheblicher Verluste trotzdem von den Deutschen gewonnen werden konnten. Wenn genügend Deutsche den Angriff bis zum unmittelbaren Feindkontakt überlebten, wurden die französischen Stellungen im Nahkampf genommen. Dieses selbstmörderische Prinzip prägte die meisten Aktionen auf den Schlachtfeldern des August 1870. Die entscheidende Folge der Schlacht, bei der auf deutscher Seite 700 Mann und 76 Offiziere getötet oder verwundet wurden, war die Trennung des südlichen vom nördlichen Teil der französischen Armee. General Abel Douay fiel im Kampf. Die geschlagenen französischen Truppen zogen sich gemeinsam mit dem weiteren Rest des I. Korps unter Mac-Mahon nach Südwesten Richtung Wörth (Woerth-en-Alsace) zurück.

Kurz nach dieser ersten Schlacht kam es später im Deutschen Reich zum legendenumrankten Tag der Doppelschlachten vom 6. August 1870. Regimenter der 1. deutschen Armee stürmten die Spicherer Höhen, die von drei Divisionen des II. Korps unter Frossard verteidigt wurden. Wie in Weißenburg, nur unter deutlich schwierigeren topographischen Bedingungen, waren die selbstmörderischen deutschen Angriffe erfolgreich. Unter hohen Verlusten konnten die Höhen genommen und der nördliche Teil der französischen Armee unter Bazaine zum Rückzug Richtung Metz gezwungen werden.

Der Verlauf der Ereignisse von Wörth-Fröschweiler am 6. August 1870

Zeitgleich zu den dramatischen Ereignissen bei Spichern entwickelte sich das Drama der Schlacht von Wörth-Fröschweiler (Froeschwiller). Mac-Mahons Korps hatte sich eine sehr geeignete Position gewählt, um die 3. deutsche Armee zu erwarten. Noch heute sind Topographie und Straßenführung, wie sie am 6. August 1870 vorlagen, weitgehend unverändert nachzuvollziehen. Wörth liegt an einem Flüsschen, der Sauer, die in Nord-Süd-Richtung durch ein schmales Tal zwischen Erhebungen im Westen und Osten fließt. Westlich von Wörth steigt ein steiler Hohlweg – die ›Wörther Hohl‹ – die Hänge hinauf, der etwa 2 Kilometer weiter zum höher gelegenen Dorf Fröschweiler führt. Von den östlich Wörths liegenden Hängen führt eine Straße, von Sulz unterm Wald (Soultz-sous-Forêts) kommend, ins Tal zum Ort hinab. Südlich von Fröschweiler liegt Elsasshausen, im Jahr 1870 nur eine Ansammlung von wenigen Höfen. Von Wörth führt ein ebenfalls steil ansteigender Weg in westsüdwestlicher Richtung nach Elsasshausen. Parallel zur Sauer verläuft eine Straße in Nord-Süd-Richtung durch das Tal, im Norden nach Langensulzbach (Langensoultzbach), im Süden nach Gunstett und Morsbronn. Nördlich und südlich von Wörth decken Wälder die westlichen Anhöhen. Die westlichen Hänge waren 1870 noch – anders als heute – stellenweise mit Hopfen und Wein bepflanzt.

Mac-Mahons Truppen, das I. Korps und eine Division des VII. Korps, besetzten die Hänge westlich von Wörth und versperrten den Deutschen so den Weg zu den Höhenzügen der Vogesen, welche die 3. Armee überqueren musste, um ins Innere Frankreichs zu gelangen. Erste kleinere französische Einheiten standen schon seit Ende Juli in Fröschweiler und im wenige Kilometer entfernten Niederbronn (Niederbronn-les-Bains) in Reserve. Das chaotische Heerlager, das sich in Fröschweiler ab dem 5. August 1870 als Folge des Rückzugs von Weißenburg bildete, beschreibt Pfarrer Klein anschaulich in seiner Chronik. (Abb. 2)

Die 3. deutsche Armee näherte sich Wörth auf drei Straßen. Von Norden kamen das II. Bayerische Korps, von Osten das V. und XI. norddeutsche Korps – hauptsächlich Preußen, aber auch Sachsen –, etwas südlicher näherte sich die württembergische Felddivision. Da Kronprinz Friedrich Wilhelm ursprünglich davon ausgegangen

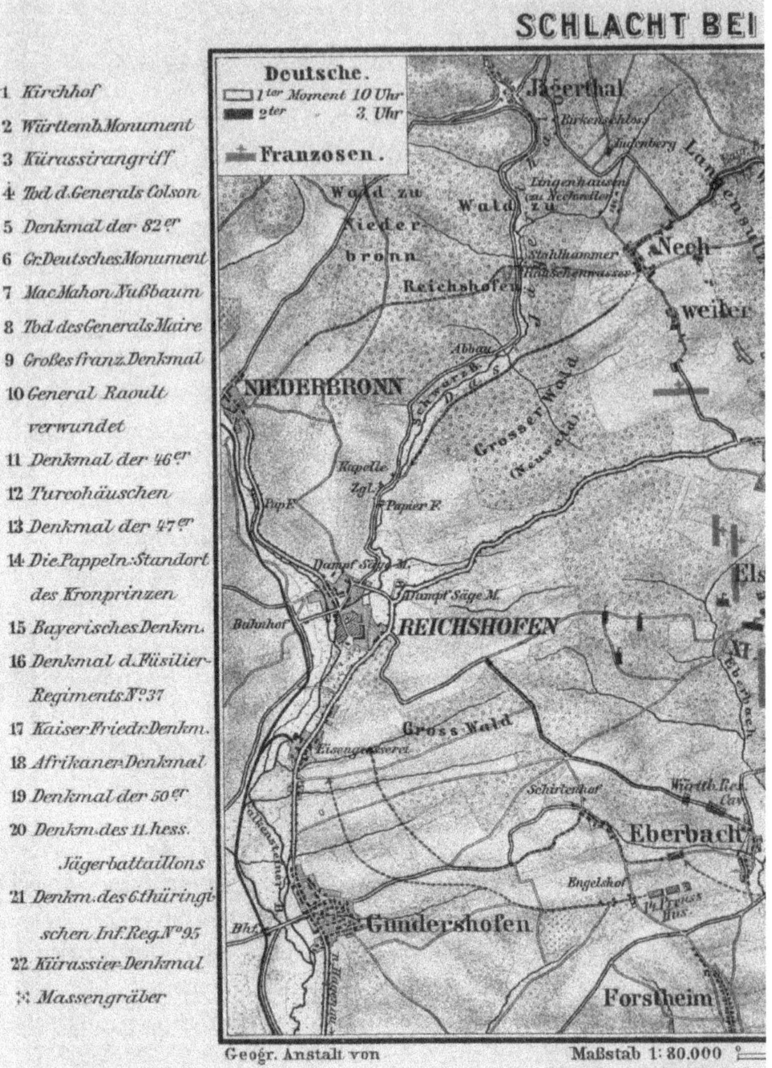
SCHLACHT BEI
Deutsche.
1ter Moment 10 Uhr
2ter 3. Uhr
Franzosen.
1 Kirchhof
2 Württemb.Monument
3 Kürassirangriff
4 Tod d.Generals Colson
5 Denkmal der 82.er
6 Gr.Deutsches Monument
7 MacMahon Nußbaum
8 Tod des Generals Maire
9 Großes franz.Denkmal
10 General Raoult verwundet
11 Denkmal der 46.er
12 Turcohäuschen
13 Denkmal der 47.er
14 Die Pappeln: Standort des Kronprinzen
15 Bayerisches Denkm.
16 Denkmal d.Füsilier-Regiments N.o 37
17 Kaiser Friedr.Denkm.
18 Afrikaner-Denkmal
19 Denkmal der 50.er
20 Denkm.des 11.hess. Jägerbattaillons
21 Denkm.des 6.thüringischen Inf.Reg.N.o 95
22 Kürassier-Denkmal
Massengräber
Jägerthal
Wald zu Niederbronn
Wald zu
Reichshofen
Neehweiler
NIEDERBRONN
Grosser Wald
REICHSHOFEN
Gross Wald
Eberbach
Gundershofen
Forstheim
Geogr. Anstalt von
Maßstab 1: 80.000
C. H. Beck'sche

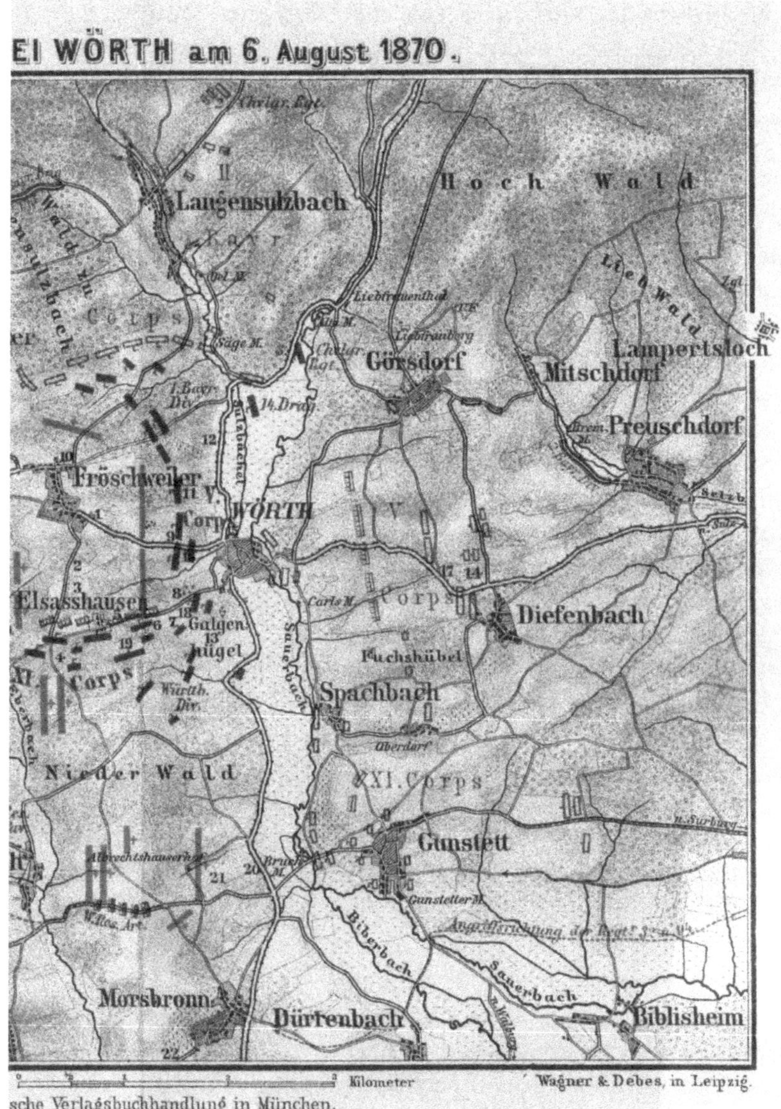

Abb. 2: Schlachtverlauf, in: Klein 1912, Anhang

war, dass sich Mac-Mahon nach Süden Richtung Straßburg zurückziehen wollte, hatte er den Marsch Richtung Hagenau befohlen. Als er jedoch Mac-Mahons Stellung westlich von Wörth gewahr wurde – die Aufklärung feindlicher Positionen war in einem Zeitalter ohne Drohnen oder Satelliten noch ein schwieriges und häufig unzuverlässiges Geschäft – wurde der Schwenk der 3. Armee nach Westen befohlen. Der linke Flügel, auf dem die Württemberger standen, hatte den weitesten Weg infolge des Schwenks zurückzulegen und stand so am 5. August noch am weitesten vom Ort des späteren Geschehens entfernt. Aus diesem Grunde war ein Angriff auf die Stellungen Mac-Mahons erst für den 7. August geplant, wenn die zahlenmäßige deutsche Überlegenheit groß genug gewesen wäre, um einen erneut verlustreichen Sturm zu wagen.

Doch es kam schon am 6. August zur Schlacht.[13] Bei verhangenem Himmel und nach stundenlangem Regen begann die Schlacht auf dem matschig-durchweichten Feld durch ein zufälliges Scharmützel bei Tagesanbruch. Deutsche Reiter, die ihre Pferde an der Sauer tränken wollten, stießen unerwartet auf Franzosen. Der folgende Schusswechsel gab das Signal zum Beginn der Kämpfe. Um 7 Uhr wurde das unbesetzte Wörth genommen. Ein bayerischer Angriff auf die Hügel am linken französischen Flügel, hier standen die ›Turkos‹, wurde um 10 Uhr 15 mit Befehl des Kronprinzen zum Rückzug unterbrochen, vermutlich um den Kampf für diesen Tag zu verschieben und auf das Nachrücken der noch fehlenden Teile des linken deutschen Flügels zu warten. Die Dynamik des beginnenden Kampfes ließ sich zu diesem Zeitpunkt aber nicht mehr stoppen. Gegen 10 Uhr hatte die preußische Artillerie des V. Korps 108 Geschütze auf den Hängen östlich von Wörth – dem sogenannten ›Preuschdorfer Hügel‹ – in Stellung gebracht und begann mit dem verstärkten Beschuss der französischen Positionen. Unter dem Schutz des Artilleriebeschusses versuchten preußische Regimenter den Übergang über die durch den Regen und das Öffnen eines Stauwehrs stark angeschwollene Sauer – die Brücken hatten die Franzosen zuvor zerstört. Anschließend sollte gegen die Hänge vorgegangen werden. Trotz großer Verluste dieser Regimenter konnte bei diesem Vorgehen bis 12 Uhr kein Erfolg verzeichnet werden. Südlich von Wörth, bei Gunstett, hielten preußische Stellungen nur mühsam einem französischen Gegenangriff stand. Die durch Zufall und entgegen den eigentlichen Planungen begonnene Schlacht drohte sich für die deutsche Seite zu einem Fehlschlag zu entwickeln. Als gegen

Abb. 3: Postkarte ›Der Todesritt der Kavalleriedivision Bonnemains‹, Privatbesitz

13 Uhr endlich der Kronprinz von Sulz kommend mit weiteren Regimentern auf dem Schlachtfeld erschien und wahrnahm, dass sein Befehl nicht befolgt worden war, wendete sich jedoch das Blatt. Vom ›Preuschdorfer Hügel‹ aus befahl der Kronprinz nun konzentrierte Angriffe an allen Abschnitten, um so die Situation zu retten. Am rechten deutschen Flügel gingen die Bayern wieder vor, in der Mitte wurde der Sturm auf die ›Wörther Hohl‹ fortgesetzt. Bis 15 Uhr konnten die Regimenter des XI. preußischen Korps gemeinsam mit den inzwischen zum Teil eingetroffenen Württembergern am linken deutschen Flügel vordringen und sich Richtung Elsasshausen bewegen. Ein französischer Kavallerieangriff, der gegen 13 Uhr erfolgte, wurde bei Morsbronn zusammengeschossen. Zwischen 15 und 16 Uhr brachen die Deutschen schließlich in ganzer Breite durch, was auch ein gegen 15.30 Uhr erfolgter zweiter französischer Kavallerieangriff zwischen Fröschweiler und Elsasshausen nicht mehr verhindern konnte. Über die ›Wörther Hohl‹, von Elsasshausen und von den nördlichen Hängen kommend, stießen nun Bayern, Württemberger und Preußen gegen Fröschweiler vor, das im erbitterten Nahkampf verteidigt wurde. (Abb. 3)

Fröschweiler, das stundenlang in Schussweite der deutschen Artillerie lag und zu diesem Zeitpunkt bereits teilweise in Brand stand, wurde bei diesen Kämpfen noch weiter zerstört. Nach der Einnahme Fröschweilers flohen Mac-Mahon, seine Offiziere und Soldaten der französischen Armee auf der steil abfallenden Chaussee ins einige Kilometer westlich gelegene Reichshofen (Reichshoffen) und weiter nach Niederbronn. Dem Umstand, dass Mac-Mahon von Reichshofen aus seinem Kaiser die neuerliche Niederlage telegraphierte, verdankt die Schlacht im Französischen den irreführenden Namen ›Bataille de Reichshoffen‹, während sie im Deutschen in der Regel als ›Schlacht von Wörth‹ bezeichnet wird.

Bei der chaotischen und panischen Flucht verlor Mac-Mahon sein luxuriöses Zeltlager, das in deutsche Hände fiel. Die dabei gefundene seidene Unterwäsche des Marschalls rief bei den Deutschen Staunen und Belustigung hervor. Eine Verfolgung der fliehenden Franzosen unterblieb weitgehend, da auch die Sieger von dem stundenlangen Gemetzel erschöpft waren. Am späten Nachmittag war der Kampf beendet.

Die Verlustzahlen – 10 500 deutsche Tote und Verwundete bei etwa 8000 toten und verwundeten Franzosen – zeigen, dass auch hier das zynische Kalkül, das schon in Weißenburg erfolgreich war, aufging. Gleichzeitig belegt der Umstand auch die motivationale Überlegenheit der deutschen Truppen, da es den Deutschen trotz des erneut schwierigen Angriffs auf befestigte Anhöhen gelang, den Sieg zu erringen. Hier glaubten viele Krieger zu wissen, wofür sie kämpften: Die deutsche Einheit. Den französischen Kämpfern hingegen fehlte bei aller persönlichen und professionellen Tapferkeit ein überzeugendes Motiv für einen Krieg, in dem sie ihr Leben für eine dynastische Frage riskieren sollten. Entscheidend für den Sieg war allerdings letztlich die deutlich überlegene deutsche Artillerie. Die Gussstahlkanonen der Firma Krupp aus Essen waren den Bronzerohren der Franzosen so deutlich überlegen, dass der deutsche Granatbeschuss auf entscheidende Weise die Sturmangriffe flankieren konnte.

Als Folge des Sieges stand den Deutschen nun der Weg durch die Vogesen offen. Die Reste des südlichen Teils der französischen Armee zogen unter Mac-Mahon Richtung Westen, bis sie im ›Lager von Châlons‹ ankamen und dort zum Teil erneuert werden konnten. Die 3. deutsche Armee zog wochenlang parallel zur französischen Armee Richtung Westen. Erst nach dem legendären Rechtsschwenk der 3. deutschen Armee vom 26. August 1870 trafen beide Armeen am 30. August bei Beaumont und am 1. September bei Sedan wieder aufeinander. Die nördlichen Truppenteile unter Bazaine lieferten der

1. und 2. deutschen Armee in drei verlustreichen Kämpfen – 14. August ›Schlacht von Colombey-Nouilly‹, 16. August ›Schlacht von Vionville/Mars-la-Tour‹, 18. August ›Schlacht von Gravelotte/St. Privat‹ – rund um Metz vergeblichen Widerstand, bevor sie sich in die Festung der Stadt zurückzogen. Erst im Oktober 1870 kapitulierten die völlig ausgezehrten Truppen Bazaines nach monatelanger Belagerung.

Die französische Niederlage bei Sedan besiegelte mit dem Gang Napoleons III. in die deutsche Gefangenschaft das Ende des Kaiserreichs. Der folgende Krieg gegen die 3. französische Republik sollte bis in den Januar 1871 hinein andauern und erbittertste Formen annehmen.

Die Tage nach der Schlacht von Wörth-Fröschweiler

Am eindringlichsten ist die ›Fröschweiler Chronik‹ in der Schilderung des Leides der Zivilbevölkerung, die erst von einer Kriegswalze überrollt wird und dann für lange Zeit, als der Krieg schon weitergezogen ist, die Folgen tragen muss. Doch auch die Berichte über die Leichenfelder und die Versorgung der oft grauenvoll verwundeten Soldaten sind von Empathie und großer Bildhaftigkeit geprägt.

Als am Abend des 6. August Kronprinz Friedrich Wilhelm siegreich über das Schlachtfeld ritt und sich in Fröschweiler von seinen Kriegern mit Hurrarufen und Gesang feiern ließ, bedeckten Tausende Leichen den Raum zwischen Morsbronn, Gunstett, Elsasshausen, Wörth und Fröschweiler. Doch nicht nur Gefallene lagen in oft unbeschreiblichen Zuständen der Verstümmelung auf dem Schlachtfeld, auch ungezählte tote und aufgerissene Pferde bedeckten die umgepflügten Äcker und Felder. Ebenso viele Sterbende lagen in den behelfsmäßigen Lazaretten oder noch unentdeckt hinter Mauern, in Hopfenfeldern oder im Wald. Die Hilferufe und das Stöhnen der Sterbenden raubten vielen siegreichen, aber eigentlich erschöpften Kämpfern in der Nacht auf den 7. August den Schlaf.

In den nächsten Tagen entwickelte sich bei schwülwarmer Witterung das Schlachtfeld zu einem Ort des Horrors. Die Leichen begannen rasch zu verwesen und verströmten einen unbeschreiblich süßlichen Geruch. Den aufgeblähten Pferdekadavern, Opfer der ›heldenhaften‹ französischen Kavallerieattacken, riss die Bauchdecke auf, wenn die Haut die Verwesungsgase nicht mehr zurückhalten konnte. Millionen Fliegen, für die die Witterung ein idealer Nährboden war, bedeckten die Leichen. Ihr Gesumm bildete für

Tage den grausigen Hintergrundsound des Schlachtfelds. Ludwig Pietsch, einer jener Schriftsteller und Maler im Tross des Kronprinzen, schilderte in seinen späteren Erinnerungen das Schlachtfeld am Ortseingang von Fröschweiler einige Tage nach den Kämpfen, als »einen Sumpf von Blut und Hirn und Eingeweiden«[14].

In den Dörfern hatten die Soldaten die Brunnen leer getrunken und Nahrungsmittel waren im weiteren Umkreis ebenfalls knapp. Trotzdem wurden die Einwohner der Dörfer zu harten und belastenden Arbeiten herangezogen, während der Großteil der 3. deutschen Armee inklusive des Kronprinzen Fröschweiler am Folgetag verließ, um die Truppen Mac-Mahons zu verfolgen. Im Dorf zurück blieben Pioniersoldaten, die den Einwohnern bei der Bestattung der Toten halfen, und deutsche wie französische Militärärzte, die in improvisierten Lazaretten – u. a. im Rathaus von Fröschweiler – versuchten, Leben zu retten. Im Akkord wurde meist ohne Betäubung amputiert, gepflegt, verbunden. Trotzdem erlagen auch rund um Wörth und Fröschweiler zahllose Männer ihren Verwundungen.

Die Einwohner von Fröschweiler mussten nicht nur erleben, dass ihr Ort in nur wenigen Stunden zerstört worden war, sondern sie wurden gezwungen, wie Karl Klein ausführlich beschreibt, in tagelanger Arbeit das Schlachtfeld nach Leichen abzusuchen und diese gemeinsam mit den verbliebenen deutschen Soldaten in Massengräbern zu verscharren. Erst als die meisten Leichen geborgen und wegen der großen Seuchengefahr eilig begraben worden waren, konnte der Kampfplatz vom Schlachtenmüll – Uniformreste, Waffen, Kürassierpanzer, Blindgänger – und von persönlichen Hinterlassenschaften wie Fotos oder Briefen befreit werden. Auch hierbei mussten die Dörfler der umliegenden Orte mit anpacken.

Erst nach einer Woche kamen die Einwohner wieder dazu, sich um ihre eigenen Belange zu kümmern und mit dem Wiederaufbau der zerstörten Dorfstrukturen zu beginnen. Der erste improvisierte Gottesdienst konnte am 13. August im Schulhaus gefeiert werden.

Das Schlachtfeld von Wörth-Fröschweiler seit 1871

Die Schlacht von Wörth-Fröschweiler hatte den betroffenen Orten nicht nur ungebeten zu einem Eintrag in die Geschichtsbücher verholfen, sie veränderte und beeinflusste auch ihre Entwicklung in den folgenden Jahrzehnten in einer Weise, die sich bis heute auswirkt.[15]

Wichtigstes Ergebnis des Krieges war neben dem Ende des Kaiserreichs Napoleons III. und der folgenden Gründung der 3. französischen Republik die kleindeutsche Reichseinigung, die am 1. Januar 1871 in Kraft trat. Nach langwierigen Verhandlungen hatten sich die süddeutschen Staaten in den ›Novemberverträgen‹ 1870 in Versailles bereitgefunden, dem ›Norddeutschen Bund‹ beizutreten und so das neue deutsche Kaiserreich zu gründen. Mit der Proklamation des preußischen Königs Wilhelm I. zum ›Deutschen Kaiser‹ am 18. Januar 1871 – dem 170. Jahrestag der ersten preußischen Königskrönung Friedrichs I. 1701 in Königsberg – im Spiegelsaal des Schlosses Versailles war der Prozess der Reichsgründung auch beinah formell abgeschlossen. Die noch notwendige Zustimmung des Bayerischen Landtags folgte kurz darauf, allerdings mit einem denkbar knappen Ergebnis.

Am 10. Mai 1871 wurde in Frankfurt am Main der Friedensvertrag mit Frankreich abgeschlossen. Frankreich musste nicht nur für eine sehr hohe Kriegskontribution aufkommen und dulden, dass bis zur Zahlung der letzten Rate im Jahr 1873 deutsche Truppen im Lande standen, sondern vor allem den schmerzlichen Verlust des Elsass und von Teilen Lothringens hinnehmen. Bereits 1870 waren diese Gebiete unter preußische Verwaltung gestellt worden, doch mit dem Frankfurter Frieden kamen sie endgültig als ›Reichslande Elsaß-Lothringen‹ an das Deutsche Reich.

Für die Orte rund um Wörth bedeutete dies, dass sie nun nicht nur wieder sprachlich und kulturell deutsch waren, sondern auch staatlich und institutionell. In den ersten Jahren nach dem Krieg war das Verhältnis zwischen den noch vielmals gegenüber Frankreich loyalen Einwohnern des Elsass sowie vor allem Lothringens und den neuen deutschen Behörden angespannt.[16] Symbolische Gesten des guten Willens sollten die Schwierigkeiten übertünchen. Die niedergebrannte Kirche Pfarrer Kleins wurde auch aus diesem Grund ab 1873 mit Mitteln des Reichs, Spenden Kaiser Wilhelms und deutscher Bürger als deutlich größere neogotische ›Friedenskirche‹ wiederaufgebaut. Am 30. Juli 1876 erfolgte die Einweihung und am 27. September 1876 besuchte der Kaiser die neue Kirche. Der Bau der noch heute spielbereiten Orgel in der Friedenskirche von Fröschweiler ging auf eine persönliche Spende des Kaisers zurück.

In den folgenden Jahren wurden die Schlachtfelder zu einem der mythischen Orte deutschen Nationalbewusstseins. Im Vorwort der großen illustrierten Prachtausgabe der ›Fröschweiler Chronik‹, die

Abb. 4: Postkarte ›Denkmäler in Wörth‹, Privatbesitz

im Jahr des 100. Geburtstages des 1888 verstorbenen Kaisers Wilhelm I. 1897 bei C. H. Beck in München erschien, wurde die Schlacht von Wörth-Fröschweiler in zeittypischer Weise überhöht. Man gedachte im Vorwort »(…) des großen Tages von Wörth, an dem unter dem Oberbefehl des preußischen Kronprinzen nicht nur der erste entscheidende Sieg in dem Krieg von 1870/71 erkämpft wurde, sondern auch die nord- und süddeutsche Waffenbrüderschaft den festen Blutkitt erhielt (…).«[17]

Entsprechend dieser Einordnung der vormals ruhigen und beschaulichen Orte als neue Gedenkzentren glorreicher deutscher Geschichte wurden diese Ziel einer rasch expandierenden Tourismusindustrie.[18] Nicht nur pflasterten in den ersten Jahren nach dem Krieg deutsche, aber auch französische Regimenter die Kampforte mit Dutzenden von Denkmälern – mit aufsteigenden Adlern auf korinthischen Säulen, brüllenden Löwen auf zerschmetterten Mitrailleusen, Victorien mit sterbenden Kriegern in den Armen –, sondern es entstanden auch auf Grundlage der privaten Schlachtfeldfunde kleine Kriegsmuseen und zahlreiche Restaurants wie Hotels, die den Ausflüglern behagliche Übernachtungsmöglichkeiten bei Bier und reichhaltigem Essen boten. (Abb. 4)

Wörth erhielt als Wallfahrtsort deutscher und französischer Veteranen sowie national bewegter Sommerfrischler einen eigenen

Eisenbahnanschluss und am Ende des Booms hatte der Ort mehr Übernachtungsbetten als Einwohner. So konnten die von den Geschehnissen der Schlacht schwer gebeutelten Einwohner auf diese Weise im Nachhinein noch einen gewissen Profit aus dem Drama ziehen.

Mit dem erneuten Wechsel des Elsass 1919 an Frankreich fand dieser deutschnationale Ausflugstrubel sein Ende. Nach den Erfahrungen des Ersten Weltkrieges war die Toleranz der nun wieder französischen Behörden für die Feier deutscher Siege des 19. Jahrhunderts überschaubar. Zwar durften die meisten deutschen Denkmäler stehen bleiben, doch manche, allzu triumphierend auftretende Monumente wurden geschleift. Das große Kaiser-Friedrich-Denkmal, das von der ›Preuschdorfer Höhe‹ das ganze Tal dominiert hatte – heute sind noch der Sockel und die Umfriedung zu besichtigen –, wurde ebenso abgerissen wie das Siegesdenkmal der 3. deutschen Armee am ›Mac-Mahon-Baum‹ bei Elsasshausen. Aus der Bronze des Friedrich-Denkmals wurden Kirchenglocken gegossen.

Im Jahr 1940, nach dem Sieg der ›Wehrmacht‹ gegen Frankreich, nahmen nun die nationalsozialistischen Besatzer wieder Revanche und beseitigten in ebenso kleingeistiger Weise wie ihre Vorgänger wiederum einige französische Monumente, die ihnen nicht ins ideologisch-rassistische Konzept passten – so zum Beispiel ein Turkodenkmal.

Nach dem Zweiten Weltkrieg ist der Denkmalstreit zum Glück zur Ruhe gekommen und im Rahmen der Deutsch-Französischen Freundschaft eingehegt worden. Das vorletzte französische Denkmal wurde zum 100. Jubiläum 1970 an der Chaussee zwischen Fröschweiler und Reichshoffen zum Gedenken an den zweiten französischen Kürassierangriff errichtet. Ein noch später errichtetes kleines Kreuz an der ›Wörther Hohl‹ erinnert an das von den Deutschen 1940 gesprengte zentrale französische Armeedenkmal. Die meisten heute noch existierenden Denkmäler können bei circa elf Kilometer Marschweg bequem zu Fuß abgelaufen werden. Im Museum der Schlacht, das im ›Alten Schloss‹ von Wörth beherbergt ist, kann man die wichtigsten Informationen zum 6. August 1870 auf Bildern und vor Schlachtfeldfunden nachvollziehen.

In einer lieblichen Landschaft erinnern heute nur noch diese Denkmäler und ab und an einige herumstreifende Schlachtfeldtouristen an den Tag des 6. August 1870. Dieses Glück eines Friedens

Anmerkungen

1 Klein 1912, S. 2.
2 Vgl. Arand, Bendikowski, Bremm 2020, Epkenhans, Oppermann.
3 U. a. Landesarchiv Stuttgart ›Nation im Siegesrausch. Württemberg und die Gründung des Deutschen Reichs 1870/71‹ und Militärhistorisches Museum Dresden ›Krieg, Macht, Nation – Wie das deutsche Kaiserreich entstand‹.
4 Zit. n. Arand, S. 45.
5 Vgl. hierzu Buk-Swienty.
6 Vgl. hierzu Bremm 2016.
7 Vgl. hierzu Fesser.
8 Vgl. hierzu König/Julien.
9 Vgl. zum Folgenden Arand, S. 94 ff.
10 Vgl. Mährle, S. 218.
11 Vgl. Arand, S. 159.
12 Vgl. zum Folgenden Arand, S. 216 ff., vor allem aber die umfangreiche zeitgenössische Literatur, z.B. Großer Generalstab oder Sternegg.
13 Vgl. zum Folgenden Arand, S. 246 ff.
14 Pietsch, S. 31.
15 Vgl. zum Folgenden Arand/Bunnenberg, S. 183 ff.
16 Vgl. hierzu Kühner, S. 71 ff.
17 Klein 1897, S. VIII.
18 Vgl. hierzu Wolf, S. 131 ff.

»Ein Volksbuch ersten Ranges und als solches unübertroffen.« – Karl Klein und die ›Fröschweiler Chronik‹*

Christian Bunnenberg

Am 1. Mai 1898 versammelte sich eine Trauergemeinde am Friedhof der evangelischen Gemeinde in Nördlingen. Die meisten Anwesenden hatten den Verstorbenen, Karl Klein, schon lange nicht mehr gesehen, war dieser doch jahrelang wegen einer »Gemütskrankheit« in der Heil- und Pflegeanstalt in Kaufbeuren behandelt worden.[1] Trotzdem wollte es kaum jemand versäumen, am Grab Abschied nehmen zu können. Und so suchten unter großer Anteilnahme der Bevölkerung gleich mehrere Redner am Grab nach den richtigen Worten, um das Leben und Werk Karl Kleins angemessen würdigen zu können.[2] Streng nach Kirchenhierarchie geordnet auftretend, gaben die Geistlichen ihr rhetorisch Bestes. Zunächst erinnerte der Dekan Endres wehmütig an seinen Amtsvorgänger, der sechzehn Jahre zuvor nach Nördlingen gekommen war, um die umfangreichen Geschäfte als Dekan, Distriktschulinspektor und Vorstand der Präparandenschule zu übernehmen. Endres lobte den Eifer, die Lebhaftigkeit und die Frische, mit der Karl Klein die neuen Aufgaben angegangen sei, aber schon drei Jahre später durch »schwere körperliche Krankheit und Gemütsleiden«[3] gezeichnet in die Heil- und Pflegeanstalt in Kaufbeuren[4] eingewiesen werden musste. Den Grund dafür sah Dekan Endres in den »Schrecken des großen Krieges [1870/71], die [Kleins] zartbesaitetes Gemüt tief erschüttert hatten«.[5]

In der sich anschließenden Grabrede nahm Stadtpfarrer Rabus diesen Faden wieder auf und charakterisierte Klein als »fühlenden Menschen, als liebenden Christen, [...] mit einem Hirtenherzen, das da blutet unter den Wunden, die der Herde geschlagen werden«.[6] »Vorsehung« nannte er die Anwesenheit Kleins als Pfarrer in Fröschweiler, in das am 6. August 1870 die »schreckliche Brandfackel des Krieges ihren blutroten Schein hineinwarf«.[7] Vorsehung, weil Kleins Lebensgeschichte dadurch »für immer und ewig verwoben und verflochten [wurde] mit der Geschichte der Entstehung des neuen deutschen Reiches«, worüber er in dem »schlichten Büchlein, ›Die Fröschweiler Chronik‹ Zeugnis abgelegt« habe.[8] Die folgenden Sätze der Grabrede des Stadtpfarrers hätten keinem Rezensenten wohlwollender aus der Feder fließen können: Das Buch sei »ein wahres Volksbuch«, gekennzeichnet durch eine »Mark und Bein durchschauernde Anschaulichkeit«, durch eine »greifbare Wirklichkeit des Selbsterlebten« und den »unvergänglichem sittlich-religiösen Gehalt«. Karl Klein habe sich durch dieses Buch »ein unsterbliches Denkmal gesetzt«. Niemand könne sich beim Lesen dieser Wirkmächtigkeit entziehen, niemand das Buch aus der Hand legen, ohne tief ergriffen zu sein. Der Nördlinger Pfarrer Rabus forderte daher alle Anwesenden auf, sich in die Eindrücke hineinzudenken, falls sie »aus Anlaß dieses Trauerfalls das Buch wieder zur Hand« nehmen würden, um »den Verfasser auf seiner nächtlichen Reise über das Schlachtfeld zu begleiten«, auf der Reise, die den Verstorbenen im Alter mit ihren ganzen furchtbaren Facetten wieder eingeholt hatte.[9]

Noch bevor sich der Sarg in das Grab senkte, verlas Vikar Bruglocher einen ausführlichen Lebenslauf des Verstorbenen, in dem neben den zahlreichen Stationen des Wirkens Karl Kleins als evangelischer Geistlicher wiederum auf die ›Fröschweiler Chronik‹ hingewiesen wurde, »deren Wert allgemein bekannt sei«.[10] Fraglich, ob die vielen wohlmeinenden Worte die Trauer der Familie lindern konnten; der verstorbene Pfarrer Klein hinterließ an diesem Tag außer seinem vielgerühmten Buch nämlich noch seine Frau, zwei Schwestern, vier Töchter, drei Söhne und zwei Enkel.[11]

Die ›Fröschweiler Chronik‹ und die Erinnerung an den Krieg 1870/71

Mehr als 120 Jahre nach der Beerdigung ihres Autors Karl Klein ist die ›Fröschweiler Chronik‹ in der bundesdeutschen Öffentlichkeit kaum noch ein Begriff. Nur vereinzelt erregt der schmale Band aus dem 19. Jahrhundert jenseits der Geschichtswissenschaft noch Aufmerksamkeit. Als »unangefochtenen Bestseller« der Kriegserinnerungen an den Deutsch-Französischen Krieg von 1870/71 bezeichnet beispielsweise der Historiker Frank Becker die ›Fröschweiler Chronik‹ von Karl Klein in seiner Studie zur Geschichte der Einigungskriege in der bürgerlichen Öffentlichkeit Deutschlands zwischen 1864 und 1913.[12] Der Text des Elsässers erfährt auch Einstufungen als »kritische und tendenziell pazifistische Darstellung«;[13] oder als das »bedeutendste deutsche ›Anti-Kriegsbuch‹ aus christlichem Geist in der Kaiserzeit«.[14] Darüber hinaus findet das Buch von Karl Klein in Einzelfällen seinen Niederschlag, beispielsweise bei stark herbeikonstruierten regionalgeschichtlichen Bezügen[15], als vermeintlich überzeitlicher Aufhänger für kritische Untersuchungen von Kriegsbegeisterung und Kriegserlebnis[16], als mehr oder weniger reflektiert benutzte Quelle historischer Arbeiten[17] oder als geeignetes Thema für die populärwissenschaftliche Aufarbeitung an ›runden Kriegsjubiläen‹.[18] Was die meisten Darstellungen allerdings eint, ist die Bewertung der Chronik als »Hausbuch der Generation 1890/1914«.[19]

Ein Versuch, sich eingehender mit der Person Karl Kleins und seiner ›Fröschweiler Chronik‹ zu beschäftigen, stößt angesichts einer sehr schmalen und fragmentarischen Quellenbasis schnell an seine Grenzen. Die archivalische Überlieferung zu Karl Klein setzt sich aus wenigen Akten zu seinem beruflichen Werdegang[20] und der Krankengeschichte[21] seiner letzten Lebensjahre zusammen. Weitere Informationen zur Biographie Karl Kleins – wenngleich widersprüchliche Informationen geboten werden – lassen sich aus zeitgenössischen Lebensdarstellungen in Lexika[22], Zeitschriften und Zeitungen[23] gewinnen. Dazu sind auch die bereits zitierten Grabreden[24] oder der biographische Abriss in den späten Ausgaben der ›Fröschweiler Chronik‹[25] zu zählen.

Zur Entstehung der ›Fröschweiler Chronik‹ und ihrer Publikationsgeschichte liegen auch von Verlagsseite keine Unterlagen mehr vor, da das Verlagsarchiv von C. H. Beck durch einen Bombenvolltreffer im Zweiten Weltkrieg vollständig zerstört wurde.[26] Damit können so gut wie keine Aussagen zur Autorenbeziehung Karl Kleins zum Verlag, zur Auflagenhöhe und zum wirtschaftlichen Erfolg oder Misserfolg des Buches getroffen werden. Einige wenige Hinweise sind aber der Werbung für die ›Fröschweiler Chronik‹[27] in weiteren Publikationen[28] aus dem Verlagsprogramm von C. H. Beck zu entnehmen. Aber auch literarische Adaptionen wie das ›Volksschauspiel Fröschweiler‹[29], zeitnahe Publikationen aus dem regionalen Umfeld Fröschweilers[30], Schulbücher[31], pädagogische Fachliteratur[32] und Einträge in Lexika[33] geben Informationen über Reichweite und Wirkung der ›Fröschweiler Chronik‹.[34]

Im Vorwort zur illustrierten ›Jubelausgabe‹ wurde der ›Fröschweiler Chronik‹ vom Verleger »eine einzigartige Stellung [...] in der so reichen Literatur, zu welcher der Krieg von 1870/71 den Anlaß geboten hat« zugewiesen.[35] Das mag nicht verwundern, ist es doch vorderstes Interesse eines Verlegers, dass sich seine Ware gut verkauft. Was hingegen verwundert, ist die Begründung des Alleinstellungsmerkmals. Der Text von Pfarrer Klein sei so einzigartig, weil »hier ein Angehöriger der vom Kriege heimgesuchten friedlichen Bevölkerung seine

Beobachtungen und Erlebnisse machte. […] In ergreifenden Bildern wird der Krieg, wie er in Wahrheit ist, geschildert und [es] wird […] gezeigt, wie er in den Gegenden, die er betroffen hat, mit elementarer Gewalt das äußere und innere Leben des Volkes erschüttert und die Volksseele in ihrem tiefsten Wesen aufwühlt.«[36]

Die ›Fröschweiler Chronik‹ bietet demnach den Lesern einen ganz speziellen Blick auf den Deutsch-Französischen Krieg, nämlich den des Zivilisten. Das Bedürfnis nach authentischen Berichten aus dem Deutsch-Französischen Krieg 1870/71 wurde in Deutschland vor allem durch den Umstand genährt, dass die Kriegshandlungen fast ausschließlich auf französischem Boden und damit für die meisten Deutschen jenseits ihrer Lebenswelt stattfanden.[37] Nur ein Bruchteil der Bevölkerung, vornehmlich Soldaten, waren ›Miterlebende‹; und nur sie konnten unmittelbar am kriegerischen Geschehen teilnehmen, die ›Daheimgebliebenen‹ hingegen nur mittelbar. Die Letztgenannten waren daher vor allem auf die im doppelten Wortsinn ›mit-geteilten‹ Erfahrungen der ›Miterlebenden‹ angewiesen.[38] Für die Weitergabe dieser Erfahrungen nahmen zunächst die Massenmedien der Presse eine zentrale Rolle ein. Die Presse gab von den Schlachtfeldern aber vor allem das an die Leserinnen und Leser weiter, was ihr Soldaten und die neue im eigenen Selbstverständnis elitäre Gruppe der Kriegsberichterstatter »nach hinten« meldeten.[39] Augenzeugenberichte von der Front standen bei den Lesern in besonders hohem Kurs, konnten sie doch im Gegensatz zu den amtlichen Nachrichten das ausgeprägte Authentizitätsverlangen in der Öffentlichkeit befriedigen.[40] Dadurch wurde allerdings eine »zweite Wirklichkeit« des Krieges geschaffen und die Deutungen der Kriegsereignisse waren immer stärker von der Wahrnehmung im öffentlichen Raum, und nicht mehr »von ihrer faktischen Gestalt« abhängig.[41] Nicht mehr der Krieg formte das Kriegsbild, sondern die gleichzeitig zum Ereignis erzeugten Darstellungen des Krieges. Waren für die zeitnahen Kriegsdeutungen zunächst die Zeitungen meinungsbildend, so wurde ihre Rolle mittel- und langfristig durch Erinnerungsliteratur abgelöst. Flankiert durch weitere Phänomene der Erinnerungskultur – z.B. Denkmalbauten, Kriegervereine und Sedantag – wurde der Deutsch-Französische Krieg im 1871 neugegründeten Deutschen Kaiserreich zu einem über das Konfliktende anhaltenden gesamtgesellschaftlichen Kommunikationsereignis.[42]

Als federführend in diesem Kommunikationsprozess lässt sich ein spezifisches Milieu ausmachen; die meisten der überwiegend männlichen Autoren entstammten bürgerlichen Bildungsschichten.[43] Trotz konfessioneller, professioneller und regionaler Heterogenität zeigt sich in der Unmenge von Kriegsdarstellungen der Wunsch des deutschen Bürgertums, »wenn man schon in der politischen und militärischen Wirklichkeit nur geringe Mitwirkungschancen gehabt hatte, [...] das Kriegsbild, die kollektive Wahrnehmung der Geschehnisse, in seinem Sinne aktiv mitzugestalten«.[44] Gleichzeitig profitierten die »protestantischen Theologen, Historiker, Schriftsteller, Beamten [und] Gymnasiallehrer« des Kaiserreichs von dem Umstand, dass sie in ihren Texten den Konflikt aus der Retrospektive deuten konnten: »Das nachträgliche Abfassen von Kriegserinnerungen bringt eine sehr spezielle Quellengattung hervor, in die das Wissen um den Ausgang des Konflikts, die persönlichen Erfahrungen und die Situation des Verfassers im Moment der Niederschrift mit einem großen zeitlichen Abstand zum Geschehen einfließen.«[45]

Im Nachgang zum eigentlichen Konflikt war es zwar weiterhin vorrangig an den ›Miterlebenden‹, ihre im Krieg gemachten Erfahrungen aufzuarbeiten, zu deuten und den ›Daheimgebliebenen‹ als Geschichte aus und über den Krieg von 1870/71 anzubieten, doch auch ›Daheimgebliebene‹ beteiligten sich zunehmend an der Produktion von Deutungsangeboten. Der Pfarrer Karl Klein aus dem elsässischen Dorf Fröschweiler war allerdings beides, ›Daheimgebliebener‹ und ›Miterlebender‹, war doch der Krieg zu ihm nach Hause gekommen.

Der Autor – Karl Klein (1838 bis 1898)

Obwohl bis zu seinem Tode die ›Fröschweiler Chronik‹ bereits in der 15. Auflage erschienen war, wurden für Karl Klein erst posthum Lebensdarstellungen verfasst und gedruckt. Denn bis 1898 fand die Person Karl Klein in schriftlicher Form nur in seinen eigenen Texten, in den zur damaligen Zeit nicht zugänglichen ihn betreffenden Akten oder mehr als Figur denn als Person in anderen Kriegserinnerungen statt. Es gibt verschiedene Abschnitte in der ›Fröschweiler Chronik‹, die als Selbstzeugnis, gewissermaßen als eine Art privates Kriegstagebuch gelesen werden könnten; Gleiches gilt auch für das wesentlich unbekanntere Werk ›Vor dreissig Jahren‹, in dem autobiographische Hinweise auf Kindheit und die ältere Familiengeschichte zu finden sind.[46] Die kurzen Hinweise auf Karl Klein in weiteren Texten zum Krieg 1870/71 haben dagegen stets etwas

Anekdotenhaftes und wirken in der Rückschau teilweise wie ungelenke Versuche, mit der Bekanntheit des Autors der ›Fröschweiler Chronik‹ auch die eigene Publikation schmücken zu wollen.[47]

Unmittelbar nach seinem Tode entstanden dann allerdings innerhalb kürzester Zeit umfangreiche biographische Darstellungen. Diesen Texten gemein sind mehr oder weniger detailverliebte und nur in Nuancen unterscheidbare Aussagen über Karl Kleins Werdegang und Schaffen, die im Ganzen durchweg in wohlwollender Absicht geschrieben wurden. Es drängt sich daher die Frage auf, auf welchem Wege die Verfasser ihre Informationen gewannen; sie drängt sich aber auch besonders vor dem Hintergrund auf, dass alle später entstandenen biographischen Abhandlungen zu Karl Klein inhaltlich auf diesen ersten Texten aufbauen.

Den Anfang machte der bereits zitierte Vikar Bruglocher mit seinem am Grab verlesenen Lebenslauf, dessen Abdruck dann durch C. H. Beck besorgt wurde, dem Nördlinger Verlag, in dem auch die ›Fröschweiler Chronik‹ erschien.[48] Die Nähe zum familiären und beruflichen Umfeld Karl Kleins lassen die Aussagen als triftig und plausibel erscheinen. Wenn auch am Grab sicherlich der Grundsatz ›De mortuis nihil nisi bene‹ galt, war doch während der Beerdigung das engste soziale Umfeld des Verstorbenen anwesend.

Parallel zur Grabrede erschien ebenfalls noch 1898 ein erster Nachruf im illustrierten Familienblatt ›Daheim‹, verfasst von Karl Hackenschmidt.[49] Damit war auch die breite Öffentlichkeit informiert, denn das Blatt erreichte im Deutschen Kaiserreich mit durchschnittlich 40 000 gedruckten Exemplaren eine noch ungleich höhere Zahl an Lesern, da das Konzept der illustrierten Familienblätter eine Rezeption im Familienkreis, im Café oder durch Leihbibliotheken vorsah.[50] Hackenschmidt schilderte ausführlich den Lebenslauf Karl Kleins aus einer Perspektive intimster Kenntnis, ebenso wie eine kürzere Fassung seines Textes im 1900 gedruckten ›Daheim-Kalender‹.[51] Der Autor kannte die familiären und beruflichen Verhältnisse Karl Kleins aus eigener Anschauung nur zu genau, hatten sich ihre Lebenswege doch wiederholt gekreuzt, zuerst in der gemeinsamen Studienzeit in Straßburg und als Mitglieder derselben Studentenverbindung. Danach war Hackenschmidt zeitgleich mit Karl Klein in Fröschweiler ansässig und zwar als Hauslehrer im dortigen in Nachbarschaft zur Kirche gelegenen Schloss.[52] Vom Sommer 1870 bis 1881 hatte Karl Hackenschmidt die Pfarrstelle in Jägerthal inne, keine sechs Kilometer von Fröschweiler entfernt,

Abb. 1: Fotografie von Karl Klein, abgedruckt in verschiedenen Ausgaben der ›Fröschweiler Chronik‹. Die Aufnahme ist sehr wahrscheinlich nach 1880 entstanden, in Klein 1912, o. S.

und auch er publizierte nach dem Krieg seine Erinnerungen an die Schlacht von Wörth.[53]

Beide Texte Hackenschmidts wurden von dem Literatur- und Kulturhistoriker Ludwig Julius Fränkel als Grundlage für biographische Darstellungen an prominenterer Stellen genutzt, nämlich im ›Biographischen Jahrbuch und Deutschen Nekrolog‹ (1900) und in der ›Allgemeinen Deutschen Biographie‹ (1906).[54] Dort zitiert Fränkel vielfach Hackenschmidt, außerdem noch das von Johannes Haußleiter verfasste Vorwort zur ›Fröschweiler Chronik‹ und die literarische Wertung derselben durch Adolf von Stählin.[55] Johannes Haußleiter, ebenfalls evangelischer Theologe, war seit 1875 Gymnasiallehrer in Nördlingen und nach eigener Auskunft erheblich an der Drucklegung der ›Fröschweiler Chronik‹ beteiligt. Adolf von Stählin, auch evangelischer Theologe, war Pfarrer in Nördlingen gewesen und dort zugleich Referent für das städtische Schulwesen.[56] Somit prägten Hackenschmidt, Haußleiter und Stählin durch ihre Texte das Bild über ihren Studienfreund, Nachbarn und Amtskollegen Karl Klein, und Autoren wie Fränkel und andere übernahmen dieses bis in die Gegenwart.[57]

Karl Klein wurde am 31. Mai 1838 im nordelsässischen Dorf Hirschland geboren. Sein Vater konnte trotz seiner Anstellung als örtlicher Schullehrer den fünf Kindern nur eine Kindheit in ärmlicher Umgebung bieten. Die schulische Laufbahn Karl Kleins auf einem Collège in Paris finanzierten deshalb Freunde der Familie. Während des sich seit 1856 anschließenden Theologiestudiums am Studienstift St. Thomas in Straßburg trat er der dem Dachverband ›Wingolfsbund‹ angehörenden christlichen, nichtschlagenden und deutschgesinnten Studentenverbindung ›Argentina‹ bei, in der Studierende der Theologie die deutliche Mehrheit stellten. Nach erfolgreichen Examina erhielt der dreiundzwanzigjährige Karl Klein 1861 eine Stelle als Vikar in Bühl im Unterelsass. In den wenigen Monaten seiner dortigen Tätigkeit führte eine Blatternepidemie den sonst als fröhlich und unternehmungslustig charakterisierten jungen Geistlichen bis an die Grenzen seiner physischen und psychischen Belastbarkeit, vor allem nachdem er sich zusätzlich mit Pockenviren infizierte und schwer erkrankte.

Nach seiner Genesung – Karl Klein blieb von Blatternarben gezeichnet – wurde er 1862 als Hilfsprediger nach Paris versetzt. Unter der Leitung von Pfarrer Hosemann[58] war er als Gefängnisgeistlicher und bei der Betreuung Cholerainfizierter tätig. Im Mai 1865 heiratete Karl Klein Hosemanns Tochter, Elisabeth. Mit ihr zeugte er in den folgenden Jahren des Zusammenlebens neun Kinder, von denen eines früh verstarb.[59] 1867 wechselte Karl Klein auf die Pfarrstelle nach Fröschweiler. Dorthin folgten ihm neben Frau und Kindern auch seine Eltern und ein Teil seiner Geschwister; und an diesem Ort sollte er dann schließlich am 6. August 1870 die Schlacht von Wörth-Fröschweiler erleben, die sein weiteres Leben maßgeblich beeinflusste. Nachdem der Krieg über das kleine Dorf hinweggezogen war, galt es, zunächst die sichtbaren Spuren des Krieges zu beseitigen. Die Bestattung Tausender Gefallener, der Wiederaufbau der Fröschweiler Kirche, des Dorfes und die Betreuung der Gemeinde verlangten von dem jungen Pfarrer größte Anstrengungen. Neben der Verleihung des preußischen Kronenordens III. Klasse für »seine patriotische Haltung während des Krieges« wurde seinen Bemühungen um seine Gemeinde mit dem Besuch der neu erbauten ›Friedenskirche‹ durch Kaiser Wilhelm I. und Kronprinzen Friedrich am 27. September 1876 Aufmerksamkeit entgegengebracht.[60]

In unmittelbarer zeitlicher Nähe zu der Einweihung der Kirche erschien Ende 1876 dann auch die erste Ausgabe der ›Fröschweiler Chronik‹ im Nördlinger C. H. Beck Verlag. 1882 zog Karl Klein mit seiner Familie an den Verlagsort, um eine Stelle als Dekan und Hauptprediger anzutreten. 1885 erkrankte er physisch und psychisch schwer, wurde zunächst in Göppingen und ab 1887 in der Heil- und Pflegeanstalt Kaufbeuren behandelt. Die umfangreichen Krankenakten attestierten ihm eine »chronische Melancholie von dämonischem Charakter. [...] Der Patient zeigt immer dasselbe Verhalten; er seufzt und stöhnt und jammert beständig unter dem Druck einer All-Angst, die sein Gemüt mit der langen Erwartung eines von allen Seiten drohenden Unheils erfüllt und ihm Tag und Nacht keine Ruhe lässt.«[61] Nach 13 Jahren stationärer Behandlung verstarb Karl Klein nicht einmal sechzigjährig am 29. April 1898 im Kaufbeurer Krankenhaus.[62]

Das Werk – Die ›Fröschweiler Chronik‹

Die Geschichte zur Entstehung der ›Fröschweiler Chronik‹ bietet verschiedene Varianten, ebenfalls nur aus der Feder Dritter, denn eigene Aufzeichnungen oder Schriftverkehr von Karl Klein sind nicht erhalten bzw. bisher nicht bekannt. So wusste Hackenschmidt 1898 zu berichten, dass Karl Klein unmittelbar nach der Schlacht begonnen habe, »seine Kriegserinnerungen zu sammeln, zunächst damit sie im Archiv der Kirche aufbewahrt würden«.[63] Erst später habe sich Klein getraut, das Manuskript Verlegern in Straßburg anzubieten, die alle abgelehnt hätten, auch weil die erste Begeisterung der Öffentlichkeit für Erlebnisberichte bereits wieder zurückging. Erst »auf den Rat einiger Freunde [wandte er sich] an die Becksche Verlagsbuchhandlung in Nördlingen«, die das Buch dann schließlich drucken sollte.[64]

Auch Fränkel schrieb in seiner 1900 erschienenen biographischen Notiz zu Karl Klein, dass dieser »seine Kriegserinnerungen [...] schon bald nach dem Friedensschlusse niedergeschrieben [habe], zunächst nur für das Archiv der Kirche«.[65] Entdeckt habe die Chronik nach seiner Version dann allerdings kein Geringerer als Kaiser Wilhelm I. während seines Besuchs am 27. September 1876 in Fröschweiler. »K.[lein]s Kriegschronik der Fröschweiler Ereignisse erregte« als Teil des in der neuen Kirche ausliegenden ›Helden- und Totenbuchs‹ das Interesse des Monarchen und seiner Begleiter.[66] In ebendieses Buch hatten im gleichen Zeitraum auch »zwei Nördlinger Pädagogen beim Besuche der Schlachtgegend« Einblicke erhalten. Ihnen schließlich gelang es dann auch, von Klein »die Zusage zur Veröffentlichung des Manuscripts« zu erwirken.[67]

Etwas abweichend davon erzählt der Nördlinger Gymnasiallehrer Johannes Haußleiter im Vorwort zur 25. Auflage der ›Fröschweiler

Chronik‹ (1910) schließlich eine weitere Variante:[68] 1876 brachte Karl Klein seinen ältesten Sohn in der nahe zu Nördlingen gelegenen Stadt Öttingen (Bayern) auf das dortige Gymnasium. Gleichzeitig habe er nach einem Verleger für sein Buch gesucht. »Durch Zwischenhände bekam [Haußleiter] Einsicht in die Blätter; er trug einiges davon einem Freundeskreis vor, der unter dem Namen ›Reimlinger Kränzchen‹ in einer unseren nüchternen Tagen kaum mehr verständlichen Weise für alles Hohe und Edle erwärmt war.«[69] Die Wirkung des Textes auf den Kreis der Kulturliebhaber »war gewaltig.[70] Unter den in Reimlingen (einem Dorfe in der Nähe von Nördlingen) versammelten Freunden befand sich auch der Verleger [Ernst Rohmer]. Er entschloß sich, die Blätter zu drucken.«[71]

Eine letzte Variante erschien aus Anlass des 100. Jahrestages des Deutsch-Französischen Krieges 1970 als kurzer Artikel in den Rieser Nachrichten.[72] Ohne seine Quelle(n) zu offenbaren, verwies dessen Autor auf bereits 1872 verfasste Texte von Karl Klein, die im gleichen Jahr als Fortsetzungsreihe im Stuttgarter Evangelischen Sonntagsblatt unter dem Titel »Lichtblicke aus den Tagen von Wörth« erschienen waren.[73] Laut des Artikels schrieb Karl Klein, »um Mittel für den Wiederaufbau des Gotteshauses zu bekommen«.[74] Ernst Rohmer, der damalige Inhaber der C. H. Beck'schen Verlagsbuchhandlung in Nördlingen, hätte ebendiese Texte gelesen und den elsässischen Pfarrer »ermuntert, [...] diese Serie zu einem Buch abzurunden«.[75]

Welche Version tatsächlich den Vorgängen der Vergangenheit entspricht, ist nicht eindeutig zu klären. Die frühe – und von den Zeitgenossen unerwähnte – Publikationstätigkeit Karl Kleins sowie ihre von Gestaltung und Inhalt literarische Nähe zum späteren Gesamtwerk lassen aber durchaus die Vermutung zu, dass Karl Klein die ›Fröschweiler Chronik‹ zwischen 1872 und 1876 verfasste. Neben der Fortsetzungsreihe im Stuttgarter Evangelischen Sonntagsblatt erschien auch schon 1870 im Ludwigsburger Tagblatt eine erste Schilderung Fröschweilers aus der Feder Karl Kleins, hier allerdings noch tatsächlich in der Absicht, Spendengelder für die Gemeinde zu erhalten.[76]

Eindeutig nachzuweisen ist aber, dass Ernst Rohmer vom Verlagshaus C. H. Beck mit dem Druck der ›Fröschweiler Chronik‹ trotz nachlassendem ersten Interesse an Erinnerungsliteratur guten verlegerischen Instinkt bewiesen hatte, da das Buch »vor Weihnachten 1876 zündend einschlug.[77] In 14 Tagen vergriffen«, legte es die Grundlage für alle (bis 1878 4, bis 1899 16, bis 1905 23 und 1916 zuletzt 36) Folgeauflagen[78] und die ›Illustrierten Jubelausgaben‹.[79] In den Umschlagblättern und auf den Klappendeckeln seiner Bücher machte der C. H. Beck-Verlag alsbald viel Werbung für den erfolgreichen Titel und Dauerbrenner in seinem Verlagsprogramm.

Die ›Fröschweiler Chronik‹ als Bestseller im Deutschen Kaiserreich

Obwohl keine konkreten Zahlen zur Anzahl der gedruckten Exemplare mehr vorliegen, verkaufte sich die ›Fröschweiler Chronik‹ seit der ersten Auflage hervorragend. Der Erfolg diente auch bald als Vorbild, so hatte der Verleger Wilhelm Langewiesche als wesentliche Erkenntnis seiner beruflichen Zeit beim Verlag C. H. Beck »die Gängigkeit von volksnah erzählter Historienliteratur allgemein, speziell aber der ›Fröschweiler Chronik‹ […] kennengelernt.«[80] Zum Vergleich: Unbekannte Konkurrenzprodukte wie die Kriegserinnerungen von Johannes Diehl wurden mit einer Erstauflage von 70 000 Exemplaren auf den Markt geworfen.[81]

Hinweise darauf, dass das Buch von Karl Klein eine ungemein hohe Verbreitung fand, finden sich auch in einem Aufsatz über ›1870/71 im Erlebnis der Siebenbürger Sachsen‹ von 1943. Der Autor erinnert daran, dass sogar auf dem Gebiet des heutigen Rumänien zahlreiche Werke über den Deutsch-Französischen Krieg von der deutschsprachigen Bevölkerung rezipiert wurden; »zu den verbreitetsten Büchern gehörte bald die ›Fröschweiler Chronik‹, die noch nach Jahrzehnten in Stadt und Land anzutreffen war«.[82] Auch im bayerischen Raum galt die ›Fröschweiler Chronik‹ neben den ebenfalls bei C. H. Beck verlegten Erinnerungen von Carl Tanera »als Hausbuch der Generation 1890/1914: Wer beide Zeugnisse des Siebziger Krieges kennt, weiß um das Geschehen«.[83] Und noch 1962 wurde in einem kleinen Abriss über Karl Klein die mehr rhetorisch gemeinte Frage gestellt: »Wer von den älteren der heute [!] Lebenden kennt nicht zumindest dem Titel nach die ›Fröschweiler Chronik‹ […]?« Dem Band wurde sogar ein generationenübergreifendes Lesevergnügen zugewiesen: »… von unseren Großvätern konnte der und jener noch erzählen, wie er selbst mit dabeigewesen, damals als MacMahon geschlagen wurde; die meisten unserer Väter hatten das in alle Welt verbreitete Buch auf dem Bücherregal stehen, von der heranwachsenden Jugend wurde es mit Begeisterung verschlungen.«[84]

Trotzdem bleibt es schwierig, den Kreis der Leserschaft einzugrenzen. Die beiden Nachrufe in der Familienzeitschrift ›Daheim‹

und im ›Daheim-Kalender‹ legen nahe, dass sich die Leserschaft dieser Zeitschriften und der ›Fröschweiler Chronik‹ überschneiden.[85] Deren Hauptpublikum lebte überwiegend in Norddeutschland. Selbst Kriegsminister Roon hatte die Zeitschrift zur Lektüre in militärischen Kreisen empfohlen und dementsprechend waren die Blätter vor allem auf die Lesegewohnheiten und -wünsche ihrer preußisch-protestantischen Abonnenten ausgerichtet.[86] Dass der Empfehlung Roons zumindest in einem Einzelfall entsprochen wurde, zeigt eine erhaltene Widmung in einer Ausgabe der ›Fröschweiler Chronik‹ von 1897. Der Regimentskommandeur des preußischen Infanterie-Regiments ›Prinz Friedrich der Niederlande‹ (2. Westfälisches) Nr. 15 Oberst Kremnitz überreichte am 4. März 1898 das Buch dem Sergeanten Schraplan als Bestpreis für die Teilnahme an einem Stenographenlehrgang.[87]

Der Erfolg der ›Fröschweiler Chronik‹ machte sich auch an ihrem Entstehungsort bemerkbar. Das ehemalige Schlachtfeld zwischen Wörth und Fröschweiler wurde im Rahmen des politischen Totenkults im Deutschen Kaiserreich ebenso wie die Schlachtfelder bei Weißenburg und rund um Metz mit zahlreichen Denkmalsetzungen zu nationalen Erinnerungsorten aufgewertet, die sich im späten 19. Jahrhundert zu touristischen Hotspots entwickeln sollten.[88] In Fröschweiler profitierte vor allem die Wirtin Ernestine Westram von diesem Schlachtfeldtourismus. Unmittelbar nach dem Krieg von 1870/71 hatte ihre Familie das eigene Wohnhaus gegen das ehemalige Pfarrhaus getauscht und betrieb in dessen Räumen die Gaststätte »Zur Jägerzusammenkunft«, deren Besuch für viele Schlachtfeldbesucher als Pflicht galt. Dies lag nicht nur an den im Gastraum ausgestellten Fundstücken vom Schlachtfeld oder an der Wirtin, die ihre Gäste über Jahrzehnte hinweg allabendlich mit Geschichten über die Schlacht bei Wörth zu unterhalten wusste, sondern vor allem daran, dass viele Besucher und Besucherinnen das Haus sehen wollten, in dem die ›Fröschweiler Chronik‹ entstanden war.

In seinem 1903 als »Elsässische Wanderfahrten« erschienenen Reisebericht erzählte der Württemberger Paul Dorsch von einem Aufenthalt in Fröschweiler. Nach der Besichtigung der Friedenskirche und dem Besuch der kleinen Ausstellung zur Schlacht von Wörth im Gemeindehaus war er in der »Jägerzusammenkunft« eingekehrt und in ein Gespräch mit einem Arzt aus Karlsruhe verwickelt worden, »dessen vornehmste Ferienfreude ein Besuch auf dem Wörther Schlachtfeld seit Jahren ist«.[89] Als dieser seine Funde vom

Schlachtfeld vor Dorsch ausbreitete, »lag dabei, schön gebunden, ein Exemplar der ›Fröschweiler Chronik‹«. Der Arzt merkte an, dass er »das Buch in Karlsruhe ja wohl um ganz denselben Preis [hätte] kaufen können«, es aber für ihn »einen eigentümlichen Reiz« habe, das »Buch in Fröschweiler selbst erstanden und im Rucksack mit nach Hause gebracht« zu haben.[90]

Für Karl Klein hingegen hatte die große Verbreitung seines Buches nicht nur angenehme Seiten. Einen weiteren Hinweis darauf, dass der Text ursprünglich als Chronik der lokalen Ereignisse angelegt war und dann nur über die bereits geschilderten Umstände zu einem der bekanntesten Titel der kaiserzeitlichen Erinnerungsliteratur an den Krieg 1870/71 wurde, gibt einer der zahlreichen schmalen Führer über das Schlachtfeld von Wörth und Fröschweiler, die Touristen für ihre Rundgänge erwerben konnten. Dessen Verfasser Wilhelm Matthäi wusste in einem kurzen Abschnitt zur »Wirtschaft zur Jägerzusammenkunft« zu berichten, dass sich der Pfarrer Karl Klein und seine Gemeinde über die Drucklegung der ›Fröschweiler Chronik‹ entzweit hätten: »Besonders missfiel, dass er einzelne Gemeindemitglieder mit ihrem Spitznamen nannte, auch sich neue ausdachte. Manche wollten ihn verklagen. Darüber hat er dann seine Stelle aufgegeben und ist nach Bayern gezogen, wo er eine neue Heimat fand.«[91] Die vom Verlag und den Rezensenten betonte Volkstümlichkeit des Werkes mag den Bewohnerinnen und Bewohnern Fröschweilers dann doch zu dokumentarisch, ehrenrührig und vor allem unangenehm gewesen sein. Manch einer fühlte sich durch die detaillierte Schilderung menschlicher Schwächen angesichts der Ausnahmesituation der Schlacht bei Wörth ertappt.

Für den Verlag hingegen war die ›Fröschweiler Chronik‹ ein großer Verkaufserfolg und diesem begegnete C. H. Beck nicht nur mit immer neuen Auflagen, man lockte die Leserinnen und Leser zusätzlich mit weiteren Ergänzungen, Neuauflagen und Nebenprodukten zur ›Fröschweiler Chronik‹. Am Anfang dieser Entwicklung standen Textfragmente aus der Feder Karl Kleins, die unter dem Titel ›Aus den Tagen der Schlacht von Wörth am 6. August 1870‹ als »ungedruckte Skizzen vom Verfasser der ›Fröschweiler Chronik‹« im Anhang zu den Kriegserinnerungen von Theodor Gümbel abgedruckt wurden. Dabei handelte es sich vor allem um einige wenige Kapitel im Stil der ›Fröschweiler Chronik‹, die bestimmte Aspekte der Schlacht von Wörth – z. B. das Besteigen des Kirchturmes am

Morgen des 6. August – vertieften.[92] Zum 25. Jahrestag der Schlacht von Wörth erschien die erste Auflage der ›Fröschweiler Erinnerungen‹, die als ›Ergänzungsblätter zur Fröschweiler Chronik‹ von Karl Kleins Schwester Katharina Klein verfasst worden waren. Die zeitgenössischen Rezensenten lobten den Text über die Schlacht von Wörth als »als ein wahrhaftes Supplement und selbständiges Seitenstück«,[93] wobei der Verfasserin von der späteren Forschung ein Wissen um die größeren Zusammenhänge abgesprochen wurde, dafür spräche sie aber »die ungeschminkte gesunde Volksmeinung um so kräftiger aus«.[94] Ebenfalls zum 25. Jahrestag erschien die erste Auflage der sogenannten ›Illustrierten Prachtausgabe‹, die von dem auf Buchillustrationen spezialisierten Ernst Zimmer mit 15 Doppelvollbildern, 25 Vollbildern und 250 Textillustrationen versehen worden war. Von der mit einem Preis von 10 Mark nicht günstigen Ausgabe verkauften sich ebenfalls mehrere Auflagen mit insgesamt 16 000 Exemplaren. (Abb. 1)

1910 erschien schließlich die erste französischsprachige Ausgabe. Die Übersetzung wurde durch den westschweizerischen Offizier Arthur Delachaux besorgt, das Buch wurde dann ebenfalls in der Schweiz beim Verlag Delachaux & Niestlé in Neuchâtel gedruckt.[95] Damit wurde auch dem Verlangen des Schweizer Buchmarktes nach Erinnerungsliteratur zu 1870/71 entsprochen. Die rezipierte deutschsprachige Memoirenliteratur verherrlichte die glorreichen Feldzüge und zeigte Frankreich in einem düsteren Licht.[96] Die ›Fröschweiler Chronik‹ galt in der Schweiz als Produkt der ansonsten nur sehr schwer zugänglichen französischen [!] Kriegsliteratur, obwohl sie ebenfalls das gewohnte Bild von deutscher Tüchtigkeit und französischer Dekadenz vermittelte.[97]

Während C. H. Beck in Deutschland 1916 die 36. und damit auch letzte Auflage der ›Fröschweiler Chronik‹ herausgab (die letzten Exemplare soll C. H. Beck in den 1960ern verkauft haben)[98] und Karl Kleins Sohn das Buch seines Vaters 1931 noch einmal beim Verlag C. Brügel & Sohn in Ansbach verlegen konnte,[99] erschien in Frankreich die vorerst letzte Ausgabe erst 1987.[100]

Die Rezeption der ›Fröschweiler Chronik‹ äußerte sich aber noch auf anderen Feldern. So wurde Karl Kleins Buch beispielsweise im Kontext der Haager Friedenskonferenz im Jahr 1900 besprochen und als mahnendes Pamphlet gegen den Krieg angeführt.[101] Andere Autoren bemühten Karl Klein als »unverdächtigen Zeugen« in der Auseinandersetzung um die Deutung der Verfassung des französischen Heeres im Krieg 1870/71.[102] Dabei übernahmen die Autoren aber nicht in allen Fällen das differenzierte Bild, das Karl Klein zeichnete. In einem Schulgeschichtsbuch aus dem Jahr 1939 wurde ein Ausschnitt aus der Fröschweiler Chronik ohne Kontextualisierung in dem Kapitel ›Das Zeitalter des zweiten Kaiserreichs und der nationalen Einigung‹ zwischen der Emser Depesche und einer Quelle Napoleons III. über die ›Katastrophe von Sedan‹ eingefügt. Die gewünschte Narration liegt auf der Hand. Anhand der Emser Depesche sollten die Gründe für den Kriegsausbruch erarbeitet werden, der Ausschnitt aus der ›Fröschweiler Chronik‹ beschrieb den desolaten Zustand der französischen Armee, was wiederum zur französischen ›Katastrophe von Sedan‹ führte.[103]

Aber auch künstlerische Auseinandersetzungen mit der ›Fröschweiler Chronik‹ sind nachzuweisen. Am 4. März 1900 fand sich in der Allgemeinen Moden-Zeitung aus Leipzig der Hinweis auf »ein Schauspiel in vier Akten von Ferd. Runkel und Hans von Wentzel« mit dem Titel ›Fröschweiler‹, »das im Berliner Schillertheater einen starken Erfolg errang«.[104] Die Handlung spielte in »Anlehnung an die bekannte Chronik des Pfarrers von Fröschweiler« zur Zeit des Deutsch-Französischen Krieges. In der Adaption ging es »um zwei Brüder, einer in deutschen, der andere in französischen Diensten«. Beide lieben »das Edelfräulein auf Schloss Fröschweiler. Das bildet den Angelpunkt des dramatisch wirksamen Konfliktes. Die Lösung im allgemeinmenschlichen Sinne und der schöne patriotische Zug, der das ganze beherrscht, gewannen dem Schauspiel die Sympathie des Publikums.«[105] Angesichts des Inhaltes der ›Fröschweiler Chronik‹ handelte es sich um eine sehr freie Umsetzung des Stoffes von Karl Klein. Allerdings ist davon auszugehen, dass die meisten Zuschauer die literarische Grundlage kannten, vielleicht sogar dadurch ins Theater gelockt wurden. Dieser »unmittelbare literarische Pflänzling« der ›Fröschweiler Chronik‹ wurde sogar international erfolgreich vermarktet, im Herbst 1900 soll es »von der Direction des New-Yorker Irving Place-Theaters zur sofortigen Aufführung erworben« worden sein.[106]

Nach 1918 verschwindet die ›Fröschweiler Chronik‹ zunächst aus dem öffentlichen Diskurs. Der beschriebene Schulbuchtext und die vergebliche Anknüpfung an den alten Erfolg des Buches durch die von Karl Kleins Sohn Tim Klein initiierte Neuauflage sind die einzigen Nachweise bis 1970. Im Zuge des 100-jährigen Jubiläums fand die ›Fröschweiler Chronik‹ Erwähnungen in Forschungsliteratur und lokalen Zeitungsberichten.[107] Weitere Jubiläen waren Karl Kleins 150. Geburtstag 1988,[108] und der 125. Jahrestag der Schlacht von Wörth 1995. Der Journalist Winfried Lachauer erinnerte in einem großen Artikel in der ZEIT und einer mehrteiligen Lesung im Rundfunkprogramm des WDR an Karl Klein und seine ›Fröschweiler Chronik‹.[109] Insgesamt ist es seit dem Ersten Weltkrieg aber sehr ruhig geworden um die ›Fröschweiler Chronik‹. Die Erinnerungen an die beiden Weltkriege überlagerten die Beschäftigung mit und die Erinnerungskultur an den Krieg 1870/71. Trotzdem hat der Text, obschon er fast 150 Jahre alt ist, nichts von seiner Eindringlichkeit und Anschaulichkeit verloren.

Anmerkungen

* Bei dem Text handelt es sich um eine in Teilen gekürzte, überarbeitete und ergänzte Fassung von Bunnenberg 2012, Haußleiter, S. IX.

1 Haußleiter, S. XII. Biographie Haußleiters in Kähler, S. 129 f.

2 N. N. 1898.

3 Ebd. S. 8.

4 Am 1. 8. 1876 wurde die ›Kreis-, Heil- und Pflegeanstalt bei Kaufbeuren‹ eingeweiht. In den folgenden 50 Jahren hielt sich die Anstalt immer an der Spitze der psychiatrischen Entwicklung. Mit der Einführung des aus England kommenden ›no-restraint‹-Systems, bemühte man sich um die Abschaffung von Zwangsmaßnahmen. Daneben stand eine Politik der offenen Tür, mit dem Ziel, Normalität und Humanität ins Krankenhaus einziehen zu lassen. Die Einführung der Arbeitstherapie und die sogenannte ›offene Fürsorge‹, also der schwerpunktmäßig ambulanten Behandlung der Kranken, kennzeichnen die Entwicklung in den ersten drei Jahrzehnten des 20. Jahrhunderts. Im ›Dritten Reich‹ war die Anstalt ein Ort des nationalsozialistischen Euthanasieprogramms; es wurden mehr als 1500 Menschen ermordet.

5 N. N. 1898, S. 8.

6 Ebd. S. 16.

7 Ebd. S. 15.

8 Ebd. S. 16.

9 Alle Zitate: Ebd. S. 16.

10 Ebd. S. 21.

11 Ebd. S. 24.

12 Becker 2001, Bilder, S. 65.

13 Arand 2008, S. 27.

14 Das Zitat wurde einem Leserbrief von Dr. Christoph Führ in DIE ZEIT, Nr. 35/1995 entnommen. Dieser bezieht sich auf den Artikel von Lachauer, S. 9 ff.

15 Als Beispiel mag das Zitat aus einer Sammlung ›bayerischer Lebensbilder‹ dienen: »Der Pfarrer des Dorfes, Karl Klein – übrigens der Vater des den älteren Münchnern bekannten und unvergessenen Theaterkritikers Tim Klein – hat es unter dem Titel ›Die Fröschweiler Chronik‹ veröffentlicht.« Spengler, S. 181. Ähnlich Zipperer, S. 145 ff.

16 Hier als Beispiel: Gieske, S. 68: »Grundvoraussetzung für Kriegsbegeisterung wird die Annahme gewesen sein, ›der Krieg werde andernorts stattfinden, nicht in den heimischen Gefilden‹, wie es in der ›Fröschweiler Chronik‹ des Dorfpfarrers Karl Klein von 1876 heißt.«

17 Hier als Beispiele: Guggenbühl, S. 228 f.; Baumann/Stroh, S. 141 (u. a.); Meier-Welcker, S. 148.

18 Vgl. Lachauer und Schmolze, S. 14.

19 Vgl. u. a. Spengler, S. 86 und Zipperer, S. 145.

20 Landeskirchliches Archiv der Evangelisch-Lutherischen Kirche in Bayern, Bestand Oberkonsistorium München (OKM): Nr. 4683, 4684, 7356; Bestand PA Theol.: Nr. 2740/2; Bestand Bayerisches Dekanat (BD) Nördlingen: Nr. 572, 574.

21 Bezirkskrankenhaus Kaufbeuren, Fachklinik für Psychiatrie, Psychotherapie, Psychosomatik und Neurologie: Krankenblatt Karl Klein. Klinikum Christophsbad, Göppingen: Krankenblatt Karl Klein.

22 Vgl. Bopp 1960; Fränkel, S. 183 ff.; Braun, S. 202.

23 Hackenschmidt, 1898 S. 687 f.; Ders. 1900, S. 251 f.; Schmolze, S. 14. Notiz zu Todesfall Karl Klein in: Münchner Neueste Nachrichten, 3. 5. 1898, S. 3.

24 Vgl. N. N. 1898.

25 Haußleiter, S. VIII–XII; Klein 1931, S. V–IX.

26 Schriftliche Auskunft des Verlages C. H. Beck an den Verfasser, 8. 4. 2009.

27 Zwischen 1876 und 1916 ist die ›Fröschweiler Chronik‹ in 36 Auflagen erschienen. Die erste Auflage ist nicht mehr greifbar.

28 Vgl. z. B. die Verlagsankündigungen und -hinweise im Einband von Gümbel 1890.

29 Wentzel/Runkel Leipzig 1914. Dazu Pressenotiz aus Allgemeine Moden-Zeitung, Nr. 10, 4. 3. 1900, S. 154.

30 Vgl. u. a. Horning 1900, Westram, Schiler.

31 Vgl. Guggenbühl.

32 Volkmer, S. 120.

33 N. N. 1890, S. 751; N. N.1935, S. 458.

34 Vgl. Stadtarchiv Nördlingen (StAN), Nachlass Oscar Braun (Entwurf, Ein Blatt zur Erinnerung an Dekan Karl Klein – dem Verfasser der ›Fröschweiler Chronik‹ anläßlich seines 150. Geburtstages 1988).

35 Vgl. Klein 1897, S. VIII.

36 Ebd.

37 Vgl. Buschmann, S. 105.

38 Vgl. Koselleck, S. 349 ff. Nach Kosellecks Definition ist Erfahrung die gegenwärtige Vergangenheit, deren Ereignisse einverleibt worden sind und erinnert werden können. Erwartung vollzieht sich hingegen im Heute, ist vergegenwärtigte Zukunft, sie zielt auf das Noch-Nicht, auf das Nicht-Erfahrene, auf das nur Erschließbare.

39 Daniel, S. 93; Mehrkens 2008, S. 16.

40 Buschmann, S. 108.

41 Becker, 2001, Bilder, S. 9.

42 Becker 2001, Kriegserfahrung, S. 157; Buschmann S. 97.

43 Vgl. Buschmann, S. 104; Nissen, S. 60 und Arand 2020.

44 Vgl. Becker, Bilder, S. 24.

45 Vgl. Mehrkens, S. 14.

46 Klein 1880.

47 Der ehemalige Student Theodor Gümbel beispielsweise schreibt 20 Jahre später über seine freiwilligen Krankenpflegerdienste auf den Schlachtfeldern von 1870/71, führt aber auch eine Begegnung mit Karl Klein vor der brennenden Kirche an: »Wir rückten in Fröschweiler ein. […] Der Brand und die Glut waren noch nicht ganz erloschen, als wir vor [der Kirche] standen und uns von dem beredten Ortsgeistlichen, dem nachher so bekannt gewordenen Hrn. Pfarrer Klein, erzählen ließen von dem Elend seiner Pfarrkinder und den Schrecken des Schlachtgetümmels.« Gümbel, S. 29.

48 Umzug des Verlages 1889 von Nördlingen nach München. Die Druckerei des Verlagshauses verblieb aber in Nördlingen. Vgl. C. H. Beck 1963, S. VIII.

49 Hackenschmidt 1898.
50 Vgl. Buschmann, S. 105; Barth, S. 95.
51 Hackenschmidt 1900.
52 Biographisch zu Hackenschmidt vgl. Bronner, S. 362 ff.
53 Bronner, S. 365.
54 Fränkel 1900; Fränkel 1906.
55 Braun, S. 102.
56 Bezzel, S. 384 ff.
57 Vgl. Fränkel 1900; Fränkel 1906; Bopp; Schmolze; Bronner; Braun.
58 Bopp, S. 237.
59 N. N. 1898, S. 24; Hackenschmidt 1898, S. 688.
60 Ebd., S. 21.
61 Krankenakte Karl Klein, Kaufbeuren.
62 N. N.: [Notiz zum Todesfall Karl Klein] Münchner Neueste Nachrichten, 3. Mai 1898, S. 3.
63 Vgl. Hackenschmidt 1898, S. 687.
64 Ebd.
65 Fränkel 1900, S. 263.
66 Ebd.
67 Ebd.
68 Haußleiter, S. VIII.
69 Ebd.
70 Ebd.
71 Ebd.
72 Vgl. Schmolze.
73 Stuttgarter evangelisches Sonntagsblatt, 1872, Nr. 3, S. 19 f.; Stuttgarter evangelisches Sonntagsblatt, 1872, Nr. 9, S. 68 f.; Stuttgarter evangelisches Sonntagsblatt, 1872, Nr. 14, S. 103 f.
74 Schmolze, S. 14.
75 Ebd. Diese Version wird auch gestützt durch das Vorwort von Tim Klein, in: Klein 1931.
76 Ludwigsburger Tagblatt, 21. 10. 1870. Vgl. Bunnenberg 2014, S. 105.
77 Fränkel 1906, S. 186.
78 In diesem Aufsatz werden zitiert: Vorrangig ^{27}1911, ergänzt durch ^{2}1877, ^{15}1898, ^{35}1915, ^{1}1931. Französischsprachige Ausgabe: ^{5}1911, ^{1}1987.
79 Ebenso: ^{1}1896, ^{2}[?]1897.
80 Zöller, S. 13.
81 Diehl Titelblatt.
82 Wittstock, S. 46.
83 Spengler, S. 181; Tanera, 1888.
84 Zipperer, S. 145.
85 Hackenschmidt, 1898; Hackenschmidt 1910.
86 Graf, S. 409.
87 Klein 1897, Einband.
88 Vgl. Wolff 2012.

89 Dorsch, S. 79.
90 Ebd.
91 Matthäi, o. S.
92 Gümbel.
93 Fränkel 1906, S. 189.
94 Bronner, S. 329.
95 Klein, 1911a. Klein, 1931, S. VIII.
96 Mittler, S. 176.
97 Ebd.
98 Schmolze, S. 14.
99 Klein 1931.
100 Klein 1987.
101 Servaes 1900, S. 1. Bunnenberg 2014, S. 91–105.
102 Die Grenzboten, Zeitschrift für Politik, Litteratur [sic!] und Kunst, 51/1892. S. 190.
103 Guggenbühl, S. 226 ff.
104 Allgemeine Moden-Zeitung, Nr. 10, 4. 3. 1900, S. 154; Wentzel/Runkel.
105 Ebd.
106 Fränkel, S. 188.
107 Schmolze; Meier-Welcker.
108 Stadtarchiv Nördlingen, Nachlass Oscar Braun.
109 Vgl. Lachauer.

Ein »Herold deutschen Waffenruhms« – Ernst Zimmer und die Illustrationen der ›Jubelausgabe‹ der ›Fröschweiler Chronik‹

Tobias Arand

Kaum jemand kennt heute noch Künstler jener Gattung, die man im Kaiserreich als ›Schlachtenmalerei‹ bezeichnete. Selbst die damaligen ›Stars‹ ihrer Zunft wie Carl Röchling (1855–1920), Georg Bleibtreu (1828–1892) oder Emil Hünten (1827–1902) sind nur noch wenigen Experten und Expertinnen ein Begriff. Der pseudodokumentarisch-historistische Malstil, die meist plumpe bis verstörende Kriegsverherrlichung und die nationalistische Überhöhung ihrer Bilder stoßen nach zwei Weltkriegen sowie der Diktatur des Nationalsozialismus die meisten Menschen, zumindest in Deutschland, ab. Die Kunst der ›Schlachtenmaler‹ wollte emotionalisieren, zuweilen Hass auf den Feind wecken und ›Werbung‹ für die Institutionen der Monarchie und der Armee machen. Die aus heutiger Sicht verständliche, aber unhistorische Ablehnung übersieht jedoch, dass die Werke dieser Maler ernst gemeint waren und von ihren Zeitgenossen auch ernst genommen wurden. Bei aller künstlerischen Fragwürdigkeit sind auch ›Schlachtenbilder‹ Zeugnisse des vergangenen Geschichtsbewusstseins ihrer Produzenten wie Rezipienten. Sie und ihre Künstler könnten also Quellen für eine heute überholte Sicht auf das Phänomen Krieg und so auch Teil eines Versuchs sein, die Kriege der letzten 150 Jahre in ihre nicht nur militärischen oder politischen, sondern auch emotionalen Kontexte zu rücken.

Biographie Ernst Zimmers

Auch Ernst Zimmer, der Illustrator der ›Jubelausgabe‹ der ›Fröschweiler Chronik‹, ist heute vergessen, obwohl er zeitweise ein überaus bekannter und gefragter Maler seines Genres war. Die aktuellen Kunstlexika kennen Ernst Zimmer nicht[1], wissenschaftliche Aufsätze, gar eine Monographie sucht man vergebens. Eine kurze Würdigung erfuhr Ernst Zimmer zuletzt 1998 in einem Ausstellungskatalog der Museen Bambergs[2]; die Tätigkeit Zimmers als Jugendbuchillustrator findet in einer Schrift zum Thema ›Jugendliteratur im Kaiserreich‹ Erwähnung, die 1992 veröffentlicht wurde.[3] Im Jahr 2004 erschien ein längerer Zeitungsartikel zu Ernst

Abb. 1: Ernst Zimmer, Mein Geburtshaus, Bleistiftzeichnung, datiert 21. 9. 1889, MStB Inv.-Nr. Gr 462/68r.

Zimmer.[4] Seitdem hat sich niemand mehr mit Ernst Zimmer beschäftigt, obgleich ihn seine Zeitgenossen zu »den bedeutendsten Schlachtenmalern Deutschlands« zählten.[5] Zimmers künstlerischer Nachlass ist allerdings nur lückenhaft überliefert und bisher nicht systematisch ausgewertet worden. Dokumente – Fotos, Autographen oder amtliche Schriftstücke –, mit denen man sein Leben vertiefend rekonstruieren könnte, lassen sich nur wenige auffinden, die meisten davon im Stadtarchiv Bamberg und im Bestand der Museen der Stadt Bamberg. Für Informationen zu Zimmers Leben müssen neben einigen wenigen Archivquellen vor allem zeitgenössische Zeitungsartikel und der Rest seines künstlerischen Nachlasses herangezogen werden.

Als Ernst Zimmer 1924 in Bamberg starb, waren die Nachrufe empathisch und voller Trauer. Am 10. Jahrestag seines Todes erinnerte sich die Bamberger Lokalpresse an den Künstler noch immer mit Überschwang: »Heute vor zehn Jahren beschloß in Bamberg der hochbegabte, im ganzen Reich bekannte Kunstmaler Ernst Zimmer seine irdische Wanderschaft.«[6] Zimmer wurde als »Lebenskünstler ersten Ranges und ein warmherziger Mensch« bezeichnet, sein Tod wurde pathetisch-rührselig geschildert: »Genau 60 Jahre alt legte er den Pinsel und die getreue Begleiterin seines Lebens, die Pfeife, weg und verschied in den Armen seiner Gattin.«[7] Schließlich versprach man: »Der Name Ernst Zimmer wird in Bamberg nicht vergessen werden.«[8] Ernst Zimmer wurde am 10. Juni 1864 im niederschlesischen Lorenzberg, Kreis Strehlau (heute Strzelin/Polen) als »erstes Kind armer Bergleute« geboren.[9] Nach anderen Angaben war sein Vater Franz August Zimmer, verheiratet mit Louise Caroline Zimmer, allerdings Hofverwalter.[10] Eine Zeichnung des bäuerlichen Geburtshauses von der Hand Zimmers würde eher zur zweiten Angabe passen. (Abb. 1)

Sein Vater soll als reitender Artillerist im Deutschen Krieg von 1866 gekämpft und dem Sohn »später viel aus dem Soldatenleben« erzählt haben.[11] Rückblickend und legendenbildend heißt es 1934: »Ernst Zimmer hatte vielleicht daher von klein auf eine außerordentliche Vorliebe für alles Militärische; so zeichnete und malte er schon als Schuljunge für sich und seine Kameraden Bilderbogen mit Soldaten und Kanonen […].«[12] Nach der Volksschule sollte Ernst Zimmer nach dem Willen des Vaters als Schäfer arbeiten, doch verhinderte dies womöglich sein Schullehrer, der das künstlerische Talent des Jungen erkannte.[13] Statt Schafe zu hüten, begann Ernst Zimmer eine Ausbildung in der großen Porzellan-Manufaktur von Carl Krister im niederschlesischen Waldenburg (heute Wałbrzych/Polen), bevor er 1880, mit 16 Jahren, in eine weitere Porzellanmanufaktur nach Danzig wechselte.[14] Dort ist er bis 1883 als Porzellanmalerlehrling nachweisbar.[15] Im Danziger Adressbuch von 1884 ist Zimmer dann schon als »Porzellanmaler« nachgewiesen.[16] Neben der Ausbildung zum Porzellanmaler absolvierte Ernst Zimmer mit Hilfe seines Lehrmeisters noch in Abendkursen ein Studium an der Kunstschule Danzig.[17] Seine dortigen akademischen Lehrer sind unbekannt. Anschließend, als »in Danzig Arbeitsmangel eintrat«[18], ging Ernst Zimmer nach Berlin, wo er erstmals im Berliner Adressbuch von 1889 als »Maler f. Kunst- und Gewerbe, Tempelhofer Ufer 14« nachweisbar ist.[19] In Berlin bemalte Zimmer in einer »Galanteriewarenfabrik Fächer, Mappen, Kästchen usw. mit Blumen und Rokokoszenen«, während er »[…] zwischendurch aber jede Gelegenheit benützte, um sich als Militärmaler zu vervollkommnen«.[20] Bereits in der Berliner Zeit soll Ernst Zimmer, wie sich seine Witwe Henriette später erinnerte, ein »fanatischer Militärfreund« gewesen sein.[21] Von der Ableistung eines Pflichtwehrdienstes ist aber bemerkenswerterweise trotz dieser Militäraffinität in keinem der Nachrufe zu Ernst Zimmer die Rede. In Berlin war Zimmer zweimal verheiratet, aus erster Ehe hatte er zwei Kinder.[22] Im Jahr 1893 begegnete Zimmer in

Abb. 2: Einband Tanera, ›Erinnerungen eines Ordonnanz-Offiziers‹, 1896.

Berlin Carl Tanera (1849–1904), einem bayerischen Kriegsveteranen, dessen ›Ernste und heitere Erinnerungen eines Ordonnanz-Offiziers im Jahre 1870/71‹ in zwei Bänden 1887 erschienen waren. Wegen des Erfolgs seines Buches suchte Tanera einen Künstler für eine neue illustrierte Ausgabe und beauftragte damit Ernst Zimmer.[23] Die erste illustrierte Auflage wurde 1895 gefertigt und erschien dann 1896. (Abb. 2)

Im bereits zitierten Rückblick von 1934 heißt es: »Hochbefriedigt von der Durchführung dieser Aufgabe ließ Tanera in der Folge fast seine sämtlichen Werke von Zimmer mit Bildern versehen.«[24] Taneras Zufriedenheit mit Zimmer drückt sich auch im Vorwort des Buches deutlich aus: »Ein Künstler, der, wenn er auch kein Mitkämpfer von 1870 war, es doch vorzüglich versteht, sich in soldatisches Treiben, in kriegerisches Leben hineinzudenken […].«[25] »Das Jahr 1895 brachte Zimmer völlig in den Sattel«, heißt es daher mit Recht im Nachruf auf den Künstler. In der Tat folgten anschließend zahlreiche weitere Bücher des für einige Jahre vielgelesenen Tanera, die Zimmer illustrierte. Darunter waren weitere Bücher zum Krieg von 1870/71[26], zum Kolonialkrieg in China[27], zu den Kriegen Ludwigs XIV.[28], aber auch Abenteuerromane für Jugendliche über Luftschiffer[29], das Leben in Arabien[30] oder Reisen durch Afrika[31]. Zimmer illustrierte allein zwischen 1895 und 1914 56 Jugendbücher Taneras und anderer Autoren.[32] Taneras erste Erfolgsbücher erschienen bei C. H. Beck

Abb. 3: Umschlag zu Arand, 1870/71, unter Verwendung eines Bildes von Louis Braun.

in München. Der Verlag suchte für eine ›Jubelausgabe‹ der bis zu diesem Zeitpunkt überaus erfolgreich bei Beck verlegten ›Fröschweiler Chronik‹, die 1897 anlässlich des 100. Geburtstags des 1888 verstorbenen Kaisers Wilhelm I. erscheinen sollte, einen Illustrator. Dass der Verlag auf den durch Taneras ›Erinnerungen‹ bewährten Zimmer zurückgriff, kann nicht weiter überraschen. In einem der Nachrufe zu Zimmers Tod heißt es: »Die Verlagsanstalt Beck, München, ließ Zimmer die durch ihren ernsten, packenden Text weltberühmte ›Fröschweiler Chronik‹ vom Pfarrer Klein illustrieren.«[33] Zimmers Arbeit an der ›Jubelausgabe‹ wurde so noch im Jahr 1924 ganz besondere Bedeutung beigemessen.

Zum Zeitpunkt der Arbeit an der ›Fröschweiler Chronik‹ befand sich Ernst Zimmer bereits in München. Auf einer »militärischen Feier«[34] hatte er Louis Braun (1836–1916) kennengelernt. Braun war Professor an der ›Akademie der bildenden Künste München‹ und ein anerkannter Historien- und Schlachtenmaler. Braun wurde insbesondere durch seine großen Schlachtenpanoramen berühmt und selbst heute finden sich noch Bilder von ihm auf Einbänden zu militärgeschichtlichen Büchern. (Abb. 3)

Braun machte Zimmer »mit der Monumentalmalerei bekannt«.[35] Im Jahr 1903 zog Zimmer allerdings aus heute nicht mehr ermittelbaren »familiären Gründen«[36] nach Bamberg.[37] Neben Buchillustrationen, die Zimmer weiter fertigte, verlegte er sich jetzt auf großformatige,

Abb. 4: Ernst Zimmer bei der Arbeit an einem Schlachtengemälde, Foto, undatiert, StAB BS (B) + 483 Zimmer, Ernst – H1 B3.

farbige Schlachtengemälde, die er in der Regel im Auftrag verschiedener Regimenter für Offizierscasinos anfertigte.[38] (Abb. 4)

Doch auch Auftragsarbeiten für den bayerischen Prinzregenten Luitpold und großformatige Schlachtendioramen gehörten in dieser Zeit zu seinen Aufgaben.[39] In den Jahren vor dem Ersten Weltkrieg befand sich Ernst Zimmer auf dem Zenit seines Erfolgs. Ein Besuch des bayerischen Prinzregenten, späteren Königs Ludwig III., am 16. Juni 1912 in Bamberg (Abb. 5) bezeugt die damalige Popularität des Künstlers. Für Ludwig III. fertigte Zimmer wohl auch Porträts an, die heute verloren sind. In die Zeit seines Erfolgs fiel auch die Verleihung der ›Goldenen Ludwigsmedaille für Wissenschaft und Kunst‹ an Ernst Zimmer.[40]

Bei Beginn des Ersten Weltkriegs meldete sich Ernst Zimmer als Kriegsmaler und wurde in die Abteilung III b beim Generalstab

Abb. 5: Besuch Ludwigs III. am 16. 6. 1912 bei Ernst Zimmer in Bamberg, StAB BS 483-I.

aufgenommen. Anfang September 1914 wurde er dem Armeeoberkommando der 6. Armee zugeordnet und war somit an der Westfront tätig.[41] Die 6. Armee wurde vornehmlich aus bayerischen Einheiten gebildet und da Zimmer seit 1912 die bayerische Staatsangehörigkeit besaß[42], war seine Abordnung zur 6. Armee naheliegend. Wegen eines Augenleidens musste er 1917 die Tätigkeit wieder beenden.[43] Über Zimmers weitere Reisewege und genaue Tätigkeiten an der Front ist bisher nichts bekannt. Zimmer fertigte jedoch ab 1914 zahlreiche Darstellungen des Kriegsgeschehens an, die wohl vor allem in Zeitschriften publiziert wurden und Kampfszenen in Flandern und Frankreich zeigten.[44] Skizzen im Nachlass zeigen ebenfalls ausschließlich Szenen aus Flandern und von der nordostfranzösischen Front, was zu den Einsatzorten der 6. Armee passt.

Die deutsche Niederlage im Weltkrieg bedeutete offensichtlich das Ende des beruflichen Erfolgs Ernst Zimmers. An seinem Lebensende erkrankte Zimmer schwer und geriet in finanzielle Not. Die genauen Gründe hierfür lassen sich nicht mehr ermitteln. Vermutlich bestand nach der Niederlage kein Bedarf mehr an naiv verherrlichenden Schlachtenbildern, zumal die bisherigen Auftraggeber, Fürsten und Regimenter, nicht mehr zur Verfügung

Abb. 6: Ernst Zimmer, Farbiger Entwurf für einen Notgeldschein der Stadt Bamberg, Aquarell, 1923, MSB Inv.-Nr. Gr 462/208.

standen. Zimmer musste jedenfalls mehrfach einen Offenbarungseid leisten.[45] Er hielt sich u. a. mit Entwürfen von Notgeld für die Stadt Bamberg über Wasser. (Abb. 6) Möglicherweise hatte auch die Hyperinflation des Jahres 1923 Zimmers letztes Vermögen aufgezehrt. Kurz vor seinem Tod erschien ein Zeitungsaufruf, in dem sogar um Hilfe für den Künstler gebeten werden musste: »Er ist leider krank und in bedrängter Lage. Er hat sein ganzes Leben Idealen geopfert und nie daran gedacht, Schätze zu sammeln. Jetzt klopft der Mangel an seine Tür.«[46] Zimmer starb schließlich verarmt am 16. Juli 1924.[47] Seine dritte Frau, Henriette, geborene Meister, heiratete Zimmer nur wenige Monate vor seinem Tod, vermutlich um sie zur Erbin seiner Kunstwerke einzusetzen und ihr so finanziell eine gewisse Absicherung zu ermöglichen.[48] Zur Beerdigung Zimmers am 18. Juli 1924 erschienen zahlreiche Trauernde, darunter viele Offiziere der Bamberger Regimenter. Die Regimentsmusik spielte bei der Grablegung. In der Totenrede hieß es über Zimmer: »[…] getreu war er seinem deutschen Vaterlande, getreu bis zum letzten Augenblick seinem Glauben, seiner Kirche«.[49]

Wie bei der Grabrede, wird auch in den Nachrufen und den Rückblicken anlässlich des 10. Todestages stets auf die ›patriotische Gesinnung‹ Zimmers verwiesen. Seine Meldung als Kriegsmaler, mit der er

Bayerische Einwohner-Wehr.

Nicht übertragbar.

Wehrmanns-Ausweis
zugleich
Verpflichtungs- und Waffenschein.

Einw.-Wehr: ... Nr. d. Wehrliste: ...
Vor- und Zuname: ...
Geburtsort und Datum: ...
Beruf: ...
Wohnort: ...
Inhaber erkennt die Satzungen des Landes-Verbandes der Einwohner-Wehren Bayerns als verbindlich an; insbesondere übernimmt er gemäß § 6 dieser Satzungen als Wehrmann alle aus dem Wesen und Zweck der E.W. sich ergebenden Pflichten.
Ort und Datum: 25. 9. 20.
Für den Landesverband: Der Wehrmann:
Führer. Ernst Zimmer

Inhaber ist berechtigt zum Besitz und Tragen folgender Waffen u it Munition:
Gewehr Nr.: ... Karabiner Nr.: ... Privatwaffen: ...
Munition: 30 Patronen.

Abb. 7: Ernst Zimmers ›Wehrmanns-Ausweis‹ der ›Bayerischen Einwohner-Wehr‹, 1920, StAB BS 483-I.

sich in den Dienst der Armee stellte, wird sicher berufliche Gründe gehabt haben, zeugt aber auch von einer hohen Identifikation mit Kaiser und Reich. Nur wenige Wochen vor Kriegsende stellte der damals immerhin schon 54-jährige Zimmer beim Kriegsministerium sogar einen Antrag, als Landsturmmann noch in den Kampf ziehen zu dürfen. Erst am 22. November 1918 erhielt Zimmer eine Absage, da man im Kriegsministerium das Gesuch mit Recht »durch die Ereignisse als überholt« betrachtete.[50] Auch Zimmers Witwe bestätigte den Kummer des verhinderten Kriegshelden und Monarchisten nach 1918: »Der unglückliche Kriegsausgang traf den glühenden Patrioten besonders schwer.«[51] Betrachtet man eines der wenigen überlieferten Fotos Zimmers, das ihn im Jahr 1920 auf seinem Ausweis der republikfeindlichen ›Bayerischen Einwohner-Wehr‹ zeigt (Abb. 7), sieht man einen frühzeitig gealterten Mann mit derart verhärmten Zügen, dass die Charakterisierung der Witwe nachvollziehbar wird. Ob Zimmer tatsächlich ein früher Nationalsozialist war, wie es in einem weiteren Beitrag anlässlich des 10. Todestages des Künstlers hieß, kann heute aufgrund der Quellenlage nicht mehr eindeutig gesagt werden. Die Charakterisierung Zimmers, der weit vor der Machtübernahme Hitlers starb und die Verbrechen des Regimes nicht mehr erleben musste, könnte auch der Versuch der rückwirkenden Vereinnahmung eines allerdings ideologisch vermutlich wenigstens anschlussfähigen Mannes gewesen sein: »Von einem Künstler soll hier nochmals die Rede sein, der als einer der ersten Anhänger der nationalsozialistischen Bewegung in Bamberg lebte und starb. In der Zeit nach dem Kriege war er unermüdlich tätig für die nationale Erhebung, immer bestrebt, das Volk aufzurütteln. 1922/23 schuf er eine Reihe von Porträts unseres Führers Adolf Hitler und des damals noch auf unserer Seite stehenden Generals Ludendorff. Im Mahrsbräukeller in Bamberg, wo eine kleine Gruppe Gleichgesinnter ihr Stammlokal hatte, hängen außer Vorgenannten noch die Bilder Hindenburgs, des Alten Fritz, Bismarck und anderer, welche Zimmer anläßlich eines von ihm veranstalteten ›Deutschen Tages‹ dem Stammtisch stiftete.«[52] Die Porträts Hitlers und Ludendorffs sind nicht überliefert, allerdings gibt es eine undatierte und nicht betitelte Porträtskizze Ernst Zimmers aus seiner Zeit als Kriegsmaler an der flandrischen und französischen Westfront, die den damals noch unbekannten Gefreiten Hitler vom bayerischen ›Regiment List‹ zeigen könnte. (Abb. 8) Schriftliche Quellen liegen hierzu jedoch nicht vor, sodass hier die Grenze des Spekulativen erreicht ist. Das angesprochene Gemälde des Generalfeldmarschalls Paul von Hindenburg von der Hand Zimmers liegt allerdings vor.[53] Der Verbleib der Bilder Bismarcks und König Friedrichs II. ist unbekannt.[54] Eine Mitgliedschaft Ernst Zimmers in der NSDAP ist nicht nachweisbar.[55]

Die überlieferten Werke Zimmers zeigen zwar eindeutig eine so nationalistische wie parteiische Sicht auf die deutsche Geschichte, und auch seine Ablehnung der Versailler Nachkriegsordnung ist in Bildern greifbar (Abb. 9). Diese Ablehnung teilte Zimmer jedoch mit der klassen- und parteienübergreifenden Mehrheit der Deutschen. Explizit rassistische und antisemitische Motive finden sich in den Kriegsdarstellungen jedenfalls nicht, obwohl Zimmer immer wieder auch Menschen anderer Hautfarbe, vor allem Afrikaner in den französischen Kolonialtruppen, mit exotistischer Faszination und auch Herablassung malte und zeichnete. Ein superiorer Blick auf Afrikaner war für den durchschnittlichen Europäer des 19. Jahrhunderts allerdings nichts Ungewöhnliches, sondern eher unhinterfragt Normales. Gerade in der ›Jubelausgabe‹ der ›Fröschweiler Chronik‹ zeigt Zimmer aber auch die Turkos vor allem als leidende Menschen.

Abb. 8: Ernst Zimmer, Porträtskizze eines Unbekannten (Adolf Hitler?), Bleistiftzeichnung, undatiert (zwischen 1914 und 1917), MSB Inv.-Nr. Gr 462/228.

Abb. 9: Ernst Zimmer, Erinnerungsblatt ›Zur Erinnerung an die Zweihundertjahrfeier des Kgl. Bayer. 5. Inf. Regt. Großherzog Ernst Ludwig von Hessen Bamberg 15.–18. Juli 1922‹, Buch- und Kunstdruckerei J.M. Reindl, Bamberg, StAB BS 483-I.

Henriette Zimmer überlebte ihren Mann um vierzehn Jahre. Sie starb am 10. August 1938. Für die Finanzierung ihres Lebensabends musste sie 1930 Zimmers umfangreiche Waffen- und Uniformsammlung an einen »Pastor Breithaupt« in Besenthin bei Stettin für 1200 RM verkaufen.[56] Noch 1934 verkaufte die Witwe Bilder Zimmers zu »mäßigen Preisen«.[57] Die Reste des von Henriette Zimmer bis dahin noch nicht veräußerten Nachlasses, einige Gemälde, vor allem aber Skizzen, vererbte sie der Stadt Bamberg.

Die Illustrationen Ernst Zimmers für die ›Fröschweiler Chronik‹

Im Beitrag einer Lokalzeitung zu Ernst Zimmers 60. Geburtstag heißt es: »Zimmer legt hohen Wert auf geschichtliche Wahrheit seiner Bilder. Monatelange Studien gehen voraus. Er kennt genauestens die Uniformierung aller Regimenter in Gegenwart und Vergangenheit. Sein Atelier gleicht einem kleinen Museum, in dem die verschiedenen Uniformstücke, Waffenausrüstungen und Fahnennachbildungen wohlgeordnet untergebracht sind. Auch das Gelände zu seinen Bildern studiert Zimmer eingehendst, teils aus Generalstabskarten und Photographien, teils durch Augenscheinnahme. Auch über die Tageszeiten, ob die Sonne schien, ob es regnete, unterrichtet er sich in jedem Falle. (…) Er ist ein Herold deutschen Waffenruhms, dessen Bilder einen Mahnruf an die deutsche Jugend darstellen.«[58] Nur wenige Wochen später, nach Zimmers Tod, heißt es in einem Nachruf des Bamberger Tagblatts: »Der hohe Wert der Zimmerschen Schlachtenbilder liegt aber auch in der ausgezeichneten Gruppierung, der Lebendigkeit der Darstellung und der Plastik. Er legt großen Wert auf Naturtreue. In der Tat machen manche seiner Arbeiten den Eindruck, als wären die Ereignisse mit dem photographischen Apparat festgehalten.«[59] Tatsächlich hat Ernst Zimmer bei seinen Darstellungen nichts dem Zufall überlassen. Um seine Schlachtenbilder so exakt wie möglich gestalten zu können, legte sich Zimmer den schon erwähnten, 763 Posten umfassenden Waffen- und Uniformfundus an.[60] Soldaten der Bamberger Regimenter ließ Zimmer in den Uniformen und Waffen der Sammlung posieren, um sie skizzieren oder in einzelnen Szenen gruppieren zu können.[61] (Abb. 10–11)

Um auch die Landschaften detailgetreu abbilden zu können, reiste Zimmer zu den ehemaligen Schlachtfeldern und machte sich genaue Skizzen. Auch Fröschweiler hat Zimmer besucht, um den Ort

Abb. 10: ›Mannschaften der 2. Komp. 5. Bayer. Infant.Regt., welche aus Anlaß des Besuchs Sr. Kgl. Hoheit des Prinzen Ludwig von Bayern in der alten Jägerausrüstung vom Jahre 1870 und 1866 als Ehrenposten aufgestellt waren‹, Foto 16. 6. 1912, StAB BS 483-I.

Abb. 11: Ernst Zimmer, Soldatenskizzen in unterschiedlichen Positionen, Bleistiftzeichnung, undatiert, MSB Inv.-Nr. Gr. 462/96.

Abb. 12: Porträtfoto Ernst Zimmers, undatiertes Studiofoto, StAB BS (B) + 483 Zimmer, Ernst – H2 B1.

Abb. 13: Ernst Zimmer, Skizze Fröschweiler, Blick von Osten, Bleistiftzeichnung, undatiert, MSB Inv.-Nr. Gr 462/234.

detailliert für Pfarrer Kleins Chronik abbilden zu können. (Abb. 13) Neben den Skizzen Fröschweilers, bezeugt dies auch das Vorwort der ›Jubelausgabe‹: »Um Land und Leute des Elsasses getreu der Natur wiederzugeben, nahm der Künstler wiederholt Aufenthalt in Fröschweiler, und kein besseres Lob wünscht er sich, als daß Bild und Worte einander nicht unebenbürtig befunden werden möchten.«[62]

Ernst Zimmer stilisierte sich bewusst nach außen hin als akribischer Künstler, der sich selbst vor Ort ein Bild machte, um seinem Werk so die Aura des Authentischen verleihen zu können. Ein undatiertes Studiofoto zeigt ihn in halbmilitärischer Wanderkleidung, mit Feldstecher, Wasserflasche, Tornister, Wanderstock, der schon erwähnten Pfeife und Skizzenblock. (Abb. 12)

Für die ›Jubelausgabe‹ der ›Fröschweiler Chronik‹ nutzte Zimmer neben seinen Skizzen und Feldstudien auch fotografische Vorlagen. So ist das Rathaus von ›Sauerhofen‹ (Wörth) eindeutig von dem Foto abgezeichnet, das sich auch in Friedrich Schilers Darstellung zur Schlacht von Wörth finden lässt.[63] (Abb. 14–15) Auch bei abgebildeten Personen musste sich Zimmer zwangsläufig mit Fotografien behelfen, da die Protagonisten der Fröschweiler Ereignisse 1897 zum Teil bereits verstorben waren. Für die Darstellung des 1897 bereits schwer psychisch erkrankten Pfarrers Klein bediente sich

Abb. 14: Foto Rathaus von Wörth, in: Schiler, S. 31.

Abb. 15: Ernst Zimmer, Menschen vor dem Rathaus von Sauerhofen (Wörth), in: Klein 1897, S. 23.

Abb. 16: Ernst Zimmer, Pfarrer Klein vor der zerstörten Kirche von Fröschweiler sitzend, Federzeichnung, in: Klein 1897, S. 261.

Zimmer des einzig bekannten Fotos, das auch der nichtillustrierten Ausgabe der Chronik beigegeben war. Einmal wird das Lichtbild mit leichter Variierung der Körperhaltung in eine andere Szenerie montiert (Abb. 16), an anderen Stellen wird mehrfach nur der vom Foto bekannte Kopf Kleins mit völlig anderen Körperhaltungen kombiniert.

Als Zimmer im Jahr 1897 die ›Jubelausgabe‹ der ›Fröschweiler Chronik‹ mit ›15 Doppelvollbildern, 25 Vollbildern und 250 Zeichnungen‹ illustrierte, war er noch nicht Louis Braun begegnet, der ihn zum Schlachtenmaler ausbildete. Er war erst seit kurzer Zeit als Buchillustrator etabliert. Betrachtet man sein Gesamtwerk, muss man sagen, dass seine Stärken eher in der Illustration als in der Malerei lagen. Die Zeichnungen sind detailliert, häufig anekdotisch-lebendig und zuweilen sogar ironisch. Der Blick auf den ›Feind‹ ist parteiisch, aber nicht verletzend. Die Grausamkeiten, die Karl Klein schildert, werden in Zimmers Zeichnungen glaubhaft abgebildet. Zimmer geht nicht so weit, von Granaten grässlich verstümmelte Körper zu zeigen, aber seine Toten- und Verwundetenbilder sind dennoch teilweise so erschreckend, dass sie beim besten Willen nicht als kriegsverherrlichend angesehen werden können.

Anders sieht es bei den in Graustufen gefertigten Gouachen in den Doppelvollbildern und Vollbildern der ›Jubelausgabe‹ aus. Hier werden Monarchie und Militär deutlich unkritischer abgebildet, dazu kommt eine zuweilen aus heutiger Sicht süßliche Sentimentalität. (Abb. 17) Den späteren Schlachtengemälden und insbesondere den Weltkriegsbildern fehlt ein eigener Ausdruckswille, vor allem aber zeigen sie genau jene naive Kriegs- und Kaiserverherrlichung wegen der die ›Schlachtenmaler‹ heute so vergessen und verdrängt sind.

Als Buchillustrator aber hatte Ernst Zimmer so viel Format, dass er es verdient hat, nach Jahren des Vergessenseins wiederentdeckt zu werden.

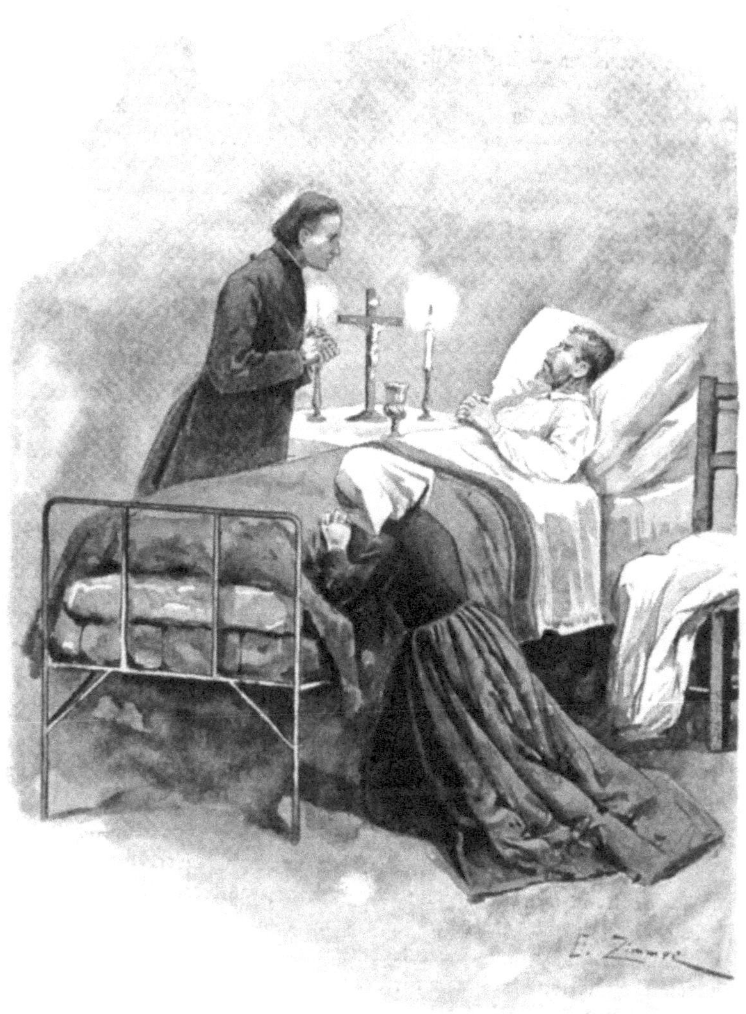

Abb. 17: Ernst Zimmer, Der sterbende Lehrer, Gouache, in: Klein 1897, S. 241.

Anmerkungen

1 Der sehr knappe Eintrag in Thieme-Becker 1999, Bd. 36, S. 503, stammt tatsächlich aus dem Jahr 1947. Seitdem ist keine substantielle Forschung zu Person und Werk Ernst Zimmers mehr bekannt.

2 Pfändtner, S. 151.

3 Ries, S. 900 f., dort auch eine Kurzbiographie.

4 Vgl. Schubert.

5 Bamberger Tagblatt v. 17. 7. 1924, Ernst Zimmer †, o. S., StAB ZA 2.

6 Fränkisches Volk – Bamberger Tagblatt v. 16. 7. 1934, Zum Gedächtnis, o. S., StAB BS 483-I.

7 Ebd.

8 Ebd.

9 Fränkisches Volk – Bamberger Tagblatt v. 16. 7. 1934, Ein leidenschaftlicher Kämpfer, o. S., StAB BS 483-I.

10 Vgl. Brief Theuerer an Hanemann v. 4. 4. 2002 unter Bezugnahme auf StAB C 9, 58a, MSB, Akte Zimmer.

11 Vgl. ebd.

12 Ebd.

13 Vgl. ebd.

14 Vgl. Bamberger Tagblatt v. 17. 7. 1924, Ernst Zimmer †, StAB ZA 2 sowie Handschriftliche Erinnerungen von der Hand Henriette Zimmers, 2 Blatt, undatiert, StAB BS 483-I.

15 Vgl. Urkunden der III/IV. Ausstellung von Lehrlings-Arbeiten in Danzig für den »Porzellanmalerlehrling« Ernst Zimmer v. 7. 3. 1881 und 15. 4. 1883, StAB BS 483-I.

16 Adressbuch Danzig 1884, Teil I, S. 200.

17 Vgl. Thieme-Becker, S. 503 und Fränkisches Volk – Bamberger Tagblatt v. 16. 7. 1934, Ein leidenschaftlicher Kämpfer, o. S., sowie Handschriftliche Erinnerungen von der Hand Henriette Zimmers, 2 Blatt, undatiert, StAB BS 483-I.

18 Handschriftliche Erinnerungen von der Hand Henriette Zimmers, 2 Blatt, undatiert, StAB BS 483-I.

19 Adressbuch Berlin 1889, S. 1330.

20 Fränkisches Volk – Bamberger Tagblatt v. 16. 7. 1934, Ein leidenschaftlicher Kämpfer, o. S. StAB BS 483-I.

21 Handschriftliche Erinnerungen von der Hand Henriette Zimmers, 2 Blatt, undatiert, StAB BS 483-I.

22 Vgl. Brief Theuerer an Hanemann v. 4. 4. 2002, MSB, Akte Zimmer. Die erste Ehe mit Christiane, geb. Büttner, die zweite Ehe mit Margarethe, geb. Benver. Die Kinder hießen Gertrud, geb. 1890 und Erhard, geb. 1892.

23 Vgl. Harth, o. S.

24 Fränkisches Volk – Bamberger Tagblatt v. 16. 7. 1934, Ein leidenschaftlicher Kämpfer, o. S. StAB BS 483-I.

25 Tanera, Erinnerungen, o. S.

26 U. a. Tanera, Raupenhelm und Pickelhaube.

27 Tanera, Aus der Prima nach Tientsin.

28 Tanera, Wolf der Junker.

29 Tanera, Rastlos vorwärts.

30 Tanera, Araberfritz, vgl. auch Harth 1924, o. S.

31 Tanera, Vom Nordkap zur Sahara.

32 Vollständige Liste der kaiserzeitlichen Jugendbücher, die Zimmer illustriert hat, bei Ries, S. 990 f.

33 Harth, o. S.

34 Ebd.

35 Ebd.

36 Handschriftliche Erinnerungen von der Hand Henriette Zimmers, 2 Blatt, undatiert, StAB BS 483-I.

37 In den Erinnerungen der Witwe Zimmer wird das Jahr 1902 angegeben, die polizeiliche Meldung in Bamberg erfolgte aber erst im August 1903; vgl. Handschriftliche Erinnerungen von der Hand Henriette Zimmers, 2 Blatt, undatiert, StAB BS 483-I und Brief Theuerer an Hanemann v. 4. 4. 2002 unter Bezugnahme auf StAB C 9, 58a, Akte Zimmer, MSB.

38 Handschriftliche Auflistung einiger Gemälde in Offizierscasinos in StAB BS 483-I.

39 Vgl. Harth, o. S.

40 Vgl. Handschriftliche Erinnerungen von der Hand Henriette Zimmers, 2 Blatt, undatiert, StAB BS 483-I.

41 Vgl. Ausweis als Schlachtenmaler, 3. 9. 1914, StAB BS 483-I.

42 Vgl. Brief Theuerer an Hanemann v. 4. 4. 2002 unter Bezugnahme auf StAB C2, Nr. 3130, MSB, Akte Zimmer.

43 Vgl. entsprechendes Schreiben April 1917, StAB BS 483-I.

44 Vgl. Handschriftliche Erinnerungen von der Hand Henriette Zimmers, 2 Blatt, undatiert, StAB BS 483-I.

45 Vgl. Brief Theuerer an Hanemann v. 4. 4. 2002 unter Bezugnahme auf StAB C9, 58a, MSB, Akte Zimmer.

46 Augsburger Abendzeitung v. 12. 6. 1924, Herold, o. S.

47 Todesanzeige im Bamberger Tagblatt v. 17. 7. 1924, o. S., StAB ZA 2.

48 Vgl. Brief Theuerer an Hanemann v. 4. 4. 2002 MSB, Akte Zimmer. Die Eheschließung erfolgte am 3. 3. 1924.

49 Bamberger Tagblatt v. 19. 7. 1924, Grableite, o. S., StAB ZA 2

50 Brief des Kriegsministeriums, Nachrichten-Abteilung Nr. 475/11.18. Z 3 II. Ang. v. 22. 11. 1918 in StAB BS 483-I.

51 Handschriftliche Erinnerungen von der Hand Henriette Zimmers, 2 Blatt, undatiert, StAB BS 483-I.

52 Fränkisches Volk – Bamberger Tagblatt v. 16. 7. 1934, Ein leidenschaftlicher Kämpfer, o. S. StAB BS 483-I.

53 MSB Inventar-Nr. 297 D.

54 Eine schriftliche Anfrage an die Brauerei Mahr in Bamberg v. 27. 8. 2020 blieb leider unbeantwortet.

55 Kein Eintrag in der NSDAP-Mitgliederkartei, Brief des BArch v. 22. 9. 2020.

56 Kaufvertrag im StAB BS 483-I.

57 Fränkisches Volk – Bamberger Tagblatt v. 16. 7. 1934, Ein leidenschaftlicher Kämpfer, o. S., StAB BS 483-I.

58 Augsburger Abendzeitung v. 12. 6. 1924, Geburtstag, o. S., StAB BS 483-I.

59 Harth, o. S.

60 Übersicht über jedes einzelne Stück in StAB BS 483-I.

61 Gespräch mit Dr. Johannes Willers, Nürnberg, v. 8. 6. 2020.

62 Klein, 1897, S. VII.

63 In Schilers Buch wiederum finden Zeichnungen und Gouachen Zimmers aus Taneras ›Erinnerungen‹ Verwendung, z. B. Schiler, S. 69 aus Tanera, Erinnerungen, S. 46.

Karl Klein

Fröschweiler Chronik

Kriegs- und Friedensbilder
aus dem Jahr 1870

Erläuterungen zur Textedition und Kommentierung

Die kommentierte Neuausgabe folgt der 30. Auflage der ›Fröschweiler Chronik‹[1], die 1912 in München bei der C. H. Beck'schen Verlagsbuchhandlung erschien. Diese mit Ausnahme eines Porträts des Verfassers und einer farbigen Karte des Schlachtverlaufs im Anhang nicht bebilderte Ausgabe war gemeinsam mit den weiteren in diesem Format in den Jahren 1910 bis 1916 erschienenen identischen Auflagen die populärste. Die Ausgaben von 1910 bis 1916 – 25. bis 36. Auflage – können als ›Volksausgaben‹ der ›Fröschweiler Chronik‹ verstanden werden. Noch heute lassen sich vor allem diese Auflagen in deutschen Antiquariaten finden. Auch die rasche Folge der Auflagen spricht für eine besonders weite Verbreitung dieser Version der Chronik. 1911 erschien die 27. Auflage, während ein Jahr danach bereits die 30. Auflage erschien; 1914 wurde bereits die 34. Auflage publiziert. 1931 gelang Karl Kleins Sohn Tim (1870–1944) eine letzte Herausgabe der Chronik beim Verlag C. Brügel und Sohn im fränkischen Ansbach.

Die Popularität dieser Ausgaben lässt sich neben dem Inhalt auch mit dem vergleichsweise günstigen Preis von 2 Mark 80 erklären. Auch das Buchformat von 13,5 x 19 cm war handlich und damit ein weiteres Argument für die weite Verbreitung dieser Ausgabe der Chronik. Diese ließ sich so problemlos einstecken und unterwegs bei jeder Gelegenheit lesen.

Der Einband besteht aus unempfindlichem und knickfestem hellgrau-sandfarbenen Halbleinen; das Titelbild zeigt in schwarzem Druck eine nach oben gerichtete Fackel vor dunklem Hintergrund. (Abb. 1) Sie symbolisiert die auch von Klein in der Chronik angesprochene Kriegsfackel. Zugleich war die aufrecht gehaltene Fackel in der Antike auch Symbol des Lebens, während die gesenkte Fackel ein Todessymbol darstellte. Die Fackel erhebt sich über antikisierenden ionischen Voluten; eingerahmt wird sie von zwei Palmwedeln. Der Palmzweig, in der Antike Attribut der Siegesgöttinnen Nike bzw. Victoria, ist hier sicher in christlicher Deutung als Symbol des ewigen Lebens oder auch des Märtyrertodes zu verstehen.

1 Karl Klein: Fröschweiler Chronik. Kriegs- und Friedensbilder aus dem Jahr 1870. München 30. Auflage 1912 (C.H. Beck'sche Verlagsbuchhandlung/ Oskar Beck).

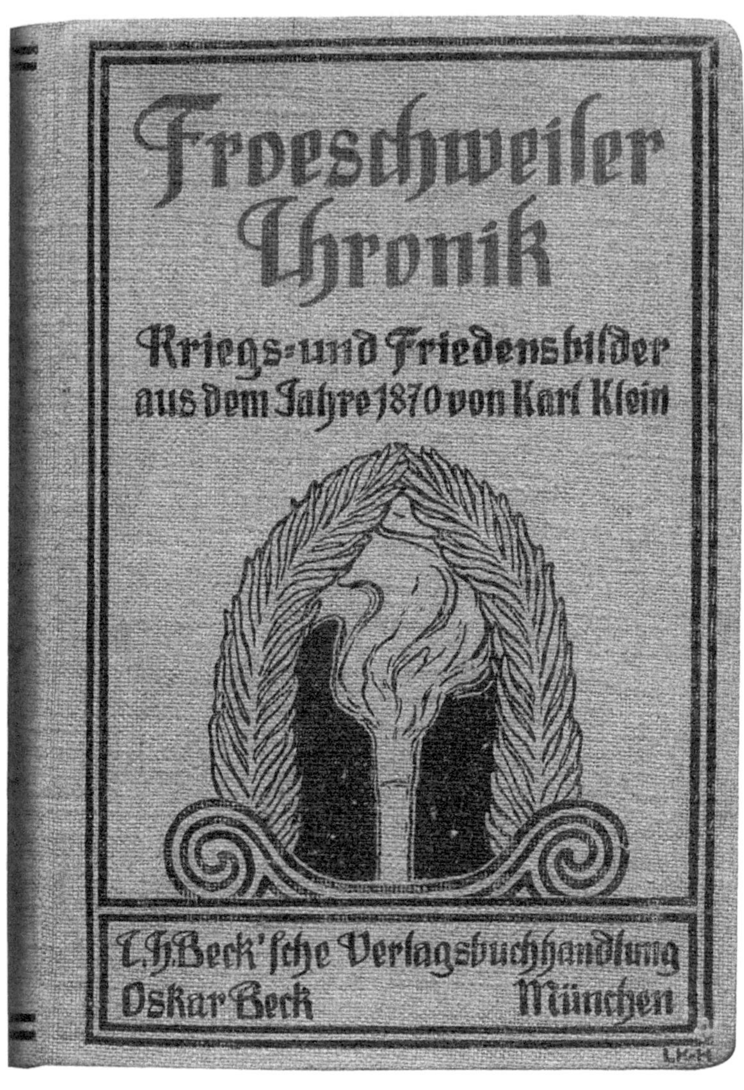

Abb. 1: Titeleinband der ›Fröschweiler Chronik‹, 30. Auflage, München 1912.

Der Titel des Buches ›Fröschweiler Chronik‹[2] ist in größerer Schrift und in ochsenblutroter Farbe gedruckt. Kleiner und in Schwarz gedruckt finden sich Untertitel und Verlagsinformationen. Ein von zwei Linien gebildeter umlaufender schwarzfarbiger Rahmen umschließt Emblem und Text. Der Kopfschnitt ist ebenfalls ochsenblutrot gefärbt. Auf dem Buchrücken ist lediglich in schwarzer Frakturschrift der Buchtitel ohne Untertitel vermerkt, wobei das ›F‹ und das ›C‹ im Stil mittelalterlicher Initialen rot gedruckt sind.

Das Papier des Buches ist grobes, holzhaltiges, leicht gelbliches Papier. Gesetzt ist das Buch in Frakturschrift. Lediglich französische Begriffe sind in Antiqua gesetzt. Der Text jeder Buchseite ist ebenfalls gerahmt. (Abb. 2) Vor- und Nachsatz des Buches sind schmucklos in ochsenblutrot gehalten. Nach dem eigentlichen Text folgen im Original noch zwölf Seiten mit Werbeinseraten für weitere Bücher des Verlags rund um das Thema des Deutsch-Französischen Krieges.

Dem Buch ist ein Vorwort von Tim Klein vorangestellt, das dieser bereits aus Anlass der 25. Auflage verfasst hatte. Danach folgt eine kurze Biographie Karl Kleins aus der Feder des Greifswalder Kirchenhistorikers Johannes Haußleiter (1851–1928). Diese beiden Texte sind nicht in diese Ausgabe übernommen worden. Auch das ursprüngliche Inhaltsverzeichnis wurde nicht übernommen.

Die Vorworte sind mit römischen Zahlen paginiert, der Buchtext selbst in arabischen Zahlen. Die Absätze des Originals sind in der Neuausgabe übernommen worden. Seitenumbrüche werden in Klammern angegeben. Orthographische Eigenheiten der Zeit wurden beibehalten. Vor allem die Groß- und Kleinschreibung weicht immer wieder von heutigen Gewohnheiten ab. Im Text durch Fett- oder Sperrdruck gekennzeichnete Stellen werden wie im Original wiedergegeben, wobei Sperrdruck aus Formatierungsgründen kursiv wiedergegeben wird.

Die Illustrationen des in München und Bamberg tätigen Künstlers Ernst Zimmer (1864–1924) sind der ›Jubelausgabe‹ der ›Fröschweiler Chronik‹ entnommen, die 1897 in München ebenfalls bei C. H. Beck erschien. Da sie mit »15 Doppelvollbildern, 25 Vollbildern, 250 Textillustrationen und einer Karte« versehen war, konnte sie nur zu einem deutlich höheren Preis von 10 Mark erworben werden. (Abb. 3) Die Illustrationen Zimmers sind in der ›Jubelausgabe‹ meistens streng

2 Auf dem Vorderdeckel und Rücken: ›Froeschweiler Chronik‹.

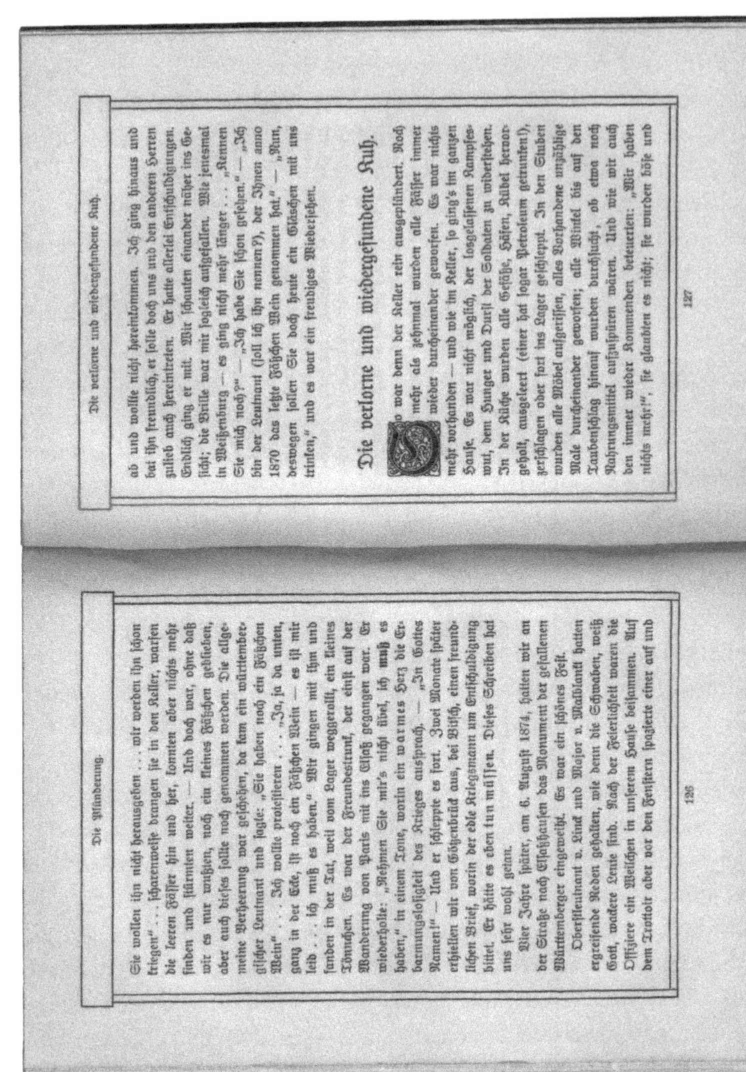

Die Plünderung.

Sie wollen ihn nicht herausgeben ... wir werden ihn schon kriegen" ... scharenweise drangen sie in den Keller, warfen die leeren Fässer hin und her, konnten aber nichts mehr finden und stürmten weiter. — Und doch war, ohne daß wir es nur wußten, noch ein kleines Fäßchen geblieben, aber auch dieses sollte noch genommen werden. Die allgemeine Verheerung war geschehen, da kam ein württembergischer Leutnant und sagte: „Sie haben noch ein Fäßchen Wein" ... Ich wollte protestieren ... „Ja, ja da unten, ganz in der Ecke, ist noch ein Fäßchen Wein — es ist mir leid ... ich muß es haben." Wir gingen mit ihm und fanden in der Tat, weit vom Lager weggerollt, ein kleines Tönnchen. Es war der Freundestrunk, der einst auf der Wanderung von Paris mit ins Elsaß gegangen war. Er wiederholte: „Nehmen Sie mir's nicht übel, ich **muß** es haben," in einem Tone, worin ein warmes Herz die Erbarmungslosigkeit des Krieges aussprach. — „In Gottes Namen!" — Und er schleppte es fort. Zwei Monate später erhielten wir von Götzenbrück aus, bei Bitsch, einen freundlichen Brief, worin der edle Kriegsmann um Entschuldigung bittet. Er hätte es eben tun müssen. Dieses Schreiben hat uns sehr wohl getan.

Vier Jahre später, am 6. August 1874, hatten wir an der Straße nach Elsaßhausen das Monument der gefallenen Württemberger eingeweiht. Es war ein schönes Fest.

Oberstleutnant v. Linck und Major v. Malblankt hatten ergreifende Reden gehalten, wie denn die Schwaben, weiß Gott, wackere Leute sind. Nach der Feierlichkeit waren die Offiziere ein Weilchen in unserem Hause beisammen. Auf dem Trottoir aber vor den Fenstern spazierte einer auf und

126

Die verlorne und wiedergefundene Kuh.

ab und wollte nicht hereinkommen. Ich ging hinaus und bat ihn freundlich, er solle doch uns und den anderen Herren zulieb auch hereintreten. Er hatte allerlei Entschuldigungen. Endlich ging er mit. Wir schauten einander näher ins Gesicht; die Brille war mir sogleich aufgefallen. Wie jenesmal in Weißenburg — es ging nicht mehr länger ... „Kennen Sie mich noch?" — „Ich habe Sie schon gesehen." — „Ich bin der Leutnant (soll ich ihn nennen?), der Ihnen anno 1870 das letzte Fäßchen Wein genommen hat." — „Nun, deswegen sollen Sie doch heute ein Gläschen mit uns trinken," und es war ein freudiges Wiedersehen.

Die verlorne und wiedergefundene Kuh.

So war denn der Keller rein ausgeplündert. Noch mehr als zehnmal wurden alle Fässer immer wieder durcheinander geworfen. Es war nichts mehr vorhanden — und wie im Keller, so ging's im ganzen Hause. Es war nicht möglich, der losgelassenen Kampfeswut, dem Hunger und Durst der Soldaten zu widerstehen. In der Küche wurden alle Gefäße, Häfen, Kübel hervorgeholt, ausgeleert (einer hat sogar Petroleum getrunken!), zerschlagen oder fort ins Lager geschleppt. In den Stuben wurden alle Möbel aufgerissen, alles Vorhandene unzählige Male durcheinander geworfen; alle Winkel bis auf den Taubenschlag hinauf wurden durchsucht, ob etwa noch Nahrungsmittel aufzuspüren wären. Und wie wir auch den immer wieder Kommenden beteuerten: „Wir haben nichts mehr!", sie glaubten es nicht; sie wurden böse und

127

Abb. 2: Doppelseite (S. 126/127) aus der Fröschweiler Chronik, 1912.

Abb. 3: Titeleinband der Fröschweiler Chronik, Illustrierte Jubelausgabe, München 1897.

den passenden Textstellen der Chronik zugeordnet. Das kann hier nicht immer beibehalten werden. Dazu kommt, dass im Rahmen dieser Edition nur eine Auswahl der Illustrationen gezeigt werden kann. Die Auswahl beschränkt sich auf die Textillustrationen: Doppelvollbilder und Vollbilder werden nicht gezeigt. Sie sind künstlerisch konventioneller und pathetischer als die anekdotischen und zuweilen ironischen Textillustrationen.

Die Kommentierungen im Folgenden beziehen sich vor allem auf Ereignisse, Gegenstände, eher unbekannte kleine Ortschaften und Personen, die nicht mehr als bekannt vorausgesetzt werden können. Leider konnte nicht mehr jede genannte Person ermittelt werden. Auch heute nicht mehr gebräuchliche oder kritisch zu sehende Begriffe und Wendungen werden erläutert, ebenso französischsprachige oder lateinische Textstellen. Bei der Frage, was man erläutert oder nicht, ist immer eine Abwägung notwendig und mancher Leser/manche Leserin wird nicht jede Erläuterung als notwendig erachten. Wer den Kopf noch im 19. Jahrhundert hat, darf diese Anmerkungen auch gern überlesen. [xv]

Vorwort des Verfassers[3].

»Kriegs- und Friedensbilder« sind es aus den großen Tagen von 1870–71, vom Verfasser, als persönlichem Zuschauer, treu nach dem Leben entworfen und unserm Volk, als *Beitrag zur Geschichte*, in aufrichtiger Liebe gewidmet. – Sie kommen freilich spät: die Begeisterung für Kriegsliteratur ist abgekühlt[4]; der Rahmen ist beschränkt; er umfaßt bloß unsere engere elsässische Heimat; die Farbentöne sind ernst; sie werfen Licht- und Schattenstrahlen nach hüben und drüben. Das sind keine günstigen Aussichten.

Indessen wahrheitsgetreue Darstellungen bei sonstiger schwerer Arbeitslast[5] wollen Weile haben und behaupten auch in späteren Zeiten ihren historischen Wert.

Andererseits dürften diese Schilderungen auch weiteren Kreisen zeigen, wie tief der Krieg das Volksgemüt bewegt und das Volksleben erschüttert.

Sollte endlich diese unparteiische Chronik zur Besänftigung verderblicher Leidenschaften auch nur ein weniges beitragen, so wäre unsere Mühe reichlich belohnt.

Der Verfasser.
[1]

3 Vorwort wohl entnommen der 1. Auflage, Nördlingen 1876; vgl. auch Fränkel, S. 103 und Bunnenberg, S. 205, der eine erste Auflage auch erst für 1877 für möglich hält. Laut Fränkel sei die Erstausgabe »innerhalb von 14 Tagen vor Weihnachten« 1876 ausverkauft gewesen, das bestätigt im Januar 1877 auch Schönniger, S. 16. Erstausgaben sind den Herausgebern allerdings nicht bekannt und sind auch in keinen Bibliotheken zu finden. 1877 erschien jedoch gesichert bereits eine 2. Auflage.

4 In den ersten Jahren nach dem Krieg erschien eine Vielzahl von Erinnerungsbüchern, 1876 war der Markt bereits weitgehend gesättigt. Im Jahr 1895, 25 Jahre nach Kriegsbeginn, setzte eine neue ›Welle‹ an affirmativer Kriegsliteratur ein; vgl. Bunnenberg, S. 205 und Arand 2020, S. 85 ff.

5 Zu diesem Zeitpunkt ist Karl Klein noch Pfarrer in Fröschweiler. Der Wechsel nach Nördlingen erfolgte erst im Jahr 1882; vgl. Klein 1931, S. VII.

Die Kriegserklärung.

Es gab auch in unsern Landgemeinden einzelne starke Geister, die nicht zu bewegen waren, einen Ja-Zettel in die Urne zu werfen.[6] Wenn sie beieinander saßen, schüttelte der und jener den Kopf und meinte, im Land drinnen müsse was vorgehen und besonders in Paris könne es nicht mehr recht geheuer sein. Der welsche[7] Schmied, der Gescheiteste im Dorfe, wenn er so abends mit seinen Gevattern vor Reisejockels[8] Tür saß und das Pfeifchen lustig dampfte, und die Schelmenaugen so unheimlich blinzelten … der welsche Schmied sagte: »Ihr Männer! mit dem Kaiser geht's den Krebsgang, sonst brauchten wir nicht abzustimmen, ob er bleiben soll oder nicht. Was gilt's, da steckt etwas dahinter.« Und der Staubejörri[9] drüben in Nähweiler[10], der wildborstige Republikaner, wenn er wieder so einen demokratischen Kraftspruch im

6 Volksabstimmung über Reformen der Verfassung des Kaiserreichs, die am 8. Mai 1870 stattfand. Das Plebiszit war der letzte Versuch Napoleons III., mit liberalen Zugeständnissen das ›Second Empire‹ zu retten. Große soziale Gegensätze zwischen Stadt und Land, ein wirtschaftlicher Niedergang, eine starke sozialistisch-republikanische Opposition sowie die untragbare Situation des Industrieproletariats waren große Belastungen für das bis dahin autoritär regierte Kaiserreich im Jahr 1870. Napoleon III. gewann die Abstimmung mit 7 336 000 zu 1 560 000 Stimmen bei 1 894 000 Enthaltungen; vgl. Rieder, S. 284.

7 ›Welsch‹, zuweilen – hier wohl allerdings nicht – herabsetzend gemeinte Bezeichnung für Angehörige romanischer Völker; vgl. Wahrig 1424. Der Schmied war laut Zensus von 1866 ›Jean Garny‹, 27, wohl ethnischer Franzose, während sich die Elsässer wie Karl Klein ethnisch als Deutsche fühlten. Die Betonung des Umstands, dass der Schmied ›welsch‹ sei, wäre sonst überflüssig. Garny war verheiratet mit ›Barbe‹, geb. ›Bruhl‹, sie hatten 1866 drei Kinder; vgl. ABR 7 M 376.

8 Mundartliche Form, Vor- und Nachnamen in umgekehrter Reihung zusammenzuziehen. Der ›Reisejockel‹ (wörtlich ›Reises Jockel‹) hieß Jakob Reiss. Ähnliche Formen der Vor- und Nachnamensvertauschung lassen sich u. a. bis heute in Ostwestfalen nachweisen; vgl. die andere Auffassung bei Dubos, S. 13, Anm. 1. In der Zensusliste 1866 von Fröschweiler ist ›Jacques Reiss‹ nachgewiesen, damals 46 Jahre alt, Hilfsarbeiter, verheiratet mit ›Dorothee‹, geb. ›Meyer‹, vier Kinder; ABR 7 M 376. Die deutschen Namen der Einwohner wurden im Zensus von 1866 französiert.

9 ›Staubejörri‹, im Zensus von Nähweiler von 1866 als ›George Staub‹ nachgewiesen, damals 70 Jahre alt, ABR 7 M 548; vgl. die irrige Auffassung bei Dubos, S. 13, Anm. 1.

10 ›Nähweiler‹, heute Nehwiller, 3 km nördlich von Fröschweiler entfernte Gemeinde.

Mülhäuser Blättchen[11] entdeckt hatte, der Staubejörri schlug mit seiner massiven Steinhauerfaust auf den Tisch, daß die Fenster klirrten: »Ihr Kapitalsesel! Stimmt nur ja; ihr werdet sehen, wir bekommen's. Krieg gibt's; sagt nur, ich hab's euch gesagt, und wenn die Großen sich rupfen, verlieren wir Bauern die Haare.« So stand's; aber das waren nur Ausnahmen in der großen, überwiegenden *Ja*-Menge. Sie wurden leicht durch die weltlichen und geistlichen *Ordnungsträger* unschädlich gemacht [2] und der achte Mai 1870, der Tag des Plebiszits, war ein glänzender Sieg und eine feste Bürgschaft für die Zukunft. Niemand in unserm Heimatlande dachte an den jähen Ausbruch eines so verhängnisvollen Krieges.

Es verflossen einige Wochen; alles ging im alten Geleise. Eine furchtbare Hitze brannte auf unserer Hochebene; die spärliche Heuernte war eingeheimst worden und die Weizenernte stand diesmal viel früher als gewöhnlich vor der Tür. (Abb. 4) Der Juli war gekommen.

Plötzlich drangen in unser stilles Landleben dunkle Gerüchte von politischen Verwicklungen, von Krieg … Man sah einander fragend an: »Krieg? Für was? Mit wem?« – Diejenigen Leute, welche Söhne bei der Armee hatten, erkundigten sich, was die Zeitung melde; wie es stehe; ob etwas zu fürchten sei. Wir beruhigten, so gut es gehen mochte, die besorgten Gemüter, und wieder vergingen einige Tage. – Der Kriegslärm wurde aber allgemeiner, bedrohlicher; man fühlte einen schweren Druck, wie in der Luft, so im Herzen; man spürte, daß ein geheimnisvolles Schachspiel zwischen großen Mächten stattfände. Und das alles ging so schnell, so riesig schnell! – »Jetzt!«, sagte am 12. Juli[12] so recht trübselig ein reicher

11 Vermutlich ist die Zeitung ›Journal de Mulhouse‹ gemeint. Das Journal war regierungsnah und warb daher wohl vor dem 8. 5. 1870 für die demokratischen Reformen, über die im Plebiszit abgestimmt werden sollte. Sowohl der Staubejörri als offensichtlicher Sozialist als auch Klein, der die Zeitung als ›Blättchen‹ herabsetzt, scheinen das ›Journal de Mulhouse‹ wenig zu schätzen. ›L'industriel alsacien. Journal de l'industrie, du commerce et de l'agriculture‹ eine Zeitung, die in Opposition zum Kaiserreich stand, wäre auch noch denkbar, ist aber weniger wahrscheinlich; freundliche Auskunft von M. Michael Guggenbuhl, Bibliothèque Municipal de Mulhouse v. 18. 6. 2020.

12 Am 12. Juli 1870 erklärte Leopold von Hohenzollern-Sigmaringen (1835–1905) seinen Rückzug von der spanischen Thronkandidatur; vgl. Arand 2018, S. 101 f. Die Kriegsvorhersage des ›reichen Bauern‹ ergibt an dieser Stelle allerdings keinen wirklichen Sinn, sind mit dem Rücktritt Leopolds die französischen Forderungen doch vordergründig erfüllt.

Abb. 4

Bauer, »jetzt haben wir falsch gemaust; der Staubejörri hat doch recht gehabt – es gibt Krieg; o weh! es wird nicht gut gehen!« Und siehe, das Gewitter stieg am Himmel immer höher, immer dunkler, bis am 19. Juli[13] ein Blitz mit krachendem Donner die Brandfackel in Preußens Hauptstadt warf. (Abb. 5)

Der erste Eindruck der Kriegserklärung auf unsere Leute war betäubend, niederschmetternd. Frankreich in Fehde mit Preußen! Das gibt ein schweres Ringen, ein blutiges Trauerspiel, einen Kampf auf Tod und Leben. – Was aber [3] jetzt anfangen? Es galt den ersten Schrecken ruhig abzuwehren, das geängstete Volk zusammenzuhalten und hinzuweisen auf den alles regierenden, lebendigen Gott. Man erholte sich auch wieder; der Brand war ja nicht mehr zu löschen; aber sofort hatte sich unser elsässisches Volk in zwei grundverschiedene Parteien geteilt, welche während des ganzen Krieges einander feindselig gegenüberstanden und auch jetzt noch (wer mag schuld daran sein?[14]) zu keiner brüderlichen Aussöhnung gelangen können.

---

13 Tag der offiziellen Kriegserklärung Frankreichs an Preußen.

14 Möglicherweise ist das als Hinweis auf fehlende Sensibilität der deutschen Verwaltungsbeamten im zum Zeitpunkt der Abfassung der Chronik erst seit Kurzem zum ›Reich‹ gehörenden Elsass, aber auch als erster Hinweis der Ablehnung zu verstehen, die Karl Klein der Revancheideologie der 3. Republik entgegenbringt; vgl. Kühner, S. 77 f.

Abb. 5

Bei den einen offenbarte sich eine unbändige Freude, getragen von zuversichtlicher Siegesgewißheit und bitterem Feindeshaß gegen die Preußen – bei den anderen ein tiefer Ernst, gepaart mit schweren Befürchtungen für das Vaterland und aufrichtigem Mitleid für stammes- und glaubensverwandte Gegner. Beide waren fest entschlossen, ihre Pflicht mit Darangabe ihres Gutes und Lebens zu tun, die einen in wildem Fanatismus, die andern im Hinblick auf den Lenker der Geschichte.

Der Schauplatz des Krieges.

Wo wird der Kampf losbrechen und zu blutigem Austrag kommen? In Paris und durchs ganze Land ertönte die Losung: »Nach Berlin! nach Berlin!«[15] und auch im Elsaß glaubte man allgemein, die Schlachten würden auf deutschem Boden geschlagen, das linke Rheinufer in schnellem Siegeslauf erobert und den stolzen Teutonen das kaudinische Joch[16] aufgehalst werden. Die Franzosen waren ja bis jetzt die mächtigste Nation der [4] Erde, und es hatte doch der Kaiser Napoleon in seiner Proklamation angekündigt: »Ein großes Volk, welches eine *gerechte Sache* verteidigt, ist unbesiegbar. Ein jeder tue seine Pflicht, und der Herr der Heerscharen wird mit uns sein.«[17]

Der Auf- und Einbruch nach Deutschland war also beschlossen und von einem Tag zum andern erwartet, zumal da der Kriegsminister Le Boeuf[18] im Senat erklärt hatte: Frankreich ist *archiprêt*[19], d. h. bereit bis zum letzten Gamaschenknopf, und jedem Soldaten der Boden unter den Füßen brannte, einen Triumphzug nach Berlin mitzumachen. Wie bereit und schlagfertig Frankreich wirklich war, hat sich dann in den Tagen vom 20. Juli bis zum 5. August und während des ganzen Feldzugs herausgestellt; und in welcher Richtung der Angriff geschehen sollte, war auch eine heikle Frage, zumal

---

15 Literarisch verarbeitet finden sich die von Klein geschilderten Vorgänge in Paris besonders eindrucksvoll in Émile Zolas (1840–1902) Roman ›Nana‹ (1880). Die tote Kurtisane Nana, Sinnbild des dekadenten Kaiserreichs Napoleons III., liegt auf dem Sterbebett, als von draußen durch das geöffnete Fenster die Massen im Kriegsrausch brüllen: »Ein ungeheurer Hauch der Verzweiflung stieg vom Boulevard empor und bauschte den Vorhang: ›Nach Berlin! Nach Berlin! Nach Berlin!‹«; vgl. Zola, S. 493.

16 ›Kaudinisches Joch‹, Bezeichnung für eine erniedrigende Niederlage. Nimmt Bezug auf die Schlacht an den ›Kaudinischen Pässen‹ im Jahr 321 v. Chr., als die Römer eine Niederlage gegen die benachbarten Samniten erlitten; vgl. Titus Livius, Ab urbe condita IX. 7.1–15.

17 Proklamation Napoleons III., erlassen am 28. Juli 1870 nach seinem Eintreffen in der Festung Metz; vgl. Arand 2018, S. 207 f. und Kürschner, S. 93.

18 Edmond Le Boeuf (1809–1888), Marschall von Frankreich, Veteran des Krimkrieges (1853–1856) und des Sardinischen Krieges (1859). Bei Ausbruch der Kämpfe Kriegsminister.

19 Frz. ›archiprêt‹, ›erzbereit‹. Antwort Le Boeufs bei der Befragung durch eine parlamentarische Kommission kurz vor Ausbruch der Kämpfe, auf die Frage, ob die französische Armee kampfbereit und gut ausgerüstet sei. Als sich nach den ersten französischen Niederlagen die Fehleinschätzung Le Boeufs zeigte, trat der Minister am 12. 8. 1870 zurück; vgl. Arand 2018, S. 159.

ganz unerwartet Süddeutschland wie *ein* Mann sich erhoben und das Schwert gezogen hatte.

Wir da unten im Hanauerlande[20] meinten, ein Teil des französischen Heeres würde über Straßburg in Baden, Württemberg, Bayern einfallen, und die Hauptmacht von Metz aus durchs Nahetal oder über Saarlouis Preußen angreifen. Daß die Bewaffnung und Mobilisierung in Deutschland rechtzeitig bewerkstelligt werden könnte, um der französischen Invasion erfolgreich zu widerstehen, das glaubte in Frankreich und auch im Elsaß kein Mensch. Und daß vollends ein deutsches Heer über Weißenburg ins elsässische Unterland eindringen würde, davon hatten wir keine Ahnung. Wir hätten besonders hier, auf unserer strategisch so wichtigen Hochfläche[21], Gründe genug gehabt, um nicht so ganz ohne Befürchtungen den Ereignissen entgegenzusehen. Die Verheerungen des 30jährigen Krieges[22], die Eroberungs- [5] züge Ludwigs XIV.[23], die Schlacht zwischen Österreichern und Franzosen anno 1793[24], deren Spuren jetzt noch vorhanden sind, hätten uns witzigen sollen. Aber wie nun einmal die Menschen in Kriegszeiten sind: Jeder ist auf schwere Heimsuchungen, auf Blutvergießen, Brand und Verwüstung gefaßt, daß aber das alles *seine* Heimat, *sein* Dorf, *sein* Haus, *seine* Person treffen könnte, daran denkt keiner.

Man harrt in gespannter Erwartung der Dinge, die da kommen sollten; man späht mit unheimlicher Gier nach Neuigkeiten, nach Schlachtendonner und Siegesbotschaften, wenn das alles in gehöriger Entfernung geschieht und keine Scholle von *unsern* Feldern, kein Stein von *unserer* Hütte zerbrochen wird. O Blindheit und Lieblosigkeit des menschlichen Herzens! – Wir sollten aber

20 ›Hanauerland‹, historische Bezeichnung für das Gebiet nördlich von Straßburg, umfasst sowohl links- als auch rechtsrheinisches Gebiet.

21 Zum Terrain und seiner Bedeutung für die kriegerischen Ereignisse vgl. Großer Generalstab, S. 123 ff.

22 Als Ergebnis des Dreißigjährigen Krieges (1618–1648) wurde der Großteil des Elsass französisch.

23 Unter König Ludwig XIV. (1638–1715) gerieten weitere Gebiete des ›Heiligen Römischen Reiches Deutscher Nation‹ gewaltsam an Frankreich. 1681 wurde Straßburg französisch. In den Kriegen Ludwigs XIV. wurde auch das Elsass immer wieder in Mitleidenschaft gezogen.

24 Am 22. 12. 1793 kam es bei Fröschweiler im Rahmen des 1. Koalitionskrieges (1792–1797) zu einer Schlacht zwischen französischen und österreichischen Truppen. Der französische Sieg ermöglichte die Vertreibung der Österreicher aus Frankreich.

Abb. 6

gar bald erfahren, daß gerade *unsere* Gegend zum Schauplatz der ersten Ereignisse und zur Walstatt einer der blutigsten Schlachten ausersehen war. (Abb. 6)

Die ersten Husaren[25].

Mac Mahon[26], der große Held und Herzog von Magenta, hatte den Oberbefehl über das erste Korps der Rhein-Armee erhalten und diese Wahl wurde von jedermann mit freudiger Zuversicht begrüßt; denn der Klang seines Namens, sowie der Ruhm seiner Taten war für den Schutz des Elsasses und für einen raschen, siegreichen Einfall in Süddeutschland von guter Vorbedeutung.

Er war jedoch in seinem Hauptquartier in Straßburg noch nicht eingetroffen und General Ducrot[27], der Komman- [6] deur der I. Division, der eine Reihe von Jahren Festungsgouverneur in Straßburg und Befehlshaber der französischen Truppen im Elsaß gewesen war, stand indessen auf dem Plan und leitete die Operationen und Bewegungen bis zur Ankunft des Marschalls. Die östlichen Departements waren bereits in Belagerungszustand versetzt worden; unaufhörlich brauste die Lokomotive auf der Eisenbahnlinie Hagenau-Bitsch-Saargemünd mit bedeutenden Truppentransporten an Reichshofen vorüber. Wir waren noch immer der Überzeugung, es gelte einen kühnen Angriff über Straßburg, Metz oder Saarbrücken; da erschienen am 22. Juli die ersten Soldaten in Fröschweiler. Es war eine etwa 40 Mann starke Abteilung vom dritten Husarenregiment. Sie hatten den Befehl, als sogenannte *grande garde* (große Wacht) von unserer Hochebene aus das Sauertal, die Straße von Wörth an Diefenbach vorüber nach Sulz unterm Wald, die Straße von Wörth durchs Liebfrauental über Lembach nach Weißenburg, sowie das Gebiet zwischen Fröschweiler, Langensulzbach, Mattstall, Lembach

25 ›Husaren‹. Leichte Kavallerie, eigentlich ungarischen Ursprungs. Der Husar trug eine bunte Uniform mit Pelzmütze, Kolpak (Preußen), oder mit flacher Schirmmütze, Képi (Frankreich), Pelzumhang und eng geschnürter Jacke (Attila). Husaren wurden sowohl auf französischer wie auf preußischer Seite eingesetzt. Vgl. Arand 2018, S. 150 und Schick/Halem, S. 166 f.; Stein/Bauer, S. 164 ff. und Delpérier/Mirouze/Pommier, S. 238.

26 Marie Edme Patrice de Mac-Mahon, Herzog von Magenta (1808–1893), Marschall von Frankreich, Befehlshaber des südlichen Abschnitts der französischen Rheinarmee im Sommer 1870. Verlierer von Weißenburg, Wörth-Fröschweiler und Sedan (1. 9. 1870). Kommandierte die grausame Niederschlagung der ›Commune‹ in Paris im Mai 1871, 1873 bis 1879 Präsident der 3. Republik. Mac-Mahon begnadigte Bazaine, der eigentlich zum Tode verurteilt war, zu lebenslanger Haft; vgl. Großer Generalstab, Anlage 1, S. 3.

27 Auguste-Alexandre Ducrot (1817–1882), Befehlshaber der 1. Division des I. französischen Korps; vgl. Großer Generalstab, Anlage 1, S. 3.

in nordöstlicher Richtung zu überwachen, auch etwaige kleinere Rekognoszierungen[28] auszuführen. (Abb. 7)

Es war eine wehmütig freudige Bewegung im Dorfe, als diese ersten Verteidiger des Vaterlands angeritten kamen. Das Landvolk hat ja überall, und besonders im Elsaß, eine warme Liebe zum Waffenrock, eine große Begeisterung für den Soldatenstand. Aus allen Häusern strömten die Leute zusammen und beschauten sich mit Rührung und Vergnügen diese schmucken Reiter in ihren zierlichen Uniformen, mit ihren Schnurrbärtchen, Säbeln und Pistolen, und die netten feurigen Pferde (bald waren es [7] ungarische, bald arabische Pferde) mit den Husaren und den zwei Heubündelein auf dem Rücken. Das war ein gewaltiges Gaudium[29]! Wie kam da so mancher, der auch einmal Soldat gewesen, und parlierte französisch in einigen *Oui* und *Comment*[30] und wieder deutsch, wie er auch gerne mitginge, die Preußen dreschen zu helfen. Und wie stand da so manches Mütterlein, das einen Sohn bei der Armee hatte, welcher jetzt auch in den Krieg mußte, und meinte, die hellen Tränen in den Augen, ob er doch davonkommen würde, und wenn er nur jetzt auch da wäre, daß sie ihm noch ein paar Strümpfe und ein bißchen Geld und ihren segnenden Händedruck mitgeben könnte. Der eine oder der andere unter den Reitersmännern war wohl auch ein *Ditscher*[31], ein Elsässer oder Lothringer – doppelte Freude! Mit dem konnte man reden; der mußte erzählen, wo sie in Garnison gelegen, wo es jetzt hinaus sollte, ob wir's gewinnen würden, ob er nicht gar vielleicht den Jörri in Lyon oder den Peter in Bar-le-Duc[32] gesehen? Und wie hat man die hungrigen, durstigen Waffenbrüder in die Häuser aufgenommen, sich gestritten, wer den oder jenen oder gar den brigadier[33] oder den maréchal des logis[34] beherbergen würde! – Es waren auch wirklich

28 ›Rekognoszierungen‹. Gemeint sind Erkundungsritte in der näheren Umgebung. Alle Orte befinden sich im Umkreis von Wörth.

29 Lat. ›gaudium‹, ›Freude‹.

30 Frz. ›oui und comment‹, ›Ja und Wie bitte?‹

31 ›Ditscher‹, elsässisch für ›Deutscher‹ bzw. ›deutscher Elsässer‹.

32 Bar-le-Duc, Stadt 250 km westlich von Fröschweiler. Im Ersten Weltkrieg erlangte Bar-le-Duc Berühmtheit als Endpunkt der ›Voie sacrée‹ (›Heilige Straße‹, ›Heiliger Weg‹), der Verbindungsstraße nach Verdun, auf der 1916 in den Monaten der Schlacht um Verdun der französische Nachschub erfolgte.

33 ›Brigadier‹. Höchster Mannschaftsdienstgrad in der französischen Armee.

34 ›Maréchal de logis‹. Unteroffiziersrang der Kavallerie, entspricht dem ›Sergeant‹ der Infanterie.

Abb. 7

so herzig liebe Leutchen, diese Husaren, und sie mußten fort in den Krieg, – wer weiß, wo sie kämpfen, bluten und sterben werden? Da soll uns gewiß kein Schoppen Wein zu tief im Faß, kein Fläschchen Schnaps zu fest im Kruge, keine Speckseite zu hoch im Kamin, kein Ei zu lieb im Neste sitzen. Die sollen uns willkommen sein und liebevoll traktiert werden und in der Tat – es war eine Begeisterung im ganzen Dorfe, die man nicht beschreiben kann, ein Wetteifern, wer [8] am längsten bei ihnen bleiben, am zärtlichsten sie bewirten könnte. Und als am Abend die grande garde an der Wörther Hohl[35] biwakierte[36], und die mutwilligen Renner[37], an kleine Pfähle angebunden, im Grase herumschnüffelten und die Speckomeletten lustig im Abendrot dampften und der Weinkrug schäumend unter den frohen Gesellen kreiste, das war ein still heimlich Kriegsbild, wobei

35 ›Wörther Hohl‹. Steil von Fröschweiler nach Wörth in West-Ost-Richtung abfallende Chaussee.

36 ›biwakierte‹, ein ›Biwak‹ ist ein Zeltlager.

37 ›Renner‹, gemeint sind Pferde.

auch der friedlichst-gesinnte Hanauer miteingestimmt hätte: »Was kann's Schönres geben als Soldatenleben?[38]«

Später hat sich an der Wörther Hohl ein Kriegsbild aufgerollt, bei dessen Anblick die Haare sich sträubten und einem das Mark in den Gebeinen erstarrte.

38 Vielleicht ein Zitat aus dem ›Schwere-Reiter-Lied‹, nachgewiesen Anfang des 20. Jhds. in München. 1. Strophe des Liedes: »Kann es denn noch was Schön'res geben / als wie den edlen Kriegerstand, / wie herrlich ist's Soldatenleben, / wohl für das schöne Vaterland. // Dem sind wir treu bis in das Grab, / dem sind wir treu bis in das Grab! // Woran ich meine, woran ich meine, / woran ich meine Freude hab!«

Die ersten Jäger.

Die Husarenabteilung blieb aber nicht lange in Fröschweiler. Schon nach zwei Tagen wurde sie durch eine Schwadron berittener Jäger (Chasseurs à Cheval) abgelöst, deren Regiment Nr. 11 in Niederbronn kampierte und von dem General Baron v. Bernis[39] befehligt war. Sie hatten dieselbe Aufgabe wie ihre Vorgänger, die grande garde wurde aber diesmal nicht an die Wörther Hohl verlegt, sondern ganz nahe ans Dorf, droben ans Ende der Schindergasse, in einem dicht mit Obstbäumen bepflanzten Grasgarten, von wo aus eine weite Aussicht, sowohl nach Norden und Nordosten in die Vogesen, als auch nach Osten und Süden über das Sauertal gegeben war. (Abb. 8) Es waren dieselben munteren, liebenswürdigen Jungen, [9] dieselbe hübsche Uniform in dunkelgrüner Farbe, mit roten Hosenstreifen, schwarzen Brustschnüren und die persische Pelzmütze[40] in der Stirne; dieselben leichten, lustigen Pferde und auch dieselben Waffen trugen sie, neben dem gewöhnlichen Kavalleriesäbel[41], kurze Stutzflinten[42]. Auch wurden sie wie ihre Vorgänger von groß und klein freudig bewillkommnet und reichlich bewirtet. Alles wetteiferte in geschäftigem Zutragen von Brot, Fleisch, Butter und Wein etc.; sogar der nimmersatte Christelsepp[43] brachte es über sich, einen Laib Brot aus dem Schranke und einen Firnenkäs[44] von Herzen zu geben.

39 General François Julien Raymond de Pierre de Bernis (1814–1898) befehligte die 1. Kavalleriebrigade des 5. französischen Korps, darin das 5. Husarenregiment und das 12., nicht das 11. Regiment berittener Jäger. Bernis kämpfte bei Wörth-Fröschweiler, Beaumont (30. 8. 1870) und Sedan (1. 9. 1870); vgl. Haehling von Lanzenauer, S. 482 und S. 487, Anm. 14.

40 Klein gibt die Uniform französischer Jäger zu Pferd sehr präzise wieder. Die Pelzmütze (Talpack) hatte eine leicht konische Form und keinen Schirm; vgl. Schick/Halem, S. 163 und Delpérier/Mirouze/Pommier, S. 232 ff.

41 Gemeint ist der ›Pallasch‹, ein schwerer, langer Säbel mit leicht gebogener, zweischneidiger Klinge; vgl. Arand 2018, S. 149 und Schick/Halem, S. 163 und Delpérier/Mirouze/Pommier, S. 237.

42 Sicher sind Gewehre mit kurzem Lauf gemeint, die einarmig bedient werden konnten, vergleichbar der Bewaffnung der Dragoner; vgl. Arand 2018, S. 149.

43 Da der Zensus nur für 1866 und 1880 vorliegt, fehlen für den Zeitraum von 14 Jahren Belege für Personen, die in der Zwischenzeit in Fröschweiler gelebt haben können. Wie noch zu sehen sein wird, verändert Klein aber auch gelegentlich Namen.

44 ›Firnenkäs‹. Vermutlich ist ein alter Käse gemeint, mhd. ›virne‹ = ›alt‹; vgl. Wahrig, S. 478.

Der alte dicke Küfer, welchem der Obstgarten gehört, hatte sich ebenfalls herzugemacht und beschaute sich, still vergnügt, das Schurzfell überm Bauche und den Ziehriemen in der Hand, das neue fröhliche Treiben. Und der Fettigjöckele[45], der auch einmal Kommißbrot[46] gegessen, was wußte der nicht alles zu erzählen aus seinen Soldatenjahren, wie er in Montpellier so guten wohlfeilen Wein getrunken, und der Eiser Tibold[47], wie er den Marschall Bazaine als Leutnant gekannt[48] und den Mac Mahon als Oberst[49] seines Regiments gehabt habe; und der Majerhenner[50], wie es jetzt schwere Zeiten wären und es auch wieder kommen könnte wie anno 1814, wo die Preußen, Bayern, Russen und Österreicher unser armes Land jahrelang drangsalierten[51]; aber die Soldaten sollten nur mit fröhlichem Gottvertrauen ins Feld ziehen; der Franzos könne es sich unmöglich verspielen. So ging es fort bis in die Nacht hinein: auch

45 ›Fettigjöckele‹, nachgewiesen im Zensus von 1866 als ›Jacques Fettig‹, 66 Jahre, verheiratet mit ›Salomé‹, geb. ›Urban‹, 56, zwei Töchter; ABR 7 M 376.

46 ›Kommißbrot‹, Sauerteigbrot beim Militär.

47 ›Eiser Tibold‹, nachgewiesen im Zensus von 1866 als ›Thibault Eiser‹, Witwer. ›Tibold‹ ist eine Variante von ›Theobald‹; vgl. ABR 7 M 376.

48 François-Achille Bazaine (1811–1888), Marschall von Frankreich, Befehlshaber über den nördlichen Abschnitt der französischen Rheinarmee im Sommer 1870. Wegen der von ihm verantworteten Kapitulation von Metz im Oktober 1870 nach dem Krieg als einer der Hauptverantwortlichen für die Niederlage stellvertretend vor Gericht gestellt. In einem unfairen Prozess verurteilt, floh Bazaine von einer Gefängnisinsel nach Madrid, wo er auch starb. Der ›Eiser Tibold‹ könnte Bazaine bei der Fremdenlegion kennengelernt haben, wo Bazaine im Rang eines Sergeant seit 1832 diente. Dort wurde Bazaine 1833 zum ›Seconde-Lieutenant‹ ernannt. Noch heute dienen in der Fremdenlegion viele Elsässer. 1866 wurde Eisers Alter mit 64 Jahren angegeben. Er könnte den neun Jahre jüngeren Bazaine in der Tat als jungen Offizier kennengelernt haben; vgl. ABR 7 M 376.

49 Mac-Mahon war seit 1845 ›Colonel‹ (Oberst) Kommandant des 41. Linien-Infanterieregiments. ›Eiser Tibold‹ hatte offensichtlich ein Leben als Berufssoldat hinter sich. Sein Regiment war 1839–1849 an der Eroberung Algeriens, der ersten französischen Kolonie beteiligt. Eiser, 1845 schon 43 Jahre alt, könnte den sechs Jahre jüngeren Mac-Mahon ebenfalls noch bei der Armee kennengelernt haben.

50 ›Majerhenner‹, nachgewiesen im Zensus von 1880 als ›Heinrich Meyer‹, vier Kinder; vgl. ABR 294 D/A 146.

51 In den Befreiungskriegen 1813 bis 1815 besiegten Preußen, Bayern, Württemberg, Österreich, England und Russland Napoleon I. Dabei drangen Truppen der Verbündeten 1814 bis nach Paris vor. Nach Napoleons ›Herrschaft der 100 Tage‹ wurde er 1815 endgültig bei Waterloo, in der Nähe von Brüssel, besiegt. Die einseitige Darstellung des ›Majerhenner‹ verschweigt, dass französische Truppen zuvor jahrelang große Teile Europas besetzt und unterdrückt hatten.

Abb. 8

viele andere kamen und es war zu verwundern, was sie alles brachten und wußten und wie guten Mutes sie waren.

[10] Die Jägerschwadron war von einem wackern Offizier, dem jungen liebenswürdigen H. v. Lapierre, kommandiert. Man sah es dem Manne an, daß er sich der schweren Aufgabe seines Berufes bewußt und von dem Wunsche beseelt war, denselben mit Drangabe seines Lebens ritterlich zu erfüllen. Ich lud ihn ein, unser einfaches Abendbrot mit uns zu teilen, und er nahm das Anerbieten freundlich dankend an. Es gab sich die Rede von diesem und jedem; von der ungeheuren Tragweite der ersten Schlachten; von dem verhängnisvollen Laufe und Ausgang dieses Krieges. Er hatte die Überzeugung, der Aufbruch nach Deutschland würde in den ersten Tagen geschehen, und Frankreich würde, dank namentlich seinen vortrefflichen Waffen, den Sieg davontragen. In allen seinen Worten aber und Hoffnungen lag eine edle Würde, die uns allen den wohltuendsten Eindruck machte. – Ich wollte ihn nötigen, die Nacht im Pfarrhause zuzubringen; er willigte aber nicht ein und ich begleitete ihn zurück ins Lager. Unterwegs sagte er: »Ist kein Mann in Ihrer Gemeinde, der die Umgegend genau kennt, und der den Mut hätte, diese Nacht in Zivilkleidern eine ganz anonyme Rekognoszierung ins Unterland zu machen? Ich möchte so gerne wissen, wie es über

Wörth draußen bei Sulz, Hatten etc. aussieht.« Ich wandte mich an die jungen Männer, die bei anbrechender Nacht noch zahlreich im Biwak standen, mit der Bitte, es möchte doch der eine oder der andere diesen nächtlichen Gang antreten. Der Wüstnertoni[52] erklärte sich alsbald bereit; es wurde ihm ein versiegeltes Schreiben an den nächsten Bürgermeister[53] übergeben, welches dieser öffnen, mit etwaigen Nachrichten versehen und wieder versiegelt an den folgenden [11] Bürgermeister absenden sollte. So patrouillierte dieser Nachtbote über Wörth, Preuschdorf[54], Sulz, Betschdorf[55], Rittershofen[56], Hatten[57] etc., kam unangefochten den anderen Mittag wieder zurück und in der Depesche stand von allen Bürgermeistern die Meldung unterzeichnet: »Nichts vorgefallen.«

Es war 8 Uhr geworden; noch wären unsere Bauersleute und besonders unsere Jugend stundenlang in Küfers Grasgarten bei den Soldaten geblieben; Herr v. Lapierre aber bedeutete ihnen gütig, sie hätten sich nach Hause zu begeben; er ließ im Lager alles Feuer auslöschen; die Mannschaften legten sich zur Ruhe auf ihre Mäntel; spähend stand eine Schildwache unter dem großen Birnbaum, und die stille schwarze Nacht lagerte über dem Höhenrücken.

---

52 ›Wüstnertoni‹ nachgewiesen im Zensus von 1880 als ›Antoine Wüstner‹, verheiratet mit ›Barbe‹, geb. ›Schaller‹, sechs Kinder; vgl. ABR 294 D/A 146.

53 Der Bürgermeister hieß Johann Peter (Jean Pierre) Suss (1828–1897); vgl. ABR 7 M 376. Bürgermeister von 1860 bis 1879.

54 ›Preuschdorf‹, 6 km östlich von Wörth gelegene Gemeinde.

55 ›Betschdorf‹, 11 km südöstlich von Preuschdorf gelegene Gemeinden ›Ober- und Niederbetschdorf‹.

56 ›Rittershofen‹, heute Rittershoffen, 5 km östlich von Betschdorf gelegene Gemeinde.

57 ›Hatten‹, 2 km östlich von Rittershofen gelegene Gemeinde. Der ›Wüstnertoni‹ hat sich so ca. 25 km nach Osten vorgewagt, um die Lage zu sondieren. Zu diesem Zeitpunkt waren jedoch nur bestenfalls deutsche Erkundungsreiter zu erwarten.

Der erste Feind.

Schon mehrmals war in Fröschweiler, Wörth und Umgegend Alarm erschollen: »Die Preußen kommen! die Preußen kommen!« Wer hat's gesagt? wo sind sie? – Ja, das aus dem allgemeinen Wirrwarr noch herausbringen! Die Einwohner liefen zusammen, stürzten durcheinander, die Jägerschwadron sprengte hin und her, das ganze Regiment kam von Niederbronn und patrouillierte überall herum – die Preußen kamen nicht, und alles gab sich wieder zufrieden. Doch war einem nicht mehr ganz heimlich zu Mute. Die Eisenbahn dröhnte so geheimnisvoll von Reichshofen über den Großenwald[58] herüber; die Windstille fing an, drückend sich auf die Gemüter zu [12] legen. Plötzlich, früh morgens am 24. Juli, kam der Schloßjakob leichenblaß von Elsaßhausen hereingelaufen, und schrie aus vollem Halse: »Die Preußen kommen! ich habe sie gesehen, sie sind durch Elsaßhausen geritten! Ich habe ihnen den Weg zeigen müssen« … Und die Lanze Bäbi hintendrein: »O weh, ihr lieben Leute, jetzt sind wir alle verloren! Sie haben den Säbel überzwerg im Maul und in jeder Hand eine gespannte Pistole!« (Abb. 9) Und wie sie so durchs Dorf schrieen, so rannten alle andern zusammen und schrieen nach, und war eine Bestürzung, ein Jammern und Heulen, als ständen hunderttausend Panduren[59] drunten am Kirchhof, die wollten alles mit Haut und Haar massakrieren. Und als sie scharenweise ans Pfarrhaus sich drängten und besonders die Weiber die Hände über den Kopf zusammenschlugen und wimmerten und krakeelten, als wäre schon alles verloren, und wir sie ermahnten, sie sollen doch stille sein und alle Gott befehlen – kam von Wörth aus in vollem Galopp ein Gendarm heraufgesprengt und bestätigte die Kunde, es sei ein Trupp Preußen mit gezückten Schwertern und gespannten Gewehren durch Wörth gesaust und hätten *Krieg! Krieg!* geschrieen, und er eile nach Niederbronn[60], das Regiment zu benachrichtigen, daß diese Einreißer gefangen und erschlagen würden. Da wurden unsere

---

58 ›Großenwald‹, Wald zwischen dem Plateau, auf dem Fröschweiler liegt, und dem westlich gelegenen Reichshofen. Auf der der Chronik beigelegten Karte auch als ›Neuwald‹ bezeichnet.

59 ›Panduren‹, österreichische Truppengattung kroatischer Herkunft an der ›Militärgrenze‹ zwischen Österreich und dem Osmanischen Reich im 17. und 18. Jhd. Die Panduren galten als besonders grausam und wild.

60 ›Niederbronn‹, heute Niederbronn-les-Bains, 8 km westlich von Fröschweiler gelegener Kurort.

Leute wieder ruhiger, und alles, was nur Beine hatte, groß und klein, stand opferwillig bereit, das Vaterland retten zu helfen.

Der Jägeroffizier, ein junger todesmutiger Recke, den das geringste Zeichen von Angst und Feigheit wütend machte, konnte keinen Augenblick mehr ruhig auf der Stelle bleiben; er sauste mit seinen Leuten hin und her, spähte [13] nach allen Richtungen, bergab, feldein, kam wieder zurück, und wenn der eine oder der andere unter bangem Herzklopfen und schweren Ahnungen sich den Schweiß von der Stirne rieb, rief er: allons mon brave! pas peur! nous mourons pour la patrie. »Wohlan, mein Braver! keine Furcht! wir sterben fürs Vaterland!« Und wer's verstand und ein ehrlich Christenherz im Leibe hatte, der mußte Tränen in die Augen bekommen und denken: »B'hüt euch Gott; gestern noch auf stolzen Rossen, heute durch die Brust geschossen; morgen in das kühle Grab.«[61]

So vergingen unter stetem Hin- und Herreiten, Auflauern, Wiederkehren, Stillehalten, unter allerlei guten Wünschen und Ermutigungen, Feldflaschen austrinken und wiederfüllen und unblutigem Dreinschlagen etwa anderthalb Stunden. Da kam der Gendarm wieder und meldete: das Regiment sei von Niederbronn aufgebrochen und ziehe über Gundershofen[62] dem Feinde entgegen. – »Die sollen das Wiederkehren verlernen!« meinte siegestrunken der Lindenbauer. – »Ja, wenn sie nicht durchbrennen oder gar eine Hinterhut nach ihnen kommt,« munkelte der übergescheite Willibald, »die sind schwerlich allein.«

Das Jägerhäuflein aber hatte sich von dannen gemacht, um womöglich den frechen Eindringlingen den Rückzug zu verlegen. – [14]

61 Zitat aus ›Reiters Morgenlied‹ (1824) von Wilhelm Hauff (1802–1827), 2. Strophe: »Kaum gedacht, / War der Lust ein End gemacht! / Gestern noch auf stolzen Rossen, / Heute durch die Brust geschossen, / Morgen in das kühle Grab.« Das Gedicht erfreute sich auch im Ersten Weltkrieg großer Beliebtheit. Vor allem die erste Strophe wurde auf patriotischen Postkarten häufig verwendet: »Morgenrot, Morgenrot / leuchtest mir zum frühen Tod / Bald wird die Trompete blasen, / dann muß ich mein Leben lassen / ich und mancher Kamerad.«

62 ›Gundershofen‹, heute Gundershoffen, 8 km südwestlich von Fröschweiler gelegene Gemeinde.

Abb. 9

Das erste Treffen.

Das feindliche Heer bestand aus dem württembergischen Generalstabsoffizier Hauptmann Graf Zeppelin[63], drei badischen Offizieren und vier Dragonern[64]. Sie hatten den Befehl, über Lauterburg[65] eine Rekognoszierung ins Land herein zu machen, ob etwa schon bedeutende Truppenmassen in Unter-Elsaß konzentriert wären; hatten Sulz, Wörth, Fröschweiler glücklich passiert, und waren von Elsaßhausen aus auf einem wenig gangbaren Waldwege soweit vorgedrungen, daß sie die Eisenbahnlinie von Gundershofen bis Niederbronn und auch ein gut Stück des Hanauer Gebietes überblicken konnten. –

Hatten sie ihren Josuas- und Kalebsdienst[66] schon getan oder wollten sie denselben nachgehends erst erfüllen, darüber schweigt, aus guten Gründen, unsere Geschichte. Was sich aber auf dem einsamen, von nahen Waldungen umgebenen, zwischen Eberbach[67], Gundershofen und Reichshofen gelegenen *Schirlenhof*[68] zugetragen, und welch Schicksal die verwegenen Reiter dort ereilt hat, das soll der Nachwelt mitgeteilt werden.

Sie waren in dem Gehöfte eingekehrt; hatten ihre Pferde in Stall und Schuppen untergebracht, wollten auch von dem harten Ritt ein

63 Ferdinand von Zeppelin (1838–1917), später berühmter Erfinder des nach ihm benannten Luftschiffs. 1870 Hauptmann in der württembergischen Armee.

64 ›Dragoner‹, Kavalleriegattung, ursprünglich als berittene Infanterie entstanden. Dragoner kämpften mit Pallasch und Kurzgewehr auf dem Pferd und am Boden. Badische Dragoner trugen hellblauen Waffenrock, graue Hose mit schwarzen Lederstiefeln, dazu Pickelhaube; vgl. Arand 2018, S. 149 und Schick/Halem, S. 166 und Stein/Bauer, S. 291 ff.

65 ›Lauterburg‹, heute Lauterbourg, Stadt im Nordelsass direkt an der Grenze zur Pfalz, ca. 50 km östlich von Fröschweiler gelegen.

66 Vgl. AT, Num 13 f. Josua und Kaleb werden mit zehn weiteren Kundschaftern nach Kanaan geschickt, um das Land zu erkunden. Während die zehn anderen Kundschafter vor dem Zug nach Kanaan warnen, ermuntern Josua und Kaleb das Volk Israel, die Wüste zu verlassen; Num 14.7 und 10: »Sie sprachen zur ganzen Gemeinde der Israeliten: ›Das Land, das wir durchzogen, um es auszukundschaften, ist ein überaus fruchtbares Land.‹ […] Die ganze Gemeinde aber verlangte ihre Steinigung.« Als Beweis, dass Kanaan fruchtbar sei, brachten Josua und Kaleb eine riesige Weintraube (Kalebstraube) mit, die sie nur gemeinsam tragen konnten. Noch heute tragen die Tübinger Weingärtner in ihrem traditionellen Umzug einen Nachbau der Kalebstraube durch die Straßen. Bibelstellen werden im Folgenden überwiegend nach modernen Varianten der Übersetzung Martin Luthers zitiert.

67 ›Eberbach‹, heute Eberbach-Woerth, 4 km südlich von Fröschweiler gelegene Gemeinde.

68 ›Schirlenhof‹, 2 km westlich von Eberbach gelegener Hof.

Weilchen rasten, und schon dampften die Eierkuchen lustig in der Pfanne und sollten auf französischer Erde desto besser schmecken … da entsteht plötzlich Lärm … das ganze Jägerregiment ist im Anzug, der Hof ist umzingelt … Was jetzt? – Messer und Gabeln fallen aus den Händen, die Schwerter fahren aus der Scheide, sie stürzen heraus, verbarrikadieren sich hinter [15] ihre Pferde – es fällt ein erster Schuß und streckt einen französischen Unteroffizier[69] zu Boden; – es fallen wieder Schüsse – Leutnant Winsloë[70] ist tödlich getroffen, andere sind verwundet; einige Sekunden verzweifelter Gegenwehr; die Übermacht hat gesiegt; zwei Offiziere, zwei Dragoner sind gefangen; Winsloë ist im Verbluten; Graf Zeppelin aber und zwei andere Dragoner sind entkommen. Das Regiment macht Kehrt, rückt am Abend unter allgemeinem Jubel wieder in Niederbronn ein; in Paris wird eine bataille du Schirlenhof[71] mit Illuminationen gefeiert, und auch in Fröschweiler war, als unsere Jäger wiederkamen, die Freude so groß und die Begeisterung so allgemein, daß unsere guten Leutchen des Gebens, Fragens, Lobens und Verwunderns nicht müde, auch die Soldaten des Essens und Trinkens und Erzählens nicht fertig werden konnten bis in die Nacht hinein. Als Siegesbeute, hatten sie eine kurze Kavallerieflinte und einen dicken hölzernen Klöpfel mitgebracht, der zum ewigen Andenken in Fröschweiler aufbewahrt bleibt. Wie diese Trophäen aber angestaunt und gepriesen wurden!

---

69 Claude Férréol Pagnier (1828–1870), Quartiermeister im 12. berittenen französischen Jägerregiment, ist der erste französische Tote des Krieges. Das Grab Pagniers befindet sich auf dem Friedhof von Niederbronn-les-Bains; vgl. Arand 2018, S. 179.

70 Leutnant William Herbert Winsloe (1843–1870) vom 3. Badischen Dragoner-Regiment Prinz Karl Nr. 22, gebürtiger Schotte aus Inverness, ist der erste Kriegstote auf deutscher Seite. Er ruhte kurz neben Pagnier, bis sein Grab im Herbst 1870 nach Karlsruhe verlegt wurde. In Unkenntnis der Bedeutung des Grabes wurde es 1966 in Karlsruhe eingeebnet. Neben dem Grab Pagniers erinnert auf dem Friedhof von Niederbronn-les-Bains ein Gedenkstein an die kurze Ruhezeit Winsloes neben seinem ›Feind‹. Der Gedenkstein wurde 1912 vom ›Krieger-Verein Niederbronn‹ errichtet. Auf dem Schirlenhof erinnert ein Gedenkstein, »Gewidmet von seinen Verwandten, Kameraden u. Freunden«, an jene Stelle, an der Winsloe die tödlichen Schüsse empfing; vgl. Arand 2018, S. 179 und Verlustliste Nr. 94, S. 746. Eine kurze Biographie und ein Foto Winsloes bei Haehling von Lanzenauer, S. 479 f.

71 Frz. ›Bataille de Schirlenhof‹, Schlacht von Schirlenhof, möglicherweise erlaubt Klein sich hier einen boshaften Seitenhieb gegen die französische Pressepropaganda im Krieg 70/71, die auch kleine Scharmützel, in grotesker Übertreibung und häufig irrigerweise, in siegreiche Schlachten verwandelte; vgl. exemplarisch die französische Berichterstattung zum Gefecht von Saarbrücken am 2. 8. 1870 bei Arand 2018, S. 224.

Graf Zeppelin soll, wie die Großenwalder Überlieferung meldet, auf dem Rappen des getöteten französischen Unteroffiziers[72] entronnen und eine Weile nach der Schlacht in den Schirlenhof zurückgekehrt sein und die Zeche bezahlt haben. Ob dem also sei, muß er selbst am besten wissen, denn er lebt noch, und wenn er's auch nicht gesteht, so wird doch vielleicht die Geschichte auch über diese Frage noch ins klare kommen. – Jedenfalls ist er ein kühner Reitersmann; denn seine Retirade nach der Pfalz hinab bekundet nicht allein eine sehr genaue Kenntnis unserer [16] Örtlichkeit, sondern auch eine Todesverachtung, die einem Bewunderung abnötigt. Er ist vom Schauplatz des Kampfes in nordöstlicher Richtung durch den Großenwald durchmarschiert, mußte unweit Fröschweiler quer durch die damals schon sehr belebte Reichshofener Heerstraße – zog dann, immer in Begleitung des legendenhaft gewordenen Rappen, am Waldessaum hinüber nach dem Gebirge, und als an jenem Abend der Wendlingpeter[73] (tröst ihn Gott![74]) am Bergesabhang zwischen Nähweiler und Linienhausen[75], dicht am Wald, die Kühe weidete, kam da auf einmal ein seltsamer Mann, der kein Franzose sein konnte, führte ein müdes Schlachtroß am Zaume und fragte, ob er nicht etwas Milch bekommen könnte. – Da schaute ihn der Wendlingpeter erschrocken an … »Ja, ich würde euch schon ein wenig Milch geben, wenn ich ein Geschirr hätte, in das ich melken könnte.« – »Da läßt sich abhelfen,« sagte der Mann, – zog ein ledernes Ding[76] aus der Tasche, woraus man trinken und wohinein man auch melken kann, und der Wendlingpeter melkte ganz wacker drauf los, und die Milch schmeckte dem fremden Herrn so trefflich, daß er sich noch einmal melken ließ und dann gab er dem verdutzten Kuhhirten ein Zwei-Frankenstück, sagte Dank und guten Abend. Und das alles, während vielleicht 300 Schritte dort drüben französische Kavallerie auf- und abjagte und den Prussien[77]

72 Gemeint ist das schwarze Reitpferd Pagniers.

73 ›Wendlingpeter‹, nachgewiesen im Zensus von 1866 als ›Pierre Wendling‹, 47 Jahre. Als Beruf wird Steinmetz, ›Tailleur de pierres‹, angegeben; vgl. ABR 7 M 548. Die ›Jubelausgabe‹ zeigt eine vermutlich nicht authentische Illustration der Szene, in welcher der ›Wendlingpeter‹ einen weißen Bart trägt; vgl. Klein 1897, S. 20.

74 Wendling starb am 16. 11. 1874 in Nähweiler; vgl. ABR E 317/11.

75 ›Linienhausen‹, Ortsteil von Nähweiler.

76 Vielleicht eine Feldflasche. Preußische Feldflaschen waren aus Glas und hatten eine Lederummantelung, württembergische Feldflaschen werden ähnlich ausgesehen haben; vgl. Mährle, S. 240.

77 Frz. ›Prussien‹, Preuße.

Abb. 10

im Wald vermaledeite, aber nicht in den Wald kam, denselben zu erschlagen.[78]

(Abb. 10) Graf Zeppelin zog weiter; kam am selben Abend ins Günstal[79]; trank beim sogenannten *großen* Peter zwei Schoppen roten Wein, die er mit einem Zehn-Frankenstück bezahlte, und stand den andern Tag nach seinem strapazen- [17] reichen Kundschaftsritt mit wichtigen Erkundigungen auf bayerischem Gebiet. Dem Wendlingpeter aber ist dieser Abend und sein Melken in den ledernen Becher bis ans Totenbett unvergeßlich geblieben.

78 Zeppelin selbst schildert den Vorgang in einem Brief vom 28. 7. 1870 an seine Frau etwas anders: »Endlich schlich ich mich noch an einen Wagen, von ein paar friedlichen Kühen gezogen, mit welchem arme Leute Gras holen wollten. Die haben mir alle Milch geschenkt, die die dürftigen Kühe gaben – etwa ½ Schoppen – und 5 Birnen, welche sie für Ihren Dienst mitgenommen hatten: 3 die Mutter und 2 ein prächtiges Mädchen, die einen Schatz im Felde hat. – Das war eine Labsal wieder; ich dankte den guten Menschen und dankte Gott; denn ich wußte nun, daß Er mich Dir erhalten wird«; zit. n. Dorsch, S. 20 f. Wendlers Frau ›Madeleine‹ geb. ›Krüger‹, und seine Tochter ›Salomé‹, beide im Zensus von 1866 nachgewiesen, sind entgegen der Schilderung bei Klein also auch dabei, als sie Zeppelin das Leben retten oder zumindest nicht verraten. Im Zensus von 1866 war Salomé 16 Jahre alt, so kann sie 1870 tatsächlich einen ›Schatz im Felde‹ haben; vgl. ABR 7 M 548 und Haehling von Lanzenauer, S. 485.

79 ›Günstal‹, heute Col de Guensthal, Vogesenpass 8 km nördlich von Fröschweiler. Zeppelin ist in nordöstlicher Richtung in die Pfalz geflohen.

Die Dragonerjagd.

Es waren, wie gesagt, zwei Dragoner aus der Schirlenhofer Bataille entronnen und hatten, während ihre Kameraden in den Niederbronner Gefängnismauern stille Betrachtungen anstellen konnten[80], im Großenwald Obdach und Herberge gesucht und gefunden.[81] Der eine war am Fuße verwundet, und es mag ihm der Rückweg auf Schuhmachers Rappen, durch Hecken und Dornen, kein besonderes Gaudium gewesen sein. Item[82], sie waren in direkt südlicher Richtung, nicht weit von Eberbach fortmarschiert, hatten auf dem Albrechtshof, vulgo Laushof, zwischen Morsbronn[83] und Wörth um Zivilkleider und Erquickung gebeten und hofften von dort aus durch den nahen Hagenauer Forst[84], der bis zum Rhein hinabreicht, wieder in ihre Heimat zu gelangen. Sie sollten aber gar bald erfahren,

80 Laut den Erinnerungen eines Niederbronner Beamten waren die Namen der beiden Inhaftierten ›de (von) Villiez‹ und ›de (von) Wechmar‹, Dietrich, S. 1. Die beiden Inhaftierten waren Karl Wilhelm Freiherr von Wechmar, geb. 1843, 1875 als Premierleutnant beim 1. Badisches Leibdragonerregiment Nr. 20 nachgewiesen; vgl. Gotha, Freiherrliche Häuser 1875, S. 833, und Philipp Karl Theodor Freiherr von Villiez, geb. 1842, 1874 beim Schleswig-Holsteinischen Dragonerregiment Nr. 13 nachgewiesen; vgl. Gotha, Freiherrliche Häuser 1874, S. 780. Die Familie von Villiez ist ein badisches Haus, daher kann Philipp Karl Theodor von Villiez 1870 noch bei den Badischen Dragonern gestanden haben. Baden und Preußen hatten schon vor 1870 eine intensive militärische Kooperation. Philipp Karl Theodor Freiherr von Villiez' Sohn Philipp, geb. 1872 in Flensburg, starb als Hauptmann 1914 im Ersten Weltkrieg. Die beiden adeligen Dragoner wurden nach ihrer Gefangennahme verhört, dann nach Metz und schließlich nach Paris verbracht, wo sie dem Kriegsminister Pierre Charles Dejean (1807–1872) vorgeführt wurden; vgl. Haehling von Lanzenauer, S. 485.

81 Verlustliste Nr. 94, S. 746, weist neben der Meldung des Tods Winsloes vom 3. Badischen Dragonerregiment nur noch den Gefreiten Friedrich Wittmann (bei Haehling von Lanzenauer, S. 484, ›Willmann‹) aus Külbertshausen, Amt Mosbach, als vermisst aus. Der zweite Geflohene war der Dragoner Diehm, der auf der Verlustliste nicht vermerkt ist. Beide wurden noch im August 1870 gegen französische Gefangene ausgetauscht; vgl. Haehling von Lanzenauer, S. 484 f. Haehling von Lanzenauer, S. 485, nennt noch zwei weitere verwundete Dragoner, die ebenfalls nicht in der Verlustliste genannt werden. Sie hießen Zilly und Kraus und wurden im Kurhaus von Niederbronn medizinisch versorgt. Sie wurden nach der Schlacht von Wörth-Fröschweiler von bayerischen Truppen befreit.

82 Lat. ›item‹, ›ebenso‹.

83 Gemeint ist der Albrechtshauserhof, heute an der Rue de Lausberg gelegen, 6,5 km südlich von Fröschweiler. Gehört heute zu Morsbronn-les-Bains. Morsbronn bildete den südlichen Punkt des Schlachtgeschehens am 6. 8. 1870.

84 ›Hagenauer Forst‹. Großer Wald zwischen Morsbronn und dem 13 km weiter südlich gelegenen Hagenau, heute Haguenau.

was die Elsässer können, wenn es gilt, das Vaterland gegen die Barbaren zu retten. Es kam heraus, es seien noch etliche Preußen im Walde versteckt, und siehe, das Regiment in Niederbronn konnte darüber ruhig schlafen; aber in Sauerhofen[85] konnte man nicht mehr ruhig schlafen. Ja, Sauerhofen ist kein gewöhnlicher Punkt auf der Landkarte! Wer's kennt, der weiß: da sind eminente Geister, [18] Philosophen und Dichter (ist doch einer da, der ganz fest überzeugt ist, er reiche dem Schiller wenigstens bis an die Knöchel![86]). Da sind besonders unvergleichliche Patrioten. Hui! wenn die auf den Tisch schlagen und sich ins Zeug werfen, die Welt zu teilen! – So begreift sich's denn, daß man in Sauerhofen nicht mehr ruhig schlafen konnte, bis jene heillosen Kerle gefangen und von der Erde vertilgt wären. Es wurde zunächst unter den Patriziern[87] zur Landesrettung konventioniert[88], die Unerhörtheit solch einer Invasion mit all ihren Gefahren und Greueln ins gehörige Licht gesetzt, die Volksentrüstung durch Frakturausdrücke[89] auf den nötigen Wärmegrad getrieben und, da ich's kurz sage, der mit allgemeinem Jubel begrüßte Entschluß gefaßt, einen Streifzug in den Wald zu machen, um die Banditen tot oder lebendig nach Sauerhofen zu bringen. Nun denke sich, wer kann, das Städtchen in solch einem großen Momente! Diese Begeisterung! Diese Wutausbrüche! Diese Todesverachtung

85 Es gibt rund um Fröschweiler keinen Ort Sauerhofen. Offensichtlich zielt der ganze, sehr spöttische Abschnitt auf das an der Sauer gelegene Wörth. In der ›Jubelausgabe‹ ist die folgende geschilderte Szene durch Ernst Zimmer illustriert worden; deutlich ist die alte Mairie von Wörth, erbaut 1828, auf der Zeichnung zu erkennen; vgl. Klein 1897, S. 23. Bei Friedrich Schiler, Autor eines späteren Büchleins über die Tage von Wörth, der die Schlacht als junger Zivilist und Augenzeuge erlebt hat und der die folgende Szene ähnlich, wenngleich nicht ganz so spöttisch wie Klein schildert, spielt sie eindeutig in Wörth. Schiler berichtet allerdings gegenteilig von Bedenken einiger Bürger von Wörth, in Zivilkleidung Soldaten zu suchen, da man sich vor Vergeltung fürchtete; vgl. Schiler S. 32 ff. Als Vorbild der Rathaus-Zeichnung von Zimmer in der ›Jubelausgabe‹ diente offensichtlich das Foto des Rathauses, das auch in Schiler, S. 31, zu sehen ist.

86 Klein meint wohl Friedrich Trautmann-Rosa, in Wörth als ›der Schlossherr‹ bekannt, der einige sehr schmale Gedichtbändchen verfasst hatte; vgl. exemplarisch Trautmann, 1861 und 1868. Im Zensus von Wörth 1866 nachgewiesen als ›Philipp Fréderic Trautmann‹, Witwer, 71 Jahre alt; vgl. ABR 7 M 811.

87 Lat. ›Patrizier‹, ursprünglich Bezeichnung der Oberschicht im Alten Rom, später übertragen auf städtisch-bürgerliche Oberschichten allgemein.

88 Lat. ›conventio‹, ›Zusammenkunft‹.

89 Bezieht sich wohl auf die Redensart ›Fraktur reden‹, heute übersetzt mit ›Klartext reden‹.

und Siegesfreudigkeit! Schade, daß nur zwei und nicht Hunderte von Preußen im Walde liegen. Gestern haben sie nicht *einen* gefangen, heute würde jeder ein Dutzend niedermachen. – Wer wird aber die Expedition kommandieren? Was fragen? Seht dort auf dem weißen Schimmel den racheschnaubenden Feldherrn, wie er so elegant frisiert, so todesmutig unter den Fenstern der Honoratiorendamen auf- und abgaloppiert, daß die Funken stieben![90] Ich geb' mein Ehrenwort, daß er noch vor der ersten Schlacht Reißaus nimmt und über den Kniebis[91] entläuft![92] Und dort der Hauptadjutant an der Spitze (der Name ist mir [19] gerade ausgefallen, schadet aber nichts), er ist Soldat, sogar Unteroffizier gewesen[93], – man erkennt ihn übrigens an der Stimme, und die Preußen sollen ihn erkennen an den Streichen, – wie der, in jeder Faust eine Pistole, unter die tobende Menge brüllt: »Wo sind sie? Wo sind sie? Allons enfants de la patrie![94]« und die Menge brüllt es nach … Seht, wie das begeisterte Bürgerheer mit Flinten, Messern, Sensen, Heugabeln, Pfählen und allen möglichen Mordinstrumenten, Tod und Vernichtung schwörend, durch die Straßen wogt, und fort geht's ohne Furcht und sonder Wanken hinaus, hinaus in die blutige Schlacht. Nur *einer*, der weise Äskulap, steht philosophisch lächelnd hinter dem Gartengitter und murmelt in den Bart[95]: »O wer einen Maulkorb wüßte,

---

90 In der ›Jubelausgabe‹ ist die Szene illustriert, vgl. Klein 1897, S. 23. Schiler, S. 33, berichtet, dass sich »Friedensrichter Wurm« besonders bei der Jagd nach den Dragonern hervorgetan habe. Der Friedensrichter ist im Zensus von 1866 als ›Thibaut Wurm‹, 42 Jahre, nachgewiesenen. Vielleicht meint Klein diesen mit seiner scharfen Satire.

91 ›Kniebis‹, Bergrücken im Schwarzwald, 88 km südöstlich von Fröschweiler auf deutscher Straße.

92 Hier folgt im Original eine mit * markierte Fußnote: ›Ist auch in der Tat am 4. August schon durchgegangen.‹ Klein behauptet damit, der Betreffende sei am Tag der Schlacht von Weißenburg desertiert.

93 Nicht sicher ermittelbar. Schiler, S. 32 f. berichtet, dass die Suche »unter Leitung französischer Gendarmen« stand. Laut Haehling von Lanzenauer, S. 481, hat sich besonders ein Gendarm mit Namen Michel Frey hervorgetan. Gendarmen waren in der Regel militärisch vorgebildet.

94 Frz. ›Allons, enfants de la patrie‹, ›Auf, Kinder des Vaterlands‹; erste Zeile der ›Marseillaise‹, 1792 als Revolutionslied von Claude Joseph Rouget de Lisle (1760–1838) in Straßburg komponiert, seit 1871 Nationalhymne Frankreichs.

95 ›Äskulap‹ von altgr. ›Asklepios‹, antiker Gott der Heilkunde. Der Äskulapstab ist das Symbol des Apothekerstandes. Hier ist wohl ›George Charles Trautmann‹, ›pharmacier‹, im Zensus von 1866 58 Jahre alt, gemeint; vgl. ABR 7 M 811. Der Hinweis auf den Bart und das ›philosophische Lächeln‹ machen den Apotheker bei Klein zur Karikatur eines griechischen Denkers.

solche Exemplare zu bändigen!« – Nimmt aber doch Verbandzeug und sonstige Heilmittel, läßt anspannen und fährt still sinnend hinterdrein nach dem Schauplatz des Kampfes.

Was unterwegs sich zugetragen, welcherlei vive la France![96] und sonstige Kraftsprüche in die Waldesgründe schallten, weiß der Erzähler nicht. – Nur so viel weiß er: als die Hauptmacht schlagfertig den Albrechtshof, vulgo Laushof, umzingelt und der erste Sprecher das feindliche Heer zur Übergabe auf Gnade und Ungnade feierlich aufgefordert hatte, traten da heraus – zwei junge unbewaffnete Burschen und standen wie weiland Vercingetorix vor Cäsar, stillschweigend vor ihren Siegern[97]. »Da sind sie! da sind sie! wir haben sie! vengeance! à bas la Prusse![98]« erscholl's aus hundertfachen Kehlen, – ohne was sonst noch jeder, der sich im Kampf besonders hervorgetan, an Flüchen, Drohungen und patriotischen Herzensergüssen herausbrüllen konnte.

[20] Über den Großenwald spielte ein friedliches Abendrot, der Feldzug war über alles Erwarten gelungen, freudestrahlend rückten die Heerführer mit den Beifall heulenden Legionen und den gefesselten Barbaren[99] in Sauerhofen ein; es klirrten die Tore des Carcere duro[100], und drinnen lagen, die ganze Nacht mit Flüchen und Verwünschungen gepeinigt, *zwei gefangene Dragoner!* Den andern Morgen wurden sie, wie gewöhnliche Missetäter, in zerrissenen Kleidern, ohne Kopfbedeckung, von Gendarmen durch Fröschweiler nach Niederbronn geführt, und nie wird der Erzähler den Blick vergessen, den einer von ihnen einem ungewaschenen Maul

---

96 Frz. ›Vive la France‹, ›Hoch lebe Frankreich‹.

97 Vercingetorix, Gallierfürst, der 52 v. Chr. bei Alesia eine entscheidende Schlacht gegen die römischen Truppen Julius Cäsars verlor, jedem Asterix-Fan seit Band 1 ein Begriff! Im 19. Jahrhundert in Frankreich als ›französischer Held‹ vereinnahmt; Napoleon III. ließ 1864 eine überlebensgroße Statue in der Nähe des Schlachtfelds bei Alise-Sainte-Reine errichten, die noch heute bestaunt werden kann. Man darf davon ausgehen, dass sich Klein über den französischen Vercingetorix-Kult lustig macht. Hauptquelle über den historischen Vercingetorix ist Cäsars ›Bellum Gallicum‹ VII.

98 Frz. ›Vengeance! À bas la Prusse!‹, ›Rache! Nieder mit Preußen!‹.

99 Die Begriffe ›Legionen‹ und ›Barbaren‹ sind ein erneuter höhnischer Rekurs auf Cäsar und Vercingetorix.

100 It. ›carcere duro‹, ›finstrer Kerker‹. Schiler, S. 32 ff., berichtet von den entwürdigenden Umständen, unter denen die Gefangenen im strömenden Regen, beschimpft von den Dörflern durch Wörth zum Gefängnis geführt wurden. Zwar nennt Schiler nicht die Namen der beiden, aber es werden die Dragoner Wittmann und Diehm gewesen sein.

Abb. 11

auf den echt patriotischen Spruch: »Geköpft g'hören sie!« von der Straße hinauf ins Fenster warf. (Abb. 11)

… Du schüttelst den Kopf, lieber Leser, und denkst: O Sauerhofen, wohin hat sich dein Patriotismus verstiegen! – Sei still und schelte mir nicht des elsässischen Volkes überschwengliche Tapferkeit! In Germersheim da drunten oder in Offenburg dort drüben wäre die Dragonerjagd auf zwei verwundete Franzosen aufs Haar dieselbe gewesen.

Ein Besuch im Lager zu Niederbronn.

Am Nachmittag desselben Tages reiste der Erzähler mit einigen Verwandten und Freunden nach Niederbronn, um sich die Dinge in der dortigen Gegend, namentlich das Lager, worin das Jägerregiment kantoniert[101] war, näher anzusehen. Der Krieg erweckt ja [21] unter vielen andern gefährlichen Leidenschaften auch ganz besonders die Neugier und den Vorwitz, daß man gerne Augen und Ohren überall hinträgt, wo man eigentlich nichts zu tun hat, und wo einem das Lauschen zuweilen übel eingebrockt werden kann, wie dem seither verstorbenen Dornenmayer (Gott hab ihn selig), der während der Schlacht unter einem gehobenen Ziegel zu Schmiedjakobs[102] Scheune hinauslugte, bis eine Granate herangepfiffen kam und just über seinem Schädel einschlug, daß ihm Hören und Sehen verging und er besinnungslos auf den Heuboden stürzte.

Wir machten uns also auf den Weg, und als wir den Großenwald passiert hatten, sahen wir schon aus der Ferne die Eisenbahnzüge, welche unaufhörlich hin und her brausten; trafen auch gleich in Reichshofen einiges Fußvolk und Artillerie, welche dort kampierten, und kamen endlich nach allerhand Strapazen und Hindernissen gen Niederbronn. Da war ein Leben, ein Getöse, ein Durcheinander, ein Hin- und Herwogen von neugierigen Philistern[103], Herren und Bauern, Soldaten, Weibern und Kindern! Und auf allen Angesichtern nur eine Frage: Wie wird es gehen? und in den wenigsten Herzen ein: B'hüt uns, lieber Herr Gott!

Wir gelangten ins Lager. Auf dem schattigen Badeplatz, wo sonst von Römerzeiten her die fröhliche Lebewelt ihre Rheumatismen wegverdaut, – standen jetzt, reihenweise an kurzen Pfählen angebunden, Hunderte von mutigen Streitrossen, die bald liebkosend die Köpfe zusammensteckten, bald wütend aufeinander losschlugen, bald ungeduldig den Boden zerstampften. Und neben ihnen standen oder lagen bald einzeln, bald gruppenweise die Mannschaften. Der eine putzte am Geschirr, der andere stopfte sein Pfeifchen, [22] andere spielten Karten, wieder andere tranken Bier und sangen ein

101 ›Kantoniert‹ von frz. ›cantonner‹, ›einquartieren‹.

102 ›Schmiedjakob‹, ein ›Jacques Schmidt‹, 19 Jahre, ist im Zensus 1866 in Nähweiler nachgewiesen; vgl. ABR 7 M 548.

103 ›Philister‹, biblisches Volk im ›Heiligen Land‹. Als ›Philister‹ werden aber auch abwertend unaufrichtige Kleinbürger und kleinliche Besserwisser bezeichnet; vgl. Wahrig, S. 989.

Abb. 12

Liedlein aus der Heimat; alle so vergnügt, so sorgenlos, als stünde kein Wölkchen und kein deutscher Soldat in Waffen. Mitunter spazierten einige Offiziere vornehm durch die Reihen, – schöne, interessante Leute – die schauten so hell, so zuversichtlich in das bunte, fröhliche Treiben, erteilten Befehle, streichelten ihre Pferde, schalten den oder jenen Delinquenten … . Wir kamen und gingen und standen und gafften –, das alles war ja so neu, so sehenswert – und doch auch so ernst und bedenklich. (Abb. 12)

Da drängte sich plötzlich eine zahlreiche Versammlung in die Kurhalle. Was gibt's? – Leutnant Winsloë war seinen Wunden erlegen und sollte zur Ruhe bestattet werden.

Wir arbeiten uns durchs Gedränge. Da stand mitten im Kreise der Sarg, worin der Gefallene gebettet war, und auf dem Sarge lag das blutige Offiziersjäckchen, das Dragonerkäpplein[104] und die silbern

104 Badische Dragoner trugen Pickelhaube. Vermutlich ist Winsloes Feldmütze mit schwarzem Besatzstreifen und Deckelvorstoß gemeint; vgl. Stein/Bauer, S. 292. In der ›Jubelausgabe‹ zeigt die Illustration des Marsches mit dem Sarg Winsloes zum Niederbronner Friedhof seinen Dragonerhelm auf dem Sarg liegend; vgl. Klein 1897, S. 27. Schiler, S. 27, berichtet jedoch, dass die badischen Dragoner allesamt keine Helme, sondern nur Mützen getragen haben sollen.

gewirkte Schärpe. Und um den Sarg herum standen die französischen Offiziere, so ernst und würdevoll, teilnehmend und mitleidig, daß unsereinem ganz seltsam zumute wurde und die Tränen in die Augen stiegen und der Seufzer im Herzen sich erhob: Ach, daß doch Eintracht wäre auf Erden und Gerechtigkeit und Friede sich küßten[105] unter den Völkern! Pfarrer Simon[106] stand oben am Sarge, las mit bewegter Stimme den 90. Psalm[107]; sprach auch ein kräftig Bußgebet über die Versammlung. Da hat doch mancher vielleicht rückwärts gedacht an die Kindergebetlein auf der Mutter Schoß und aufwärts geschaut zum Lenker der Schlachten. Von *einem* wenigstens hat der Erzähler diesen Eindruck mit heimgenommen. Es [23] war ein junger, bildschöner Artillerieoffizier. Der stand da am Sarge des gefallenen Feindes mit gefalteten Händen, und man sah's ihm an: der betet mit uns und ist kein Wallensteiner[108] und auch kein Mucker[109], sondern ein gläubiger Christ und ein tapferer Soldat.

Der Totenbaum[110] wurde gehoben, von französischen Jägern getragen, die Offiziere gaben das Geleit und feuerten die üblichen Salutschüsse dem fremden Waffenbruder nach ins Grab. – Wir gingen wieder nach Hause; auf dem Rückweg wurde aber wenig gesprochen: das erste vergossene Blut wollte uns nicht aus dem Sinn. Es waren die ersten großen Tropfen, die dem Landmann warnend bedeuten, daß das Gewitter am Horizonte steigt und Verheerung seinen Fluren und seiner Hütte drohen.

---

105 ›Ach, daß doch Eintracht wäre auf Erden und Gerechtigkeit und Friede sich küßten‹. Zitat aus Psalm 85.10.

106 Vgl. Haehling von Lanzenauer, S. 484.

107 Ps 90 wird wegen seiner Vergänglichkeitsklage gern bei Bestattungsfeiern gelesen; vgl. abweichende Darstellung bei Haehling von Lanzenauer, S. 484.

108 Vermutlich Hinweis, dass es sich bei dem betreffenden Offizier um keinen Söldner gehandelt hat. Albrecht Wenzel von Waldstein/Wallenstein (1583–1634) war ein berühmter Söldnerführer der katholischen Seite im Dreißigjährigen Krieg. Klein, Verehrer des bereits zitierten Friedrich Schiller, wird dessen Wallenstein-Drama (1799) genauso gekannt haben wie Schillers historische Abhandlung über ›Die Geschichte des Dreißigjährigen Kriegs‹ (1790).

109 ›Mucker‹, abwertende Bezeichnung für einen Duckmäuser, aber auch für Frömmler und Scheinheilige, mitunter auch für Pietisten; vgl. Wahrig, S. 906.

110 ›Totenbaum‹, ursprünglich aus einem Baumstamm gearbeiteter Sarg, hier ist aber nur ein schlichter Holzsarg gemeint.

Die ersten Regimenter und der Gänsemarsch.

Mit dem Abmarsch und Vorstoß in Feindesland sollte es indessen noch keine Eile haben, und es mußte wohl mit der Schlagfertigkeit Frankreichs nicht ganz geheuer sein. Kein Mensch wußte, wo es eigentlich hingehen sollte. Der Staubejörri sagte: »Der *le Boeuf* wird die Hörner schon anrennen!« Der Fischertoni: »Man will sie hereinlocken, um ihnen den Kittel auszuklopfen!« Andere meinten: »Der Kaiser habe befohlen, alle Heeresmacht Frankreichs zu vereinigen und dann plötzlich, wie ein Donnerwetter über sie herzufahren;« wieder andere: »Man [24] wolle Preußen vom Meere aus angreifen, dann müßten sie wieder zurück, und wir kämen hinterdrein und sprengten sie alle gegen den Mond.«[111] So diskurrierten[112] sie untereinander, und jeder behielt recht; denn wer in solchen Zeiten noch Vernunft und Gottvertrauen bewahrt, der schweigt und denkt:

»Du aber, mein Herze, sei still! sei still!
Es fallen die Würfel, wie Gott es will.«

Das ist des Herrn Sache, der die Völker wieder einmal mit der Kriegsrute züchtigt.

Das Gewitter sollte sich noch nicht entladen, und doch war Fröschweiler bald nicht mehr das friedliche Dörfchen mit seinen still heimeligen Obstgärten, Wiesen und Fluren, sondern ein tosender Tummelplatz immer zahlreicher anrückender Truppen. Die Jägerschwadron wurde durch das Bataillon Jäger zu Fuß (Chasseurs de Vincennes) Nr. 13 abgelöst. Die kamen leichtfüßig und wohlgemut unter schmetterndem Fanfarenklang[113] das Dorf hereinmarschiert, trieben sich da in Gassen, Höfen und Häusern herum, suchten und kriegten auch allerlei Proviant und bezogen des Abends ihr Lager in der obern Mulde der Bitzenmatt zwischen Küfers und unserm Grasgarten. – Dann kam unter Spielen und Singen der Marseillaise

111 In der Tat gab es Überlegungen eines Angriffs an Nord- oder Ostsee. In beiden Meeren patrouillierten französische Schiffe, die der preußischen Flotte weit überlegen waren. Einen französischen Plan, gemeinsam mit dänischen Truppen an der deutschen Nordseeküste zu landen, lehnte Dänemark aber ab; vgl. Arand 2018, S. 123 und S. 368 f.

112 ›Diskurrieren‹, veraltet für ›sich unterhalten‹, ›erörtern‹.

113 Französische Jäger zu Fuß spielten Horn oder Fanfare; vgl. die Illustration des Einzugs bei Klein 1897, S. 31.

das 18. Linienregiment, marschierte bis unten ans letzte Haus, schwenkte nach links und schlug seine Zelte an dem schönen breiten Hügelrücken hinterm Gottesacker auf. Dann kam das 96. Linienregiment und kampierte teils auf Wiesen, teils auf offenen Feldern zwischen Fröschweiler und Nähweiler. Es traf auch eine Kompagnie[114] Geniesoldaten[115] ein, die vorläufig keinen bestimmten Posten einzunehmen hatten. [25]

Wir waren also mit Soldaten, nach denen wir im Anfang ein so sehnliches Verlangen hatten, bereits reichlich gesegnet, und unserer Begeisterung, sowie unsern Kammern und Kellern standen Proben der Ernüchterung und Entsagung bevor, die wir glücklicherweise nicht ahnten; sonst wäre manchem, auch dem unüberwindlichen Gruseltoni, das Herz in die Stiefel gefallen.

Bevor aber der Erzähler zur genauen Schilderung der französischen Soldaten übergeht, wie sie verpflegt wurden, diszipliniert waren, wie sie sich hierzulande aufgeführt und welchen Eindruck sie unserm elsässischen Volk hinterlassen haben, muß derselbe noch eines seltsamen Gerüchtes erwähnen, welches in jenen Tagen sich plötzlich wie ein Lauffeuer verbreitet hat. Wer es eigentlich aufgebracht, ob es überhaupt irgendwelchen Grund hatte, muß dahingestellt bleiben, es sei denn, daß der Kronprinz des Deutschen Reichs[116] dem verehrten Publiko den nötigen Aufschluß geben wollte. Item, in Kriegsläuften durchbricht die menschliche Phantasie alle möglichen Schranken, – und so hieß es denn: Auf dem Scheitel des Schwarzwaldes, gegenüber von Straßburg, ziehe Tag und Nacht allerlei Fußvolk, Wagen und Reiter und Kanonen vorüber; das könne man deutlich merken und mancher Steckelburger,[117] der das Gras im Schwarzwald wachsen hört, hatte auch schon den Lärm und das Gerassel vernommen, und das sei ein Schabernack, den der Kronprinz dem Marschall Mac Mahon spielen wolle, als sammle sich dort ein großes Heer, Baden und Württemberg zu verteidigen, während

114 ›Kompagnie‹, Teil eines Regiments. Deutsche Regimenter bestehen in der Regel aus zwölf Kompanien; vgl. Arand 2018, S. 127.

115 ›Genie‹ entspricht dem deutschen ›Pionier‹. Pioniere heben u. a. Gräben aus und bauen Brücken, sind also für die temporäre militärische Infrastruktur an einer Front zuständig.

116 Friedrich Wilhelm von Preußen (1831–1888), Befehlshaber der 3. deutschen Armee. 1888 für wenige Monate Kaiser des Deutschen Reichs.

117 Hier folgt im Original eine mit * markierte Fußnote: ›So hieß man die echten Straßburger.‹

es doch nur einige hundert [26] Leute und so und so viele Reiter, Wagen und Geschütze und zwar immer dieselben wären, die dort in regelmäßigem Gänsemarsch auf und ab patrouillierten … und der Kronprinz in einer ganz anderen Gegend seine Schwaben und Bayern zusammentrommle![118] Aber der Marschall würde sich durch solch Gaukelspiel nicht narren lassen, sondern zu seiner Zeit am rechten Fleck über den Rhein setzen und ihnen sagen, wo Barthel den Most[119] holt.

War's eine Fabel, die ein Spaßvogel der neugierigen Bevölkerung zum Zeitvertreib hingeworfen hatte? oder war's der richtige Volksinstinkt, welcher für die lange Verzögerung des Aufbruchs nach Deutschland eine Entschuldigung und das etwaige Aufgeben des Angriffsgedankens zum voraus einen Trost verlangte? – Auch wurde in jenen Tagen in Fröschweiler *bekannt gemacht*, daß, wer noch Weizen draußen hätte, der sollte ihn so bald wie möglich heimschaffen, zumal, wie der Wodlijörri[120] (Abb. 13) verkündigte, man nicht wisse, was geschehen könnte. So waren auch schon alle Geistlichen vom hochlöblichen Direktorio aufgefordert worden, für den Sieg der französischen Waffen zu beten und allerlei Liebesgaben an Geld, Scharpie[121] etc. zu sammeln und zur Verpflegung der Verwundeten in Bereitschaft zu halten. Alles deutete darauf hin, daß in baldigster Zukunft folgenschwere Ereignisse zu erwarten wären.

Wir wollen aber nicht heulen, ehe wir geschlagen werden, und kehren ein Weilchen zu unsern Truppen zurück, um mit denselben nähere Bekanntschaft zu machen.

[27] Das Frühstück in Berlin und das Abendessen in Fröschweiler.

Wir müssen nun erzählen, wie die Truppen verpflegt, d. h. mit Speis und Trank und allem Nötigen versorgt wurden: eine

118 In der 3. Armee waren wie in der Einführung zur Textausgabe erläutert norddeutsche, württembergische, badische und bayerische Truppen versammelt.

119 ›Wo Barthel den Most holt‹. Redewendung vermutlich jiddischen Ursprungs, im Sinne von ›Zeigen, wo es langgeht‹ zu verwenden. Heute eher gebräuchlich ›Zeigen, wo der Hammer hängt‹.

120 ›Wodlijörri‹ hieß ›Georg Wodly‹, nachgewiesen im Zensus von 1866, 32 Jahre alt, verheiratet mit ›Catherine‹, geb. ›Backel (?)‹, ein Kind; vgl. ABR 7 M 376; vgl. auch Westram, S. 31. Ernestine Westram betrieb in Wörth die Gaststätte ›Zur Jägerzusammenkunft‹. Darin befand sich ein Museum mit Schlachtfeldfunden. Gegen Bezahlung berichtete sie von ihren Erinnerungen. Ihre Erinnerungen an die Tage der Schlacht veröffentlichte sie mehrere Jahre nach Klein und Schiler.

121 ›Scharpie‹, zeitgenössischer Begriff für Verbandsmaterial; zum Sanitätswesen im Krieg von 1870/71 vgl. Arand 2018, S. 161 ff. und Bauer/Protte/Wagner, S. 326 ff.

Abb. 13

unerquickliche Aufgabe; denn auf diesem Gebiete hatte die Kriegsbereitschaft Frankreichs in der Tat Unglaubliches geleistet. Wie beschämend aber auch solche Tatsachen für eine ruhmreiche Nation sein mögen, sie stehen einmal da wie verhängnisvolle Marksteine in dem Bereich ihrer Geschichte und fordern Betrüger und Betrogene (sie sind ja bei weitem nicht alle gebrandmarkt und bei weitem nicht alle ernüchtert) vor den Richterstuhl der kommenden Geschlechter. – Wir waren also mit 6000 Mann Soldaten heimgesucht, hatten auch bereits alle in aufrichtiger Vaterlandsliebe nach Kräften unsere Pflicht getan. Da meinten wir denn, Kaiser und Reich, für welche unsere Söhne und Brüder in den Tod gingen, hätten auch die Pflicht und Schuldigkeit, dieselben zu ernähren und glaubten in stupider Einfalt, hinter jedem anrückenden Regiment müßten auch allerhand Proviantwagen hereinfahren mit Brot, Fleisch, Wein, Kaffee, Tabak und dergleichen. Und die guten *Michele*[122] glaubten das auch, blieben den ersten Tag bei fröhlichem Humor, schliefen des Nachts gemütlich unter ihren Zelten: kommt Zeit, kommt Rat. Und der Morgen kam, und die kleinen Kaminchen waren schon allenthalben im Lager ausgestochen, und die blechernen Kochtöpfe [28] standen bereit, die erwarteten Suppenvorräte zu verarbeiten; aber es kamen keine Proviantwagen, und Feueranzünden und Abkochen blieben für diesmal erspart. Soit![123] Einmal ist keinmal ... Der Soldat ist heiterer Laune, zündet ein Pfeifchen an, schnürt den Leibgürtel um ein Knopfloch enger, singt ein Liedlein und gibt sich zufrieden. Allein dieser harmlose Selbstbetrug sättigt doch nicht auf die Dauer. Es wurde Mittag, Nachmittag, Abend – den armen Jungen rappelte es im Magen. Was jetzt? – Jetzt strömten Offiziere und Mannschaften scharenweise ins Dorf herein, drangen in die Häuser – anständig, verlegen, das Geld in der Hand – »Pardon Monsieur, Pardon Madame, könnten wir nicht Brot, Speck, Eier und Gemüse kaufen?« »Kaufen?« war damals noch die allgemeine Antwort – »nicht kaufen; da nehmt den Laib Brot und das Stückchen Fleisch und ein paar Zwiebeln und geht in Gottes Namen.« – »Merci Monsieur, merci Madame.« Aber noch waren die nicht zum Hoftor draußen, da kamen schon wieder andere: »Excusez Monsieur, excusez Madame[124], wir haben heute noch nichts gegessen, ... die Lebensmittel sind nicht angekommen, ... könnten wir nicht Brot, Kartoffeln, Wein, Äpfelwein oder sonst etwas kaufen?« Ja, ja, was wird das geben! – Aber was machen? Da standen die hungrigen Gesellen, bittend, flehend, *pour l'amour de Dieu*[125]: man mußte sich erbarmen, und wiederum hieß es: »nicht kaufen! da habt ihr Brot, Kartoffeln, Milch« oder was sonst noch vorhanden. Und auch diese

122 Hier folgt im Original eine mit * markierte Fußnote: ›So nennt man in Elsaß die Soldaten der Infanterie.‹

123 Frz. ›Soit!‹, Konjunktiv von ›être‹, ›sein‹, ›Es sei!‹ oder ›So sei es!‹.

124 Frz. ›excusez‹, ›entschuldigen Sie‹.

125 Frz. ›pour l'amour de Dieu‹, ›für Gotteslohn‹, wörtlich ›für Gottes Liebe‹.

waren noch nicht abgefertigt, da drängten sich schon wieder andere heran, und so ging's im ganzen Dorfe in allen Häusern bis in die tiefe Nacht. Großer Gott, wenn man zurückdenkt, dieses Getöse, dieses [29] Durcheinanderwogen, dieses Suchen, Betteln nach Lebensmitteln! Und wie auch die Einwohner wetteiferten in selbstverleugnender Liebe und an jedem Abend in manchem Hause weniger gegessen wurde, damit die armen Tröpfe auch noch ein Bröcklein kriegten, was war das unter so viele?[126] Wie mancher ist nach langem vergeblichen Suchen hungrig unter sein Zelt gekrochen, ohne vive la France! zu rufen, und was mußte erst werden, wenn am andern Morgen, in den folgenden Tagen diese Not keine Abhilfe finden sollte? Und der Morgen kam, und die Sonne stand am hohen Himmel, und 6000 Menschen lagerten, hungerten, marodierten da herum und sollten ihr Blut vergießen, und der Hunger glitzerte zu ihren Augen heraus ... O Napolium[127], wo warst du? Wo waret ihr Marschälle, Senatoren, Generäle, Intendanten und alle ihr goldverbrämten[128] Possenreißer, die ihr in heillosem Spielerwahnsinn diesen Krieg vom Zaune gebrochen und in Berlin frühstücktet, während eure Soldaten hier im eigenen Lande mit der tuchenen Flinte um die Ecke herumschossen[129]? (Abb. 14) Wo waret ihr in jenen unheilschwangeren Tagen? Ihr waret nicht da! ihr sahet nicht die Ratlosigkeit, die Erniedrigung, die Blöße und Schande eures Heeres, die matten, hungrig bleichen Gesichter und die finstern Blicke und die zornigen Gebärden und die drohenden Bewegungen eurer Soldaten; ihr hörtet nicht das Klagen, Murren, Fluchen, Verzagen und Verzweifeln eurer Offiziere und Mannschaften ... O, wenn's damals losgegangen wäre, sie hätten mit Löwengrimm gefochten – wer weiß? – vielleicht ... oder mit Verachtung das Schwert in die Scheide gestoßen. Aber es ging nicht los, sondern wie die Welle die Welle, so trieb eine Stunde wie die andere, und dabei war in diesem [30] fürchterlichen Wirrwarr kein Mensch, der Bescheid gewußt, kein Befehl, der Ordnung geboten, keine Maßregel, die Abhilfe verschafft hätte. Alles rannte in wilder Auflösung durcheinander, Wut und Entrüstung flammten

126 Die Mängel der französischen Versorgung an Essen und Material sind reichhaltig belegt; vgl. Arand 2018, S. 159 ff. und Fontane 1871, Bd. I, S. 97 ff.

127 Spottbezeichnung für Kaiser Napoleon III.

128 Höhere Offiziere der französischen Armee trugen goldene Epauletten, Ärmelaufschläge, Schnüre und Schärpen.

129 Variante des mundartlichen Sprichworts ›Met der linene (leinenen) Flinte schesse‹, womit ›Betteln‹ gemeint ist.

Abb. 14

auf allen Lippen. »Wo ist denn der Proviant? und wenn keiner da ist, warum ist kein General auf dem Plan, der solchen mit Gewalt erzwingen kann? Wir sind verraten; man will uns hier darauf gehen lassen. Wir gehen zum Feinde über!« O Schmach und Schande! ... Dort oben vor der Kirche stand der Sous-Intendant militaire[130], – der Erzähler sieht ihn seiner Lebtag stehen, – umringt, belagert, von allen Seiten geängstet; sie heischten Fütterung, sie flehten, brüllten! ... Dort stand er, weinend wie ein Kind, die Hände überm Kopf zusammenschlagend: »Ich habe ja nichts, ich kann nichts geben!

130 Frz. ›Sous-intendant militaire‹, Quartiermeister, höherer Offiziersrang, entspricht dem Korpsintendanten der preußischen Armee; zuständig für die Organisation der Verpflegung.

Man hat mich im Stich gelassen, die Einwohner müssen helfen, sollen um Gotteswillen helfen!« Wer konnte solchem Notschrei widerstehen? Es wurde sofort bekannt gemacht, jede Haushaltung solle auf der Stelle einen Ofen voll Brot backen, allerlei Nahrungsvorräte sammeln und dem Vaterland zum Opfer bringen. Es wurden Stafetten in alle umliegenden Orte gesandt mit der Aufforderung, dort das gleiche zu tun, und Brot, Fleisch, Kartoffeln, Wein, Schnaps etc. in aller Eile nach Fröschweiler zu senden. Jetzt fiel wieder ein Lichtstrahl in jene gräßlichen Stunden. Noch am selben Abend und besonders am folgenden Tag strömten aus Fröschweiler, Morsbronn, Langensulzbach, Görsdorf[131], Preuschdorf, Spachbach[132], Diefenbach[133] und noch weiter her die Beiträge so freudig, so reichlich, daß dem herzzerreißenden Elend gesteuert wurde und wieder frischer Lebens- und Kampfesmut ins Lager einkehrte. Was mußte [31] aber damals schon jeder vernünftige Mensch von solch einer Kriegsführung denken? Mußte man sich nicht fragen: »Wenn der Soldat im eigenen Lande auf Selbsthilfe, Betteln und Marodieren[134] gewiesen ist, was soll es, wenn er Sieger, – was muß es, wenn er geschlagen wird, im fremden Lande geben?«

131 ›Görsdorf‹, heute Goersdorf, 4 km östlich von Fröschweiler gelegene Gemeinde.

132 ›Spachbach‹, heute Oberdorf-Spachbach, 4 km südöstlich von Fröschweiler gelegene Gemeinde.

133 ›Diefenbach‹, heute Dieffenbach-lès-Woerth, 5 km östlich von Fröschweiler gelegenes Dorf.

134 ›Marodieren‹, im Krieg plündernd umherziehen, vgl. Wahrig, S. 865.

Was die französischen Soldaten unter Disziplin verstanden.

Auch bei diesem Artikel ist dem Erzähler nicht rosig zu Mute; denn es ist eine Tatsache, eine unerhörte Tatsache, daß in der französischen Armee, so wie wir sie hier kennen gelernt und beobachtet haben, von Disziplin fast keine Spur mehr vorhanden war. Das mochte uns in den ersten Tagen nach der Kriegserklärung weniger aufgefallen sein, wir hatten ja nur eine Handvoll Kavalleristen, und die waren eher zum Besuche als zur Verteidigung des Landes gekommen. Wie aber einmal mehrere tausend Mann in Fröschweiler zusammengeflutet waren, mein Gott, welch klägliches Bild geistiger und sittlicher Verkommenheit hat sich da vor unsern Augen entfaltet! Ihr ganze Erscheinung machte sofort den Eindruck: Diese Leute haben auch nicht die ersten Stufen sozialer Bildung durchschreiten dürfen: die haben keine Ahnung davon, daß der Soldat keine Maschine sein darf, die instinkt- oder gewaltmäßig in Bewegung gesetzt wird; daß der Soldat einen gewissen Gedankenhorizont haben muß: »ich bin [32] ein lebendiges Glied am Leibe meines Volkes; auf mein Betragen, meine Mitwirkung kommt unendlich viel an,« … die sind bloße Nummern – wie sie selbst sagen, rohes Kanonenfutter pour la gloire de la France[135]. Und Hand in Hand mit der grenzenlosesten Unwissenheit ging denn auch die moralische Verwahrlosung unserer Truppen; 's ist herzzerreißend zu sagen: Dieses schlampige, verlotterte Wesen! Die Leute hatten gar keine militärische Haltung, kein Soldaten-Ehrgefühl, da lungerten sie herum wie müssige heimatlose Bettler; und diese abscheuliche Trunkenbolderei, diese wütende Karten- und Würfelspielsucht! (Abb. 15) dieses ewige Abbrüllen von allerlei Schund- und Schandliedern! dieses wüste Fluchen, unflätige Zotenreißen! man empört sich heute noch, wenn man zurückdenkt. – Aber unterdrücken wir diese peinlichen Erinnerungen. Derlei Greuel gibt's bei anderen Armeen ebenfalls genug zu sehen und zu hören. – Unser Schaden lag noch tiefer. Wo der Soldat ein ungebildeter, sittlich verdorbener Mensch ist, da kann

135 Frz. ›pour la gloire de la France‹, ›Für die Ehre Frankreichs‹. Die französische Armee bestand aus Berufssoldaten, die sich teils viele Jahre verpflichteten und dabei auf Ebene der Mannschaften häufig aus dem Milieu des bildungsfernen Proletariats und der Landbevölkerung rekrutierten; vgl. Arand 2018, S. 130 ff.

Abb. 15

von Mannszucht keine Rede mehr sein. Und so weit war es bei uns gekommen. Die Bande der Ordnung und der Zucht waren zerrissen. Jeder tat, was ihm recht deuchte. Der gemeine Mann kam und ging, wie es ihm beliebte, entfernte sich von seinem Truppenteil, aus dem Lager und kehrte wieder, wenn er es für gut fand; tat seine Schuldigkeit oder tat sie nicht, ganz nach persönlichem Ermessen. Begegnete ihm der Korporal[136], – nicht die geringste Achtung; kam ein Befehl, – er hatte keine Ohren. Derselbe Befehl: er lachte. Eine Drohung! Er zuckte die Achseln! – Eine Strafe? Allons donc![137] Und der Korporal ging seines Weges, und die Donnerwetter folgten ihm nach; und die pieds de nez[138] spielten hinter seinem [33] Rücken, – er mußte hören und merken und bekam doch kein Magengrimmen und verhängte auch keine Züchtigung, er wollte nicht, er konnte nicht, – »que voulez-vous? C'est la guerre.«[139]

136 ›Korporal‹, Mannschaftsdienstgrad der französischen Armee.

137 Frz. ›Allez donc‹, ›Komm schon‹, ›Stell dich nicht so an‹.

138 Frz. ›pieds de nez‹, ›Hinter seinen Rücken wurde ihm eine lange Nase gezeigt‹.

139 Frz. ›Que voulez-vous? C'est la guerre‹, ›Was wollen Sie? So ist der Krieg‹. ›C'est la guerre‹ ist noch heute in Frankreich eine gebräuchliche Wendung, um Gleichgültigkeit oder achselzuckenden Fatalismus im Sinne von ›Da kann man nichts machen‹ auszudrücken.

Und bei meiner Treu, der Korporal hatte ganz recht und konnte über die Anerkennung seiner Person und Autorität noch meisterlich zufrieden sein; denn siehe, dort kommt sein Vorgesetzter, und er macht's ihm gerade so! Und der Sergeant[140] hebt sich von dannen und verschluckt seinen Ingrimm und tut auch keine Klage gegen den pietätslosen Rebellen: denn er weiß wohl, und dieses behagliche Selbstgefühl ist die süßeste Genugtuung für seine mißhandelte Würde: »Heute abend, morgen früh mach ich's meinem Leutnant[141] gerade so, – o, er wird sich's gefallen lassen! Was wollt ihr? Krieg ist Krieg!« Unglaublich, nicht wahr? und doch historisch: und wie der Sergeant dem Leutnant, so macht's der Leutnant dem Kapitän[142] und einer dem andern bis zu den höchsten Spitzen in schrankenloser Willkür, – ach, sie wissen es nicht einmal mehr, in gegenseitiger tiefster Verachtung. O, wenn man sich die Tage und Zustände vergegenwärtigt! Wie oft ist es vorgekommen, daß die Soldaten den Gehorsam unbedingt verweigerten, ihre Vorgesetzten beschimpften, – ja bedrohten, und was geschah? – 's ist Krieg, hieß es, man kann nicht strafen. In Rothbach[143] ging die Zucht- und Schrankenlosigkeit so weit, daß der Hauptmann von seiner Kompagnie nicht allein mit Verwünschungen überhaupt bedacht, sondern auch von Faustschlägen nur durch die Dazwischenkunft des Ortspfarrers bewahrt wurde. Auch hier ist Ähnliches vorgefallen. Es war am Freitag abends (5. August), als die Turkos[144] zum Dorf hereinmarschierten. Jedermann wollte sich diese Wüstensöhne anschauen, und [34] so gingen wir denn in Begleitung eines befreundeten Hauptmanns die Straße hinauf. Überall wimmelte es von Menschen, – Soldaten, – ein

140 ›Sergeant‹, unterster Unteroffiziersrang der französischen Armee.

141 ›Leutnant‹, mittlerer Offiziersrang der französischen Armee, in der preußischen und französischen Armee Zugführer.

142 ›Kapitän‹, frz. ›Capitaine‹, Hauptmann, in der preußischen und französischen Armee Kompanieführer.

143 ›Rothbach‹, 20 km westlich von Fröschweiler gelegene Gemeinde.

144 Seit 1842 existierende Einheit französischer Kolonialtruppen, offizielle Bezeichnung ›Tirailleurs algériens‹ (›Algerische Schützen‹) oder ›Tirailleurs tunisien‹ (›Tunesische Schützen‹). Die Bezeichnung ›Turcos‹ bzw. ›Turkos‹ bezog sich auf die exotisch-orientalische Uniform. Die Mannschaften waren meist dunkelhäutige muslimische Afrikaner, während die Offiziere weiße Franzosen waren. Die Männer galten als besonders wild und gefährlich, waren aber vor allem Projektionsfläche exotistisch-rassistischer Vorstellungen auf deutscher und französischer Seite. Klein macht da keine Ausnahme; vgl. Arand 2018, S. 139 f., Bauer/Protte/Wagner, S. 185. Zur Uniform der ›Turcos‹ vgl. Delpérier/Mirouze/Pommier, S. 202 ff.

furchtbares Gedränge. Da geschah es, daß unser guter Kapitän aus Versehen einem gemeinen Soldaten auf den Fuß trat. »Wer heißt Sie mir auf den Fuß treten? ich lasse mir nicht auf den Fuß treten!« grob, frech, widerlich, herausfordernd. Der Hauptmann schwieg und verbiß seinen Zorn, und als ich ihm sagte: und diesen Menschen lassen Sie nicht sofort einsperren? »Mein Herr, – ich kann's nicht tun, morgen würde er mir eine Kugel durch den Kopf jagen.« Ist das möglich? Ja, es ist Tatsache. Es war so weit gekommen, daß nicht allein aller Ordnung, allen Rangstufen, aller Botmäßigkeit Hohn gesprochen wurde, sondern auch die Offiziere sich wirklich fürchten mußten, und mehr als einmal ist es ganz laut zu unseren Ohren gedrungen: »Diesem, jenem fliegt einer dieser Tage eine Mirabelle in den Schädel.« … Und als bei Weißenburg General Douay[145] gefallen war und die Fama[146] darauf hindeutete, es habe ihn eine französische Kugel getroffen hatte, fand man das gar nicht so besonders ungeheuerlich, zum Beweis, daß diese schauderhafte Tradition sich bereits eingebürgert hatte.[147]

Aber, um Gotteswillen, wie war das alles möglich geworden? Die Geschichte wird es lehren; an diesem tiefen sittlichen Verfalle sind nicht Frankreichs Offiziere und Soldaten, sondern Frankreichs Priester[148] und Regenten schuld! Der französische Soldat besitzt, wie überhaupt sein Volk, schöne Geistesgaben: eine scharfsichtige Intelligenz, eine schnelle Fassungskraft, eine überaus reiche Phantasie. O wenn dieser Mann nicht von Kindesbeinen an stiefmütterlich behandelt [35] worden wäre! Aber seine Eltern, seine Kirche, sein

---

145 Abel Douay (1809–1870), Kommandeur der 2. Division des I. Korps, gefallen bei Weißenburg beim Versuch, eine Mitrailleuse in Stellung zu bringen; vgl. Arand 2018, S. 226 ff. und Sternegg, Nr. 2, S. 1.

146 Lat. ›fama‹, ›Gerücht‹; zugleich als Fama die antike geflügelte Personifikation des Ruhms und des Gerüchts. Besonders im 17. Jhd. oft abgebildet. Ihr Attribut ist die Posaune.

147 Französische Zeugnisse dieser Verhältnisse liegen in größerer Zahl für die ganze Armee im Sommer 1870 vor. Ein Offizier der Mobilgarde berichtet von einer Eisenbahnfahrt mit undisziplinierten Soldaten: »Die Offiziere wagten nichts zu sagen, oder wenn sie ein Befehlswort fallen ließen, geschah es mit jener Verzagtheit, welche ein geschlagenes, demoralisiertes Heer und Anführer ohne Einfluß verräth […]«, Hérisson, S. 30. Katharina Klein, Schwester Karl Kleins, bestätigt die Darstellung ihres Bruders in ihren ›Ergänzungsblättern‹ zur ›Chronik‹: »Wenn auch ohne Disziplin das Heer sich herumtrieb und herumlungerte – denn ein Putzen und Bürsten, ein Blankmachen der Gewehre fiel keinem in den Sinn, wurde auch nicht verlangt – so verlief doch alles in Frieden […]«, Klein, Ergänzungsblätter, S. 5.

148 Klein meint selbstverständlich katholische Priester.

Vaterland, ach! sie alle haben fast gar nichts für ihn getan. Er ist selten, vielleicht niemals in eine Schule gekommen; er kann in sechzig bis achtzig Fällen von hundert weder lesen noch schreiben; damit ist alles gesagt, – und von diesem Soldaten wollte man allen Ernstes militärische Disziplin verlangen?

Der französische Soldat ist von Haus aus nicht verdorbener, unsittlicher, irreligiöser als irgend ein anderer. Aber was kann er dafür, daß ihm die Religion zur Komödie oder zum Fetischismus geworden ist? Was konnte er dafür, daß diese Korruption von oben alle Schichten des Volkes durchfressen und in ihrer zersetzenden, Fäulnis verbreitenden Gärungskraft auch bereits den Wehrstand ergriffen hatte? War es seine Schuld, wenn die vielen auswärtigen Kriege des Kaiserreichs die Armee zu einem Haufen ruhm- und genußsüchtiger Prätorianer[149] gemacht? Wenn das ewige liederliche Lagerleben die Manneszucht gelockert und die Sittlichkeit untergraben hatte? wenn die letzte Kriegserklärung allem sittlichen Bewußtsein geradezu ins Angesicht schlug? wenn die gewissenlose Ausrüstung und Verpflegung der Truppen die verhängnisvollste Emanzipation nach sich ziehen mußte? Nein, das alles war nicht seine Schuld. Der französische Soldat, wie er hier anno 1870 leibte und lebte und erst noch glorreich unterging, war das bejammernswerte Produkt seines *großen Vaterlandes*, und die Niederlage am 6. August und die weltgeschichtliche Schmach des ganzen Feldzuges kommen nicht auf seine Rechnung, sondern derer, welche heute noch das reichbegabte französische Volk dem Abgrunde entgegenführen.[150] [36]

149 ›Prätorianer‹, Leibgarde der römischen Kaiser seit Augustus, hier Synonym für ungehobelte, dekadente Berufssoldaten mit Landsknechtsmentalität.

150 Hier zeigt sich erneut Karl Kleins Ablehnung der im September 1870 ausgerufenen 3. Republik. Das Wort ›heute‹ bezieht sich auf den Zeitraum der Manuskriptentstehung der Chronik, also 1872 bis 1876.

Eine Soiree[151] im Lager zu Fröschweiler.

Das 48. Linienregiment kampierte, wie gesagt, auf dem schönen freien Wiesenabhang hinter dem Gottesacker[152]. – Der Kapitän, ein kleines, feuerrotes Männchen, der vorgestern erst die Epauletten[153] aufgesetzt bekommen hatte; der Leutnant, ein schlanker, flotter Bursche, ehemaliger St. Cyrien[154], und der Unterleutnant, so ganz in vollem Sinn des Wortes ein guter braver Junge, gebürtig aus Bitsch[155], waren seit einigen Tagen unsere Gäste. – Wir hatten die Leutchen lieb gewonnen, so gut es gehen mochte gastfreundlich bewirtet, und so wollten sie uns denn auch, wie überhaupt die Franzosen keine Gefälligkeit unerwidert lassen, alle möglichen Gegendienste und Artigkeiten erweisen. Am Sonntag abends wurde unserm Hause ein Ständchen gebracht, wobei die Marseillaise natürlich nicht fehlen durfte, und dem Hausvater die Einladung übergeben, den andern Tag das Abendessen avec ces Messieurs[156] im Lager zu teilen. Warum nicht? Da gibt's gewiß viel Interessantes zu sehen und zu hören, und das passiert einem einsamen Dorfpfäfflein sobald nicht wieder. Also angenommen. In der Voraussicht aber, daß dort unten am Bitzematter Buckel nichts gewachsen und auch nichts zu kaufen, respektive zu erfechten sei, wurden am Montag auf anonymem Wege allerlei Zugemüse-Kleinigkeiten an den Küchenmeister befördert und gegen 1/2 6 Uhr traf der Erzähler unter freundlichem Willkomm beim Rendezvous ein. Welch ein herrlicher Sommerabend, und welch ein unvergleichlich reizendes Panorama vor unsern Blicken! Dort

---

151 Frz. ›soirée‹, ›Abendgesellschaft‹; vgl. Wahrig, S. 1189.

152 ›Gottesacker‹, altertümliche Bezeichnung für ›Friedhof‹.

153 ›Epauletten‹, Schulterstück, in der französischen Armee vom ›Capitain‹, deutsch ›Hauptmann‹, an getragen.

154 St. Cyr, elitäre Offizierschule bei Paris.

155 ›Bitsch‹, Festungsstadt, 32 km nordwestlich von Fröschweiler. Die berühmte Festung, erbaut Ende des 17. Jahrhunderts durch Sébastien Le Prestre de Vauban (1633–1707), Festungsbaumeister Ludwigs XIV., kann noch heute bestaunt werden. Im Krieg 1870/71 von bayerischen Truppen belagert, kapitulierte Bitsch erst nach dem Waffenstillstand. Heute befindet sich in der Zitadelle ein Museum zu den Ereignissen von 1870/71.

156 Frz. ›avec ces messieurs‹, ›mit diesen Herren‹.

[37] hinten, nordöstlich am Horizonte, die pfälzischen Berge[157] mit ihren hochaufragenden Spitzen, die wie unheimliche Fragezeichen nach unserm Hanauer Ländchen hinüberschielen, … dann unsere Vogesen, die treuen Grenzwächter mit ihren waldbedeckten Höhen, Gebirgspfaden, Schluchten: Scharrhohl, Pfaffenschlick[158] etc., dann immer näher heran, der Liebfrauenberg[159], der ehrwürdige Trotzkopf, im dunklen Gewande, das alte Kloster auf dem Rücken, das malerisch gelegene Görsdorf zu den Füßen, … dann das Sauertal mit seinen langen grünen Wiesenteppichen, seinen Mühlen, Hopfenanlagen, Erlengruppen – Wörth, das anmutige Städtchen in der Mitte. – Dann unsere baumgekrönten Anhöhen, unsere Rebhügel, Obstgärten und über dem ganzen Bilde die goldenen Strahlen der Abendsonne … O Heimat so schön, so schön! Und hier oben auf dem Höhenrücken dicht neben dem Friedhof, wo unsere Toten schlummern, das regste fröhlichste Leben. Da stehen die niedlichen Zelte[160], reihenweise, gassenweise, eine wahre Nomadenstadt auf blühendem Gefilde; und die bunte, hin- und herwimmelnde tausendköpfige Bevölkerung … Die einen holen Wasser, die andern tragen Holz; wieder andere machen ihr Lager zurecht; noch andere schreiben Briefe, wischen ihre Schuhe, putzen ihre Gewehre, packen ihre lieben Sachen zusammen; noch andere sitzen oder liegen rauchend, schäkernd, zankend vor dem kochenden Suppentopf. Dort drüben spielen sie Karten … horch wie die schnattern, lachen, fluchen – was gilt's, sie trumpfen einander mit Faustschlägen nieder? – 's hat nichts zu bedeuten. – Weiter unten blinde Kuh … alle möglichen Sätze, Posituren, Grimassen … o sorglose glückselige Kinder – wenn nur der Bismarck nicht wäre.

[38] Plötzlich im ganzen Lager ein greulicher Spektakel. (Abb. 16) Alles rennt in wilder Unordnung durcheinander … »Ho ho! haltet

157 Klein meint den ›Pfälzerwald‹, ein Mittelgebirge an den Nordvogesen. Zu den strategischen Konsequenzen der Geographie zu Beginn des Krieges 1870/71 vgl. die noch heute an Präzision und Logik nicht zu überbietenden Erklärungen, die Friedrich Engels als Autor der Londoner ›Pall Mall Gazette‹ seinen englischen Lesern gab; Engels, S. 62 ff.

158 ›Pfaffenschlick‹, heute Col du Pfaffenschlick, Vogesenpass, 375 ü. M., 14 km nordöstlich von Fröschweiler gelegen.

159 ›Liebfrauenberg‹, 5 km in nordöstlicher Richtung von Fröschweiler gelegen, altes Kloster, heute ein Tagungshotel.

160 Anders als die deutschen Truppen sind die französischen Krieger mit Zelten ausgestattet. Zelte sind bei den Deutschen deshalb besonders begehrte Beutestücke.

Abb. 16

ihn fest! Haltet ihn fest!« – Der Kapitän stürzt unter die brüllende Menge … »Was ist denn?« – Was ist's? Da läuft einer herum mit rattenkahl rasiertem Kopf ganz abscheulich weiß, ein wahres Ungeheuer, und hat einen schwarzen chinesischen Zopf mitten auf dem Schädel. Den Aufzug beschreiben! unmöglich … »Ho! ho! haltet ihn fest! Bringt ihn her!« – Ja festhalten … Der Kerl läuft wie besessen hin und her mit seinem chinesischen Zopf, keiner kann seiner habhaft werden, bis sie ihn endlich umringen und mit Gewalt heranschleppen. Der Kapitän: »Animal![161] was hast du gemacht?« – »Ich habe mich scheren lassen!« – »Ach, du hast dich scheren lassen! Was hast du denn auf dem Kopf?« – »Ich habe nichts auf dem Kopf.« – »Comment? und der Haarbüschel da?« – Der greift auf den Schädel, zieht den Zopf in die Höhe – ein Riesengelächter erhebt sich von allen Seiten … »Ich wußte es nicht … der hat mir das überm Scheren zum Spaß getan« … Der Kapitän: »Geh fort, … daß du mir

161 Frz. ›animal!‹, hier im Sinne von ›Du Tier!‹

morgen nicht so vors Angesicht kommst« – und der drollige Possenreißer verschwindet unter seinen lachenden Kameraden.

Der Unterleutnant B. will jetzt die Honneurs machen. Da hat er eine große Kiste herangeschleppt, die dient als Tisch, andere Kisten bedeuten die Stühle; Teller, Löffel, Messer, Gabeln hat er unterm Kriegsgeräte oder auch bei den Nachbarn aufgegabelt; Salz, Pfeffer, Senf, Wein, Kognak hat er zweifelsohne erfochten[162] … Jetzt bringt er die Suppe – richtig, die gelben Rüben, Erbsen, Bohnen sind drin – schmeckt gut in dieser dürren, hungrigen Zeit – [39] dann bringt er Beefsteaks, halb blutig, gesalzen, gepfeffert, daß einem der Schweiß ausgeht. Tut nichts – Krieg ist Krieg! Dann wäscht er die Teller mit einer Brotkruste und stellt sie wieder auf; 's kommt noch etwas. Unablässig rührt er die Pfanne; die Sauce wird schließlich ganz schwarz – noch ein wenig Senf, Wein, Pfeffer dazu – … jetzt müssen wir dran; kleine zerschnittene Nieren (wo er die erbeutet?), ein Hauptregal[163], wie er gutmütig überzeugt ist; läßt sich auch mit einiger Energie schon bewältigen – dann eine Tasse Kaffee, worüber noch ein halb Stündlein im gemütlichen Gespräch vorüberfließt. Es wird allmählich stille im Lager; schwarze Schatten gleiten vom Liebfrauenberg herab ins Tal; der Abendstern leuchtet so ruhig in der blauen Ferne. – Auf Wiedersehen, ihr wackern freundlichen Leute!

Sie sind die letzten auf dem linken Flügel – Gott weiß, wo sie kämpfen, siegen oder verbluten werden; – wir haben sie nie wiedergesehen.

---

162 ›Erfochten‹, gemeint ist ›erbettelt‹.

163 ›Hauptregal‹, von frz. ›régal‹ = ›Schmaus‹.

Der Spion.

Hat einer existiert? Was war's für ein Landsmann? Welche Dienste hat er geleistet und wie ist's ihm ergangen? Antwort: Droben im Oberdorf[164], nahe beim Schollenbrunnen, wohnte seit einigen Jahren ein seltsamer Kauz, dessen Konterfei etwa folgende Züge bilden: mittlere Größe, untersetzter Körperbau, graue, katzenähnliche Augen, falber[165], ungewöhnlich langer Vollbart – flink wie ein Hase, verwegen wie ein Spitzbube – seines Zeichens [40] ehemaliger Zuave[166], jetzt Haarschneider, Schröpfer[167], Zahnausreißer und – Wildschütz. Manchen Bauern hat er schon über den Löffel balbiert[168], daß ihm die Augen geblutet – und manchem Edelmann das Reh vor der Nase wegstibitzt, und halfen keine Donnerwetter und keine Reitpeitsche. Denn von Xaveri[169] ist es buchstäblich wahr:

Kein Ort, der Schutz gewähren kann,
Wenn seine Büchse zielt!
Und dennoch hat die harte Brust
Die Liebe auch gefühlt – [170]

Notabene[171], die Liebe zum bedrohten Vaterlande, dem er, bei Gefahr seines Kopfes, redlich gedient hat. Doch laßt uns erzählen.

Eines Tages, es war am 26. Juli, ritt General Ducrot in Begleitung seines Leibadjutanten (der Name ist nicht nennenswert) auf der

164 ›Oberdorf‹, gemeint ist ein Straßenzug von Fröschweiler. Wenn an anderer Stelle im Buch von ›Oberdorf‹ die Rede ist, ist ein Dorf gemeint, das heute Oberdorf-Spachbach heißt, und 4 km südöstlich von Fröschweiler liegt.

165 ›Falb‹, hellgelb; vgl. Wahrig, S. 453.

166 Zuaven, frz. ›zouaves‹, waren eine französische Spezialeinheit, ebenfalls in orientalischen Uniformen. Die Zuaven rekrutierten sich häufig aus französischen oder nordafrikanisch-arabischen Abenteurern und Kriminellen; vgl. Arand 2018, S. 131 und Delpiére/Mirouze/Pommier, S. 196 ff.

167 ›Schröpfen‹, ›jemanden finanziell ausnehmen‹; vgl. Wahrig, S. 1145.

168 ›Über den Löffel balbiert‹, synonym zu ›betrogen‹, ›übers Ohr gehauen‹.

169 ›Xaveri‹, nachgewiesen im Zensus von 1866 als ›Xaver Fischer‹, 41 Jahre alt; vgl. ABR 7 M 376.

170 Zitat aus der 1. Strophe des Jägerlieds ›Ich schieß den Hirsch im wilden Forst‹: »Ich schieß den Hirsch im wilden Forst, / Im tiefen Wald das Reh, / Den Adler auf der Klippe Horst / Die Ente auf dem See / Kein Ort, der Schutz gewähren kann / Wo meine Büchse zielt! / Und dennoch hab' ich harter Mann / Die Liebe auch gefühlt. //«

171 Lat. ›Notabene‹, ›wohlgemerkt‹.

Abb. 17

Heerstraße zwischen Reichshofen und Fröschweiler hin und her, sei's, daß er seine geographischen Kenntnisse erweitern oder auch sonstige Anstalten zu Verteidigung des Landes treffen wollte. Mitten im Großenwalde, gerade am Waldhüterhäuschen, begegnete ihnen Xaveri. (Abb. 17) Auf einen Wink des Leibadjutanten sprach der General zu Xaveri: »Seid Ihr ein Franzose?« Xaveri antwortete: »Ich meine es!« – »Ein rechter Franzose?« Der Gefragte, ohne den Seitenhieb zu merken, antwortete wieder: »Ich bin ein Franzose!« – »So kommt morgen früh hinab nach Reichshofen ins Schloß[172], Ihr seid ein Mann und sollt es nicht bereuen.« – Den andern Morgen, Punkt

172 Schloss, errichtet im 18. Jahrhundert durch den Frühindustriellen Jean de Dietrich (1719–1795). Hauptquartier Mac-Mahons vor der Schlacht vom 6. 8. 1870.

5 Uhr, trat Xaveri ins Schloß, und vor ihm standen der Marschall Mac Mahon und der General Ducrot und andere verhängnisvolle Persönlichkeiten, und der Marschall sprach [41] zum Xaveri: »So nehmet diesen Laufpaß und dieses 20-Frankenstück und geht über Nähweiler, Steinbach[173] an die bayerische Grenze, womöglich über die bayerische Grenze, spioniert alles aus und kommt, so schnell Euch die Beine tragen, wieder nach Reichshofen. Für jeden Gang kriegt Ihr 20 Franken, für jeden Bayern, den wir fangen, 25 Franken, und wenn's gelingt, eine Wache aufzuheben, – 100 Franken.« Dem Xaveri läuft's siedig heiß über den Buckel: ... 20 Fr., 25 Fr., – 100 Fr... Heiliger Sankt Joseph! da kann ich mir helfen ... denkt's, hofft's und eilt ins Gebirge. – Bald ist er in Steinbach und schleicht von dort noch zwei Kilometer weiter bis hart an die bayerische Grenze. Da ist alles ganz ruhig. Xaveri lugt und horcht – alles ganz stille. Xaveri dreht sich, bückt sich, geht auf, geht ab, späht nach allen Winden, sieht nichts, hört nichts ... Gut, er macht kehrt und will den Rückmarsch antreten ... aber da wuselt's wieder in allen Gliedern: 20 Fr., 25 Fr., 100 Fr., und der Himmel hängt aufs neue voll von Baßgeigen, und alle Sterne sind 20-Frankenstücke ... Was soll ich tun? – Wer nichts wagt, gewinnt nichts, und – Xaveri setzt über die Grenze. – Zuerst 50 Schritt – 100 Schritt – nichts da – noch 200 Schritt ..., da begegnet ihm der lange Kaspar aus Hirschthal[174]. »Helf Gott, Xaveri, wo kommst du her?« Und so stehen sie ein Weilchen beisammen, blinzeln einander in die Augen und beiden zuckt's hinter den Ohren (denn der Kaspar gehört auch zur Spionenzunft)... Da sagt der schlaue Xaveri zum langen Kaspar: »Komm mit nach Fischbach[175], wir wollen ein Schöpplein trinken.« Der [42] ist's zufrieden; sie gehen nach Fischbach in die Kneipe und schöppeln und schöppeln, bis dem langen Kaspar die Augen tränen und das Herz und das Maul aufgeht, und so erzählt er denn unter dem Siegel der Verschwiegenheit dem Xaveri alles, was er weiß, was er gesehen – wie nämlich auf 2–3 Stunden keine Soldaten in der Gegend wären als die bayerische Wacht da in Fischbach und die habe ja nichts zu bedeuten etc. Und wie der Xaveri das alles weiß, läßt er noch ein Schöppllein kommen, bezahlt die ganze Zeche, reicht dem Kaspar die

173 ›Steinbach‹, heute Ober- und Niedersteinbach, 16 km nördlich von Fröschweiler, kurz vor der Grenze zur Pfalz gelegene Gemeinden.

174 ›Hirschthal‹, Gemeinde gegenüber von Steinbach, auf pfälzischer Seite.

175 ›Fischbach‹, 7 km nördlich von Hirschthal entfernte pfälzische Gemeinde.

Hand zum Abschied und macht sich von dannen. – Mit Windeseile setzt er über die Grenze, mit nie geahnter Glückseligkeit saust er durchs Gebirge heimwärts, – eine ganze Welt voll großer Gedanken durchrauscht seine Seele. – »Hurra! Xaveri! du armer Teufel, jetzt ist's auch einmal an dir, dein Schäflein zu scheren … Wartet nur, ihr flachshaarigen, dickstämmigen Bayern, Schwaben – verdammte Ketzer … wir wollen euch den guten Morgen schon wünschen … Was hat der Marschall gesagt? für jeden Gang 20 Fr.! für jeden Bayern 25 Fr.! – für die ganze Wacht 100 Fr.! – und ist eine Wacht ausgehoben, dann kommt eine andere, stärkere …, allons, enfants de la Patrie[176] …« – Lange vor Abend ist er in Reichshofen und berichtet, ganz außer sich vor Freude, was er gesehen, gehört – und wie er den langen Kaspar den Bären angebunden, und wie in Fischbach drüben eine bayerische Wacht, 40–50 Mann stark, warm und flügge zum Ausheben sitze etc. etc. Da sagt der Marschall: »Bravo, Kamerad, du bist ein Mordsfranzose – die wollen wir kapern, und sollst das Trinkgeld haben. – Unterdessen gehst du morgen früh wieder nach Fischbach und schaust, ob keine [43] Veränderung stattgefunden, keine Verstärkung eingetroffen – gehst Tag für Tag über die Grenze. Ich halte Wort: 20 Fr., 25 Fr., 100 Fr. und ist's ein Regiment« … Xaveri ist der glücklichste Mensch auf Erden, jeden Morgen läuft er nach Fischbach, – den langen Kaspar sieht er nicht wieder – aber ruhig und harmlos stationiert die bayerische Wacht auf demselben Fleck. – Und alle Abend, wenn er dem Marschall oder dem General Ducrot seine Kundschafterberichte erstattet, und der Marschall siegesgewiß die Wacht allernächstens aufzuheben verspricht, wird's ihm siediger und wuseliger in allen Gebeinen … »Das kann nicht fehlen, ich krieg's, ich hab's, ich hab's ganz gewiß …« Ja, ja, Xaveri, du sollst's kriegen … sobald der Marschall es hat, sollst du's kriegen … nur noch eine kleine Geduld.

176 ›Allons, enfants de la Patrie‹, erste Zeile aus der französischen Nationalhymne ›Marseillaise‹. ›Auf, Kinder des Vaterlands …‹. Die Zeile im Original fortgesetzt mit ›… le jour de gloire est arrivé!‹ – ›… der Tag des Ruhms ist gekommen!‹

Wo eigentlich der Has im Pfeffer lag.

Wir standen am 31. Juli: der gute Xaveri konnte es schier nicht mehr aushalten, warum doch der Marschall die Bayern in Fischbach nicht fangen, respektive in das schnappende Brusttuchsäcklein hineintreiben wollte; und unsere Soldaten hier in Fröschweiler, bei welchen täglich ein gut Stück Appetit verloren ging, waren ganz außer sich vor Ungeduld nach einem widerstandskräftigen Frühstück aus des deutschen Michels[177] Küche, und unsere Landleute, denen die Haut über den Kopf gezogen wurde, konnten es alleweil auch gar nicht mehr begreifen, warum nicht endlich so ein kleiner Abstecher in die sonnige, wonnige Pfalz gemacht wurde. Und dort unten an der Saar, bei [44] Forbach, Saargemünd, an der Mosel bei Metz, Diedenhofen wird's wohl den Zunftgenossen Xaveris und den Soldaten und Bauern gerade so gegangen sein. Warum denn ein für allemal kein Marche! kein Vorwärts? Wo lag denn eigentlich der Has im Pfeffer? Das ahnten damals nur wenige, und die durften es nicht sagen: heute mögen es Krethi und Plethi[178] wissen, denn die Geschichte hat uns ihre Lektionen mit Faustschlägen eingebleut.

Die Diplomatie, d. h. die Kunst, Fürsten und Völker hinters Licht zu führen, hatte allzu hastig die Würfel geschüttelt und den Fehdehandschuh hingeworfen, bevor die eigene Brust gepanzert war. – Frankreich hatte zur Zeit der Kriegserklärung eine Armee von 567 000 Mann, Notabene auf dem Papier, in Wirklichkeit aber nur 340 000 Mann. Das war allerdings ein fatales Rechenexempel. – Doch, die Fureur française[179] ist ja unwiderstehlich. Wenn diese 340 000 Mann schnell mobilisiert, gut bewaffnet, genial kommandiert werden, so dürfen die teutonischen Massen die Sonne verdunkeln – die französischen Scharen werden im Schatten fechten und – siegen. Für Waffenmaterial war genügend und im ganzen

177 ›Deutscher Michel‹, karikierende Personifikation des Deutschen, meist gezeigt im Nachthemd und mit Schlafmütze, etymologisch zurückzuführen auf St. Michael, Patron der Deutschen.

178 Verballhornung der biblischen Kreter und Peleter, aus Ausländern bestehende Streitmacht König Davids. 2 Sam 8.18: »Benaja, der Sohn Jehojadas, hatte den Oberbefehl über die Kreter und Peleter (Leibwache). Die Söhne Davids aber waren Priester.« Abwertend im Sinne von ›Jedermann‹, ›Hinz und Kunz‹.

179 Frz. ›fureur française‹, ›Französische Wut‹.

vortrefflich gesorgt: 1 077 500 Chassepotflinten[180]; gezogene und glatte Rohre, Lafetten[181], Munitionswagen für 800 Batterien. Und mußte auch hier ein bedeutender Abzug geschehen, weil es an Bespannung und Bedienungsmannschaften fehlte, so konnte doch die Feldarmee, einschließlich der Mitrailleusen[182], 927 Geschütze in Aktivität bringen. Und wenn diese 927 Kanonen am rechten Orte und zur guten Stunde losdonnern, und die Mitrailleusen, diese höllischen Ungeheuer, ihre Todesschlünde aufsperren, wie sollen die Preußen der Vernichtung entrinnen? – Mit Heeresmacht und Waffen- [45] rüstung stand es also, trotz beträchtlicher Reduktionen nicht übel; – die Möglichkeit war vorhanden, wir konnten es glauben, wir durften es hoffen: der gallische Hahn wird dem preußischen Adler die Federn ausrupfen, und die Wacht am Rhein[183] wird zwischen Mainz und Köln ihr stolzes Liedlein eine gute Weile nicht mehr singen.

Aber … aber … jetzt kommen die erschrecklichen Aber … – aber wie die Armee von einem Tag zum andern auf den Kriegsfuß hinüberzaubern? Da lag der Has im Pfeffer. – Die Einteilung des Heeres in bedeutendere Korps war nur für die Kaisergarde, für die algerischen Truppen und für die Besatzungen von Paris und Lyon vorhanden. Nun mußten beim Ausbruch des Krieges die einzelnen Korps erst gebildet, die Kommandostellen geschaffen, die ganze Kriegsorganisation ins Leben gerufen werden. Alles war zentralisiert; – die Korps sowie die Divisionen hatten keine Intendanturen. Jetzt sollten plötzlich die Transportwagen, die Lagergerätschaften, die Pulver- und Geschützmunitionen zusammengerafft und schleunigst an die Grenze geschleppt werden. Ja, wenn ein Dutzend Eisenbahnlinien vom Innern Frankreichs nach den östlichen Provinzen offen gestanden wäre! Aber es gab deren nur vier. Welche Schwierigkeiten, Mißverständnisse, Stockungen mußten da überall hemmend,

180 Das Chassepotgewehr, benannt nach seinem Konstrukteur Antoine Chassepot (1833–1905) war ein Hinterladergewehr. Dem preußischen Hinterlader, Modell Dreyse, benannt nach Nikolaus von Dreyse (1787–1864), war das Chassepot durch höhere Reichweite überlegen; vgl. Arand 2018, S. 141 f.

181 ›Lafette‹, fahrbares Gestell für Geschütze.

182 ›Mitrailleuse‹, Vorläufer des Maschinengewehrs, montiert auf einer nichtdrehbaren Lafette; vgl. Arand 2018, S. 146 f.

183 ›Die Wacht am Rhein‹, 1840 entstandenes patriotisches Lied. Vorher wenig bekannt, avancierte es im Krieg von 1870/71 zum ›Schlager‹ der deutschen Truppen. Im Refrain heißt es: »Lieb' Vaterland, magst ruhig sein, / Fest steht und treu die Wacht, die Wacht, die Wacht am Rhein!«

verwirrend eintreten. Und in dieser ganzen ungeheuren Bewegung kein einheitlicher Gedanke, der alles berechnet, keine durchgreifende Disziplin, die alles beherrscht, keine Detailordnung, die alles erleichtert hätte! War's wohl unter solchen Verhältnissen möglich, eine sofortige Offensive zu ergreifen?

Als der Kaiser am 28. Juli nach Metz kam, standen höchstens 210 000 Mann auf dem Plan; kein einziges Armee- [46] korps war in schlagfertigem Zustand. Die Reserven irrten im Lande umher und suchten ihre Depots, ihre Regimenter[184]; und rückten dann einzelne Reservekolonnen heran, so waren sie nicht ausgerüstet, hatten keine Kochgeschirre, keine Feldflaschen, keine Zelte. Es fehlte an Trains[185], an Pferden, Ambulanzen, Verpflegungskolonnen, Krankenwärtern, Tierärzten, Trainsoldaten, Verwaltungsbeamten. Bei der Artillerie paßten viele Geschirre[186] nicht; die Munitionsreserven waren nicht angerückt, nicht ausgebildet. Für die Mitrailleusen fehlte es an einzelnen Stellen gänzlich an Munition. Eine Menge von Karten waren angekommen, umfaßten aber nur deutsches Gebiet, und doch wäre ein bißchen Geographie von französischem Boden so arg vonnöten gewesen. Es gab ganze Armeeteile, deren Standort man im Hauptquartier nicht kannte! – Und wie sah es mit der Frage um die Lebensmittel aus? Schon vom 1. August ab waren die Armeekorps an der Saar auf den Reserveproviant in Metz angewiesen, und hierzulande mußten die Soldaten durch Betteln, Marodieren, Stehlen, Erpressen ihr schmachvolles Dasein fristen. – An die Festungen hatte man gar nicht gedacht; in Straßburg waren 2000 Mann, Metz war gar nicht bewaffnet, Diedenhofen hatte 1000 Mann, worunter 600 Mobilgardisten mitleidenswerten Andenkens. – So stand's am 28. Juli, als Napoleon, der oberste Feldherr, nach Lothringen kam. Das war die klägliche Kehrseite zur siegesatmenden Proklamation: »Der Krieg wird in Gegenden geführt werden, die von Hindernissen und Festungen starren, und welches auch der Weg sei, den wir

184 Auch hierfür liegen Zeugnisse anderer französischer Zeitgenossen vor: »Brief General Michel, an das Kriegsministerium in Paris, Belfort, 21. Juli. Bin in Belfort angekommen. Meine Brigade nicht gefunden. Divisionsgeneral nicht gefunden. Was soll ich tun? Weiß nicht, wo meine Regimenter sind«; zit. n. Fontane 1871, Bd. I, S. 98 f.

185 ›Trains‹, Versorgungseinheiten mit Pferdewagen.

186 Gemeint sind Pferdegeschirre, für die Pferde, welche die Protzen (Karren), mit denen Kanonen transportiert wurden, ziehen mussten.

jenseits der Grenze nehmen werden, wir werden auf ihm die ruhmvollen Spuren unserer Väter finden!«[187]

[47] Rechnet man zu diesen materiellen Notständen die moralischen Mängel und Gebrechen, an welchen das französische Heerwesen krankte: die wiederholten Anwerbungen, das Ersatzsystem[188], die langen Beurlaubungen, der Mangel an tüchtigen Unteroffizieren, das peinliche Verhältnis zwischen den älteren und jüngeren Offizieren, die Nepotenwirtschaft in höheren Sphären[189], den verheerenden Einfluß der politischen Parteien, die himmelschreiende Disziplinlosigkeit, – und dabei doch das übertriebene Selbstgefühl, die lächerliche Unterschätzung des Feindes, – so hat man auf die Frage, warum der Angriffsplan nicht ausgeführt wurde, die einfache Antwort: Es *war nicht möglich.* Das ganze Land freilich und besonders Paris verlangten Siege, und so wurde der Marschall Bazaine am 31. Juli beauftragt, mit dem 2., 3. und 5. Korps zwischen Saargemünd und Saarbrücken in Deutschland einzufallen; – die Generale aber erklärten einstimmig, das Vorhaben wäre unausführbar aus Mangel an Munition und Lebensmitteln. Kein Wunder, wenn auch Mac Mahon die Weisung erhielt, in den ersten acht Tagen keine größere Operation vorzunehmen, was der bayerischen Wacht in Fischbach und unserm Heimatsländchen als eine kurze Galgenfrist zugute kam. [48]

---

187 Vgl. Anm. 16.

188 Es war wohlhabenden Männern möglich, bezahlte Stellvertreter für sich dienen zu lassen. Eine auch nur annähernde Wehrgerechtigkeit wie in den deutschen Ländern war so nicht gegeben. Eine Wehrpflicht war in Frankreich durch das ›Loi Niel‹, eine Wehrreform, benannt nach dem damaligen Kriegsminister Marschall Adolphe Niel, erst seit 1868 in Angriff genommen worden; vgl. Arand 2018, S. 130.

189 Der Nepotismus, also die Günstlingswirtschaft des Second Empire, war einer der Hauptgründe für den Zusammenbruch des autoritären Regimes.

Es wird immer trüber.

Wie schon bemerkt, diese trostlose Lage der Dinge kannten wir damals nicht. Wer in aller Welt hätte es gewagt, an der Kriegsbereitschaft, an der Unüberwindlichkeit Frankreichs zu zweifeln? Einen solchen »Prussien« hätte man droben auf dem Kirchenplatz maustot geschlagen, und hätt' ihm kein Doktor geholfen … denn in diesen Tagen ist jeder Blick, jedes Wörtlein von unglaublicher Wichtigkeit. Die Vaterlandsliebe – das Feuer der Leidenschaft hat alle Gemüter mit Fieberwahnsinn entflammt, und wehe dem Propheten, der seinem Volke den Schleier seines Verhängnisses lüften wollte! So kann man sich denn unmöglich eine Vorstellung von der Freude, von dem Heidenspektakel machen, der am Abend des 2. August in Fröschweiler entstand, als von Bitsch herüber die Kunde eintraf: »Die französische Armee hat die Grenzen überschritten; Saarbrücken ist in Brand geschossen und erobert worden; der Kaiser hat selbst kommandiert und der kleine Lulu hat eine Kanone losgedrückt und die Feuertaufe erhalten.«[190] »Vive la France! Jetzt geht's los; jetzt zieht die Feldhosen an, ihr Preußen, Bayern, Schwaben! An den Rhein … nach Berlin! Morgen marschieren auch wir über die Grenze« … und auf allen Gassen in allen Tönen das ewige Gekreische: »Allons, enfants de la patrie!« Auch unter dem Bauernvolk waren einzelne ganz verrückt vor lauter Begeisterung. Ach leider! … Es war der letzte Hoffnungsstrahl, der noch einmal grüßend unsere Finsternis erhellte. Der Morgen des dritten August kam; herrlich leuchtend stieg [49] die Sonne am Himmel – jedermann harrte bebenden Herzens der Dinge, die geschehen sollten. Es geschah nichts, – sondern es traf die Nachricht ein, der Vorstoß gegen Saarbrücken sei bloß eine gewaltsame Rekognoszierung gewesen, um den Feind zu zwingen, seine Flügel zu entfalten, und die Armee stehe noch auf französischem Gebiet, und der Kaiser wollte die Offensive noch nicht ergreifen … Und so blieb denn alles beim alten: kein Aufmarsch, keine Bewegung nach der Grenze. Da schwand auch bei unsern Soldaten

190 Das Gefecht von Saarbrücken am 2. 8. 1870 hatte keine Bedeutung für den Krieg. 1000 Franzosen rückten nach kurzem Gefecht in die Stadt ein, räumten sie aber kurz darauf wieder. Der Kanonenschuss des Prinzen Louis, genannt ›Lulu‹ (1856–1879), wurde in der französischen Presse besonders betont. Heute erinnert in Saarbrücken der 1871 errichtete ›Lulustein‹ in leicht spöttischer Weise an diese militärische Großtat. Zum Gefecht von Saarbrücken vgl. Arand 2018, S. 223 ff.

und bei der ganzen Bevölkerung das letzte Vertrauen auf den lang gehegten Angriffsplan. Wir waren gefangen, belagert, geopfert und allen Herzen drängte sich kläglich enttäuschend, unbeschreiblich ängstigend die Gewißheit auf: Jetzt erbarm sich Gott, unsere Heimat wird zum Schauplatz blutiger *Verteidigungskämpfe* werden.

Daß diese eiserne Notwendigkeit über uns hereinbrechen würde und mußte, merkten wir sogleich an allen Maßregeln, die jetzt getroffen wurden. Es rückten immer stärkere Heereskolonnen heran, – das 8. Bataillon Jäger zu Fuß, das 76., das 78. Linienregiment, – mehrere Batterien des 20. Artillerieregiments; die fuhren kreuz und quer auf unseren Höhen herum und faßten endlich Posto unten am Dorf, rechts von der Wörther Straße. Die Offiziere fingen an, den Ernst der Lage zu erkennen; schauten fragend, stutzend, bald zu den Vogesen, bald zum Schwarzwald hinüber: »Wo ist die Pfalz? wo ist der Rhein?« aber nicht mehr wie ehedem mit siegesfreudiger Zuversicht: »Wie weit haben wir zu ihnen?«, sondern mit augenfälliger Verlegenheit: »Wie weit haben sie noch zu uns?« – Auch die Soldaten waren nicht mehr so sorglos, so ausgelassen: ein ganz [50] anderes, eigentümlich dumpfes Gefühl durchbrauste die Reihen. Der Chassepot wurde fester an die Seite gedrückt; man sah schöne, furchtbar entschlossene, auch bange, bleiche Gesichter.

Und ob das in der menschlichen Natur oder im Herannahen des Feindes liegt: je größer die Gefahr, desto ungeduldiger der Kampfesmut, desto grimmiger der Nationalhaß. Wenn nur in dieser Periode noch das Kommando mächtiger, und die Verpflegung und Ausrüstung der Truppen besser gewesen wäre! Aber da war, außer dem Marschall Mac Mahon, keine erhabene, imponierende Persönlichkeit; da war keine, dem Soldaten so wohltuende, für Leib und Seele unentbehrliche Ermunterung und Fürsorge. Da liefen sie herum, wie wenn sie kein Vaterland und keinen Kaiser hätten: müde, hungrig, durstig, unzufrieden, klagend, fluchend, drohend – und wir konnten doch keinen Proviant aus der Erde stampfen.

Allmächtiger Gott, wenn doch Lebensmittel gekommen wären! Wenn doch irgend ein General das nötige Vieh und die noch vorhandenen Vorräte an Mehl, Wein, Obstwein etc. im Namen des Gesetzes oder mit Gewalt requiriert hätte! Wir hätten ja alles gegeben … Aber da war keine Stimme noch Antwort, und so ging denn auch alles drunter und drüber. Die Soldaten brachen in die Gärten, rauften das Gemüse aus dem Boden, das unreife Obst von den Bäumen; sie stürzten in die Felder und verheerten die Kartoffeläcker; sie erstürmten bereits einzelne Keller, raubten in den Höfen die Gänse, Hühner, kurz, was sie in der Wut und Verzweiflung nur finden konnten. (Abb. 18) Da gab es Szenen … tragikomische Szenen! Der *deutsche* Bauer mit dem [51] *französischen* Soldaten in Zank und Handgemenge um die liebe irdische Habe! Die Einwohner verloren dann auch natürlich alle Begeisterung fürs Vaterland, die Geduld und die Besinnung. Sie liefen den Soldaten nach in die Felder, Gärten, Gehöfte und Keller – sie wollten sich wehren, sie klagten, schalten, heulten – »wenn nur einmal die Preußen kämen«. Sie rannten haufenweise zum Bürgermeister, vors Pfarrhaus: »Herr Jeses[191]! sie nehmen uns ja alles, die machen's ja ärger als die Kosaken[192]!« Und ging der Bürgermeister oder sonst einer zum General und seufzte über dieses heillose Wesen: »Was wollen Sie,« war die Antwort, »meine Mannschaften müssen gegessen haben!« – O Erinnerung an jene düsteren Stunden! Was haben wir in jenen Tagen, noch vor der großen Trübsal, erfahren und gelitten! Der Erzähler hatte in aller Eile 20 Pfund Kaffee und 26 Pfund Schmalz aufgetrieben zum Austeilen unter die hungernden Krieger. – Wie das durch die ersten, welche etwas bekommen hatten, bekannt geworden war, drangen sie scharenweise in den Hof, ins Haus, in die Küche hinein, ein Stückchen Papier, ein Laubblatt in der Hand: »Sie haben Kaffee, Sie haben Fett! O geben Sie mir auch einige Bohnen, geben Sie mir auch ein Tröpflein Schmalz.« Es war zum Erbarmen, zum Vergehen! in einem Nu war alles verschwunden. – Aber wie erst nichts mehr da war! Dieses Betteln, Wimmern, Drängen, Klagen, – sie hätten einen zerrissen. Man konnte nur beteuern, daß nichts mehr vorhanden sei, mitklagen, mitjammern und Haus und Gemeinde dem allmächtigen Gott befehlen. Es wurde Abend. Der Gottesdienst in Reichshofen mußte gehalten werden. Ein handfester Wächter blieb bei Weib [52] und Kindern, weil die Rückreise in später Nacht nicht mehr möglich war, und der Chronikschreiber pilgerte schweren Herzens hinab nach der Eisenhütte[193]. Dort unten, teils der Straße entlang, teils auf den nahen Hügeln, lagerten bedeutende Truppenteile, Artillerie und

191 ›Herr Jeses‹, mundartlich im Sinne ›Herr Jesus‹, ›Mein Gott‹.

192 ›Kosaken‹, osteuropäische Reitertruppen mit dem Ruf besonderer Wildheit und Grausamkeit. Bis ins 20. Jahrhundert Teil der russischen bzw. sowjetischen Armee.

193 Eisengießerei der Firma ›De Dietrich‹ in Reichshofen, die u. a. gusseiserne Heizöfen herstellte. Heute erinnert ein ›Musée du Fer‹ an die Geschichte der industriellen Eisenproduktion in Reichshofen und Umgebung. Die Eisengießerei lag südlich von Reichshofen. Auch heute ist dort ein Industriegebiet.

Abb. 18

Fußvolk, unter andern, gerade zwischen der sogenannten alten Kirche[194] und der Kaserne, ein ganzes Zuavenregiment. Die waren soeben angekommen und wurden jetzt zu unüberwindlichen Heerscharen geweiht. War's zum Lachen oder zum Heulen? Da stand ein Priester und vor ihm defilierten, Mann für Mann, diese auserlesenen Streiter und wurden eingesegnet und mit Rettungsmedaillen versehen. Das war eine Zeremonie! Wer nur jenen alten, graubärtigen Zuaven gesehen hätte, der mit übereinandergeschlagenen Armen, achselzuckend, der Segnungsparade seiner Waffenbrüder zusah! ein Bild von zauberischer Originalität – und der Priester, so finster ernst, so ketzermaledeiend[195] … Uns stimmte dies alles eher zum Heulen … seltsame Gedanken schwirrten einem durch den Kopf … wer weiß, was die hereinbrechende Nacht in ihrem dunkeln Schoße birgt; ob nicht morgen an den Weißenburger Linien[196] große Waffentaten geschehen, und ob nicht endlich auch der arme Xaveri zur Ruhe kommt! [53]

194 Kirchenruine in Reichshofen aus dem 13. Jhd., noch heute zu besichtigen.

195 Ungewöhnliches Kompositum aus ›Ketzer‹ – ›Häretiker‹, vom ›Glauben Abgewichener‹ – und ›maledeien‹, von lat. ›maledicere‹, ›schmähen‹; vgl. Wahrig, S. 858.

196 Die Weißenburger Linien waren ein im 18. Jhd. angelegtes Festungswerk aus Wällen, Gräben und Redouten entlang der Grenze zur Pfalz. Zu Beginn des Krieges 1870 waren sie jedoch bereits weitgehend verfallen; vgl. Arand 2018, S. 225 f.

Die Schlacht bei Weißenburg.

4. August.

Bei Tagesanbruch mußten wir heimwärts ziehen. Die Artillerie mit ihren Kanonen, Mitrailleusen und Munitionswagen stationierte noch auf Graf v. Leusses[197] Bierkeller und den nahen Anhöhen, – Hunderte von Zelten bedeckten die nach dem Großenwald aufsteigenden Hügelrücken –, ein munteres, freudiges Getöse wogte durch die Morgenluft. Zwischen der Kaserne aber und der alten Kirche, wo gestern abend die Zuavenbenedeiung[198] stattgefunden, rastete jetzt auf der Straße und hüben und drüben auf den Chausseegräben ein Regiment *Turkos*. Ha! da waren sie endlich, die schmerzlich ersehnten Söhne des Propheten[199], die fürchterlichen und gefürchteten Sturmkolonnen der Wüste. In der Tat, Verwunderung und Schrecken erregende Horden. Wir machten uns näher heran: auffallende orientalische Kleidung, – kupfergelbe, sonnenverbrannte Gesichter; ruhig stupide und wieder lebhafte intelligente Figuren; mitunter prächtige numidische Typen; kleine verschrumpfte und hohe markige Gestalten; dann und wann ein baumstarker Neger[200]; o weh, deutsche blondlockige Jugend; wo die einbrechen, gibt's Heulen und Wehklagen. (Abb. 19) Wir mußten weiter. Kaum waren wir in Fröschweiler, da rief ein Kranker in Nähweiler um Beistand. Wir eilten auch dort hinüber und sahen zum zweitenmal die gestern gebenedeiten Zuaven, an einem Wiesenabhang in nordöstlicher Richtung gegen

---

197 Louis-Paul Comte de Leusse (1835–1906), Bürgermeister von Reichshofen, seit 1869 Mitglied im ›Corps legislatif‹ in Paris, wo er für die Kriegserklärung an Preußen stimmte.

198 Noch ein ungewöhnliches, dazu ironisches Kompositum aus ›Zuaven‹ und ›benedeien‹, ›segnen‹ von lat. ›benedicere‹, ›Gutes sagen‹, vgl. Wahrig, S. 250. Die Zuaven waren beim Einmarsch nach Fröschweiler von einem katholischen Pfarrer gesegnet worden.

199 Herablassender Hinweis auf den muslimischen Glauben der Nordafrikaner. Mit dem ›Propheten‹ ist der Religionsgründer Mohammed (ca. 570–632) gemeint.

200 Heute nicht mehr gebräuchlicher und als abwertend empfundener Begriff für Menschen mit dunkler Hautfarbe. Zur Zeit Kleins war die Verwendung des Begriffs ›Neger‹ nicht automatisch negativ konnotiert. Im Kontext der hier sehr ›von oben herab‹ erfolgenden Beschreibung der Physiognomie der Turkos, ist ein zumindest gedankenlos-abwertender Gebrauch des Begriffs durch Klein jedoch anzunehmen; vgl. Wahrig, S. 930.

Langensulzbach-Lembach[201] kampierend. Es war etwa 9 Uhr. Schon gleich in Oberdorf konnte [54] man merken, daß verhängnisvolle Begebenheiten im Anzuge waren. Alles war in der größten Aufregung, – die Offiziere standen gruppenweise zusammen; flüsterten einer dem andern etwas ins Ohr: Blicke und Gebärden deuteten unruhig nach dem Liebfrauenberg hinüber. Die Soldaten wogten auf und ab; es toste wieder so ganz eigentümlich durch die Massen; es fielen auch einige Worte –, »il y a du nouveau la bas! dort unten gibt's Neues«; oder »ça commence à chauffer, der Brand geht los«. Fragte man den einen oder den andern: »Was gibt's?« – »Ich weiß nicht«, war die Antwort, oder »c'est une petite affaire d'avantpostes du côte de Wissembourg, ein kleines Vorpostengefecht bei Weißenburg.«[202] Unsern Bauern war der ganze Alarm noch ein Rätsel; sie ahnten aber doch mit sicherm Instinkte: jetzt muß es anders werden; entweder Franzosen oder Preußen. – Und plötzlich, wie wenn ein unsichtbarer Feuerreiter herübergeflogen wäre, plötzlich verbreitete sich die Hiobspost[203], und der Kanonendonner verkündete es dröhnend durch die Berge, daß die Deutschen Weißenburg überfallen hatten und der erste Waffentanz dort unten an der Grenze aufgespielt wurde.[204] Nun denke sich einer in unsere Mitte; diese Bestürzung, dieses Aufbeben aller Gemüter. »Sie kommen! sie kommen! Herr Gott, sie kommen herüber!« Und dieses Durcheinanderrennen und Durcheinanderfragen: »Wo? Wo? Wer ist in Weißenburg? Wo ist der Marschall? Wo ist der Ducrot?« Dieses angstvolle Zappeln zwischen Furcht und Hoffnung – dieses fieberhafte Verlangen nach guter Botschaft: »Wie steht's? wer wird's gewinnen? werden sie hinausgeschlagen? – noch nichts Neues?« – und die tollen, wütigen Siegespropheten: [55] »Sie kommen nicht herein, oder nicht lebendig hinaus – in der

201 ›Langensulzbach‹, heute Langensoultzbach, 3,5 km nordnordöstlich von Fröschweiler am Flüsschen Sulzbach, heute Soultzbach, gelegene Gemeinde; ›Lembach‹, 10 km nordöstlich von Fröschweiler gelegene Gemeinde an der Sauer.

202 Hier wie an anderen Stellen liefert Klein Übersetzungen der französischen Textstellen. Eine Übersetzung ist dann nicht mehr notwendig.

203 ›Hiobspost‹, heute gebräuchlicher ›Hiobsbotschaft‹. Hiob ist eine Gestalt des Alten Testaments, von Gott durch schwere Leiden geprüft. Gemeint ist hier in Anlehnung an die alttestamentliche Hiobsdichtung eine schlechte Nachricht.

204 Zur für die Deutschen siegreichen Schlacht von Weißenburg, vom 4. 8. 1870 vgl. Arand 2018, S. 225 ff.

Scharrhohl[205] müssen sie untergehen, am Schafbusch[206] kriegen sie die letzte Ölung.« Und die Furchtsamen: »Ja, ja! – 's geht nicht gut dort unten, horch, wie's donnert!« – und die Verzagten: »Sie kommen, sie kommen, Herr Jesus, sie kommen!« Da gab's wieder Auftritte – noch steht alles so lebendig vor unsern Augen, – wer's nur beschreiben könnte! – So vergingen, als wären sie an die Ewigkeit gebunden, vier bange, entsetzliche Stunden… und die Stafetten[207] sprengten hin und her, und die Generale kommandierten, und die Soldaten schwirrten durcheinander … da kam, gegen 2 Uhr, die erste Kunde – man wollte, mußte die Wahrheit so lange als möglich verhehlen. – »Ein kleines Gefecht hat stattgefunden; General Douay hat unvorsichtig angegriffen – zu wenig Mann – »ce n'est rien, ce n'est rien[208].« Aber der unsichtbare Feuerreiter sauste hinterdrein: »Die Franzosen haben's verloren, Weißenburg brennt, General Douay ist gefallen, der Feind ist im Land.« – Und so war's auch. Die Deutschen hatten unter der Führung des Kronprinzen die Grenze überschritten, Weißenburg überrumpelt, die Besatzung hinausgeschlagen; unter mörderischem Feuer und schweren Verlusten den Bahnhof, den Gaisberg erstürmt; die ersten Turkoscharen vernichtet, 1 Kanone und das ganze Zeltlager erbeutet, 1000 Gefangene gemacht und ihr siegreiches Banner aufgepflanzt auf vaterländischer Erde. – War das Rien? – Das war nicht Rien. Das war viel, sehr viel, mehr als genug. Denn mit dieser ersten Niederlage gingen die Weißenburger Linien verloren, war die erste Grenzfestung erobert, die glorreiche Tradition des französischen Heeres, wo nicht gebrochen, so doch be- [56] denklich erschüttert, – der Kampfesmut der deutschen Armee unendlich gehoben, – das ganze Unterland vom Feinde überflutet; das Elsaß schmachvoll preisgegeben und moralisch verloren![209] Das war nicht Rien, wir werden es später noch sehen. – Es war der erste Wetterschlag, der Frankreichs Stern den Untergang prophezeite.

---

205 ›Scharrhohl‹, heute Scherhol, Erhebung in den Nordvogesen bei Weißenburg (Wissembourg), 560 ü. M.

206 ›Schafbusch‹, Gehöft am Rand des Geisbergs, südlich von Weißenburg. Der Geisberg musste von preußischen Truppen mühsam gestürmt werden.

207 ›Stafetten‹, aus dem it. ›staffetta‹, gemeint sind reitende Boten; vgl. Wahrig, S. 1215.

208 Frz. ›Ce n'est rien‹, ›Das ist nichts‹, ›Das hat nichts zu bedeuten‹.

209 Zur strategischen Bedeutung des deutschen Sieges am 4. 8. 1870 vgl. Arand 2018, S. 230.

Abb. 19

Aber, um Himmelswillen, wie war das möglich geworden? Hat man denn wirklich nicht gewußt, daß der Kronprinz dort unten in der Pfalz ein mächtiges Heer unter seine Fahnen sammelte? Und wenn man's gewußt, hat denn der Marschall Mac Mahon mit seinen Generalen glauben können, die rauflustigen Bayern und Schwaben blieben dort ruhig sitzen und rauchten ihr Pfeifchen oder bliesen Trübsal nach Noten, bis wir kämen und jagten sie mit der Marseillaise von dannen? Eine sonderbare Strategie! – Warum hat man nicht gleich eine bedeutende Armee an die Grenze geworfen, Weißenburg armiert[210], die umliegenden Anhöhen befestigt, die so wichtigen, dem Feinde so verderblichen Engpässe der Vogesen nicht verschanzt? War denn die ganze Position nicht verteidigungsfähig? Man gehe hin und staune über den freveln Leichtsinn, über die unverzeihliche Untreue. – Freilich, daß unter den ersten Brandgranaten die Turkos in Weißenburg herumgelaufen seien wie herrenlose Banden, ohne Gewehre, ohne Munition, – das glauben wir nicht.[211] Daß der General Douay um 11 Uhr noch hemdärmelig in Steinselz beim Frühstück

210 ›Armiert‹, von lat. ›arma‹, ›Waffen‹.

211 Kleins Zweifel an diesen offensichtlich rassistisch motivierten Gerüchten sind berechtigt. Die Turkos haben tatsächlich mit großer Tapferkeit den Bahnhof von Weißenburg verteidigt.

gesessen und auf die Meldung eines Adjutanten: »das Gefecht nimmt eine schlimme Wendung« – die Antwort gegeben habe: »c'est une bagatelle, je viendrai tout à l'heure!«[212] – ist eine kleinliche Rache des verwundeten Patriotismus. Aber noch einmal: warum hat man zum [57] Schutze, zur Verteidigung des Vaterlandes nichts, fast gar nichts getan? Und wo ist während des Kampfes der große Ducrot geblieben? War nicht an jenem Tage der General Douay *seinem* Oberkommando unterstellt? Hatte er nicht den braven, unglücklichen Waffenbruder gezwungen, die Schlacht anzunehmen! Und war nicht er selbst, der heillose Mort ou Vivant[213], schon früh morgens mit dem 76. und 78. Linienregiment von Fröschweiler gen Lembach, resp. Weißenburg aufgebrochen? Kreuzbataillon[214]! wo ist er geblieben? Warum hat die ganze hier liegende Armee keinen Vorstoß, sei's gegen Lembach, sei's gegen Sulz, sei's am Gebirg hinab, unternommen? Das sind Fragen, das sind Rätsel, keine Pariser Phantasie wird sie regelrecht entschleiern – der einfältige Bauersmann aber schüttelt den Kopf und denkt im stillen: Da ist's nicht geheuer zugegangen.

Und der gute Xaveri? Ach ja, fast hätt' ich ihn vergessen, den armen Teufel! Der Magnet seines Schicksals hatte ihn an jenem Tage wieder durchs Gebirge, nach Steinbach gegen Fischbach getrieben. Und wie wonnig und rosig war gerade am 4. August die Sonne über seinen Kalebspfaden aufgegangen, und wie tanzten die 20-Frankenstücke wieder so zauberisch in seinem Gehirn. Denn gerade an diesem Tage sollten die Bayern abgefaßt und nach Reichshofen geschleppt werden. Mehrere Regimenter waren abmarschiert, das

212 Frz. ›C'est une bagatelle, je viendrai tout à l'heure!‹, ›Das ist eine Kleinigkeit, ich komme gleich‹. Fontane tradiert das negative Bild Douays in seiner Geschichte des Krieges 1870/71 allerdings ebenfalls. Er betont Douays Ahnungslosigkeit und mangelnde Sicherung seiner Stellung. Da Fontane ansonsten bemüht ist, beiden Seiten gerecht zu werden, könnten die Berichte über Douay durchaus einen wahren Kern haben; vgl. Fontane 1871, Bd. I, S. 191 f.

213 Frz. ›Mort ou Vivant‹, ›Tot oder lebendig‹.

214 Zitat aus Schillers ›Die Räuber‹ (1781), 2. Akt, 3. Szene: »Razmann: ›Bist da? bists wirklich? So laß dich doch zu Brei zusammendrucken, lieber Herzensbruder Moritz! Willkommen in den böhmischen Wäldern! Bist ja groß worden und stark. Stern-Kreuz-Bataillon! Bringst ja Rekruten mit einen ganzen Trieb, du trefflicher Werber!‹ Spiegelberg: ›Gelt, Bruder? Gelt? Und das ganze Kerl darzu! – du glaubst nicht, Gottes sichtbarer Segen ist bei mir; war dir ein armer hungriger Tropf, hatte nichts als diesen Stab, da ich über den Jordan ging, und itzt sind unserer achtundsiebenzig, meistens ruinierte Krämer, rejizierte Magister und Schreiber aus den schwäbischen Provinzen.‹«

Abb. 20

schmerzlich erwünschte Wildbret[215] zu kapern. Xaveri taumelte vor Lust und Entzücken. Da begegnete ihm gegen 4 Uhr hinter Lembach der Briefträger: »Was gibt's Neues?« – »Neues? Weißenburg brennt!« – »Was?« – »Weißenburg brennt, die Schlacht ist verloren, sie kommen, sie kommen!« – »Heiliger Sankt Joseph, [58] jetzt ist alles verloren!« – da steht er wie vom Blitz getroffen. Noch ein paar Minuten: »En arrière! en arrière!«[216] ruft's auf allen Flanken. Der ganze Troß macht kehrt. – Xaveri entrinnt mit der allgemeinen Retirade[217] und zieht am Abend trübselig und alle Heiligen verwünschend am Schollenbrunnen herauf in sein Haus. O tempora, o mores![218] zum ersten 20-Frankenstück erhält er kein zweites, den Marschall kann er nicht mehr zu Gesicht bekommen; der schönste Traum seines Lebens ist in nichts zerronnen, und so rächt er sich denn auf die furchtbarste Weise … an seinem verräterischen Bart. Den andern Tag kannte ihn kein Mensch mehr – und die Fischbacher sollten auch um keinen Preis am 6. August das Vergnügen haben, ihm die Hand zu drücken – oder ihm das Lebenslicht auszublasen. (Abb. 20)

215 ›Wildbret‹, Wildfleisch, meist vom Reh. Darin das mittelhochdeutsche ›praet‹, ›Fleisch ohne Speck‹; vgl. Wahrig, S. 1435.

216 Frz. ›En arrière! en arrière!‹, ›Zurück! Zurück!‹

217 ›Retirade‹, ›Rückzug‹ von frz. ›retirer‹, ›sich zurückziehen‹.

218 Lat. ›O tempora, o mores‹, ›Oh Zeiten, oh Sitten‹. Zeitkritischer Ausruf, römische Redensart, die vom Rhetor Marcus Tullius Cicero (106–43 v. Chr.) mehrfach in seinen Reden, unter anderem in der ersten Rede gegen den Verschwörer Lucius Sergius Catilina (108–62 v. Chr.), verwendet wurde.

Folgen der Schlacht bei Weißenburg.

Die Fama[219] erzählt, der Kronprinz habe nach beendigtem Kampfe unter ungeheurem Jubel das Schlachtfeld beritten, zum ersten Male seine siegreichen Truppen, zum letzten Male seine gefallenen Getreuen begrüßt, und sei dann auch in hochherziger Feindesliebe herangetreten und habe vor dem starren Bilde des erschlagenen Galliers[220] (Douay) sein Haupt entblößt und der Schar von Braven, die ihre Tapferkeit mit dem Heldentode besiegelt, ein Wörtlein freundlicher Anerkennung gezollt.[221] So geziemte sich's dem deutschen Feldherrn. Großmut legt ein Ölblatt[222] in die Wunden des Besiegten und ein Lorbeer- [59] blatt[223] an die Krone des Siegers. Aber lassen wir solche Betrachtungen.[224]

Dem Erzähler zuckt's immer noch in allen Fingerspitzen, und er kann es nicht verschmerzen; der Tag bei Weißenburg war ein Unglück, viel größer, viel folgenschwerer, als man glauben sollte.

219 Der Begriff Fama im Sinne von ›Gerücht‹ ist hier unangebracht, da der Kronprinz tatsächlich das Schlachtfeld als Triumphator abritt und Douays Leiche seine Reverenz erwies. Seinem Tagebuch vertraute Friedrich Wilhelm seine Gefühle an: »Nach Beendigung des Gefechts empfand ich beim Betreten des Schlachtfelds Gemütsbewegungen ganz anderer Art, denn wo ich mich blicken ließ, brach Jubel aus […];« vgl. Meisner, S. 25 f.

220 Weiterer Seitenhieb Kleins gegen den französischen Gallierkult seiner Zeit.

221 Die Leiche Douays wurde im Schafbuschhof aufgebahrt. Der deutsche Historienmaler Anton von Werner malte 1888 ein großformatiges Bild des Ehrenbesuchs des preußischen Kronprinzen beim toten Douay. Das Bild befindet sich heute auf Burg Hohenzollern bei Hechingen.

222 Das Ölblatt (Blatt des Olivenbaums), das die Taube der biblischen Sintflutgeschichte im Schnabel hält, gilt als Symbol für Fülle und Gedeihen, indirekt auch als Symbol des Friedens. Gen 8.11: »Die Taube flog gegen Abend zu ihm zurück, aber siehe, sie trug ein frisches Ölblatt in ihrem Schnabel.«

223 Lorbeer wurde in der griechischen Antike verdienten Dichtern verliehen, im antiken Rom waren Lorbeerkränze Zeichen des siegreich heimkehrenden Feldherrn. Wird bis in die Gegenwart als Siegessymbol verwendet.

224 Aus Sicht eines siegreichen preußischen Offiziers liest sich der Triumphzug des Kronprinzen etwas enthusiastischer: »Müde liegt nun wieder alles bei den Gewehren. Da horch! ›Hurrah!, Hurrah!‹ tönt's in der Ferne, immer näher, und plötzlich springt Alles auf: ›Der Kronprinz kommt!‹ Im ruhigen Jagdgalopp, um eine Pferdelänge seiner zahlreichen Suite voraus, in hohen Stiefeln, den langen Schleppsäbel an der Seite, mit der Schärpe umgürtet, den Feldstecher am schwarzen Lederriemen über der Schulter, die breitrandige Feldmütze mit großem Schirm auf dem Haupte, das gütige Gesicht strahlend in Freude über den glänzenden Sieg und doch voll Ernst und Mitleid, die zahlreichen Todten und Verwundeten vorsichtig umreitend, kam unser geliebter Feldherr daher«; vgl. Schultze-Klosterfelde, S. 42.

Denn in Kriegszeiten, und besonders bei den ersten Schlachten, kommt es viel weniger auf den materiellen Verlust einer Festung, eines Landstrichs und – weil doch einmal Menschenleben geopfert werden müssen – auf den Verlust einiger Hunderte oder Tausende von Soldaten an als auf die moralische Erschütterung des Heeres und der Bevölkerung; denn nicht die Schwerter sind's allein, sondern vor allem die mutigen Herzen, die nächst Gott über Sieg und Niederlage entscheiden. Man habe es nur einmal miterlebt und gesehen, wie in solchen Zeiten die Einbildungskraft in zügelloser Spannung auflodert und alle Sinne der Menschen eine fieberhafte Empfindlichkeit, eine unglaubliche Tragweite erreichen! Was die Leute alles *sehen*, *hören*, *glauben*, wie von Zaubermächten gebannt, die absurdesten, unmöglichsten Dinge! Wie die Schreckensnachrichten und Schreckensbilder mit Blitzesschnelle durch die Lüfte fliegen, betäubend auf die Landleute niederstürzen und alle Herzen durchschauern, aufjagen, peinigen zum Rasendwerden: Ha! das sind noch ungeschlagen die meisten verlorenen Schlachten.

So war's auch am Abend des 4., in der Nacht und am Morgen des 5. August. Man sollte es nicht für möglich halten – und mancher lächelt jetzt stillvergnügt bei der Erinnerung an die vergangenen Tage – und doch ist es Wahrheit. Wenn dreimalhunderttausend wilde Menschen- [60] fresser zähneknirschend durchs Liebfrauental heraufgebrochen wären, die Angst, das Wehgeheul hätten nicht ärger sein können, als wie am Donnerstag abends alle Geister zusammenbrüllten: »Die Preußen kommen, die Preußen kommen! sie kommen! sie machen alles hin, sie nehmen alles weg, alle Männer von 15 bis 60 Jahren; o du großer Gott im Himmel dort oben, erbarm dich! was fangen wir jetzt an?« – »Seid doch ruhig, seid doch in Gottes Namen ruhig; sie sind ja Menschen; sie werden euch nicht umbringen.« – »Ja, drunten in Steinselz[225], drunten in Kleeburg[226] – alles Vieh, alle jun-

225 ›Steinselz‹, heute ›Steinseltz‹, Gemeinde südlich von Weißenburg.

226 ›Kleeburg‹, heute ›Cleebourg‹, 4 km westlich von Steinselz gelegene Gemeinde. Beide Orte lagen nach der Schlacht im Bereich der 3. deutschen Armee. In der Tat haben die deutschen Truppen Viehbestände und Lebensmittel in den Gebieten, die sie durchzogen, requiriert. Dabei wurde allerdings zumindest in den ersten Kriegsmonaten auf Bezahlung bzw. die Ausgabe von später einzulösenden Coupons Wert gelegt. Die betroffenen Gegenden litten im Lauf des Krieges aber immer mehr unter den Anordnungen der deutschen Intendanturen, Lebensmittel bereitzustellen. Menschen wurden nicht geraubt; vgl. den Bericht des britischen Reportes William Howard Russell (1821–1907) bei Arand 2018, S. 358.

gen Leute haben sie mitgenommen.« Da half kein Bitten, kein Trösten; eine unaussprechliche Panik hatte sich mit Bleigewicht auf alle Herzen geworfen; sie glaubten steif und fest, es sei alles am letzten.

Und wenn nur zu den einheimischen Verzagten nicht auch noch die auswärtigen aus der Umgegend nach Fröschweiler heraufgerannt wären! Aber es begreift sich, die »Barbaren« waren hinterdrein, und die Angst vor den »Mordbrennern« trieb sie vorwärts unter den Schutz des hier versammelten Heeres. Es war noch nicht Nacht, da kamen schon die Grenzwächter von Lembach herein und baten flehentlich, wir sollten sie doch im Heuschober übernachten lassen; da kam eine ganze Schar von Jünglingen aus Görsdorf, bebend an allen Gliedern, wir möchten ihnen doch eine Zuflucht im Hausgang gestatten; da stürzten plötzlich zum Doktor S.[227] vier alte Jungfern herein, im Nachtgewande, all ihre Habe in zugebundenen Strümpfen haltend und fleheten händeringend, der gute Mann möchte doch ihren Mammon[228] vor den Räubern verstecken. Und so [61] überall. Das war der Eindruck der Schlacht von Weißenburg auf *unser* Volk. Und nun sage einer: »Das sind aber furchtsame, feige Hasenfüße, die elsässischen Bauern … Wie? Nicht mehr Courage vorm Feind? Nicht mehr Standhaftigkeit fürs Vaterland?« Wer so sprechen wollte, der weiß nichts; der hat keinen Krieg *erlebt*; der kennt nicht des Volkes innerstes Seelenleben; der hat keine Ahnung von den fürchterlichen, unsichtbaren Kräften, die in solchen Tagen das Volksgemüt erschüttern.

Wie war's denn drüben in der Pfalz, in Baden und noch weiter nach Deutschland hinein? Hatten nicht auch dort die Leute beim bloßen *Turkonamen* schon Gänsehaut bekommen und manche den Bündel geschnürt, bevor noch ein französischer Soldat gegen die Grenze kam?

Doch wie stand's nach dieser ersten Schlacht bei unserm Heere? Suum cuique! (Jedem das Seine![229]) Man denke sich so recht hinein

227 Gemeint ist Dr. Charles Sarazin (1844–1887), Professor für Chirurgie an der Universität Straßburg, Militärarzt der Reserve. Am 5. 8. 1870 richtete Sarazin in der Mairie von Fröschweiler eine Ambulanz ein; vgl. Arand 2018, S. 256 und Sarazin selbst, der 1887 seine Erinnerungen veröffentlichte.

228 ›Mammon‹, im Neuen Testament negativ konnotierter biblischer Begriff für Besitz oder Reichtum; Mt 6.24: »Niemand kann zwei Herren dienen (…) Ihr könnt nicht Gott dienen und dem Mammon.«

229 ›Suum cuique‹, antikes Motto, in der Neuzeit verwendet als Devise des preußischen Schwarzen Adlerordens von 1701 im Sinne von ›Jeder nach seinem Verdienst‹. In zynischer Weise missbraucht als ›Jedem das Seine‹ durch das NS-Regime am Eingangstor des Konzentrationslagers Buchenwald bei Weimar.

in die Realität der Geschichte. Frankreich ist die erste Militärmacht der Erde; die französische Armee hat Sieges- und Ruhmestraditionen wie keine andere in Europa: Krim, Italien, China, Mexiko[230] etc. Jetzt wird auf einmal mir nichts, dir nichts der Krieg gegen Preußen erklärt. Die französische Armee wird natürlich wie bisher ihren Waffenberuf glorreich erfüllen: sie wird ausmarschieren, *angreifen* und siegen. Das versteht sich von selbst, das kann gar nicht anders gehen; das ist ein unbestreitbarer Glaubenssatz vom Kaiser bis zum bescheidensten Soldaten herab. Aber siehe da, diesmal fallen die Würfel anders[231], – der große Schweiger in Berlin[232] ist uns zuvor gekommen. Die französische Armee ist nicht ausgerüstet, nicht schlagfertig; sie verhungert im eigenen Lande: sie liegt [62] an der Grenze und kommt nicht vorwärts, nicht einmal nach Landau, geschweige nach Berlin. Die Rollen sind getauscht; sie kann nicht *angreifen*, sie wird *angegriffen*, plötzlich, unversehens, und (was bislang ihre Aufgabe nicht gewesen) sie muß sich verteidigen! Es gibt Schläge, harte, greuliche Schläge – von den Bayern, von den Preußen – die fechten mit Löwengrimm: die schreiten *vorwärts*, und wenn der Boden weicht; die haben eine furchtbare Artillerie und zielen wie Schwarzkünstler; die lassen sich auch vor Zuaven, Zephyren[233] und Turkos nicht bange machen; die brechen *massenhaft* über die Grenze, und wenn die ersten Reihen niedergemäht sind, so stehen wieder Tausende, Hunderttausende hinterdrein. Kurz, das ganze Rechenexempel ist auf den Kopf gestellt, und die letzten Strahlen der Abendsonne leuchten bei Weißenburg über rauchende Trümmer und blutige Leichen.

Soll das auf eine Armee, auf eine französische Armee nicht einen tiefen, erschütternden Eindruck machen?

---

230 Zu den Kriegen auf der Krim, in Norditalien und in Mexico vgl. Arand 2018, S. 79 ff. 1860 wurde im Rahmen einer kolonialen Strafexpedition gegen China die Stadt Peking von französischen Truppen besetzt. Dabei kam es zu Plünderungen der Sommerresidenz des Kaisers von China.

231 ›Alea iacta est‹, ›Der Würfel ist gefallen‹. Geht zurück auf die Cäsarbiographie des Gaius Suetonius Tranquillus (ca. 70–122 n. Chr.) in seinem Werk ›De vita Caesarum‹ (um 110 n. Chr.). Cäsar soll den Spruch nach Übertreten des Flusses Rubicon in Italien getätigt haben; vgl. Suet. Iul. 31.

232 ›Der große Schweiger in Berlin‹, gemeint ist Helmuth von Moltke (1800–1891), Chef des Großen Generalstabs.

233 ›Zephyre‹, leichte afrikanische Infanterie, Strafbataillone der Zuaven; vgl. Arand 2018, S. 131.

Ja es ist Tatsache, jene erste Niederlage hat auch bei unserm Heere die große Geringschätzung des Feindes, die allzu freudige Siegeszuversicht gewaltig herabgestimmt. Das müssen unsere Leute in Sulz beim Rückzug der Geschlagenen ohne Zweifel gemerkt haben; das haben auch wir am Donnerstag abends noch den einzelnen Flüchtlingen und Verwundeten wohl angesehen; das konnte man besonders am Freitag morgens, als die Überbleibsel jenes Kampfes hier anlangten, mit Händen greifen. Die Generale machten finstere, bange Gesichter; die Offiziere standen schweigend, betroffen zusammen; die Soldaten zogen bewegt und ängstlich vorüber. Und diese tiefe, unheimliche Ruhe! Man spürte es Hohen und Niedern [63] ab: schwere Ahnung durchwühlt ihre Brust, das Herannahen eines mächtigen, furchtbar entschlossenen Feindes, die sichere Aussicht auf eine blutige Völkerschlacht durchbebt ihre Herzen,– ihre Begeisterung ist dahin; ihre moralische Kraft ist gebrochen; sie werden kämpfen, sie werden sich mit Verzweiflung verteidigen, aber – nicht siegen.

So stand's bei der Armee. Und nun sage einer: Waren das die Helden, die in einem Siegeszug ganz Deutschland erobern wollten? Wie? nicht mehr Mut, nicht mehr Entschlossenheit angesichts des heranrückenden Feindes? Wer so sprechen wollte, der weiß nichts, der kennt nicht die Weltgeschichte, die auch zu den Heeren spricht: »Heute mir, morgen dir![234]« der ahnt nicht die dunkle Verkettung zwischen Schuld und Strafe im Leben der Völker; der weiß nicht, daß der Schrecken, wie ein geheimnisvolles Gericht aus höheren Sphären niederfahrend, auch die todesmutigsten Legionen einmal ergreifen kann und die glorreichsten Fahnen in den Staub wirft. Sie werden deswegen nicht weniger tapfer fechten – das wird der 6. August in blutigen Ziffern schreiben – aber es gilt von ihnen: »Ave Caesar! morituri te salutant, Heil dir Cäsar, dich grüßen, die da sterben.«[235] [64]

---

234 Deutsches Sprichwort, zugleich Titel eines Gedichts von August Hoffmann von Fallersleben (1798–1874). Sollte Klein hier das Gedicht des dezidiert antifranzösischen und deutschnationalen Hoffmann von Fallersleben im Hinterkopf gehabt haben, wäre es ein sehr passender Verweis: »Nichts will bei uns mehr gehen, / Weil wir auf's Stehn nur sehen, / Drum lassen wir auch unsre Heere stehen. // Nur ihnen ist zu danken, / Daß wir in unsern Schranken / Nicht kommen in ein mißlich Schwanken. // Doch steht vor diesen Heeren, / Leibwachen mit Gewehren, / Ein groß Gedankenheer mit Schwert und Speeren. // Wenn beide sich bekriegen, / Wer wird von beiden siegen? / Die Gedanken stehn, und unsre Heere fliegen. //«

235 ›Ave Caesar! morituri te salutant …‹ Als Grußformel der Gladiatoren vor dem Kampf überliefert, bei Sueton, De vita Caesarum, im Kap. 21 über Claudius allerdings im Zusammenhang eines vom Kaiser veranstalteten Seegefechts erwähnt.

Ein Reiterstücklein eines sechzehnjährigen Jünglings.

Bevor aber der Chronikschreiber in der Erzählung großer Ereignisse weiter geht, muß derselbe noch einige kleinere Begebenheiten mitteilen, zumal es ihm weniger darauf ankommt, die nackte geschichtliche Tatsache der Schlacht bei Wörth zu behandeln (worüber, beiläufig gesagt, schon so vieles geschrieben und phantasiert worden ist[236]), als ein möglichst vollständiges Bild seiner persönlichen Erlebnisse und Erfahrungen zu geben. Und dem geneigten Leser sind vielleicht solche umständliche Schilderungen auch nicht ganz unwillkommen, weil sich in denselben doch manches sagen läßt, was nicht bloß unser Volksgemüt eigentümlich berührt, sondern auch für manchen deutschen Landsmann von Interesse sein dürfte. Nach diesem Präambulo[237] fahren wir weiter.

Wir haben in Fröschweiler auch ein *Schloß* und eine gräfliche Familie. Beide ragen hoch hinauf in die graue Vorzeit und hatten schon viele Ahnen, als Franz von Sickingen[238], Götz von Berlichingen[239] und Kuno Eckbrecht von Dürckheim[240], als treu verbündete Kumpane zuweilen auf Burg Drachenfels[241] zusammenhausten, und jener Kuno, in Verbindung mit seinen Gevattern, anno 1552 am Tage Sankt Johannis[242] die Reformation in hiesigen Landen einführte. Ja, ein edles, altes Haus! Denn sie haben für Gott und Vaterland ritterlich gestritten und gelitten, wie denn jener Wolf von Dürckheim[243]

236 In der Tat waren bis 1876 zahlreiche Publikationen erschienen, von denen Klein sich offensichtlich absetzen wollte. Neben Schlachtfeldführern, Taktikbüchern von Offizieren und der großen Überblicksdarstellung des Großen Generalstabs waren das auch eher auf Unterhaltung zielende Bücher wie z. B. Bardtenschlager, Robert: Der Kürassier von Wörth. Geschichte eines elsässischen Soldaten aus dem Kriege von 1870–71. Reutlingen 1873 oder Schirmer, Adolf: 1870 oder Die Heldin von Wörth. Berlin 1871, erschienen als Groschenhefte.

237 Lat. ›Präambulo‹ von ›praeambulare‹, ›vorweggehen‹, hier gemeint ›Vorrede‹.

238 ›Franz von Sickingen‹ (1481–1523), Reichsritter, Unterstützer der Reformation.

239 ›Götz von Berlichingen‹ (1480–1562), fränkischer Reichsritter, als der ›Ritter mit der eisernen Faust‹ verewigt in Johann Wolfgang von Goethes (1749–1832) Drama ›Götz von Berlichingen‹ (1774).

240 Vermutlich ist Cuno IV. Eckbrecht von Dürckheim gemeint (gestorben 1555).

241 ›Drachenburg‹, Burg im Pfälzerwald bei Bad Bergzabern, nicht zu verwechseln mit der berühmten Drachenburg am Rhein. Heute nur noch als Ruine nachgewiesen.

242 Festtag Johannes des Täufers am 24. Juni des Jahres.

243 Wolf Friedrich Eckbrecht von Dürckheim, gestorben 1696.

auf Schloß Windstein [65] anno 1676 den letzten bewaffneten Widerstand des Elsasses gegen Ludwig XIV. erst dann aufgab, als die Flammen über seiner Burg und über seinem Haupte gen Himmel schlugen.[244]

Der jetzige Schloßherr[245], Graf Ferdinand Eckbrecht von Dürckheim[246], ein biederer Edelmann, war in den letzten Tagen, welche der Katastrophe des 6. August vorausgingen, nicht mehr in Fröschweiler, sondern in Metz, wo er die Kriegstelegraphie ins Leben rufen sollte. Seine Gemahlin[247] aber, eine wackere mutige Seele, war hier geblieben und leitete mit großer Umsicht und gütiger Festigkeit das gräfliche Haus. Der älteste Sohn stand als Ulanenoffizier drüben bei Hatten[248], ein braver Ritter, wir werden noch von ihm hören und einen Lorbeerkranz auf seine Ruhestätte legen. Der zweite Sohn stand als Mobilgardeoffizier[249] auf den Festungswällen in Straßburg und hat dort, so gut es gehen mochte, gegen die Belagerung protestiert bis zur Kapitulation am

244 ›Schloß Windstein‹, Burg bei Windstein im Elsass, zerstört 1676/77 im ›Holländischen Krieg‹ Ludwigs XIV. (1672–1678).

245 Gemeint ist das Schloss von Fröschweiler, Mitte des 19. Jahrhunderts neu errichtet. Heute unverändert noch erhalten.

246 Ferdinand Graf von Eckbrecht Dürckheim-Montmartin (1812–1891), seit 1854 Generalinspektor der französischen Telegraphenverwaltung in Metz. Kehrte 1871 nach Fröschweiler zurück, anfänglich deutschorientiert und um Kooperation bemüht, zog sich der Graf enttäuscht von der strengen Behandlung der Elsässer durch die neue deutsche Verwaltung auf ein Anwesen in Österreich zurück.

247 Franziska Josephine Auguste, genannt Fanny, geb. Freiin von Türckheim (1816–1903). Anders als ihr Mann lebte sie 1870 bereits auf Schloss Dürckheim in Fröschweiler.

248 Ferdinand von Dürckheim hatte vier Söhne, den ersten Sohn Karl Friedrich Edgar (geb. 1836) aus erster Ehe mit der Schwester seiner zweiten Ehefrau, Mathilde, geb. Freiin von Türckheim (1815–1847). Gotha, Gräfliche Häuser 1871, S. 222. Er wird danach nicht mehr genannt und ist daher als verstorben anzunehmen, da verstorbene Kinder im Gotha nicht mehr geführt und auch nicht als verstorben gemeldet wurden. Im Nekrolog des Gotha wird er auch nicht genannt. Söhne aus 2. Ehe waren laut Gotha Wolf Friedrich (geb. 1849), Kuno Erasmus (geb. 1852), Ferdinand Albert (geb. 1854).

249 Wolf Friedrich wird im Gotha 1874 als Kadett bei den Kaiser-Ferdinand-Dragonern geführt, Gotha, Gräfliche Häuser 1874, S. 235. Er könnte mit 21 Jahren trotzdem auf französischer Seite bei der Mobilgarde gestanden haben. Die Mobilgarde wurde im Kriegsfalle aus Wehrpflichtigen infolge des ›Loi Niel‹ seit 1868 gebildet.

28. September[250]. Die zwei jüngsten Söhne waren hier und standen der Mutter treu und brav zur Seite.

Schon gleich nach der Kriegserklärung und sobald die ersten Truppen angerückt kamen, war das Schloß das natürliche Hauptquartier der höheren Offiziere. Dort weilte auch die ganze Zeit der alte General Moréno[251], dem unser Elsässer Wein frühmorgens so trefflich schmeckte und der alle Tage mit etlichen hundert Mannen durch die Gebirgspässe streifte, aber in der deutschen Sprache niemals so weit kam, daß er *Pfaffenschlick*[252] sagen konnte, sondern immer nur *Paperlick*, woher denn auch ein gewisser Wein diesen [66] Namen bewahren wird, bis auf die spätesten Zeiten. Der gute alte General Moréno, der übrigens leidend war, wurde durch General D'herillier[253] abgelöst, und letzterer quartierte sich mit seinem Stab im Schloß ein, als am 4. August die Schlacht bei Weißenburg geschlagen wurde. Man kann sich denken, wie es damals schon in diesem sonst so stillen Hause zuging. D'herillier war ein lebhaftes, würdiges Männlein, außerordentlich beweglich, streng und warum auch nicht tapfer.

Unter seinen Stabsoffizieren war freilich einer, der die Kokketterie so weit trieb, daß die feinsten Spitzen an seinem Nachthemde nicht fehlten, was natürlich das Gaudium seiner Kameraden höchlich erregte. Dieses als kleine Beilage. Doch weiter in der Erzählung. Gegen vier Uhr – das Unglück bei Weißenburg war geschehen, und es war zu vermuten, daß der Feind ohne Zögern mit einem Teil seiner Scharen nach Sulz heraufrücken würde – trat General D'herillier an den jüngsten Sohn heran und fragte: »Wüßten Sie nicht einen Mann,

---

250 Straßburg kapitulierte nach heftigem Beschuss durch deutsche, vor allem badische Festungsartillerie. Die Beschießung Straßburgs und die anschließende Kapitulation hatte für beide Seiten eine hohe symbolische Bedeutung. Für die deutsche Seite war damit das historische Unrecht der Besetzung durch Ludwig XIV. gesühnt. Die französische Seite erhob berechtige Vorwürfe gegen den Beschuss von Zivilisten und einer alten gotischen Kulturstadt; vgl. Arand 2018, S. 338 ff.

251 General Moréno (geb. 1812) führte die 1. Brigade in der 1. Division des I. Korps; Moréno war später an der Verteidigung Straßburgs beteiligt, wurde aber am 28. 8. 1870 verwundet; vgl. Fischbach, S. 20. In der ›Ordre de bataille‹ von Sedan wird Moréno allerdings trotz dieser Angaben ebenfalls aufgeführt; vgl. Sternegg, Nr. 8, S. 6.

252 Hier folgt im Original eine Fußnote mit * ›Ein Engpaß in den Vogesen.‹

253 Gemeint ist General l'Herillier, bereits im mexikanischen Abenteuer beteiligt, verwundet am 6. 8. 1870, bei Sedan trotzdem im Einsatz; vgl. Sternegg, Nr. 8, S. 6.

der sofort nach Sulz und weiter hinabreiten könnte, um dem Oberst, welcher den Rückzug zu decken hat, diese Depesche zu überbringen?« – Ein Mann in Fröschweiler unter dem armen Bauernvolk? Da ist kein solcher Mann. Aber Tausende von Soldaten, Hunderte von Offizieren sind da. – Doch der gute sechzehnjährige Jüngling[254] denkt nicht so weit, sondern, wie wenn das ganz einfach und gefahrlos wäre: »General, ich reite hinab!« Wahrhaftig. »Jakob, Jakob, meinen Araber, schnell meinen Araber!« – Der Araber muß zum Stall heraus; Sattel und Steigbügel werden übergeworfen; die Sporen sind angeschnallt, die Depesche steckt in der Brusttasche, im Nu sitzt er droben, [67] und, ohne daß die Mutter nur bedenken kann, was das auf sich habe, sprengt er von dannen, daß das Feuer unter den Hufen blitzt, der schöne, kühne, aufopferungsfrohe Jüngling. Du armes Kind, b'hüt dich Gott und komm bald wieder! – Wir schauen ihm nach,– wie ein Pfeil fliegt er die Straße hinab; wir sehen ihn nicht mehr; einige Augenblicke dort drüben, jenseits Wörth, sehen wir ihn wieder; es geht bergan, an den Pappeln vorüber … jetzt ist er verschwunden … B'hüt dich Gott! Wer reitet so spät durch Nacht und Wind?[255] Er saust durch Merkweiler[256], Kutzenhausen[257] – in Sulz wollen sie ihn anhalten, – die blonde, begeisterte Gestalt ist verdächtig – sie jagen ihm nach – sie wollen ihn greifen – Hurra! Vorwärts! immer zu – Sulz vorüber – links hinab – den Wald entlang – dort kommt die Retirade, kläglich, jammervoll – alles in wilder Auflösung, in rasender Flucht.

Er sprengt an den Oberst heran, überreicht die Depesche (was war der Inhalt? Gott weiß es!), und rückwärts – die Deutschen sind auf den Fersen – fliegt der Araber mit dem treuen Kinde der Heimat zu. (Abb. 21)

Es wird Abend – er kommt nicht. Es wird Nacht – er kommt noch immer nicht. Bei Kutzenhausen, Merkweiler stoßen die Trümmer des Heeres durcheinander; er kann nicht vorwärts, doch Angst, die kennt er nicht … Gefahr? die fürchtet er nicht. Ruhig zieht er durchs Getümmel, still sinnend, in poetischen Phantasien, wie immer,

254 Folglich Ferdinand Albert von Dürckheim-Montmartin, geb. 1854.

255 Zitat aus Goethes Erlkönig (1782), 1. Strophe: »Wer reitet so spät durch Nacht und Wind? / Es ist der Vater mit seinem Kind; / Er hat den Knaben wohl in dem Arm, / Er fasst ihn sicher, er hält ihn warm. //«

256 ›Merkweiler‹, heute Merkwiller-Pechelbronn, 8 km östlich von Fröschweiler gelegene Gemeinde.

257 ›Kutzenhausen‹, Weiler kurz hinter Merkweiler.

Abb. 21

reitet er heimwärts – endlich zwischen 9 und 10 Uhr kommt er. Der Mutter den ersten Händedruck, dem Araber eine Liebkosung, dem General einen kurzen Bericht, und der bescheidene Jüngling zieht sich zurück und weiß nicht mehr, was er getan hat.

[68] Wir aber wissen es, und wenn dem harmlosen Knaben damals niemand für seine Treue gedankt hat, so wird der jetzige Dragoner, sobald es not tun sollte, deswegen doch wieder neid- und furchtlos sein Leben in die Schanze schlagen.[258]

258 Für Ferdinand Albert ist keine militärische Karriere bekannt. Laut Gotha, Gräfliche Häuser 1879, S. 252, ist er später »Oeconom auf Fröschweiler«. Vielleicht verwechselt er ihn mit Wolf Friedrich, der 1874 als Kadett bei den Dragonern nachgewiesen werden kann. 1876, als das Manuskript abgeschlossen wurde, stand dieser allerdings als Leutnant bei den Prinz Alexander von Württemberg Husaren Nr. 11; vgl. Gotha, Gräfliche Häuser 1876, S. 244.

Einzug der Turkos.

Es ist nachgehends behauptet worden, der Marschall Mac Mahon habe durchaus nicht die Absicht gehabt, hier in Fröschweiler eine Schlacht zu liefern, sei aber durch einen bestimmten Befehl des Kaisers Napoleon dazu gezwungen worden. Wir können das nicht näher untersuchen. Jedenfalls war an die Offensive nicht mehr ernstlich zu denken; zurückweichen aber und Straßburg und die Eisenbahn von Hagenau nach Saargemünd preisgeben, wollte man auch nicht, und so war denn der Befehlshaber moralisch und strategisch genötigt, den Verteidigungskampf in dieser übrigens so außerordentlich günstigen Position aufzunehmen.[259] Das stand vielleicht schon vor der Niederlage bei Weißenburg, jedenfalls nach derselben, unwiderruflich im Kriegsrate fest, und wenn wir naive Bauern es auch nicht gewußt haben, so sollten doch unsere Ahnungen und Befürchtungen nur zu bald in Erfüllung gehen. Schon im Laufe des 4. August kamen die Truppen massenhaft von Reichshofen herüber: Artillerie, Fußvolk, Zuaven etc. etc., wir können sie nicht mehr alle besonders namhaft machen, die Menge war zu groß, das Getümmel zu verworren. Auch wurden sie je nach ihren Divisionen, Brigaden – rechts ab gegen Elsaßhausen, Morsbronn – vorwärts gegen [69] Wörth – links gegen Langensulzbach, Nähweiler detachiert und in Schlachtordnung aufgestellt. Die Generale: Ducrot, Raoult[260], Maire[261], D'herillier, Colson[262] etc. etc., letzterer Chef des Generalstabs, waren alle hier; kamen und gingen, ordneten, kommandierten, planten, so gut es gehen mochte. Ihre größte Verlegenheit und Besorgnis waren die Karten; sie kannten, weiß Gott, das Elsaß nicht und hatten eben keine Karten. Und so wurden dann in aller Eile die Schulkarten, die

259 Ein Befehl Napoleons ist nicht bekannt. Da der Ort sehr gut gewählt war, wie auch Klein konzediert, wäre ein solcher Befehl aber auch nicht unsinnig gewesen. Mac-Mahon hatte durchaus die Kompetenz und Befugnis, den Ort der Schlacht selbst zu bestimmen.

260 General Noël Raoult (1810–1870), Befehlshaber der 3. Infanterie-Division des I. Korps, gefallen bei der Verteidigung Fröschweilers am 6. 8. 1870; vgl. Sternegg, Nr. 2, S. 3 und Großer Generalstab, Anlage 1, S. 4.

261 General Emil Maire (1811–1870), Befehlshaber der 2. Brigade der 1. Division des VII. Korps, gefallen am 6. 8. 1870. Reste des 1940 von den Nationalsozialisten beschädigten Grabes befinden sich auf dem Friedhof von Froeschwiller, und Großer Generalstab, Anlage 1, S. 16.

262 General Joseph Émile Colson (1821–1870), Generalstabschef Mac-Mahons, gefallen auf der Straße nach Fröschweiler am 6. 8. 1870; vgl. Sternegg, Nr. 2, S. 3 und Großer Generalstab, Anlage 1, S. 3.

Katasterkarten, die Dorf- und Feldpläne der Gemeinden requiriert und geographischen Messungen und Berechnungen unterworfen. Ist's eine Vermessenheit, wenn der Erzähler hier seines Herzens aufrichtige Meinung ausspricht? Wenn nur diese hohen, unfehlbaren Herren hierzulande ein ordentliches Menschenkind um Rat gefragt hätten! Wir hätten ihnen gesagt, wo die Pfalz liegt, wo der Rhein seine Wogen treibt, wo die Berge und Bäche und Straßen und Pfade hinausgehen. Aber sie waren alle viel zu hochmütig und *elsaß-feindlich*, – und wir waren von vornherein (dafür hatte man schon anno 1866 gesorgt[263]) eine nichtswürdige Bevölkerung, für welche ein Sieg keine Freude, eine Niederlage kein Unglück sein sollte. Warum wohl? Darüber müßte man den Leibadjutanten des Generals Ducrot fragen; an dem aber ist das Wort in Erfüllung gegangen: »Und er verstummte.«[264]

Auch der Marschall war am Donnerstag abends in Fröschweiler, erschien einen Augenblick im Schloß und wechselte einige Worte mit dem General D'herillier, zog sich aber bald wieder zurück; wo er die Nacht zugebracht, wissen wir nicht; wahrscheinlich in Straßburg, noch wahrscheinlicher in Reichshofen. Dort bekam er die besten Lektionen. – Es [70] war, wie schon angedeutet, eine große, unheimliche Bewegung. Unser armes Dörflein war zu einem tosenden Heerlager geworden. Wir konnten nichts mehr tun, als zusehen, abwarten, Hab und Gut, Leib und Seele dem allmächtigen Gott befehlen, stille sein und uns in unser trauriges Schicksal ergeben. Und dennoch! wie drohend und dunkel auch die Gewitterwolken über unsern Häuptern hingen, viele, ja die meisten hatten noch Hoffnung, denn die Vaterlandsliebe klammert sich immer wieder

263 Nach dem Sieg Preußens 1866 setzte in Frankreich eine stark antideutsche Stimmung ein, die sich unter dem Motto ›Rache für Sadowa‹ – die Schlacht bei Königgrätz heißt bis heute in Frankreich ›Bataille de Sadowa‹ – gegen Preußens Aufstieg und die kleindeutsche Nationalstaatsbildung richtete. Die ethnisch und kulturell deutsche Bevölkerung des Elsass, obwohl mehrheitlich loyal zu Frankreich stehend, geriet dabei zunehmend unter Druck; zur ›Rache für Sadowa‹ vgl. Arand 2018, S. 86 ff.

264 Vgl. Mt 22. Die Version des Gleichnisses vom königlichen Hochzeitsmahl bei Matthäus fügt eine Schlussszene an, in der einer der zusätzlich geladenen Gäste ohne Festtagsgewand erscheint. Auf die Frage, wie er denn ohne eine solches hineinkomme, folgt das Zitat, auf das Klein Bezug nimmt. Name und konkretes Vergehen des schon auf Seite 40 der Chronik geschmähten Offiziers sind unbekannt; vermutlich ist er den Elsässern gegenüber arrogant oder feindselig aufgetreten.

mit unzerreißbarer Zähigkeit an die Möglichkeit eines Sieges.[265] Das liegt eben so im Charakter des Volkes, auch eines vor 200 Jahren erst eroberten Volkes[266]. Und als die vielen Truppen kamen, ein Regiment nach dem andern, und die vielen Kanonen und Mitrailleusen allzumal, da loderten noch einmal die Flammen der Begeisterung auf, und man vergaß Weißenburg in der beruhigenden Zuversicht, sie können doch noch hinausgeschlagen werden. Besonders aufgemuntert wurden unsere Leute gegen Abend, als es hieß: »die Turkos kommen!« – Sonderbar mit diesen Turkos: ist's, weil sie Araber sind, aus Afrika kommen, braune und schwarze Gesichter und ein wildes, kriegerisches Aussehen haben? Was es nun sei – in der Phantasie unseres Volkes, und wohl auch ein bißchen in der unserer Nachbarn überm Rhein, waren die Turkos von jeher eine Art sagenhafter Ungeheuer, die alles vor sich niederwerfen und sengen und brennen und morden und schänden ohne Pardon, ohne Erbarmen. Und so strömte denn die ganze Bevölkerung hinauf ins Oberdorf, um diese Heldenscharen zu bewundern. Natürlich war auch diesmal wieder das leidige Weibervolk vorne dran mit der Nase und gaffte und schnatterte: »Siehst, Bärbel, das sind [71] jetzt Turkos, das sind Wilde! Große Zeit! … sind aber doch schöne Leute, … es schauert einen wahrhaftig, wenn man sie anlugt. – Schau, Gretel, dort ist ein kohlschwarzer … ha! ha! ha! dort ist noch einer … Meinst, Heinerle[267], wollen wir so einen mit heim nehmen?« – Man möchte mit Fäusten dreinschlagen. Später freilich soll in Deutschland eine ähnliche Turko-Affenliebe ausgebrochen sein. Das läßt sich eben bei diesem Geschlechte nicht ändern.

Und die Turkos marschierten vorüber frisch und wohlgemut, streckten die Hälse hinaus und sperrten die Mäuler auf und

265 Karl Klein war als Student Mitglied der deutschgesinnten Burschenschaft Argentina. Seine Position zwischen französischer Vaterlandsliebe und deutscher Gesinnung ist im ganzen Buch nicht eindeutig fassbar. Möglicherweise verstand er sich vor allem als Elsässer, wie Ausführungen in seinem zweiten Buch ›Vor dreissig Jahren‹ vermuten lassen, in dem er sich zur komplizierten Situation der Elsässer im Deutschen Reich kritisch äußert: »Wer aber ein offenes Auge und ein warmes Herz für das Wohl und Wehe unseres Volkes hat und mit nüchternem Geistesblick die Schäden der Gegenwart zu durchschauen und mit tapferem Gemüth den Gefahren der Zukunft entgegenzutreten im Stande ist – der wird auch in diesen Blättern Manches finden, das ihn mahnend zurechtweisen und tröstend wieder aufrichten kann«; vgl. Klein 1880, S. III f.

266 Wiederholter Hinweis auf die Raubkriege Ludwigs XIV.

267 ›Heinerle‹, mundartliches, alemannisches Diminutiv von Heiner (Heinrich).

krächzten und brüllten ihr eigenes Feldgeschrei – und durch ihre Beine liefen Hunde, und auf ihren Schultern tanzten Katzen und Vogel, Affen und weiße Ratten, eine Menagerie sondergleichen.[268] So zog der ganze Troß die Schindergasse hinunter und kampierte dicht am Waldessaum auf den jähen Hügeln, Görsdorf gegenüber, wo jetzt noch das berühmte zerschossene Turkohäuschen steht und Zeugnis gibt von dem mörderischen Kampfe, welchen diese Wüstensöhne dort mit den Preußen und Bayern gefochten haben.[269] Unser Volk aber hatte wieder einen lichten, vergnügten Augenblick gehabt; doch dauerte es nicht lange, so waren auch im Oberdorf die Scharen der Neugierigen wieder verlaufen.

Die Sonne war untergegangen, unheilverkündend flimmerten die letzten Lichtstreifen am westlichen Horizonte; ein dumpfes Getöse wogte durch die Straßen, Gärten und Felder; eine furchtbare Unruhe durchängstete alle Herzen. Plötzlich stiegen am Eingang des Liebfrauentals die Feuersäulen lichterloh gen Himmel und warfen ihre düstern roten Strahlen das Sauertal hinunter. Es war die Alt- [72] mühle, die in Flammen aufgegangen war und die wie ein feindlicher Vorposten ein feuriges Fragezeichen zu uns herübersandte.[270] Auch muß der Chronikschreiber noch berichten, daß in seinem Hause bereits Anstalten zur Verpflegung der Verwundeten getroffen wurden. Der Oberstabsarzt des I. Korps der Rheinarmee war mit einer ganzen Schar junger Doktoren im Pfarrhause einquartiert; ein edler, heldenmütiger Charakter, der viel Unheil verhütet hat, und der auch sein Leben nicht lieb hatte, bis in den Tod.[271]

268 Ähnlich exotistisch-rassistische Beschreibungen von Turkoaufmärschen finden sich in der ganzen deutschen Kriegsliteratur des 19. und 20. Jhds.; vgl. zur Wahrnehmung afrikanischer Soldaten Kettlitz.

269 Am heute so genannten ›Turkohäuschen‹, einem Wingertshäuschen inmitten der nach Osten abfallenden Weinhügel am linken französischen Flügel, nördlich von Fröschweiler, hielten Turkos in tapferem Kampf die Stellung gegen vorrückende Bayern, mussten sich aber doch der feindlichen Übermacht geschlagen geben. Heute kann vom ›Turkohäuschen‹ nur noch ein kleiner Mauerrest besichtigt werden. Ein ›Sentier de Turcos‹ (›Turkopfad‹), der durch den Wald und die Hänge hinab zum Sauertal führt, würdigt heute den Einsatz der Afrikaner für ihre französischen Kolonialherren, deren Dank fortgesetzter Rassismus und Ausbeutung waren.

270 Aus dieser nordöstlichen Richtung kamen bayerische Truppen.

271 Eventuell Anspielung auf Mk 8.35: »Denn wer sein Leben behalten will, der wird's verlieren; und wer sein Leben verliert um meinetwillen und um des Evangeliums willen, der wird's behalten.«

Freitag den 5. August.

Die Nacht vom 4. zum 5. August brachte ein düsteres Vorspiel. Wie die Windsbraut durch die Lüfte heult, so dröhnte und prasselte es an allen Orten und Enden, und, wie eine Meereswoge peitschend die andere vorwärts treibt, so drängte ein Heeresteil den andern mit Geschützen und Munitionswagen. Man kann sich denken, was für Ruhestunden uns geworden sind. Endlich graute der Morgen, und nun sollte, noch vor dem Kampfe, die Not erst recht angehen. Schon ganz frühe kamen die traurigen Überreste der bei Weißenburg geschlagenen Divisionen: entronnene Turkos und Liniensoldaten, Verwundete, am Stecken hinkend oder auf Maultieren hockend, Kanonen, zertrümmerte Wagen, Karren, nebst einer Menge sonstiger Bagagen und Impedimente[272]. Auf einmal stand der ganze Troß da und wollte zum Dorfe herein, und mußte schleunigst ein Unterkommen geschafft werden. Das war wieder ein böser, erschütternder Anblick. General D'herillier war [73] außer sich vor Ärger und Betrübnis. »Ce sont les bagages de Douay?« – »Oui, mon général.« »Sind das die Überbleibsel Douays?« – »Ja, mein General,« – und ein verzweifelter Kraftfluch war die Antwort. »Wo soll ich denn hin mit den unglückseligen Trümmern?« Endlich wurden die Wagen, Karren, Kisten und Maulesel etc. etc. gerade vorm Pfarrhaus durchs Kölblingsgäßchen geschoben und hinter der Mauer des Schloßgartens zusammengestoßen. Die noch übrigen kampffähigen Mannschaften wurden wieder eingereiht und auf ihre respektive Position abgesendet.

Ganz frühe schon war auch der Marschall Mac Mahon hier eingetroffen und hatte sein Hauptquartier im Schloß Dürckheim genommen. Der Speisesaal war als Vorzimmer von Ordonnanzoffizieren und Adjutanten besetzt, und in dem daranstoßenden, gegen die Straße hinaus gelegenen großen Salon weilte mit einigen vertrauten Generalen der oberste Feldherr. Dort spazierte er auf und ab, oder saß, allen Blicken sichtbar, am offenen Fenster. Seine ersten Wünsche und Befehle betrafen auch die Karten (man möchte heute noch aus der Haut fahren!), und unser junger Reiter hatte sich beeilt, was gerade bei der Hand war, seiner Exzellenz zu unterbreiten. Was Mac Mahon in jenen verworrenen Stunden noch herausstudierte, hat den Preußen nicht viel Unheil und uns noch weniger Segen eingetragen. Das Studium der Geographie kam zu spät.

272 Frz. ›impediments‹, ›Gepäckwagen‹.

Vor dem Schloßhof auf der Straße stand ein außergewöhnlich großer geschlossener Wagen. Darauf stand geschrieben: »*Cuisine du Maréchal*«, »Küche des Marschalls«. Nach oben hin bildete das massive Vehikel eine Art von Käfig, darin hausten allerlei lebendige Mundvor- [74] räte: Welschhühner, Fasane und sonstige edle Bissen in Menge. Diese Cuisine du Maréchal machte auf die Offiziere und Soldaten und auf uns alle einen seltsamen, peinlichen Eindruck, denn der Mangel an Lebensmitteln war infolge der zahlreichen Truppenansammlungen aufs höchste gestiegen. (Abb. 22) Es war nicht bloß eine angstvolle, peinliche, sondern in der Tat eine desparate[273], empörende Situation. Eine Armee, die jeden Augenblick den Kanonengruß des Feindes zu gewärtigen und nichts zu essen hat! Ein Getümmel, ein Murren und Verwünschen zum Vergehen! – Kein Wunder, wenn jetzt alle Ordnung vollends aufhörte und auch die letzten Schranken des Gehorsams durchbrochen wurden. Die Soldaten waren keine zivilisierten Menschen mehr, sondern hungerwütige Banden, die schonungslos plünderten und raubten, was sie erreichen konnten. Jetzt wehe unsern Kartoffeläckern, Gärten, Bäumen, Bienenstöcken, Hühnern, Gänsen, Höfen, Kellern! wehe allem, was noch übrig bleibt und nicht hinter mauerfesten Riegeln steckt. Sie kommen, brechen ein, nehmen, was ihnen unter die Hände fällt –, und dabei lachen sie, oder fluchen und drohen –, daß Gott sich erbarmen möchte! *Aber sie müssen es tun*. Droben im Oberdorf sind schon mehrere Keller erbrochen worden; auch im Unterdorf geht's drunter und drüber, in allen Gassen Krawall und Gewalttat! Unsere Leute werden zur Verzweiflung getrieben; sie wissen sich nicht mehr zu schützen; sie können nicht zugleich im Stall, auf der Tenne[274], im Keller, im Garten Wache halten und sich wehren. Es hilft auch kein Wehren, kein Schelten, kein Jammern. Der entfesselte Sturm nimmt seinen Lauf, und kein Gebot und kein Verbot ist mehr imstande, die [75] losgelassenen, hungrigen Haufen zurückzuschrecken. Wohl macht der Bürgermeister den Versuch, dem Marschall Vorstellungen zu machen und um Schutz für die Gemeinde zu flehen, – er wird nicht vorgelassen!

Wohl nimmt unter dem allgemeinen Klagegeschrei auch der Pfarrer das Herz in die Hand und geht ins Schloß, um den Marschall zur Schonung, zur Hilfeleistung zu bewegen. Dem Adjutanten,

273 Lat. ›desperatus‹, ›verzweifelt‹.

274 ›Tenne‹, ›Dreschboden‹.

Abb. 22

jenem schönen Spahi-Offizier[275], welchem den andern Morgen eine Kugel das Herz unter dem feuerroten Mantel durchbohrte, ging unser Flehen zu Herzen. Er bat um Einlaß; aber der Pfarrer wurde nicht empfangen. Die herzbrechende Antwort war allemal: »nous ne pouvons rien faire« (Wir können nichts tun). Und es war so. Mit der Todesstrafe hätte man nichts mehr ausgerichtet. – O, es war ein Moment, den der Erzähler nie vergessen wird, als er zum Schloßhof heraustrat und jener rote Reiter ihn bis ans Tor begleitete. Dort standen unsere Generale, Obersten, Offiziere unter den Fenstern des Marschalls, Tränen in den Augen und weinten vor Weh und Entrüstung. Und als einer mir sagte: »Bedenken Sie doch, Herr Pfarrer, in welcher Lage sich jetzt Frankreich befindet« – nein, das werd ich nie vergessen; auch mir strömten die Tränen übers Gesicht herunter, und ich konnte nichts erwidern als: »Nehmen Sie in Gottes Namen, was Sie bedürfen.« – Kaum war der Erzähler zu Hause, da kam ein ganzer Haufen Turkos und machte sich daran, den Hühnerstall und den Keller zu erstürmen, und wer hätte es gewehrt, wenn nicht unser Oberstabsarzt mit dem Revolver in der Hand, unter Gefahr seines eigenen Lebens, die wütenden Menschen zurückgetrieben

275 ›Spahi‹, französische nordafrikanisch-koloniale Kavallerietruppe in orientalischer Tracht.

hätte? [76] Wir konnten nichts mehr tun, als alles geschehen lassen und geben, was noch in unsern Kräften stand. Und welche Szenen aus jenen heißen Stunden jetzt noch in der Erinnerung leben! Nur einige Beispiele. Unter den Turkos gibt es eine Sekte, deren Anhänger besonders Wein etc. trinken. Ein alter Turko, so ein echter Typus blutdürstiger Entschlossenheit und kalter Todesverachtung, hatte um eine Flasche Wein gebeten und sich, während wir dieselbe holten, rücklings auf das Stiegengeländer gelehnt, während ein ganzer Trupp seiner Genossen krächzend im Hof herumtummelte. Wie der die Flasche Wein bekam, stürzten alle anderen über ihn her, begehrten auch Wein und heischten und schrieen … Wir wollten dazwischen treten, sie beruhigen und andere Flaschen herbeischaffen – es war nicht mehr möglich – das Handgemenge hatte begonnen … Der Angegriffene lehnte sich noch mehr rückwärts, zog seinen Säbel, riß den Propfen aus der Flasche, streckte in der einen Hand sein Mordgewehr, in der andern die umgekehrte Flasche hinaus und blieb zähneknirschend liegen, bis der letzte Tropfen Wein auf den Boden gefallen war, sprang auf wie ein wildes Tier und rannte von dannen. Das war ein Bild! Ein andermal, am selben Tage, kam eine ganze Brigade Gendarmen in Zivilkleidern, Schrecken und Todesangst in allen Gliedern; sie flehten um Schutz und Herberge; wir beruhigten und stärkten sie nach Vermögen und versteckten einen Teil davon auf gut Glück in einer dunklen Kammer; gegen Abend aber nahmen sie das Weite, Gott weiß, was aus ihnen geworden ist. – Wiederum kam ein Gendarmerieoffizier in Uniform! der stöhnte und heulte und gestikulierte wie ein Wahnsinniger; ein großer, prächtiger [77] Mensch, winselnd wie ein Missetäter. Er war verrückt vor Hunger und Schrecken. Wir mußten ihn ergreifen, mit Gewalt niedersetzen; er wollte fort und schrie, daß es einen grausig überlief: »Laissez-moi mourir! Laissez-moi mourir!« (Lasset mich sterben! lasset mich sterben!) Wie einem fieberkranken Kinde mußten wir ihm etwas Brühe einschütten. Er kam wieder zu sich, wie aus einer andern Welt, wurde nach und nach ruhig und faßte Mut. O Panik, wen deine eisernen Fittiche treffen! – nach dem Kriege ließ er uns grüßen und sagen: wir hätten ihm das Leben gerettet.

Freitag den 5. August.

Fortsetzung.

Eine andere Erscheinung hat der Erzähler gesehen, die jetzt noch wie ein weißer Schatten durch sein Gedächtnis zieht: auf einem prächtigen arabischen Pferde, in blendend weißen Burnus[276] majestätisch gehüllt, mit schönem schwarzen Vollbart und würdigem Patriarchenangesicht, den Marabut[277], den Priester der Turkos. Wie doch die Zeiten sich ändern! Einstens die Kreuzzüge[278], – heute der Halbmond[279] mitten in der Christenheit: Mohammed fechtend unter dem Banner des allerchristlichsten Volkes![280] (Abb. 23) Ja, ja, da lag auch ein Bann auf Frankreichs Gewissen. Wir haben den Marabut nicht wieder gesehen. Vielleicht ist er, ein Paradies sich träumend, auf dem Schlachtfelde verschmachtet; vielleicht blüht ihm, als Feldprediger, im nächsten Krieg eine lohnende Zukunft. Im Laufe des Freitags kamen auch viele Offiziersfrauen und besuchten [78] ihre Männer. Ach, wie manche hat damals ihren Stab und ihre Stütze, den Vater ihrer Kinder, zum letzten Male ans Herz gedrückt! Wir haben es seitdem erfahren, wie viele Witwentränen in weiter Ferne und auch hier auf die einsamen, kalten Grabsteine geflossen sind. Es tat einem in der Seele weh, wenn man zusah, wie diese armen Frauen auf den Fittichen der Liebe hierher durchs Getümmel drangen, ihren Männern noch eine letzte Erquickung, ein letztes Zeichen der Treue überreichten, und dann Abschied nahmen unter bangen Ahnungen auf baldiges – nimmerkehrendes Wiedersehen. Und wie so manchem Kriegsmann unterm Panzerhemd das Gatten- und Vaterherz hoch aufschlug und manche stille Träne über den strammen Schnurrbart heruntерglitt. In Deutschland wird's auch so gewesen sein. Man kann sagen, was man will: auch der tapferste Kriegsmann hat ein fühlend Herz, und kein Mensch, auch der unerschrockenste nicht, geht ohne Schauer hinein in den Tod.

---

276 ›Burnus‹, nordafrikanischer Kapuzenmantel.

277 ›Marabut‹, eigentlich ›Marabout‹, spiritueller Führer im nordwestafrikanischen Sufismus, einer mystischen Form des Islam.

278 Es gab mehrere Kreuzzüge vom 11. bis 13. Jahrhundert, als christliche Ritter zur vorgeblichen Befreiung Jerusalems vom Islam nach Palästina aufbrachen.

279 Der Halbmond ist das Symbol des Islam.

280 Ähnlich rassistisch grundierte Anwürfe machte die deutsche Kriegspropaganda im Ersten Weltkrieg gegen die französischen Kolonialtruppen.

Abb. 23

Gegen Abend wurde der entsetzlichen Hungersnot ein Ende gemacht. Es kamen 33 000 Rationen Lebensmittel, die wurden so schnell als möglich überallhin verteilt. Ob alle hier und in der Umgegend anwesenden Truppenteile ihr gehöriges Quantum bekommen haben, wissen wir nicht. Daß aber mehrere Divisionen die nötigen Vorräte nicht rechtzeitig erhalten haben, das bewiesen nachher die allenthalben noch auf den kleinen Bodenkaminen stehenden angefüllten Fleisch- und Suppentöpfe. Es trafen auch in der Nacht immer noch neue Regimenter ein; ob diese Leute satt oder nüchtern auf der Walstatt[281] anlangten, vermögen wir nicht zu berichten. Jedenfalls

281 Mittelhochdeutsches Wort für ›Schlachtfeld‹, vgl. Wahrig, S. 1407.

wäre für jeden Mann eine doppelt kräftige Ration vonnöten gewesen, und gewiß haben die [79] wenigsten dieselbe bekommen. O wie traurig! Diese armen Jungen mußten also müde und hungrig ins Feuer und den ganzen Tag ohne Speise und Trank fürs Vaterland fechten und bluten; es nimmt einen nur tausend wunder, und es ist ein Beweis von heroischer Tapferkeit, daß sie dem fürchterlichen Anprall des Feindes so lange widerstehen konnten.

Um 6 Uhr war Marschalls-Diner im Schloß. Da ging's hoch her. Alle Generale waren zu Tisch gebeten, ausgenommen General D'herillier. War der auf irgend einem Posten unentbehrlich, oder war er keine persona grata[282] in der Umgebung des Feldherrn? Es gab darüber allerlei Gemunkel; das letzte ist wahrscheinlich. Mac Mahon blieb im Schloß, ging aber nicht zu Bette, sondern legte sich zuweilen brütend auf ein Sofa. Wenn daher jetzt noch viele Reisende das sogenannte Mac Mahonsche Schlafzimmer neugierig besuchen, so kann ihnen nur die Tatsache verbürgt werden, daß der Marschall dort seine Toilette gemacht hat.

Gegen Mitternacht ließ der Herzog durch einen Adjutanten H. v. Dürckheim ersuchen, er möchte doch durch seine Förster schnelle und genaue Erkundigungen über die Stärke und die Position des Feindes in der *bayerischen Ebene* einziehen. Die dienstbaren Geister sind alsbald nach allen Himmelsrichtungen ausgeflogen, was sie aber erkundschaftet haben, ist ein Geheimnis geblieben.

Noch etwas von Bedeutung. Am selben Freitag Abend kam ein Genieoffizier von Wörth und gab den Befehl, die Brücken über die Sauer sofort abzubrechen, widrigenfalls würde er dieselben mit den nächsten Häusern in die Luft sprengen.[283] Der dortige Bürgermeister[284] war zufällig kanonentaub und schlüpfte unter dem Schutz dieses Gebrechens glück- [80] lich aus der Bedrängnis. Dagegen mußte der Ratsschreiber[285] desto energischer ins Zeug. Der war nicht taub und nicht blind, sondern ein mit allen fünf Sinnen vortrefflich bewaffneter Patriot. Der ließ in aller Eile die Bürger zusammentrommeln und frontweise wurde das Niederreißen der Brücken in

282 Übliche Form der Verwendung: lat. ›persona *non* grata‹, wörtlich ›*nicht* erwünschte Person‹.

283 Vgl. auch Schiler, S. 48 ff., der das Niederreißen der Brücken noch präziser schildert.

284 Jean-Philipp Eckert, Bürgermeister von Wörth von 1865–1871.

285 Henri Seltenmeyer, Notar in Wörth, 1867–1872.

Abb. 24

Angriff genommen. Kaum hatte man aber die Sauerkanalbrücke abzubrechen angefangen, da sausten schon zwei deutsche Ulanen[286] im Galopp heran mit gespannten Gewehren und drohten Feuer zu geben auf den ersten, der noch einen Stein anrühren würde. Natürlich machte man kehrt, die Zerstörer ergriffen die Flucht; der Ratsschreiber kratzte in der Perücke; der taube Bürgermeister pries alle Heiligen selig … man mußte warten, bis die vermaledeiten Ulanen wieder verschwunden waren, und erst in später Nacht wurde das Werk des Brückenniederreißens vollendet. (Abb. 24)

Auch wurden an der Karlsmühle die Querdielenstücke aus den Rädern genommen, damit kein Preuße trockenen Fußes über die

286 Ulanen waren eine ursprünglich polnische Kavallerietruppe, die auch in anderen europäischen Armeen Eingang fanden. In Frankreich hießen Ulanen ›Lancier‹. Preußische Ulanen trugen Tschapka, einen Helm mit rechteckigem Aufsatz, und einen ›Ulanka‹ genannten Waffenrock. Französische Lanciers trugen Képi oder Tschapka. Auffällig am Waffenrock deutscher Ulanen war das farbige Plastron, ein Aufsatz auf dem Waffenrock. Bewaffnet waren Ulanen mit langen Lanzen. Ulanen wurden wie Husaren und Dragoner häufig für Erkundungen eingesetzt; vgl. Arand 2018, S. 149 f., Schick/Halem, S. 163, Stein/Bauer, S. 184 ff. und Delpiére/Mirouze/Pommier, S. 228 ff. Die Szene wird bestätigt von Schiler, S. 50, er spricht allerdings von drei Ulanen, während Klein nur zwei Ulanen nennt.

Sauer kommen sollte.[287] Das war gescheit. Daß man aber die Division Lartigue und die Batteriegeschütze vom Gunstetter Berg zurückgezogen hatte, konnten wir nicht begreifen, denn von dort aus sollte unsere Front ganz erschrecklich beschossen werden. Es müssen wohl strategische Gründe oder Befürchtungen diese Maßregel hervorgerufen haben, an welche unser Bauernverstand nicht hinanreicht.

Unsere Gnadenfrist war abgelaufen; nur eine Nacht verschleierte noch unser trübes Verhängnis. Im ganzen Heer war man auf einen jähen, furchtbaren Zusammenstoß mit dem Feinde gefaßt, obschon eine Schlacht auf den an- [81] brechenden Morgen des 6. August weder beabsichtigt noch eigentlich erwartet war. Auch der Chronikschreiber wußte, wieviel Uhr es geschlagen. Doktor Sarasin hatte ihn beiseite genommen und ihm eröffnet: »Wenn Sie noch etwas zu retten haben, Weib, Kinder, Hab und Gut, – so tun Sie es auf der Stelle, denn Sie werden hier Greuelszenen erleben, von welchen Sie keine Ahnung haben.« – Das war eine Aussicht! Und fliehen? Wohin? Mit wem? Womit? In den Wald? In die Berge? Die einen fortführen und die andern dabehalten? oder alle zusammen flüchten? und alles im Stiche lassen? Nein, lieber bleiben, auf dem Posten bleiben. Noch sitzt der im Regiment[288], der Sturm und Wetter gebietet. Aber welche Nacht! Im Hause, auf den Straßen, im ganzen Dorfe, draußen auf den Feldern! Jetzt kann man ruhig zurückdenken, – aber damals, … jene unheilschwangere, entsetzliche Nacht! Nein, man glaubt es nicht; man kann mit der geflügelten Einbildungskraft nicht erreichen, was eine Bevölkerung in solchen Momenten fühlt und leidet. Doch gottlob, es ist überstanden! Und was waren alle diese Vorwehen gegen die Schrecken und Verheerungen, denen wir erst entgegengingen.

Wir wollen aber hier eine kleine Pause machen und vor dem Schwerterklingen uns noch einmal umschauen, wie und wo unsere Truppen aufgestellt sind und welche Bewegungen der Feind, dessen Vorposten in weitem Gürtel unsere Anhöhen belauschen, bis heute gemacht hat. [82]

---

287 Die Karlsmühle befand sich südlich von Wörth, östlich der Sauer an der Chaussee von Görsdorf nach Spachbach.

288 ›Noch sitzt der im Regiment‹. Anspielung auf das Kirchenlied von Paul Gerhardt (1607–1676) aus dem Jahr 1653, ›Befiehl Du Deine Wege‹: »Auf, auf, gib deinem Schmerze und Sorgen gute Nacht! / Lass fahren, was dein Herze betrübt und traurig macht! / Bist du doch nicht Regente, der alles führen soll // Gott sitzt im Regimente und führet alles wohl. //«

Die Aufstellung der französischen Truppen.[289]

Im Lauf des 5. August wurde Mac Mahon zum Oberbefehlshaber über das I., V. und VII. Armeekorps ernannt, und es standen also sehr bedeutende Verstärkungen in Aussicht. General de Failly[290], Kommandeur des V. Korps, wurde denn auch sofort benachrichtigt, er solle von Saargemünd nach Rohrbach-Bitsch heraufrücken und seine Divisionen in der Richtung nach Philippsburg und Reichshofen in Bewegung setzen. Es scheint, daß der Marschall einen Angriff auf den 6. August nicht erwartete, ja sogar die Absicht hatte, falls die Hauptmacht des deutschen Heeres mehr nach Süden vorgedrungen wäre, die Offensive noch zu ergreifen und dem Feinde in die Flanke zu fallen. Wäre diese Vermutung zugetroffen, so hätte de Failly die Aufgabe gehabt, dem II. bayer. Korps bei Lembach ein Stücklein aufzuspielen, während der Marschall von hier aus den Preußen, Württembergern und Badensern den Generalmarsch mit Kanonen und Mitrailleusen hinterdrein geblasen hätte, das Unterland hinab und nach dem Rhein hinüber auf Nimmerwiedersehen!

Der Gedanke war richtig; es wäre auch wohl gegangen, aber es ging nicht; denn im Hauptquartier zu Sulz hatte man die Lunte auch gerochen und die Falle ist nicht zugeklappt. Merkwürdig, wie ein einziger genialer Schachzug des kommandierenden Feldherrn einem ganzen Feldzuge eine andere Wendung verleihen kann! Hätte der Kronprinz nach der Schlacht von Weißenburg mit dem Gros seiner Armee die südliche Richtung gegen Hagenau-Straßburg eingeschlagen [83] und dem Marschall Mac Mahon die Gelegenheit geboten, den projektierten Vorstoß auszuführen, wer weiß, von welch ungeheurer Tragweite damals ein einziger Vorteil gewesen wäre. Doch, wie gesagt, man wußte deutscherseits, wo die französische Hauptmacht konzentriert war.

Es blieb also, trotz der beruhigenden Depesche an den Kaiser, man behaupte eine feste Stellung in der Flanke des Feindes, bei der

289 Zu den folgenden Kapiteln sei in Gänze auf die Einführung, aber auch auf die zahlreichen zeitgenössischen Veröffentlichungen verwiesen, z. B. Sternegg, Nr. 2, S. 1 ff. und die dortige große Karte; zur Situation am 5. 8. 1870 auf Großer Generalstab, S. 200 ff.

290 General Pierre-Louis Charles de Failly (1810–1892), berühmt-berüchtigt für schwere taktische Fehler am 6. 8. 1870 und am 30. 8. 1870 bei Beaumont; vgl. Arand 2018, S. 362 ff. und Großer Generalstab, Anlage 1, S. 12.

notgedrungenen Defensive. – De Failly aber hat am großen blutigen Tage kein Pulver gerochen. Nur eine Division (Lespart[291]) seines Armeekorps war morgens von Bitsch aufgebrochen, hatte in Philippsburg Kaffee gekocht und stand am Abend vor den Toren von Niederbronn, um der allgemeinen Deroute nachzuschauen.

Das VII. Korps unter *F. Douay*[292], dem Bruder des gefallenen Abel Douay, sollte am Oberrhein erst gesammelt werden, als der Befehl des Marschalls eintraf, schleunigst ins Unterland zu eilen und mit den Truppen des I. Korps zusammenzustoßen. Dies geschah denn auch, und am 6. August[293] früh morgens stand die Division Conseil Dumesnil[294] mit ihrer Artillerie auf dem rechten Flügel bei Eberbach. – Mac Mahon verfügte also doch über eine ansehnliche Heeresmacht, und es werden im ganzen nicht weniger als 40–45 000 Mann auf dem Plan gewesen sein. Soviel wir nach offiziellen Dokumenten, nach Lage der Gefallenen und nach allerlei vorgefundenen Überbleibseln auf dem Schlachtfelde konstatieren konnten, nahmen die französischen Truppen am Morgen des 6. August folgende Stellungen ein:

Die *I. Division, Ducrot,* stand mit dem rechten Flügel nordwestlich, vorwärts Fröschweiler, und lehnte mit dem linken Flügel an Nähweiler und noch weiter in nördlicher [84] Richtung an den Großenwald. Sie machte Front nach Langensulzbach, Mattstall-Lembach, wo das II. bayer. Korps ihr drohend gegenüber harrte.

Die *III. Division, Raoult,* stand östlich von Fröschweiler und behauptete mit der 1. Brigade das Terrain links der Straße von Fröschweiler nach Wörth, sowie den Höhenrücken und die Bergvorsprünge Görsdorf gegenüber. Die 2. Brigade besetzte das Terrain rechts von der Wörther Straße und stützte ihren linken Flügel auf Fröschweiler, den rechten auf Elsaßhausen. Noch weiter rechts hinab stand in gebrochener Linie und in ziemlich distanzierten

291 General Joseph Guyot de Lespart (1808–1870), Kommandeur der 2. Division des V. Korps, gefallen am 1. 9. 1870 bei Sedan; vgl. Sternegg, Nr. 8, S. 6 und Großer Generalstab, Anlage 1, S. 13.

292 General Félix Charles Douay (1816–1879), bei Sedan in Gefangenschaft geraten; vgl. Sternegg, Nr. 8, S. 7 und Großer Generalstab, Anlage 1, S. 16.

293 Der 6. 8. 1870 war ein Samstag.

294 General Gustave Conseil-Dumesnil (1813–1877), Kommandeur der 1. Division des VII. Korps, bei Sedan in Gefangenschaft geraten; vgl. Sternegg, Nr. 2, S. 3 und Nr. 8, S. 7 und Großer Generalstab, Anlage 1, S. 16.

Abb. 25

Abteilungen die *IV. Division, Lartigue,* und bildete Front, die 1. Brigade gegen Gunstett[295], die 2. gegen Morsbronn.

Die bei Weißenburg geschlagene *II. Division † A. Douay* war als Reserve hinter dem rechten Flügel der III. und hinter dem linken der IV. Division aufgestellt. Hinter dieser befand sich die *I. Division vom VII. Korps, Conseil Dumesnil,* nördlich vom Albrechtshäuser Hof in einer weiten Waldvertiefung stand die *Kavallerie-Brigade Michel* und rückwärts Elsaßhausen, weiter nördlich an den Eberbachquellen standen die *Kavallerie-Divisionen de Bonnemains*[296] und *de Septeuil*[297] mit ihren prächtigen Regimentern.[298] (Abb. 25)

Dies waren die Stellungen der französischen Truppen. Überblickt man das ganze Terrain, auf welchem die etwa anderthalb Stunden lange Heereslinie sich hinzog, so muß man sagen, daß die Position eine starke und zur Verteidigung außerordentlich vorteilhafte war. – Das Dorf Fröschweiler sitzt da oben, aus der Ferne gesehen, wie eine quadratförmige Burg, aus welcher fünf Straßen nach allen Richtungen ausgehen. Das Schloß Dürckheim,

295 Gunstett, 6 km südöstlich von Fröschweiler gelegene Gemeinde.

296 Brigadegeneral Charles-Frédéric Vicomte de Bonnemains (1814–1885). Er befehligte am 6. 8. 1870 die 2. Division der Kavalleriereserve, also das 1., 2., 3. und 4. Kürassierregiment; vgl. Sternegg, Nr. 2, S. 3 und Nr. 8, S. 7 und Großer Generalstab, Anlage 1, S. 18.

297 Brigadegeneral Achill Armand de la Roche Tourteau de Septeuil (1812–1882). Er befehligte am 6. 8. 1870 das 3. Husaren-Regiment und das 11. Jägerregiment zu Pferd; vgl. Sternegg, Nr. 2, S. 3 und Großer Generalstab, Anlage 1, S. 5.

298 Hinter einer Kuppe an der Chaussee zwischen Fröschweiler und Reichshofen. Heute erinnert ein 1970 errichtetes Denkmal an jene Stelle, an der die Kavallerie auf ihre selbstmörderischen Angriffe wartete.

das Schulhaus, [85] die Kirche, der Friedhof boten zur Gegenwehr massive Mauern und gedeckte Umgebungen.

Unsere Hochfläche überragt durchgängig die gegenüberliegenden Anhöhen, bildet aber eine ununterbrochene Reihe von Hügeln und Niederungen, welche für Truppenbewegungen nicht günstiger sein könnte. Der Marschall konnte nach Belieben seine ganze Kavallerie verbergen, seine Reserve maskieren, seine Bataillone in Schützenschwärme auflösen, sie plötzlich, ungesehen bald da und dort auf den Kampfplatz treten lassen oder auch zurückziehen. Das waren unschätzbare Vorteile. Aber besonders gegen das Sauertal hinab war die Verteidigungsfront ein wirklich furchtbares Bollwerk. Denn vom nördlichen Ende unseres Dorfes, im Halbkreise bis zum Niederwald[299] hinunter, bilden unsere Bergvorsprünge eine Reihe von natürlichen, steilen Festungen, die das ganze Sauertal und die gegenüber aufsteigenden Hügel beherrschen; und diese kegelförmigen Vorsprünge sind durchweg mit Reben, Obstbäumen so bedeckt und die zwischen einmündenden Tälchen so mit Hopfenanlagen verrammelt, daß ein Heran- und Heraufdringen des Feindes als unmöglich erscheinen sollte. – Fast unmittelbar am Fuße dieser Bergkegel und gegen Fröschweiler zu mit verzäunten Gärten eingefaßt auf dem rechten Ufer der Sauer liegt Wörth, ein festgebauter Flecken mit steinernen Häusern, vielen kreuz und quer durcheinander laufenden Gassen, von wo aus, ebenfalls in gedeckter Stellung, nach Osten und Süden das wirksamste Feuer gerichtet werden konnte.

Die Sauer ist sonst kein bedeutendes Wasser, war aber von starken Gewitterregen angeschwollen, und es soll auch, wie die Überlieferung erzählt, am Morgen des 6. August ein [86] gewisser Müller in patriotischer Begeisterung die Schleusen eines im Liebfrauental gelegenen Weihers geöffnet haben. Tatsache ist, daß der Bach dem anstürmenden Feinde große Schwierigkeiten bot, da alle Brücken bereits zerstört worden waren.[300]

Rechnet man zu allen diesen Vorteilen noch den Umstand, daß die Deutschen erst von jenen Anhöhen heruntersteigen, das durchschnittlich tausend Schritte breite Tal durchschreiten, den Sauerbach passieren mußten, um nur auf Schußweite an den Gegner

299 ›Niederwald‹, Wald zwischen Elsasshausen und Morsbronn.

300 Alle Chroniken beteiligter deutscher Regimenter bestätigen diese Feststellung; vgl. Arand 2018, S. 251 f.

heranzukommen, so wird man zugeben müssen, daß die Franzosen mit ihrer ebenfalls bedeutenden Artillerie, mit ihren weittragenden Chassepotgewehren in ungemein starker und glücklicher Stellung mit Aussicht auf Erfolg den Anprall des Feindes erwarten konnten.

Es ist nachgehends von deutschen sachkundigen Leuten oft gesagt worden: wir begreifen nicht, wie wir da hinaufgekommen sind, und von französischen Fachmännern: es ist unerhört, daß sie uns hinausgeschlagen haben.

Das steht fest: hatten die Deutschen den Vorteil einer weit überlegenen Zahl, so hatten die Franzosen den wenigstens eben so großen Vorteil einer fast uneinnehmbaren Position. Und wenn de Failly erst eingriff mit dem V. Korps? Wer weiß? Die Deutschen haben anno 1793 schon einmal auf diesem Gebiet unter Feldmarschall Wurmser[301] derbe Schläge bekommen. Wer weiß, ob ihnen nicht auch diesmal der Herzog von Magenta[302] das Wiederkehren verleidet hätte?

Es muß aber nochmals ausdrücklich hervorgehoben werden: wen die Verantwortung auch treffen möge, – ob den Kaiser Napoleon oder den Marschall oder seine [87] Generale, – ein verhängnisvoller Fehler war bereits begangen worden. Die Konzentration der französischen Truppen auf dem hintersten Bollwerk des Elsasses, das Erwarten oder Anerbieten einer Schlacht an den *inneren Toren* des Vaterlandes, – war ein strategischer Mißgriff, dessen unglücklichen Folgen auch der größte Feldherr nicht mehr ausweichen konnte. Bei Weißenburg war die natürlich gegebene, die notwendig gebotene Stellung unseres Heeres; bei Weißenburg, dort zwischen dem Niederwald[303] und dem sonnigen Vogesengrunde mußte dem herannahenden Feinde ein mächtiges Halt! entgegengerufen und die erste Entscheidungsschlacht geschlagen werden. – Bei Weißenburg hätten wir mit vereinten Streitkräften die Deutschen zurückgeworfen, und das Elsaß war für Frankreich gerettet, die Pfalz für Deutschland verloren, unsere Armee zu siegesmächtigem Vordringen entflammt, der Gegner unter der Wucht der ersten Niederlage

301 Feldmarschall der österreichischen Armee, Dagobert Sigmund von Wurmser (1724–1797).

302 Gemeint ist Mac-Mahon, der nach dem Sieg von Magenta am 4. 6. 1859 diesen Titel verliehen bekam.

303 Nicht zu verwechseln mit dem Niederwald bei Elsasshausen.

moralisch vernichtet, – der ganze blutige Völkerkampf in andere Bahnen getrieben. – Oder wir wären geschlagen worden. Geben wir es zu: wir wären am 4. August geschlagen worden, und der Kronprinz wäre mit seinem Heer ins Unterland eingedrungen. Da standen wir am 5. und 6. August auf den *Surburger Höhen*[304] und an der Vogesenbergstraße – gerade da, wo die Deutschen am Vorabend unserer Niederlage ihre Kanonen aufpflanzten, nordwestlich hinter uns de Failly mit einem Teil seines Armeekorps auf der Bitsch- und Lembach-Weißenburger Straße, westlich hinter uns derselbe de Failly mit dem andern Teil seiner Streitkräfte auf den Höhen von Fröschweiler, … eine furchtbare Reserve, – dann wären die Würfel wohl anders gefallen. Dann hätte jedenfalls die Geschichte [88] ein *Gedenkblatt* über die *Verteidigung des Elsasses* geschrieben, nach welchem das französische Volk bis in die spätesten Zeiten mit Recht, jedoch vergeblich fragen wird.

304 Höhe bei Surburg, heute Surbourg, nördlich von Hagenau.

Bewegungen und Positionen der deutschen Truppen.

Die Verfolgung nach dem Treffen bei Weißenburg muß keine besonders rasche und energische gewesen sein, denn die Deutschen hatten am Abend des 4. August jede Fühlung mit dem Feind verloren.[305] Dieser konnte entweder in der Richtung nach Hagenau, oder am Fuße des Hochwaldes gegen die Sauer, oder auch durch die Scharrhohl nach Bitsch entronnen sein. – Daß aber auf der Hagenauer Straße kein Rückzug stattgefunden hatte, nutzte man, und so wurden größere Rekognoszierungen beschlossen und zugleich alle Maßregeln getroffen, um sowohl nach Süden als nach Westen schlagfertig auf dem Plan zu stehen.

Das II. bayerische Armeekorps, Ritter von Hartmann[306], sollte nach Lembach marschieren und von dort aus die Gegend nach der Sauer und nach Bitsch rekognoszieren und beherrschen.

Das V. Armee-Korps, von Kirchbach, sollte sich nach Preuschdorf bewegen, mit Front nach Süden.

Das XI. Armee-Korps, von Bose[307], sollte bei Sulz u/Wald stehen. – *Das I. bayer. Korps, v. d. Tann-Rathsamhausen*[308], bei Ingolsheim[309]. [89]

Die Württembergische Felddivision, v. Obernitz[310], *die Badische Felddivision, v. Beyer*[311], *und die 4. Kavallerie-Division, Prinz Albrecht*

---

305 Zur anfänglich irrigen Annahme der Marschbewegung Mac-Mahons durch den Kronprinzen. Aus diesem Irrtum erklärt sich die von Klein bemängelte Langsamkeit des deutschen Vormarschs.

306 General Jakob von Hartmann (1795–1873), Kommandeur des II. bayerischen Korps. Bei Sedan mit den Bayern in wichtiger Position am deutschen Sieg beteiligt; vgl. Sternegg, Nr. 2, S. 3 und Nr. 8, S. 6 und Großer Generalstab, Anlage 5, S. 67.

307 General Julius von Bose (1809–1894), Kommandeur des XI. preußischen Korps. Am 6. 8. 1870 gleich zweimal verwundet; vgl. Sternegg, Nr. 2, S. 3 und Großer Generalstab, Anlage 5, S. 61.

308 Ludwig von der Tann-Rathsamhausen (1815–1881), Kommandeur des I. bayerischen Korps; vgl. Sternegg, Nr. 8, S. 6 und Großer Generalstab, Anlage 5, S. 64.

309 ›Ingolsheim‹, 10 km vor der Pfälzer Grenze gegenüber Schweighofen gelegene Gemeinde.

310 Die württembergische Felddivision wurde von dem preußischen General Hugo von Obernitz (1819–1901) geführt; vgl. Mährle, Heer, S. 45 ff. und Großer Generalstab, Anlage 5, S. 70.

311 Die badische Felddivision wurde von dem preußischen General Gustav Friedrich von Beyer (1812–1889) geführt; vgl. Sternegg, Nr. 2, S. 3 und Großer Generalstab, Anlage 5, S. 72.

von Preußen[312], standen bei Aschbach[313] als Vorhut gegen den Rhein hinab. Das Hauptquartier wurde nach Sulz verlegt. Überschaut man diese Position des deutschen Heeres, so muß einen beim ersten Blick die große Ausdehnung überraschen, über welche die verschiedenen Truppenmassen aufgestellt waren. Von der äußersten Nordwest- bis zur entferntesten Südost-Grenze der Vorpostenlinie sind es, die halbkreisförmigen Aus- und Einbiegungen des Terrains mitgerechnet, nicht weniger als vier bis fünf starke Stunden. Daraus geht offenbar hervor, daß man deutscherseits mit bekannter Vorsicht die Fühlhörner nach allen Himmelsrichtungen ausstreckte, nicht bloß nach Westen, wo die Gegenwart des Feindes außer Zweifel stand, sondern auch nach Nordwesten und nach Süden, wo jeden Augenblick eine verborgene Truppenmacht aus gedeckter Stellung hervorbrechen konnte. In der Tat, von Bitsch herüber, wo das V. Korps schlagfertig wartete, *mußte* General de Failly auf den ersten Wink einen Vorstoß gegen den deutschen rechten Flügel machen oder seine Vereinigung mit Mac Mahon vollziehen. – Wehe einem deutschen Feldherrn, der hier zu spät oder gar nicht gekommen wäre! –

Und in der Richtung nach Süden konnte der Hagenauer Forst unversehens eine große Streitmacht ausspeien, welche dem Gegner im höchsten Grade verderblich werden mußte. Ja, wenn von diesen Voraussetzungen (welche im französischen Lager keine bloßen Eventualitäten sein *durften*) auch nur eine zugetroffen wäre! Das II. bayerische Korps bei Mattstall-Lembach, nach allen Seiten von Waldungen [90] eingeschlossen, wäre rettungslos verloren gewesen; eine Unterstützung de Faillys hätte am 6. August noch in der Mittagsstunde das Schlachtenglück herübergerissen,– ein rechtzeitiger Angriff, sogar Scheinangriff hätte dem Marschall den geplanten Flankenvorstoß ermöglicht … Die Schlacht war gewonnen! … Aber von Bitsch herüber kam keine Hilfe, und aus dem Hagenauer Forst keine Stimme noch Antwort. – Das Schicksal mußte sich erfüllen.

Aus der Aufstellung des deutschen Heeres geht aber auch noch das hervor: man wollte im Falle, daß obige Vermutungen nicht zutreffen, nach gewohnter Taktik den Gegner von vornherein *umkreisen*, d. h. im Zentrum angreifen, festhalten, schwächen und dann beide Flügel über ihm und hinter ihm zusammenziehen, um ihn vollends

312 Prinz Albrecht von Preußen (1809–1872) war der jüngste Bruder Wilhelms I.; vgl. Sternegg, Nr. 2, S. 3. und Großer Generalstab, Anlage 5, S. 73.

313 ›Aschbach‹, 4 km südlich von Ingolsheim gelegene Gemeinde.

zu erdrücken und die engen Tore der Flucht zu verrammeln. Das war der Plan – und dieser Plan ist, dank der französischen, unverzeihlichen Fahrlässigkeit, über alles Erwarten gelungen.

War also die deutsche Heeresstellung nordwestlich und südlich eine sehr gefährdete und im Zentrum, Mac Mahon gegenüber, eine viel schwächere als die der Franzosen, so muß zugegeben werden, daß der deutsche Feldherr einmal keine andere nehmen konnte, daß er aber, die Schwäche des Gegners richtig ahnend, denselben zum voraus überwunden hat. Übrigens blieb dem Kronprinzen, im schlimmsten Falle, eine unvergleichlich günstige Rückzugslinie, die Höhenreihe von Saarburg[314], während Mac Mahon, Fröschweiler einmal verloren, ein allgemeines Sauve qui peut[315] erwarten mußte. – Nehmen wir aber, nach diesen Betrachtungen, den Faden unserer Erzählung wieder auf. [91]

Am 5. August sollte die Kavalleriedivision die betreffenden Rekognoszierungen ausführen. Es patrouillierten Ulanen und Husaren hinunter nach Roppenheim[316], Suffelnheim[317] etc. etc., trafen aber nirgends Spuren bedeutender und bedenklicher Streitkräfte. Andere Abteilungen schwärmten hinauf in die Gegend der oberen Sauer, nach dem Hagenauer Forst, stießen aber auch nirgends auf Widerstand. Sie wagten sich in den Forst hinein, durch den Forst hindurch bis ganz nahe vor Hagenau. Dort an einer Brücke wurden sie vom feindlichen Feuer begrüßt – machten kehrt – hörten aber das Pfeifen der Lokomotiven und das Dröhnen der Eisenbahnwagen und schlossen daraus, daß von Hagenau in nördlicher Richtung starke Truppenmassen transportiert wurden.

Andere Ulanenschwadronen suchten und fanden Spuren des Rückzuges am Rande des Hochwaldes, drangen zwischen Hölschloch[318] und Biblisheim[319] vor bis nach Gunstett, setzten über die Sauer, bemerkten dort drüben ein großes Truppenlager, vor welchem französische Lanciers auf und ab galoppierten, wollten auch diesen

---

314 ›Saarburg‹, heute Sarrebourg, Stadt 75 km südwestlich von Fröschweiler.

315 Frz. ›sauve qui peut‹, ›Rette sich wer kann‹.

316 ›Roppenheim‹, französische Gemeinde am Rhein, gegenüber von Rastatt.

317 ›Suffelnheim‹, heute Soufflenheim, französische Gemeinde neben Roppenheim.

318 ›Hölschloch‹, heute Hoelschloch, 11 km südöstlich von Fröschweiler gelegene Gemeinde.

319 ›Biblisheim‹, 3 km südöstlich von Gunstett gelegene Gemeinde.

Reitern einen freundlichen »guten Morgen« wünschen, wurden aber durch starkes Infanteriefeuer angegriffen und von dannen gejagt. Bei Wörth erschienen die Ulanen gerade in der Stunde, wo der emsige Ratsschreiber mit Bauern und Geniesoldaten an der Sauerbrücke herumhantierte, scheuchten die Patrioten in die Flucht, kamen später in größerer Abteilung wieder, erhielten Infanterie- und Granatenfeuer – hatten aber Zeit genug gehabt, um zu bemerken, wie auf dem rechten Sauerufer droben auf den Fröschweiler Anhöhen große Truppenteile in Bewegung waren und ein starker Feind sich in fester Stellung verschanzte.

[92] Das II. bayerische Korps hatte von Weißenburg herauf zahlreiche Spuren und Überbleibsel vom Rückzuge der Division Douay gefunden, in Klimbach[320] an hundert zurückgelassene Verwundete, Biwaks etc., hatte auch bei seinem Heranmarsch über Lembach gegen Mattstall mehrere kleine Plänkeleien mit französischen Vorposten zu bestehen.

General v. Kirchbach[321] war gegen Abend in Preuschdorf eingezogen und sollte dort erfahren und konnte von der Dieffenbacher Höhe herab mit eigenen Augen konstatieren, daß auf der Hochebene bei Fröschweiler und Elsaßhausen zahlreiche Streitkräfte konzentriert und in Schlachtordnung aufgestellt wurden.

Man wußte also, wo der Feind zu suchen oder zu erwarten war: westlich hinter der Sauer. Es scheint indessen, daß der Kronprinz, wie schon erwähnt, nicht die Absicht hatte, am 6. August eine Schlacht zu liefern, sondern das Heer in westlicher Richtung einstweilen zusammenzuziehen und demselben einige Ruhe zu gestatten.[322] Man war aber auf alle Eventualitäten gefaßt. – Die Vorpostenlinie der III. Armee fiel längs der Sauer bis zum Nordrande des Hagenauer Forstes. Die Vorposten des II. bayer. Korps standen von Hirschthal über Mattstall bis zum Liebfrauenberg – die Avantgarde des V. Armeekorps hielt Görsdorf, Dieffenbach[323] und Gunstett besetzt; vom XI. Korps waren Truppen in Surburg,

320 ›Klimbach‹, heute Climbach, 9 km westlich von Weißenburg gelegene Gemeinde.

321 General Hugo von Kirchbach (1809–1887), Kommandeur des V. preußischen Korps; vgl. Sternegg, Nr. 2, S. 3 und Großer Generalstab, Anlage 5, S. 59.

322 Die Schlacht war von deutscher Seite eigentlich erst für den 7. 8. 1870 geplant. Großer Generalstab, S. 213.

323 Identisch mit dem bereits genannten ›Diefenbach‹, heute Dieffenbach-lès-Woerth.

Ober- und Niederbetschdorf; die Württemberger beobachteten von Niederrödern[324] aus die Gegend von Hattern[325] und Rittershofen, und die Badenser kampierten zwischen Bühl[326] und Niederrödern.

So standen denn am Abend des 5. August beide Armeen [93] schlagfertig, herausfordernd einander gegenüber; der Sieger von Königgrätz[327] und der Held von Magenta, die Hand am Schwertgriff … ein welthistorischer Augenblick, und sonderbar, keiner schien entschlossen, am 6. August den Fehdehandschuh zuerst hinzuwerfen.

Man wollte ruhen, hüben und drüben; aber die Geschichte ruhet nicht – und noch vor Tagesgrauen sollte der Kanonendonner das düstere Signal geben, daß im höhern Regimente[328] eine blutige Völkerschlacht beschlossen war.

---

324 ›Niederrödern‹, heute Niederroedern, 28 km südöstlich von Fröschweiler gelegene Gemeinde.

325 ›Hattern‹, eigentlich Hatten, 21 km südöstlich von Fröschweiler gelegene Gemeinde.

326 ›Bühl‹, heute Buhl, 20 km östlich von Fröschweiler gelegene Gemeinde.

327 Gemeint ist Kronprinz Friedrich Wilhelm, der mit der Besetzung der Höhe von Chlum am Nachmittag des 3. 7. 1866 die Schlacht bei Königgrätz entschied; zu Königgrätz vgl. Loch/Zacharias, S.130 ff.

328 Gemeint ist ›Gottes Wille‹.

Die Vorboten der Schlacht.

Es waren schon ganz früh, zwischen 4 und 5 Uhr, einige Kanonenschüsse gefallen, ob von hier aus, wie etliche meinen, hinüber nach der Dieffenbacher Höhe, oder aus dem feindlichen Lager herüber gegen Lerchenberg, läßt sich nicht mit Bestimmtheit nachweisen. Glaubwürdige Zeugen behaupten, eine Batterie der Division Raoult habe den ersten Donnergruß über das Sauertal geschleudert, und die Deutschen haben denselben stante pede[329] erwidert. Nach deutschen Berichten hat General von Walther[330] das Vorpostentreffen eröffnet.[331] Wir wollen darüber nicht rechten. Welchen Eindruck aber dieses erste Aufkrachen der Geschütze auf die ganze Bevölkerung machte: »Jetzt geht's an, jetzt schlägt die schwere Stunde, was wird's geben? Ist's denn möglich? Nein, das hätten wir nicht geglaubt, der Feind vor unsern Toren, so nah, so nah … Eine Schlacht also; eine Schlacht *hier* bei Fröschweiler – das kann nicht fehlen; wir sind gefangen … Großer Gott, erbarm dich, [94] jetzt geht alles zugrunde!« So heult's von einem Ende des Dorfes zum andern. – »Sie kommen, sie kommen, Herr Jesus! wo sollen wir hin? was fangen wir an? so stöhnt's in allen Höfen und Gassen. – Auch im eigenen Hause gerät alles in Bestürzung und Schrecken. »Wo fliehen wir hin? Was machen wir mit den Kindern? mit all unsern Sachen?« Ich wende mich an den Doktor Sarasin: »Sagen Sie mir aufrichtig, sind das alles Vorboten einer wirklichen Schlacht?« – »Ja, es gibt heute einen schweren Tag.« – Nun ist kein Zweifel mehr; die Gewitterwolken reißen; Gottes Hand ist ausgereckt[332], drohend, furchtbar über unsere Heimat, über unser Vaterland. Ach, wie klopft das Herz so bang, so bang! Wo wollen wir hin? Wir haben ja noch gar nichts versteckt! Da ist das Geld zum Nähweiler Kirchenbau … da ist auch noch unser Haushaltungsgeld … droben sind alle meine Sachen in der Studierstube … – »Und wo hast du denn die Kleider, das Tuch, das Silbergeschirr, Konfekt … hast denn noch nichts weggeschafft? Wollen wir's in den Keller tragen, oder in den Holzschuppen, oder in die Küche? Geh, trag's doch fort, versteck's, vergrab's … Hörst

329 Lat. ›stante pede‹, ›stehenden Fußes‹, ›sofort‹.

330 Generalleutnant von Walther, Kommandeur der 3. bayerischen Division; vgl. Sternegg Nr. 2, S. 3 und Großer Generalstab, Anlage 5, S. 67.

331 So auch Großer Generalstab, S. 221.

332 ›Gottes Hand ist ausgereckt‹. Gestus als Gerichtssymbol; vgl. Jer 15.6; Ez 44.12.

denn nicht?» – »Versteck du's! … ich weiß nicht … ich trau nicht! … 's nützt doch nichts!» … – »Wart, ich weiß einen Platz, da suchen sie gewiß nicht. Komm schnell, nimm den Plunder … – da … schau da … im Dunghaufen … tummle dich … ein Loch gemacht! so … hinein damit … da liegt's gut … Aber der nasse Haufen da … kann man nichts merken? – Hat uns niemand zugeschaut? – Sieh, dort drüben stehen alle Fenster offen … die können's gesehen haben … Wir dürfen's nicht da lassen … 's wird [95] verraten … gestohlen … Mach den Dung wieder weg … hol's heraus … lauf fort mit … hinein in die Stube …« Überall wimmelt's von Menschen. – Lieber Heiland! da stehen wir noch alle beieinander, ganz verstört, wie gebannt, wie verrückt, und jammern und stöhnen und wollen alles verstecken – und kommt doch keins von der Stelle und bleibt alles stehen und liegen, und die Preußen sind schon da unten im Tal und … horch! es schießt schon wieder … Doktor Sarasin wird bleich und bleicher … »Herr Doktor, wo wollen Sie hin?« – »Seien Sie nur ruhig, ich komme wieder.« … »Ja ruhig! – Sie gehen fort!« – Wahrhaftig! Der schnallt den Degen an die Seite, steckt den Revolver in den Gürtel, reicht mir die Hand zum Abschied … adieu![333] … Kann man sich etwas Entsetzlicheres denken! Da stehen wir noch immer, und draußen wogt und läuft alles durcheinander, und wir wissen nicht, wo ein, wo aus. »Was wollen wir denn ums Himmelswillen machen? Wollen wir in den Keller gehen? oder in den Stall? oder auf den Speicher?« 's wird einem ganz schwarz vor den Augen … »Mußt jetzt nicht heulen um deine Sachen, 's ist zu spät, laß in Gottes Namen alles liegen … oder flüchten nach Nähweiler, Jägerthal[334] – so weit uns die Beine tragen?« – »Ja, wenn aber unterwegs ein Unglück geschieht … die armen Kinder können nicht laufen … Wir kommen auch nicht mehr durch.« – »In der Stube können wir unmöglich bleiben … Weißt was? Du nimmst die Kinder und gehst ins Schloß zur Frau Gräfin – die wird dir sagen, was du tun sollst … Geh, mach … daß du fortkommst … Ich bleibe da im Hause, in Gottes Namen, so lang es möglich ist, und komme dann [96] auch hinüber.« – Es ist 7 Uhr vorbei. Doktor Sarasin kommt wieder. »Was gibt's?« »Es

333 Frz. ›adieu‹, wörtlich ›zu Gott‹ im Sinne von ›Gottbefohlen‹, noch heute in der Kurzform ›Ade‹ Abschiedsformel in Südwestdeutschland; vgl. Wahrig, S. 138.

334 ›Jägerthal‹, heute Jaegerthal, 6 km nordwestlich von Fröschweiler gelegene Gemeinde. Im 17. Jahrhundert Ausgangspunkt der frühindustriellen Entwicklung in den Nordvogesen. Die Familie de Dietrich betrieb hier einen Eisenhammer.

gibt einen blutigen Tag.« – Er wendet sich gegen die jungen Stabsärzte: »Allons, venez, mes enfants et faites comme s'il n'y avait pas des boulets.« »Auf Kinder, kommet und haltet euch, als fielen keine Granaten!« Und dann zu mir: »Herr Pfarrer, wir müssen die Kirche haben, – schnell alle Bänke aus der Kirche … und Stroh in Menge, so viel die Leute zusammentragen können.« Ich gehe mit ihm; die Kirchenbänke werden eiligst herausgeschafft, das Schiff und der Speicher der Kirche werden reichlich mit Stroh versehen, und gleich darauf geschieht dasselbe auch im Schulhaus. (Abb. 26 und 27) Alles ist außer Rand und Band. Die Soldaten ziehen kreuz und quer durch die Gassen; die Turkos sammeln sich, erheben ihr greuliches Kriegsgeschrei und stürmen hinaus in den Kampf. Ich gehe wieder heim; die Falle am Hoftor klappt unglücklicherweise fest hinter mir zu. Es fällt wieder ein Kanonenschuß. Plötzlich rasselt's, donnert's, flucht's am Hoftor: »François, François, mon Solferino! mon Solferino! L'ennemi est là!« »Franz, Franz, meinen Solferino, meinen Solferino, der Feind ist da!« »Zum Donnerwetter, warum ist das Hoftor zu? Was hat das zu bedeuten?« – Ich entschuldige mich aufs beste; der François eilt in den Stall, führt das Schlachtroß Solferino[335] heraus, übergibt's dem ungeduldigen Adjutanten, der sprengt von dannen. – Ich gehe auch wieder heraus auf die Straße. Da ist der Marschall und der ganze Generalstab: alle zu Pferde in prächtiger Rüstung, so ernst, so feierlich, so totenbleich … Herrgott, welch großer, unvergeßlicher Augenblick. Sie sprechen zusammen, unruhig, bedeutungs- [97]
voll, – sie erteilen Befehle, sausen im Galopp die Schindergasse hinauf, kommen wieder – gegen Wörth hinab – gegen Elsaßhausen hinüber … Jetzt ist auch der Marschall verschwunden. Fahre wohl, o Held von Magenta, du trägst auf der Degenspitze das Schicksal deines Kaisers … General Ducrot aber und seine Stabsoffiziere sind noch da geblieben. Er fragt kurz und trotzig, ob ihn jemand auf den Kirchturm begleiten wolle. Wir steigen hinauf: wir schauen in die Ferne; überblicken den ganzen Horizont von Mattstall, am Liebfrauenberg vorüber, die ganze Dieffenbacher Höhe bis zum Hagenauer

335 Das Tier wurde offensichtlich nach der Schlacht von Solferino am 24. 6. 1859 im Sardinischen Krieg benannt. Zufälliger Augenzeuge dieser Schlacht, vor allem aber der katastrophalen Mängel in der ärztlichen Versorgung nach dem Kampf, war der Schweizer Geschäftsmann Henri Dunant. Die Erfahrung von Solferino war ihm Anlass, die Gründung des ›Roten Kreuzes‹ zu betreiben. Die erste Schlacht unter offizieller Beobachtung des ›Roten Kreuzes‹ waren Belagerung und Sturm von Düppel 1874; vgl. Ladurner.

Abb. 26

Forst hinab; die Herzen schlagen bange – dort drüben, auf dem Scheitel jener Hügel, stehen die dunklen Massen. Ja siehe, siehe! sie bewegen sich wie Meereswellen, langsam vorwärts, abwärts … es kracht schon wieder … es wird einem schwindlig auf dieser hohen Warte. Wir steigen gesenkten Hauptes hinab. Niemand spricht ein Wort. General Ducrot trägt auf dem Angesicht eine Welt voll Sorgen

Abb. 27

und Erbitterung, schwingt sich auf sein Pferd und fliegt zu seinen Regimentern. Es ist halb acht Uhr. Die Schlacht hat begonnen.[336]

---

336 Im Jahr 1890 veröffentlichte Karl Klein noch einige bisher ungedruckte Skizzen seiner Chronik. Den Gang mit General Ducrot auf den Kirchturm schildert er dort detaillierter und packender: »Ich stehe vor meinem Hofthor und schaue dem Getümmel zu. Frau und Kinder sind noch in der Stube. Keiner weiß wohin … unsere Herzen sind erstarrt, unsere Füße gelähmt. Ich helfe noch in aller Eile, die Bänke aus der Kirche schaffen und Stroh hineintragen … überdem kommt der General Ducrot mit seinen Ordonnanzoffizieren und ersucht mich, mit ihm auf den Kirchturm zu steigen. Ich gehorche mit schwerem Herzen, denn ich möchte doch meine Familie in Sicherheit bringen. Aber das kann ich jetzt nicht mehr. – Ich gehe also voraus; zornig, fluchend, schreiten der finstere Kriegsheld und seine Mannen hinter mir her. Endlich sind wir oben. Mein Gott! welch ein großartiges, aber herzerschütterndes Panorama vor unsern Blicken! Unsere ganze Hügelkette von Infanteriebataillonen besetzt; hinter diesen, jede Anhöhe mit Kanonen und Mitrailleusen verschanzt; und noch mal hinter diesen jede kleine Thalmulde von Kavallerieregimentern eingenommen … Und drüben – überm Sauerthal, auf der Dieffenbacher Höhe – soweit das Auge den Halbkreis beherrschen kann, die deutschen, dunkeln Truppenmassen, die sich langsam, wellenförmig wie ungeheure Lawinen gegen Wörth herunterwälzen; und hinter ihnen, auf der ganzen Linie, die gräßlichen Feuerschlünde, die jeden Augenblick Tod und Verderben gegen uns herüberschleudern … und weit in der Ferne, die lang gezogenen Reihen von Kürassieren, Dragonern, Ulanen-Regimentern, deren Helme und Panzer im Sonnenlichte blitzen … Da stehen wir, auf hoher Warte, und schauen zu, wie die zwei mächtigen Heere aufeinander losstürmen … Ducrot und seine Leute werden ein übers anderemal bleich vor Schrecken; schäumend vor Ingrimm … Mir selbst ist bang ums Herz; bitterweh in der Seele … Denn da unten, am Fuße des Turmes, sind all meine Lieben, ist meine ganze Gemeinde … Was wird aus uns allen werden? Schon pfeifen die Kartätschen an unsern Ohren vorüber; schon lodern die Flammen in Elsaßhausen gen Himmel. Ach! Welche Schrecken und Drangsale wird dieser Tag uns bringen! – Auf Ducrots Angesicht liegen Wut und Verzweiflung«, Gümbel, S. 209 f.

Der sechste August.

Die ersten Kanonensalven donnern in östlicher Richtung.[337] Der Feind wirft seine Geschosse von der Görsdorff-Dieffenbacher Höhe herüber… Achtung im Unterdorf. Da gibt's Jammer und Elend. – Gottlob, es hat noch keine eingeschlagen. Sie fliegen mehr links, nach dem Monnenbach, gegen den Lerchenberg hinüber. – [98] Von dort kriegen sie Antwort; es knallt drauf und drauf … Recht so, brav geschossen … Ob sie hüben und drüben treffen? Wer weiß es? es scheint aber; die Preußen zielen gut; dort bringen sie schon einen Artilleristen, dem's den Fuß zerschmettert hat. Er sagt, die deutsche Granate sei mitten in die französische Batterie gefahren und habe den Kapitän und vier Mann verwundet. Man legt ihn ins Schulhaus auf den Boden. Bald hören wir auch Kleingewehrfeuer vom Tal herauf; es knattert recht lustig dort unten; sie müssen bei Wörth schon ziemlich nahe aneinander sein. Wer's doch sehen könnte! Horch! in der Ferne brummt und raspelt auch etwas in der Gegend von Gunstett bei der Bruckmühl[338]. Was gilt's, sie haben dort den blutigen Kampf auch angefangen! Aber das sind erst kleine Eröffnungsszenen zum großen Trauerspiel. Ach, wenn nur dieser Tag vorüber wäre! Das Gehirn wird einem ganz siedend im Kopfe … So, jetzt wissen wir, wie wir dran sind; Fröschweiler liegt mitten im Kreise … Gott sei unserm Dorf und allen Einwohnern gnädig!

Bis zu dieser Stunde können wir nur danken; 's hat noch kein Unglück gegeben. Aber wie ist's plötzlich so *stille*, so stille geworden auf den Gassen; gerade wie wenn der Todesengel überall vorüberstreifte![339] Nur da und dort noch einige verirrte verspätete Soldaten … dann und wann ein geängstigtes Bäuerlein, das an die Straße herausschleicht und lugt, woher der Wind weht! Alles wie ausgestorben. Wo sind die Leute? – Auf der Flucht, in den Wäldern, Steingruben, in den Kellern, massenweise beisammen in den Kellern. In Mayerhenners [99] Keller ist das halbe Oberdorf – sie müssen schier verschmachten. Ja ja! Not bricht Eisen und Herzen. Horch! wie's kracht … und hier alles so stille, so fürchterlich stille. – Wenn doch diese heillosen

337 Vgl. zur Entwicklung der Schlacht am Morgen, Großer Generalstab, S. 221 ff.

338 Südlich von Wörth, hier wurde um den Übergang über die Sauer gekämpft; vgl. Sternegg Nr. 2, S. 8, hier als ›Bruch-Mühle‹ bezeichnet.

339 ›Gerade wie wenn der Todesengel überall vorüberstreifte!‹ Eventuell eine Anspielung auf Ex 12, Plagenerzählung.

Turkos jetzt wenigstens unsere Hühner- und Gänseställe in Frieden ließen. Da marodieren noch wer weiß wie viele herum. Es wird einem unheimlich, wie in der Hölle, in der Nachbarschaft dieser Menschen.

Was ist da drüben los! Jetzt donnert's auch bei Langensulzbach. Das sind die Bayern! Die Bayern in der Flanke ... Hätt' das eine Menschenseele geglaubt? O Xaveri, wo bist du? – Die Bayern! Die wollen den Bergrand herauf. Hurra! Ducrot! Hurra! ihr 18er, 96er, Jäger, Zuaven, werft sie hinunter! Der Kampf muß heftig entbrannt sein; die Kanonen brummen gewaltig; die Mitrailleusen knattern; das Gewehrfeuer wird schneller. Dort drüben am Waldesrand gegen Nähweiler und da unten an der Sulzbacher Straße muß es blutig hergehen. Die gedeckte Stellung unserer Leute ist ja unüberwindlich! Ach, wie mancher in Freund- und Feindesreihen liegt jetzt schon in Todesweh und Todesschlummer! Es scheint aber, der erste Anprall des Feindes ist siegreich zurückgeschlagen. Den Bayern hat's Schläge abgesetzt; in nördlicher Richtung wird's stiller. Das Treffen zieht sich weiter hinunter nach dem Sulzbächel ... Dort kommen sie gar nicht herauf: lauter Wald und steile Höhen. – Seht, da bringen sie Verwundete; dem armen Turko hat ein Granatsplitter den Arm entzwei geschlagen; sein Gesicht ist wild verzerrt vor Schmerzen ... »Legt ihn in die Schulstube zu den andern!« Da tragen sie auch mehrere Offiziere – schwer getroffen – [100] wie sie zittern und frieren an allen Gliedern! »Wasser! Wasser!« Wir legen sie in die Kirche, erwärmen sie mit Decken und Federbetten. (Abb. 28) Welche Schreckensbilder! – Wir fragten sie, wie's geht da drüben bei Langensulzbach? – »Gut, sie werden zurückgeworfen.« – »Gott sei Lob und Dank! Ist die Schlacht bald aus?« – »Nein, sie hat erst angefangen.« Wenn nur jetzt *de Failly* von Bitsch herüber eintreffen und draufschlagen könnte.[340] – Am Sternberg droben hört man nichts mehr – den Bergwald gegen die Sägmühle und gegen die Altmühle hinab wird das Gewehrfeuer matter[341] ... Ein Hoffnungsstrahl

340 De Failly, der am 6. 8. 1870 von Bitsch aus sowohl bei Spichern als auch bei Wörth hätte eingreifen können, zog es vor, an keinem der beiden Schauplätze einzugreifen. Die Gründe für dieses Versagen sind bis heute ungeklärt; vgl. Arand 2018, S. 271.

341 Mit ›Bergwald‹, ›Sägmühle‹, südlich von Langensulzbach, und ›Altmühle‹, südlich von Liebfrauenthal, beschreibt Klein das Geschehen am linken französischen Flügel, an dem die Bayern von Langensulzbach kommend angegriffen haben. Das matter werdende Gewehrfeuer ist auf den Rückzugsbefehl für die Bayern zurückzuführen, der um 10 Uhr 15 erfolgte; vgl. Sternegg, Nr. 2, S. 6 und Großer Generalstab, S. 227.

Abb. 28

durchleuchtet alle Herzen … Wenn's nur gegen Wörth auch brechen möchte! … Wer weiß?[342] De Failly kommt sicher, und sind die Bayern in die Flucht geschlagen, dann müssen auch die Preußen weichen.

Ich gehe nach Hause, um zu sehen, wie alles stehe. Was muß ich erleben? Weib[343] und Kinder[344] waren da geblieben! »Um Gottes willen! warum bist du denn nicht in den Schloßkeller? Siehst und hörst du denn nicht, wie von allen Seiten hereingeschossen wird?« »Die Kinder haben nicht fort gewollt; ich bringe sie nicht zum Tore hinaus! sie schreien ganz entsetzlich« … Ich schleppe sie auf der Stelle

342 Der deutsche Angriff im Zentrum auf Wörth wurde um 8.30 Uhr ebenfalls kurzzeitig unterbrochen; vgl. Großer Generalstab, S. 222.

343 Elisabeth Klein, geborene Hosemann; verheiratet mit Karl Klein seit 1865; vgl. ABR 294 D/A 146 und Vorwort in Klein 1931, S. VI.

344 Im Zensus von 1880 sind sechs Kinder angegeben; vgl. ABR 294 D/A 146. Tim Klein spricht in seinem Geleitwort zur ›Fröschweiler Chronik‹ 1931 von insgesamt acht Kindern; vgl. Klein, Geleitwort, S. VII. 1870 haben die Kleins ausweislich der Geburtenliste der Jahre 1863–1872 erst drei Kinder, Johanna, geb. 1867, Maria, geb. 1868, und Johann Philipp Timotheus (Tim), geb. am 7. 6. 1870, also acht Wochen vor der Schlacht; vgl. ABR 4 E 550/19.

Abb. 29

hinüber. – »Wo sind denn die Eltern?«[345] – »Ich weiß nicht!« – »Du weißt's nicht?« – »Wie soll ich es wissen?« Der Schrecken bebt mir durch alle Gebeine … Wo sind die Eltern? Großer Gott! Wo sind Vater und Mutter und Geschwister geblieben. Sie sind noch in ihrem

345 Die Eltern Kleins, der Hirschlander Lehrer Johann Philipp Klein und seine Frau Katharina, geb. Bach, sind mit Karl Klein erst 1867 nach Fröschweiler gekommen; vgl. Haußleiter, S. IX f.

Hause, in ihrem Keller? Ach dort ist gar kein Schutz vorm Ungewitter! … Ich kann aber nicht mehr ins Unterdorf, keine Menschenseele ist mehr auf der [101] Gasse; wo fragen? wo suchen? Ich muß sie mit ihrem Schicksal der allmächtigen Gotteshand überlassen. (Abb. 29)

Es ist etwa 10 Uhr. Ich gehe wieder in die Kirche. Nach Norden wird's immer stiller; die Bayern sind also zurückgeschlagen, oder sie sind zurückgewichen, um von einer andern Seite wieder anzugreifen. Ganz geheuer kann's nicht sein, sonst käme einer und verkündigte *Viktoria!* Aber gegen Wörth hinab! Hört, wie's kracht! immer mächtiger, Knall auf Knall, ganz anders als heute morgen, auf der ganzen Linie von Görsdorf bis nach Gunstett. O verhängnisvoller Augenblick – dort ist die Hauptmacht des Feindes; sie muß ungeheuer groß sein. Von allen Seiten rollt der Kanonendonner unter Mark und Bein erschütternden Schlägen zu unserm Dorfe herüber; von allen Richtungen fliegen unter gräßlichem Pfeifen und Zischen die feuerspeienden Granaten; ein unaufhörliches, immer heftiger werdendes Gewehrfeuer prasselt und knattert wie fallende Schloßen[346]! Weh! Weh![347] Elsaßhausen steht in Flammen. Süßjockels[348] Haus lodert gen Himmel! Es blitzt und kracht zum Entsetzen. Allmächtiger Gott, was wird aus uns werden? Wohin fliehen in dieser Schreckensstunde? Noch steh' ich hier in der Kirche bei den vielen verwundeten Kriegern; wir können sie nicht mehr zählen; die Räume sind überfüllt … Da liegen sie in ihrem Blute, mit verstümmelten Leibern; Todesblässe, Fieberglut spielt auf ihren Angesichtern; Wut und Verzweiflung stiert aus ihren großen, brechenden Augen! Ich stehe hier, betäubt, gefesselt, gebannt, von unbewußtem Pflichtgefühl und kann nicht weichen – kann nicht von der Stelle! Aber was soll ich noch da oben auf der Erde? Was soll mein Helfen, [102] Trösten, Beten in diesem heulenden Menschenknäuel, in dieser dumpfen, entsetzlichen Mördergrube? Ich taumle die Kirchentreppe hinunter und schleiche gebückten Leibes gegen den Schloßhof … es folgt ein Donnerschlag – das Geschoß hat hinter mir einem französischen Stabsarzt den Leib aufgerissen; – ich renne weiter – es kommt ein Zischen, erschrecklich, satanisch – die Granate ist mir

346 ›Schloßen‹, süddeutsch für ›Hagelkörner‹.

347 Der Beschuss durch die deutsche Artillerie begann in vollem Umfang ab 9.30 Uhr; vgl. Großer Generalstab, S. 229.

348 ›Süßjockel‹, nachgewiesen im Zensus von 1866 als ›Jacques Suss‹, 64 Jahre alt; vgl. ABR 7 M 376.

Abb. 30

überm Kopfe weggefahren ins Oberdorf. Gott weiß, was sie anrichtet. (Abb. 30) Ich bin in der nördlichen Hausflur. Ha! da ist's besser. Da sind feste Mauern und der ganze Anprall kommt von Osten. Nichts ist zu fürchten. Die sitzen gut da unten. Muß aber 'mal hinausschauen. In der Schindergasse wütet Feuer und Verheerung; das Pfarrhaus steht noch, aber das Scheunendach ist eingeschlagen. Horch, wie's auf den Dächern rasselt! Wenn nur der unglückselige Heuwagen da vor der Kirche weg wäre! wenn der brennt, geht Ballifrefritzens[349] Haus, vielleicht die ganze Gasse in Flammen auf! Es ist ein Uhr. Der Schlachtensturm wütet mit furchtbarer Heftigkeit. Es

349 ›Ballifrefritz‹, nachgewiesen im Zensus von 1866 als ›Frédéric Ballir‹, 37 Jahre, Arbeiter; vgl. ABR 7 M 376.

muß ein verzweifeltes Ringen sein. Es kommt einem vor, als stürzten die Heere mit Tigergrimm aufeinander. Ist der entscheidende Augenblick hereingebrochen? Wohin neigt sich die Wagschale des Kampfes? Ja! wer es wissen könnte; – aber in diesem Hausgang ist's auch nicht mehr auszuhalten. Ich gehe auch in die Tiefe. – Wer kann's beschreiben, was er empfindet, wenn er in solchem Schlachtenwetter in die Tiefe steigt? Dort oben zwei große Völker, die wutentbrannt den Streit der Vernichtung ringen und im blutigen Zweikampfe sich unmenschlich zerfleischen. Dort droben das Vaterland, dem vielleicht jetzt unter diesem Donner und Krachen die Stunde [103] schwerer Niederlage, unerbittlicher Vergeltung schlägt! Dort droben die Familie, die ganze Gemeinde! Wo sind jetzt alle die einzelnen Glieder? Wo sind die alten, schwachen Eltern? Wer hat sie geborgen? Und die irdische Habe? Der Ort, wo wir bisher das Haupt hinlegten, was wird aus ihm werden? Aber, Gott sei Dank, es gibt auch in solchen Augenblicken des Lebens eine Gnade, die mit uns geht in die Tiefe! einen Mut des Glaubens, der nicht wankt, wenngleich das Meer wütete und wallete und von seinem Ungestüm die Berge einfielen. Sela[350]!

350 Hebr. ›Sela‹ bezeichnet ein Tonzeichen in den Psalmen des Alten Testaments im Sinne von ›Finale‹; vgl. Wahrig, S. 1169.

Fortsetzung.

Im Keller.

Gott sei Dank für diese Zufluchtsstätte. Der Keller ist groß und die Gewölbe von massiven Steinen. Gegen Wörth und Elsaßhausen hinab sind wir geschützt: die hohe Terrasse vom Schloß wird keine Granate durchbrechen. – Wie gut, daß sie ein Licht mitgenommen haben; man sieht doch einander in dieser unterirdischen Höhle! Da sind unsere Leute: die Gräfin mit ihren zwei Söhnen[351] steht auf der untern Treppe; die Pfarrfrau sitzt am Boden auf einer Matratze bei den vier Kleinen[352]; die schlafen so süß, so selig mitten im Sturme!

Mein Bruder[353] und Steigjakob[354], der Kutscher[355], und Schallertoni[356], der Unterknecht, kampieren zwischen den Fässern; Heinrich, der Gärtner, hockt in einer tiefen Steinnische; und der Schafhirte, der unglückliche Mensch – er hat die ganze Herde in den Schloßpark gebracht – taumelt wie ein Betrunkener, wie [104] ein Schatten an den Wänden hin und her, von einer Stelle zur andern. Da sind auch die übrigen Dienstboten. Frau Sophie[357], Frau Annette, Jungfer Lene[358],

351 Karl Friedrich Edgar und Wolf Friedrich stehen im Feld, die beiden Söhne sind folglich Kuno Erasmus, 18 Jahre, und Ferdinand Albert, 16 Jahre alt.

352 Ausweislich der Geburtenliste aus Fröschweiler sind es die schon erwähnten drei Kinder; vgl. ABR 4 E 550/19. Es kann aber noch ein viertes Kind aus der Zeit vor dem Umzug von Paris nach Fröschweiler gegeben haben, das in der Fröschweiler Geburtenliste nicht erfasst wurde, da Klein erst 1867 nach Fröschweiler gekommen war.

353 Klein hatte vier Geschwister, zwei Brüder und zwei Schwestern, darunter Katharina, die Verfasserin der Ergänzungsblätter; vgl. Klein 1912, S. X. Katharina lebte ebenfalls in Fröschweiler und machte den Eltern den Haushalt; vgl. Klein, Ergänzungsblätter, S. V. Der hier gemeinte Bruder hieß ›Jakob‹; vgl. Klein, Ergänzungsblätter, S. 68.

354 ›Steigjakob‹, nachgewiesen im Zensus von 1866 als ›Jacques Steig‹, 19 Jahre.

355 ›Der Kutscher‹, nachgewiesen im Zensus von 1866 als ›Geoffrai Wolff‹, ›cocher‹, Kutscher auf Schloss Dürckheim, 26 Jahre alt; vgl. ABR 7 M 376.

356 ›Schallertoni‹, nachgewiesen im Zensus von 1866 als ›Antoine Schaller‹, 24 Jahre; vgl. ABR 7 M 376.

357 ›Frau Sophie‹, nachgewiesen im Zensus von 1880 als ›Sophie Förster‹, Haushälterin auf Schloss Dürckheim; vgl. ABR 294 D/A 146. Laut Zensus von 1866 eine Württembergerin; vgl. ABR 7 M 376.

358 ›Jungfer Lene‹, nachgewiesen im Zensus von 1880 als ›Magdalena Pfeiffer‹, Kammermädchen auf Schloss Dürckheim; vgl. ABR 294 D/A 146.

Jungfer Käthe[359]! kauern zusammen ganz hinten in der dunkelsten Ecke. Da sind wir, ein zusammengescheuchtes, bebendes Häuflein in der Tiefe. Wenn nur die Eltern noch da wären. Gott erbarm sich ihrer und aller, die mit uns in der Trübsalshitze liegen … . Horch, wie's schmettert! immer greulicher, furchtbarer, an allen Orten und Enden. Gegen Langensulzbach hat's auch wieder angefangen. Die Bayern sind also nicht zurückgeschlagen – oder sollte ihnen *de Failly* in den Rücken gefallen sein? Ihr lieben Kinder! Was soll aus uns werden? Soll denn kein Stein auf dem andern bleiben?[360] Lasset uns beten! … Wer kann beten? Ach, das Herz ist erstarrt vor Weh und Grausen; die Zunge klebt am Gaumen vor Angst und Schrecken.[361] Allen brechen die Kniee, wir schreien zusammen, weinend, händeringend zum lebendigen Gott!

Unsere Bußpsalmen verstummen wieder, der Kanonendonner würgt einem den Hals zu; aber das Jammern und Stöhnen will kein Ende nehmen. »Seid doch stille, ihr Weiber, da drüben, und heulet nicht so erschrecklich. Unser Schicksal steht ja in Gottes Hand! Wir sind ja geborgen vor augenblicklicher Todesgefahr … Seid stille! Das Gewimmer und Gewinsel kann kein Mensch mehr aushalten!« – Ja, stille! Bei jedem Aufkrachen der Geschütze schreien sie lauter … und rechten und fechten und zanken: »Jetzt hat's da, jetzt hat's dort eingeschlagen« … und der Heinrich, bei jedem Kanonenschuß stöhnt er: »O Heiland, o Heiland, o mein Nachttischchen, ich hab' all mein Geld drin … Mein Bett, [105] mein Nachttischchen … Helfet mir mein Bett, mein Nachttischchen holen!« »Seid stille, sag' ich, um Gottes willen stille – oder wir werfen euch alle, samt und sonders, zum Keller hinaus!« – Das wirkt; sie werden ruhig; man kann sein eignes Wort wieder hören. – Ach! wie gut, wie heimlich ist diese kalte Höhle? *jetzt*, *jetzt*, während dort oben Feuer und Schwert den gräßlichen Vernichtungskampf kämpfen. Wie schlafen immer noch die Kinder so friedlich: Wie sind alle Herzen unter den

359 ›Jungfer Käthe‹ könnte im Zensus von 1880 ›Catharina Egester‹, Magd auf Schloss Dürckheim sein, allerdings mittlerweile verheiratet, geb. Bähr. Leider gibt der Zensus von 1880 keine Altersangaben; vgl. ABR 294 D/A 146.

360 ›Soll denn kein Stein auf dem andern bleiben?‹ Anspielung auf die Tempelzerstörung nach Mk 13.2.

361 ›Ach, das Herz ist erstarrt vor Weh und Grausen; die Zunge klebt am Gaumen vor Angst und Schrecken‹. Anspielung auf Ps 22.16. Diesem Psalm sind die letzten Worte Jesu am Kreuz nach Mk und Mt entnommen: »Mein Gott, warum hast du mich verlassen?«

Donnerschlägen des Gerichts so mürbe, so demütig geworden! Wie lernt man in solchen Schreckensmomenten beten, lieben und vergeben! Aber hört ihr's, wie's donnert? Wie die Kanonen dröhnen? Wie die Mitrailleusen knattern? O Herr, hilf uns, wir verderben![362]

Es hat ins Schloß eingeschlagen, Spiegel, Leuchter, Gemälde, Möbel sind auseinander gefahren. – Wer will da hinauf? Geschwind herunter, 's ist nicht mehr möglich. – Laß in Gottesnamen fallen, was fällt, brechen, was bricht! Es darf niemand mehr den Keller hinauf. Ach! es brennt vielleicht über unsern Häuptern und wir wissen's nicht … »Wenn's aber brennt, wenn die ungeheure Steinmasse über uns zusammenbricht, dann werden wir ja lebendig begraben unter den Trümmern« … Der Gedanke peinigt das Herz mit Höllenangst … Ich schleiche die Kellertreppe hinauf: das Geschoß hat nicht gezündet; auch das Pfarrhaus steht noch unversehrt dort drüben. Aber im Oberdorf, gegen Langensulzbach … in der Schindergasse steht eine ganze Reihe von Gebäuden in Flammen! – Es ist drei Uhr. Der Entscheidungskampf rückt näher;[363] es müssen Kanonen im Garten, oder doch in nächster Umgebung stehen. Die Mitrailleusen [106] klirren in unaufhörlichem, haarsträubenden Knallen – unter jedem Schuß erzittert das ganze Gebäude. Wir sind jetzt in unaussprechlicher Trübsal; Todesangst peinigt alle Herzen zum Verzweifeln. Kinder, der jüngste Tag kommt! Wir müssen unsern Geist befehlen in die Hände unsers himmlischen Vaters.[364] Jetzt erwachen auch die Kleinen und winseln und schreien! – sie wollen hinaus, heim, heim! Ach Gott, ist's denn wirklich am letzten?[365] Wenn der Feind kommt und wird unser gewahr und ist nicht menschlich barmherzig, so müssen wir alle des Todes sterben … Wer kommt da die Treppe herunter? Zwei bewaffnete Männer, keuchend, schäumend, todesmüde,

362 ›O HERR, hilf uns, wir verderben!‹ Zitat aus Mt 8.25b, Erzählung von der Stillung des Sturms.

363 Gegen 13.30 Uhr hatten die deutschen Truppen den Hang zwischen Wörth und Fröschweiler gestürmt; vgl. Großer Generalstab, S. 242; zur weiteren Eroberung von Fröschweiler vgl. Großer Generalstab, S. 273 ff.

364 ›Wir müssen unsern Geist befehlen in die Hände unsers himmlischen Vaters.‹ Anspielung auf die Kreuzesworte in Lk 23.46.

365 Klein bezieht sich hier auf den Missionsbefehl Jesu an seine Jünger, der am Ende des Matthäusevangeliums steht. Als ›Matthäi am letzten‹, also als Ausdruck der Befürchtung, bald sei alles am Ende, ist diese Stelle des Neuen Testaments auch sprichwörtlich geworden. Mt 28.18–20: »Darum geht hin und macht alle Völker zu Jüngern, indem ihr sie tauft auf den Namen des Vaters und des Sohnes und des Heiligen Geistes und sie lehrt, alles zu halten, was ich euch aufgetragen habe. Seht, ich bin mit euch alle Tage bis zum Ende der Welt.«

der eine bluttriefend, beide fliehende Franzosen … »Wie geht's, wie geht's?« »Ha, ha! Wie's geht! – nicht gut – sie sind zu stark« … sie sinken zu Boden, kauern sich unter die Fässer, und wir lassen es geschehen … wir denken nicht daran, welches Unheil ihre Gegenwart über uns bringen könnte. Es hält auch niemand mehr mit klarem Bewußtsein am Leben: Stricke des Todes umfangen uns, Angst der Hölle hat unsere Seele umnachtet[366] … Was ist's schon wieder da droben? Feste Fußtritte, lautes Rufen … »Mama! Mama!« Wir hören es alle; es tönt wie eine liebe Stimme! »Mama! Mama!« – Die Gräfin rafft sich auf und will die Treppe hinauf eilen; … es donnert, schmettert zum Vergehen … Wir halten die mutige Seele mit Gewalt zurück … Die Tritte verhallen, die Stimme ertönt nicht mehr … Es war das Lebewohl eines Helden, des Sohnes des Hauses! Er hat hier auf diesen Gefilden gestritten, den Leichnam seines erschossenen Obersten mit kühner Todesverachtung aus dem Getümmel getragen und seiner Mutter Angesicht auf der Flucht noch einmal sehen wollen! Er hat [107] seines Herzens Sehnsucht nicht mehr stillen dürfen, … mit dem Ehrenkreuz geschmückt, hat er sein Ulanenregiment noch durch die Vogesen geführt, ist bei Sedan nochmals auf dem Plan gewesen, … aber seiner Lieben Angesicht hat er nicht wieder gesehen. Er ruht in französischer Erde.[367]

366 ›Angst der Hölle hat unsere Seele umnachtet‹. Modifiziertes Zitat aus Ps 18.6 oder 116.3.

367 Karl Friedrich Edgar war zwar der Sohn aus erster Ehe, die Gräfin also seine Stiefmutter und Tante zugleich, da er aber noch als Kind mit elf Jahren die Mutter verlor, ist es denkbar, dass er auch die Stiefmutter als ›Mama‹ gerufen hat. Er wird beim 2. oder 6. Lancier-Regiment gedient haben; vgl. Sternegg, Nr. 2, S. 3.

Die Befreiung.

Jetzt wird's stiller ... Der Kanonendonner entfernt sich nach Westen. Wir atmen auf in der dunklen, feuchten Tiefe. Noch ein Schuß, noch eine Mitrailleuse, noch vereinzeltes Gewehrknattern ... es wird ruhiger.[368] Plötzlich hören wir starke Männerstimmen, mächtige Kolbenstöße auf die Platten der Hausflur ... »Hurra! Sieg! heraus! heraus! die Deutschen sind da!« O jetzt schlägt die schwerste Stunde meines Lebens! Wer soll zuerst hinaufgehen? Ich muß gehen ... Ich gehe in Gottes Namen, und soll's mein armes Leben kosten. Laß fahren dahin![369] ... Ich nehme mein kleinstes Kind[370] auf den Arm (fürwahr ein guter Schutzengel!) und schreite rasch die Treppe aufwärts; die Gräfin von Dürckheim unmittelbar hinter mir. (Abb. 31) Die andern kommen nach. Ich trete vor, leichenblaß, aber doch getrost, und vor mir steht ein junger deutscher Soldat, umgeben von andern deutschen Kriegern.[371] Er ist in einem [108] schreckenerregenden Zustande, schäumend, wütend, die Kleider vom Leibe gerissen ... Er hält mir den Revolver vor die Brust und herrscht mich an: »Aus diesem Hause ist geschossen worden!« – Ich hatte ein gut Gewissen auch für die andern und antwortete ruhig: »Ich gebe Ihnen mein Ehrenwort, aus diesem Hause ist nicht geschossen worden.« – »Wer sind Sie?« – »Ich bin der Pfarrer dieser Gemeinde, und diese Dame ist die Gemahlin des Grafen von Dürckheim. Die andern sind Glieder unserer Familien.« – »Ist der Graf da?« – »Nein.« – »Sie sagen, Sie seien der Pfarrer dieser Gemeinde, ist möglich; aber ich muß Sie vorläufig verhaften; ... dann werden wir weiter sehen.« – »Nun, Frau Gräfin,« wandte er sich zu dieser mit verbissenem Zorn, »Sie sehen, wie

368 Gegen 16 Uhr; vgl. Großer Generalstab, S. 275.

369 ›Laß fahren dahin‹. Drittletzte Zeile aus ›Eine feste Burg ist unser Gott‹ von Martin Luther (1483–1546).

370 Zu diesem Zeitpunkt der erst acht Wochen alte Tim Klein.

371 Hier folgt im Original eine mit * markierte Anmerkung: ›Der erste deutsche *Offizier*, welcher in Fröschweiler eingedrungen, ist Major von *Waldow*, nunmehr Kommandeur des I. Bat. 2. Niederschles. Inf.-Reg. Nr. 47. Er kam in die Schloßflur, als ich mit dem kleinen Kinde auf dem Arm als Gefangener vor Vizefeldwebel *Gaddum* stand, welcher von seinem Chef den Befehl erhalten hatte, im Schloßkeller nach Wein zu suchen. Herr v. Waldow wechselte einige Worte mit der Gräfin v. Dürckheim, zog sich wieder zurück und traf am Parktor den württembergischen Generalstabsoffizier Hauptmann Sarwey; dort erhielten beide nochmals Feuer aus den benachbarten Häusern, drangen mutig in die Gehöfte und machten noch viele Gefangene.‹

Abb. 31

es mir im Kampf ergangen ist, geben Sie mir 'mal schnell einige Flaschen Wein und ein Paar ›stramme‹ Hosen! Sie werden ja doch wohl von Ihrem Herrn Gemahl oder von Ihren Herren Söhnen so ein Paar dunkle *stramme* Hosen haben … Wein her für meine Mannschaften!« Ich stand da gefangen und schwieg. – Plötzlich schreit er mit Donnerstimme: »Sind Franzosen hier?« – Ich fühle es heute noch … In diesem Augenblicke heben sich die Haare auf meinem Kopfe; ich möchte vor Schrecken zusammenbrechen … Was soll ich sagen? Es liegen ja zwei bewaffnete Franzosen im Keller! – Sag' ich's ihm? Dann werden [109] wir alle niedergemacht; sag' ich's nicht, so muß ich lügen … Gott erbarmte sich meiner in diesem Augenblicke … Ich bleibe ruhig, schaue ihm fest ins Auge und sage: »Mein Herr, wenn Franzosen hier sind, so kann ich nichts dafür!« – Er nimmt die Antwort hin, sucht nicht weiter, trinkt wacker drauf los, wird etwas ruhiger und – was ich jeden Augenblick aufs neue fürchte – steigt nicht hinab in den Keller, wo die armen Franzosen bleiben, bis sie den andern Morgen als Krankenpfleger, mit dem roten Kreuz versehen, wieder zum Vorschein kommen. – Wir sind noch immer Gefangene, aber wir sehen doch bald, daß unser Gebieter kein Unmensch ist. Nachdem er sich mit seiner Mannschaft gehörig erquickt und die »strammen« Hosen in Empfang genommen hat, macht er das Tor auf, läßt mich fortgehen mit meiner Familie, und unter Dank und Freude schreiten wir hinaus ins Freie. O Luft und Licht und Leben! mir kommt es vor wie ein seliges Entrinnen aus fünfstündiger Hölle. Und die andern sind den ganzen Tag darin gelegen. Aber im Schloßhof, dieses Getöse! Nichts als Himmel und Soldaten! Und mitten drin der große prächtige Generalstab! Man kann sich denken, was wir alle für Gesichter machten … Ein ergrauter, stattlicher Krieger (General Hartmann), der unsere Angst wohl bemerkt hat, spricht mit lauter Stimme, aber doch im sanften Tone: »Gehen Sie nur ruhig nach Hause! Wir tun Ihnen nichts zuleide; wir führen nicht Krieg gegen die Völker, sondern nur gegen den *bewaffneten Kaiser.*« Wir machen uns unter wehmütigem Herzklopfen von dannen. 's ist ½6 Uhr, als wir zum Schloßhof hinaustreten. Ach wie ganz anders sieht es jetzt hier oben aus! Wie ist das freundliche [110] Dörflein eine Stätte des Jammers und der Verwüstung geworden.[372] Da

372 Vgl. die Darstellung in den bis dahin unveröffentlichten Skizzen von 1890: »Der Schlachtensturm ist vorüber. Das siegreiche deutsche Heer hat unser armes Fröschweiler überflutet; überall, wo unser Auge hinschaut, nichts als Himmel und Soldaten; hat aber auch jedes Haus, vom Keller bis in den Taubenschlag, so unerbittlich ausgeleert, daß nirgends mehr ein Bissen Brot oder ein Tropfen Wasser zu finden ist. Doch können wir jetzt wieder, ohne Lebensgefahr, auf der Oberfläche der Erde wandeln. Es ist Sonntag morgen; unsere Glocken sind verstummt. Der Turm, auf welchem wir gestern noch standen, das Kirchlein, das vor kurzen Tagen noch unsere geistliche Heimat war, liegt in Schutt und Asche. Das Herz blutet vor Wehmut. Man möchte weinen vor Herzeleid. Aber was hilft alles Wehklagen? Gottes Gerichte sind furchtbar und gerecht! Wir machen einen Gang durchs Dorf. Welch ein Greuel der Verwüstung! Alle Dächer, Fenster, Läden sind zerschossen; die meisten Hofthore, Gartenzäune niedergerissen; überall auf der Straße Haufen von Waffen, Tornistern, zerbrochenen Karren; ganze Reihen von Menschen und Pferdeleichen. Das Blut stockt in den Adern, die Haare sträuben sich vor Entsetzen. Aber das ist einmal der Krieg in seiner wahren Gestalt, in seiner blutigen Wirklichkeit. Also, wir drängen uns durch die hin- und herwogenden Truppenmassen. Endlich sind wir in Oberdorf. Wir gewahren einen rauchenden Trümmerhaufen. Wie der schwarze Qualm gen Himmel steigt und die Flammenzungen unter den verkohlten Balken herausschlagen! Dort stand gestern morgen noch ein stattlicher Bauernhof. In der Wohnstube war's nett und säuberlich … in Küche, Keller und Scheune war Vorrat für das ganze Jahr … und drinnen, in diesen stillen Räumen wohnten und wirtschafteten brave, gottesfürchtige Menschen. Der Vater hat bisher mit fester Ausdauer die Last und Hitze des Lebens getragen; sein Weib war wie ein fruchtbarer Weinstock um sein Haus herum; zehn Kindlein saßen täglich wie grünende Ölzweige um seinen Tisch her … eine Lust war's, zu sehen wie sie alle so harmlos vergnügt und sorgenfrei ihre Hände falteten:

liegen zwei Häuser in Trümmern, weiter unten brennt eine ganze Reihe von Scheunen! Alle Dächer sind zerschlagen, alle Läden und Fenster zerschossen: überall zertrümmerte Wagen, tote Pferde, blutige Leichen.[373] (Abb. 32) Man sieht, der Kampf hat bis ins Dorf herein gewütet; und droben am Himmel steht die Sonne so bleich, so grinsend, so schrecklich, wie wir sie noch nie gesehen! Wenn wir nur durchs Getümmel könnten! Diese Truppenmassen! wir kommen nicht durch … Da stehen wir mit unsern Kindern wie ein Häuflein heimatloser Exulanten, und die stürmen vorüber und schreien Hurra! Viktoria! daß die Erde bebt … Da kommt der Schullehrer[374], atemlos, außer sich vor Schrecken: »Herr Pfarrer, die Kirche brennt!« Wahrhaftig, das Kirchdach steht in Flammen![375]

Komm, HERR Jesu! beteten und dann mit dem Löffel in die gemeinsame Schüssel fuhren … Und heute?! Dort auf dem glimmenden Feuerherd steht ein Mann, starr und bleich wie eine Bildsäule … und stiert mit großen, gläsernen Augen in die rauchende Glut … Er hat die Hände zusammengelegt; ein unaussprechliches Weh preßt sein Herz; er möchte laut aufschreien, klagen, weinen … aber keine Thräne kommt in seine Augen … stumme Verzweiflung lagert in seinem Angesicht … Er steht auf dem Grabe seiner Habe. Alles was gestern noch, menschlich geredet, – seine Freude, sein Stolz, seine Hoffnung war: Das Elternhaus, wo seine Wiege gestanden; wo er seine Jugend, die schönste Zeit seines Lebens zugebracht; die alte Familienstube, wo er im Kreise der Seinen sich erholte; der Sorgenstuhl, in welchem seine Väter gesessen; der Kleiderschrank, der seinen Sonntagsstaat und seine Ersparnisse einschloß; der Speicher mit Vorräten; der Keller mit seinen Schätzen; die Scheune mit ihren Garben; der Viehstand, auf welchem sein Wohlstand ruhte, alles, alles ist dahin, verheert, zerstört, vernichtet. Da steht er jetzt, verarmt, allein, obdachlos zwischen Himmel und Erde … Wo wird er heute abend sein Haupt hinlegen? und morgen seinen Pilgerstab hinsetzen? Er weiß es nicht … seine Sinne sind zerrüttet, seine Gedanken verdüstert, seine Willenskraft gebrochen; am liebsten möchte er sterben … Und was wird, was muß, wenn nicht baldige Hilfe kommt, aus seinem Weib und seinen Kindern werden? Wo werden sie Obdach, Nahrung und Kleidung finden, wenigstens solange die Kriegsfackel nicht erlöscht und bis wieder bessere Zeiten kommen? Er weiß es nicht: Kein Zufluchtsort steht ihm offen, kein Hoffnungsstrahl erhebt seine Seele … Seine Phantasie sieht überall nur brennende Häuser oder geschlossene Thüren …«; Gümbel, S. 215 f.

373 Vgl. allerdings Fontane 1871, Bd. I, S. 265: »Fröschweiler selbst war minder zerschossen, als man nach einer solchen vielstündigen Kanonade aus Hunderten von Geschützen hätte erwarten sollen; nur die nach Südosten zu gelegenen Häuser (…) waren ein Schutthaufen. Dasselbe galt von der Kirche (…).« Fontane hat Fröschweiler einige Wochen nach der Schlacht besichtigt.

374 ›Schullehrer‹, im Zensus 1866 sind zwei Lehrer nachgewiesen: ›David Knab‹, 45 Jahre, verheiratet mit ›Émilie‹, geb. Klein, 38 Jahre, drei Kinder, und ›Simon Schmidt‹, 53 Jahre, Witwer; vgl. ABR 7 M 376.

375 Die Kirchturmspitze wurde von einer Brandgranate getroffen, sodass die Kirche von oben nach unten abbrannte; vgl. Horning 1909, S. 180.

Abb. 32

Allmächtiger Gott, ist's denn möglich? Die Kirche brennt und ist oben und unten voll von Verwundeten. Sie brennt ganz oben in der Spitze. O helfet unsere Kirche löschen. Mit einigen Eimern Wasser können wir sie retten. – Ein General spricht kurz und milde: »Das ist nicht möglich, … wir müssen dem Feinde nach … lasset sie in Gottes Namen brennen, wir bauen sie wieder auf!«[376]– Was anfangen? Wir können der Feuersbrunst nicht wehren; wir haben kein Wasser und keine Hilfe. Wir müssen das Gotteshaus der Verwüstung preisgeben; herzzerreißend lodert die feurige Siegesflamme gen Himmel. O Herr, wie furchtbar sind deine Gerichte über uns und unser Heimatland!

376 Klein nennt den Namen des Generals nicht, die Illustration der Szene in der ›Jubelausgabe‹ zeigt allerdings den bayerischen General von Hartmann, den er kurz zuvor schon erwähnt hat; vgl. Klein 1897, S. 125; irrtümlich anders bei Arand 2018, S. 262. Zur Verfolgung der fliehenden französischen Truppen vgl. Großer Generalstab, S. 284 ff.

Endlich gelangen wir, an allen Gliedern bebend, wieder ans Pfarrhaus. Ich zähle die Häupter meiner Lieben, und sieh, es fehlt kein teures Haupt![377] [111]

Aber ich muß sogleich noch einmal auf jenen jungen Krieger zurückkommen, welcher mich mit gespannter Pistole in der Hand in der Schloßflur verhaftet hat. In der Tat, ein wütendes Männlein, aber doch eine feine Erscheinung. Den andern Morgen geht er ins Schloß, fragt nach der Frau Gräfin, stellt sich vor, entschuldigt sich in den höflichsten Ausdrücken wegen seines gestrigen kriegerischen Auftretens, dankt nochmals verbindlichst für die schönen strammen Hosen und verschwindet. Auch zu mir kommt er und spricht: »Herr Pfarrer, ich habe Sie gestern etwas unsanft angefaßt; gestern war ich kampfberauschter Soldat, heute bin ich wieder ein *Mensch*; bitte, nehmen Sie mir das Geschehene nicht übel,« und reicht mir die Hand zum Abschied. Und was im Leben nicht alles vorkommen kann? Im 72er Jahre bin ich einmal in Weißenburg am Bahnhof; muß lange warten; geh auf und ab in der Vorhalle. Da spaziert ein kleines strammes Männchen, das eiserne Kreuz auf der Brust; spaziert hin und her … wir begegnen uns wohl 10–12mal – schauen einander ins Angesicht – bekannte Züge … Ich denke: *Der ist's* – Er glaubt: *ich bin's*. Und doch will keiner den Anfang machen … Endlich gehen wir aufeinander zu: »Sind Sie nicht der Offizier, der mich anno 1870 gefangen genommen?« – »Und sind Sie nicht der Pfarrer von Fröschweiler?« »Ich bin's.« – »Ich bin's.« – Man denke sich die Überraschung, und wie kurzweilig die Wartezeit abgelaufen ist. [112]

377 Vgl. auch Katharina Klein, die ebenfalls ins Pfarrhaus eilte, um dort nach dem Vater zu suchen: »[…] welch grausige Szene erwartete mich da! Da lag ein Turko, der wohl bei dem letzten Treffen den tödlichen Schuß erhalten hatte, und schrie in gebrochenem Französisch: ›Habt Erbarmen mit mir und tötet mich vollends – ich kann keine Stunde mehr länger leben – tötet mich – tötet mich – laßt mich nicht länger so liegen!‹ Der Turko war in den Unterleib geschossen – was sollte ich anfangen – ich konnte den Ärmsten nicht töten und ihm auch keine Hilfe leisten; im Lazarett mußte er Hilfe oder den baldigen Tod finden.«[…] Im Pfarrhaus traf ich auf einen Greuel der Verwüstung«; vgl. Klein, Ergänzungsblätter, S. 34 f.

Wie es den übrigen Einwohnern ergangen.

Der Augustintoni.

Wo waren denn aber während der Schlacht die Eltern geblieben, und wie ist es in diesen Schreckensstunden allen übrigen Gemeindegliedern ergangen? Auf diese Frage muß nun der Chronikschreiber zunächst Antwort geben. – Die Eltern wohnten ziemlich weit im Unterdorfe gegen Wörth hinab und hatten im Anfang des Kampfes, während die Vorpostengefechte an der Sauer und bei Langensulzbach geliefert wurden, einige Zeit in ängstlicher Unruhe und bangen Sorgen zugebracht. – Sie waren jedoch in ihrer Wohnung geblieben und harrten, wie alle andern, zwischen Furcht und Hoffnung einem baldigen günstigen Ausgang entgegen. Als aber der Eiser-Tibold kam und verkündigte: »Ich bin auf dem Heustall gewesen; die Bayern stehen massenhaft bei Mattstall und eine ungeheure Hinterhut ist bei Lembach,« da wollte sie's auch nicht mehr in der Stube leiden und sie fingen an, eine bergende Zufluchtsstätte zu suchen. Leider war ich damals in der Kirche mit dem Bänke hinausschaffen und Strohhereintragen beschäftigt, oder war ich gerade mit General Ducrot auf den Kirchturm gestiegen. Ich konnte mich ihrer nicht mehr annehmen. Mein Gang aufs »*Lug ins Land*« hat mir aber den ganzen Tag Seufzer und Tränen genug ausgepreßt.[378] – Mein Vater (Gott hab' ihn selig! er ist jetzt auch heimgegangen[379]) wagte sich noch einmal bis unten ans Dorf, gegen den Kirchhof, mußte aber schnell wieder zurück. [113] Die Schlacht hatte im Zentrum mit großer Heftigkeit begonnen, und wenn ihm Gott nicht gnädig gewesen wäre, so wäre er auch nicht mehr heimgekommen; denn eine Granate ist ihm am Kopfe vorübergefahren.[380] Nun rafften sie sich aber zusammen und flüchteten sich in des Nachbarn Hochdörffers Keller. Dort waren sie mit mehreren Familien verborgen, lagen unter dem Donnern und Krachen in denselben Ängsten und Schrecknissen, wie wir

378 Das Schicksal der Eltern am 6. 8. 1870 schildert Katharina Klein in den ›Ergänzungsblättern‹; vgl. Klein, Ergänzungsblätter, S. 23 ff.

379 Karl Kleins Vater starb am 8. 2. 1874 in Fröschweiler im Alter von 69 Jahren; vgl. ABR 4 E 146/12. Laut Katharina Klein erlitt der Vater im September 1870 einen ersten Schlaganfall und starb dann 1874 an seinem dritten Schlaganfall. Die Mutter starb nur ein Jahr später; vgl. Klein, Ergänzungsblätter, S. 82 f.

380 Vgl. Klein, Ergänzungsblätter, S. 25.

im Schloßkeller. Der alte Hochdörffer[381] stand in einer Ecke, brummelte, murrte und stöhnte bei jedem Kanonenschuß: »Sie machen alles hin … es geht alles zugrunde!« – Sein altes Weib (sie hat jetzt auch ausgelitten) zankte allemal ob seines verdrossenen Unglaubens und sagte: »Mach doch nicht so wüst!« Und die Hochdörffer Bäbi[382] klammerte sich an ihren Mann, einen alten Soldaten, wimmerte und brüllte in allen Tönen: »Jörri, bet! Jörri bet, Jörri, ich sag dir, bet!« – »Jo, du Narr …« »Jörri willst jetzt beten oder nicht?« – »Laß mich gehn, du bist ein Narr!« So ging's stundenlang. Als aber der Kanonendonner immer fürchterlicher wurde und das Blitzen und Krachen und Brennen kein Ende nehmen wollte, – da wurden auch diese Herzen weicher, und meine alte Mutter (auf Wiedersehen!) mußte das Priesteramt übernehmen und den Leuten Trost und Ergebung und Hoffnung auf Gottes Gnade vorbeten – bis auch der gräßliche Bajonettenkampf im Unterdorf ausgekämpft war und die französischen Soldaten ein allgemeines Sauve qui peut, Pardon! Pardon! in den Gassen, Höfen und Ställen erhoben und die deutschen Sieger unter dröhnenden Hurrarufen das Dorf eingenommen hatten. Dann kamen auch sie wieder ans Tageslicht und teilten unser gemeinsames Schicksal.

[114] Ähnlich war's allen andern Einwohnern ergangen. Überall die merkwürdigsten Szenen; besonders früh morgens beim ersten Aufbrummen der Geschütze. Die Leute wußten in der Bestürzung und Verwirrung nicht, was tun, wohin gehen, und da kamen denn manche auf die kuriosesten Einfälle: die ihrer Entbindung nahe Frau des Steinhauers Fricker-Philipp wollte absolut in ein großes Faß hineinkriechen, ihr Mann sollte es zumachen, und sie wollte drin bleiben, bis die Preußen wieder fort wären. Der Richert-Fritz[383] droben, ein baumstarker Mühlknecht, hatte in der Verzweiflung eine Kiste aufgerissen, sich hineingestürzt und schrie aus Leibeskräften seiner Frau entgegen: »Deck mich zu! deck mich zu!« Die arme Frau konnte das nicht begreifen und schrie noch viel stärker: »Und ich? und ich?« – Der Krempenschreiner hatte einen

381 ›Der alte Hochdörfer‹, gemeint ist der im Zensus von 1866 ausgewiesene ›George Hochdörffer‹, 66 Jahre alt, Arbeiter; vgl. ABR 7 M 376.

382 ›Hochdörffer Bärbi‹, nachgewiesen im Zensus von 1866 als ›Barbe Bergert (?)‹, 57 Jahre alt, Ehefrau des ›George Hochdörffer‹, vgl. ABR 7 M 376.

383 ›Richert-Fritz‹, nachgewiesen im Zensus von 1866 als ›Frédéric Richert‹, 43 Jahre alt, Arbeiter, verheiratet mit ›Catherine‹, geb. ›Bockfinger‹, 42 Jahre alt, fünf Kinder, wohnhaft in Elsasshausen; vgl. ABR 7 M 376.

heldenmütigen Entschluß gefaßt; er kroch hinauf in den Kamin und hing dort wie Abraham Notnagel[384] den ganzen Tag zwischen Himmel und Erde. Solche und ähnliche Auftritte sind fast in allen Häusern vorgefallen. – Dann aber, wie einmal der Kampf auf allen Flanken losgebrochen und nirgends mehr des Bleibens war, hatten sich die Leute, von Schrecken gejagt und Hilfe suchend, gassenweise, familienweise zusammen geflüchtet. In Beckerjörris[385], in Süßegottfrieds[386] Keller waren ganze Haufen. In Mayerhenners Keller waren 62 Menschen. – Sie mußten aufrecht stehen, Kopf an Kopf, so dicht nebeneinander, daß mancher ohnmächtig wurde, und sie beinahe erstickt wären. Die Kinder saßen auf den Fässern; der gliederkranke Lenzejockel (tröst' ihn Gott) kauerte wie ein schwärenbedeckter Lazarus[387] auf einem Bette am Boden. Wie's da überall zugegangen, wie das arme Volk diesen langen Tag in Angst und Schrecken – in [115] Heulen und Wehklagen, in Beten und Hoffen – und wieder Zanken und Verzagen, und wieder Hoffen – zugebracht hat, läßt sich denken. – Plötzlich, um drei Uhr, kam ein bewaffneter Zuave, der Augustintoni[388] aus Fröschweiler, und suchte Rettung in Mayerhenners Keller. Da erhob sich ein Schrei des Entsetzens: »Toni, Toni! du machst uns alle unglücklich! Toni! geh um Gotteswillen fort, geh wieder hinaus in die Schlacht!« und stießen ihn mit Gewalt hinaus. Der Toni aber kannte alle Gänge und Schlupfwinkel, wollte auch heute keine Preußen mehr totschießen – stieg in demselben Hause in einen andern kleinen Keller und steckte sich mit seinem Chassepot hinter ein großes Faß der Länge nach an den Boden. (Abb. 33)

---

384 ›Abraham Notnagel‹, als ›Abraham Nothnagel‹ Figur einer humoristischen Heiratsgeschichte des frühen 19. Jhds. Publiziert unter anderem in dem Kalenderjournal ›Der große Straßburger Hinkende Bote‹ aus dem Jahr 1833.

385 ›Beckerjörri‹, nachgewiesen im Zensus von 1866 als ›George Backer‹ oder ›Becker‹, 29 Jahre alt, verheiratet mit ›Marguerite‹, geb. ›Suss‹, 27 Jahre alt, drei Kinder; vgl. ABR 7 M 376.

386 ›Süßegottfried‹, nachgewiesen im Zensus von 1866 als ›Geoffrai Suss‹, Arbeiter, 50 Jahre alt, verheiratet mit ›Marguerite‹, geb. ›Eiser‹, 52 Jahre alt, zwei Kinder; vgl. ABR 7 M 376.

387 Gemeint ist Lazarus aus dem Gleichnis ›Vom Armen und vom Reichen‹ aus Lk 16.19.–31, welches so beginnt: »Es war ein reicher Mann, der kleidete sich in Purpur und feinstes Linnen und erfreute sich Tag für Tag eines prunkvollen Lebens. Ein armer Mann, namens Lazarus, lag vor seiner Türe, von Geschwüren bedeckt.«

388 ›Augustintoni‹, nachgewiesen im Zensus von 1866 als ›Antoine Augustin‹, 24 Jahre, Sohn von ›Jean Marie Augustin‹ 62 Jahre, und ›Rosine‹, geb. ›Bernbachholz‹, 58 Jahre alt; vgl. ABR 7 M 376.

Abb. 33

Dort lag er noch, als die Preußen und Bayern den Keller erstürmten und der Wein in Strömen floß. Ein einziger Ruck an der Tonne und er wäre des Todes gewesen. Es gehört wirklich ein Heldenmut – oder auch eine wahre Höllenangst – dazu, eine solche Position stundenlang auszuhalten. Sie fanden ihn nicht! – Er blieb liegen bis Mitternacht. Das ganze Haus war voll Bayern: nur eine Stube war noch frei, und da waren wieder gegen vierzig Menschen beisammen. Gegen zwölf Uhr (niemand dachte mehr an ihn) erschien unser Toni wieder mit Zuavenkleid und Chassepotgewehr. Die Weiber fielen über ihn her, rissen ihm alle Kleider vom Leibe, schnitten ihm das Zuavenbärtchen[389] herunter, warfen ihm eine Bauernjacke auf den Rücken, er schlüpfte in andere Hosen, und der Toni war ein ganz gewöhnlicher und – geretteter Mensch. Kein deutscher Soldat hat sich um ihn gekümmert, kein Einheimischer hat ihn verraten und so ist er unangefochten da geblieben und des Pumpernickelessens[390] in der Gefangenschaft ledig gegangen. [116]

389 Zuaven trugen oft Oberlippen- und Kinnbart.

390 ›Pumpernickel‹, eigentlich eine westfälische Brotspezialität, gilt in Frankreich als Synonym für das angeblich schwer verdauliche deutsche Brot.

Flucht und Wiederkehr.

Der Tröster in Elsaßhausen.

So ist's unsern Einwohnern im Dorf ergangen. Sie glaubten alle, wie wir auch, der jüngste Tag würde anbrechen, und fürchteten in unbeschreiblicher Todesangst, der Feind würde weder Weib noch Kind verschonen, sondern alles mit Stumpf und Stil[391] ausrotten. Als aber endlich die Hurrarufe in allen Gassen und Gehöften ertönten und die Kolbenstöße an allen Türen rappelten und die deutschen Stimmen in alle Häuser und Keller hineinschallten: »Heraus! heraus! die Deutschen sind da!« und die erschrockenen Bäuerlein fußfällig ihr Jammergestöhn erhoben: »O, ihr lieben Herren, lasset uns doch am Leben! Habt Erbarmen mit unsern armen Kindern! Wir sind ja auch Deutsche, wir sind ja auch gute Christen!« ... da sagten allemal und überall die Soldaten, wie zu uns der greise Feldherr: »Wir tun euch nichts zuleid; wir sind ja auch Menschen; seid nur ruhig und fürchtet euch nicht! ... es tut uns leid genug, daß wir brennen und zerstören müssen!« Und jeder dankte Gott, daß er nach unsäglichen Schrecken wieder heim durfte mit den Seinen. Wenn nur alle da geblieben wären und ihre Zuflucht in den Kellern gesucht hätten! Aber wie wir früher schon berichtet haben, die Angst vor einem grausamen Feinde hatte sie fortgetrieben. Man sollte es nicht für möglich halten, welche fürchterliche Gewalt die grundlosesten Gerüchte auf die Gemüter ausüben. So waren schon am Donnerstag und besonders am Freitag fast alle Einwohner von Elsaßhausen herüber nach Frösch- [117] weiler geflüchtet. Nur die Alten – ob sie zäher oder loser am Leben hingen – waren zurückgeblieben. Dort waren allerdings die Befürchtungen begründet, – denn man hatte ihnen angezeigt, es würde kein Stein auf dem andern bleiben. Aber auch in Fröschweiler liefen fast alle jungen Leute, viele bejahrte, starke Männer und auch eine große Anzahl von Weibern und Kindern fort zum Dorf hinaus – kein Mensch konnte sie zurückhalten – dem großen Wald zu; versteckten sich dort im Gebüsch, hinter Bäumen, Bagagewagen[392]; sahen teilweise das furchtbare Schlachtgetümmel; sahen die Flammen in Elsaßhausen und Fröschweiler gen Himmel

---

391 ›Stil‹ ist eine Verschreibung im Original. Hier müsste ›Stiel‹ stehen.

392 ›Bagagewagen‹, militärischer Begriff für Gepäckwagen, Trosswagen; vgl. Wahrig, S. 225.

lodern; konnten nicht mehr zurück, konnten, wollten nicht vorwärts, – bis der mörderische Kampf zu Ende war; bis die allgemeine wilde Flucht sie erraffte und mit sich fortriß, kopfunter, kopfüber, den Wald hinab, nach Reichshofen, Gundershofen, Ofenbrunn[393], ja bis nach Mülhausen[394] und Ingweiler[395] hinauf! Du guter Gott! Was müssen diese Leute ausgestanden haben! Daheim einen Teil ihrer Familie, daheim vielleicht ein brennendes Vaterhaus und hinter sich her das Klirren und Tosen, das Sauve qui peut eines geschlagenen Heeres und die entsetzlichen racheschnaubenden Feinde! Sie erzählen's oft heute noch, wie sie in einem Atem stundenweit fortgerannt sind, als hätte die Hölle sich hinter ihnen aufgetan: wie sie in Mülhausen, Ingweiler etc. in Heuschobern verborgen gelegen und vor Hunger und Durst schier verschmachtet sind; wie bei jedem Laut, bei jedem Schrei auf den Gassen die Preußenangst aufs neue ihre Seelen gefoltert; wie sie sich durchgebettelt haben von Dorf zu Dorf, bis sie unversehrt und wohlbehalten durch die nachrückenden Feindesreihen wieder in ihre Heimat gelangt sind.

[118] O Zuchtrute Gottes, wie kannst du die Menschen bis auf die Knochen zerschlagen! – Und wenn sie das alles so erzählen während der stillen Winterszeit in der traulichen Spinnstube, und die Jungen, welche seitdem herangewachsen sind, hängen mit Verwunderung an den Lippen der Alten und so manches rosenbackige Gretchen freut sich drinnen im Herzen, daß der Tibold damals doch auch davongekommen ist – da gibt's allemal wieder Tränen … und wenn dann und wann ein Spaßvogel sich lustig machen will, wie der und jener damals Fersengeld gegeben – oder gar ein verkappter Bösewicht aufs neue Krieg und Blutvergießen herbeiwünschen möchte, da heißt's immer wieder: »O Kinder, Kinder, ihr wisset nicht, was das für Zeiten gewesen sind!«

---

393 Hier steht im Druck ein Fehler, der gemeinte Ort ist Oberbronn, eine 10 km westlich von Fröschweiler gelegene Gemeinde. In Klein 1931, S. 105, wurde der Fehler korrigiert.

394 ›Mühlhausen‹, heute Mulhausen, 18 km südwestlich von Fröschweiler gelegene Gemeinde, nicht mit der elsässischen Stadt Mülhausen, heute Mulhouse zu verwechseln.

395 ›Ingweiler‹, heute Ingwiller, 25 km südwestlich von Fröschweiler gelegene Gemeinde.

Abb. 34

Noch ein Wort über die Flucht des jungen Trösters[396] aus Elsaßhausen. Das Dörflein stand schon längst in Flammen, die Scheune seines Hauses war bereits niedergebrannt. Es regnete Granaten und Kugeln von allen Seiten. Der Feind war in wütendem Anprall heraufgestürmt … Tröster kann nicht mehr bleiben, – jeder Augenblick droht ihm Tod und Verderben, – was tun? Er nimmt seinen alten Vater auf den Rücken – seine zwei Kinder unter die Arme und läuft

396 ›Der junge Tröster‹, nachgewiesen im Zensus von 1866 als ›Georges Troester‹, 23 Jahre, verheiratet mit ›Madeleine‹, geb. ›Moritz‹, 27 Jahre alt; vgl. ABR 7 M 376. Das Ehepaar hat ausweislich der Geburtenliste drei Kinder, ›Georg‹, geboren 15. 2. 1866, ›Karl‹, geboren 8. 6. 1869, und ›Magdalena‹, geboren 18. 6. 1870; vgl. ABR 4 E 550/19. Klein erzählt allerdings nur von zwei Kindern.

mit dieser teuren Last vom Hause fort; mitten im Getümmel, mitten im fürchterlichsten Kugelregen, – fort durch die Gärten – das Feld herauf, wo die Kürassiere[397] sich sammeln zum schauerlichen Todesritt – bis auf die Anhöhe.[398] Dort kann er den Vater nicht mehr schleppen, er sinkt zu Boden, und der Vater spricht: »Laß mich liegen und rette dein junges Leben – fliehe, fliehe mit den Kindern – ich komme nach, oder ich sehe dich nicht wieder.« Der Sohn entflieht mit den Kindern – hinter ihm sterben die Kürassiere den Helden- [119] tod. – Der Alte kommt nach, am Großenwald treffen sie sich wieder – die allgemeine Flucht reißt auch sie mit fort. Tröster schleppt ein Kind unterm Arm, der lange Peter schleppt das andere, nach Reichshofen, ins Land hinein, – und alle wurden gerettet. (Abb. 34)

Und das kleine Büblein von Elsaßhausen – Richertfritzens Kleinster?[399] Wie haben den die Engel auf den Händen getragen?[400] Der ist um dieselbe Zeit fort, durch die Gärten, Felder – mitten im heißesten Kampfe – und ist glücklich entronnen. Einige Tage später fragte ein deutscher Offizier in Oberbronn: ob doch das Büblein von Elsaßhausen noch lebe, welches so kühn durchs Schlachtgetümmel gerannt sei!

Solche und ähnliche Todesgefahren und wunderbare Errettungen wären noch gar viele zu verzeichnen; aber auch bejammernswerte Unglücksfälle und düstere Mordgeschichten, welche der Erzähler, ohne den geschichtlichen Faden viel abzubrechen, hier einschalten muß.

---

397 ›Kürassiere‹, schwere Reiterei, am Oberkörper geschützt durch einen Metallpanzer, den ›Kürass‹; vgl. zur Uniformierung Schick/Halem, S. 167 sowie sehr viel detaillierter zu preußischen Kürassieren bei Stein/Bauer, S. 122 (Uniformierung) und S. 144 ff. (Ausrüstung) und zu französischen Kürassieren bei Delpérier/Mirouze/Pommier, S. 216 ff.

398 Diese Geschichte kann nicht stimmen. Der Vater ist im Zensus von 1866 nicht nachweisbar und am 6. 8. 1870 als bereits verstorben nachweisbar; vgl. RBA 4 E 146/9. Klein variiert hier vielleicht den von Homer überlieferten Mythos von Aeneas, der seinen Vater auf den Schultern aus dem brennenden Troja rettet, den Sohn Askanios an der Hand.

399 ›Richertfritzens Kleinster‹, im Zensus von 1866 als ›Georges Richert‹, 3 Jahre alt; vgl. ABR 7 M 376. Mit sieben Jahren war der Junge 1870 bereits alt genug, auf eigenen Antrieb hin zu fliehen.

400 ›Wie haben den die Engel auf den Händen getragen?‹ Anspielung auf Ps. 91.11: »Denn er hat seinen Engeln befohlen über dir, daß sie dich behüten auf allen deinen Wegen.«

Die einheimischen Opfer.

Acht Stunden lang hatte der Kanonendonner Elsaßhausen in allen Grundfesten erschüttert; mehrere Häuser und Scheunen lagen in Trümmern oder flammten und rauchten gen Himmel, als endlich nach wiederholtem, furchtbarem Ansturm das Dörflein erobert wurde. Aber der blutige Totentanz war nicht zu Ende. Waffengeklirr und Feuersalven tobten immer noch auf der Straße an allen Enden, da brach im Keller eine zwanzigjährige, kräftige Jungfrau zusammen und ihr Geistesauge trübte sich [120] zu nimmer weichendem Dunkel! Irr- und tiefsinnig trat sie aus der dunklen Tiefe, und seitdem leuchtet kein Licht- und Freudenstrahl mehr hinein in ihrer Seele trostlose Nacht! – O kommt und sehet die ehemals so begabte, blühende Elisabeth, wie sie jetzt so unstet, so menschenscheu – eine grauenvolle Ruine – ihr bejammernswertes Dasein dahin schleppt! Das hat der Krieg getan.[401]

Gehen wir einige Schritte weiter in Trösters Haus. Wer fliehen konnte, war längst entflohen. Aber auch diese letzte Hoffnung ist nicht allen vergönnt, der taube, blödsinnige Oheim Trösters vermochte sein Heil nicht in der Ferne zu suchen und hatte sich, von Schrecken und Fieberwahnwitz getrieben, in einem Sack ins Bett verkrochen. Da drangen kampfeswütend die deutschen Soldaten herein, sahen im Bett, in seltsamer Verhüllung, die unheimliche Gestalt –, riefen mit Donnerstimme: »Wer ist da?« – und bekamen keine Antwort, – er hörte ja nicht, sondern glotzte und heulte immer nur wie ein Besessener zum Sack heraus. Da glaubten sie wahrscheinlich, er müsse ein Spion oder ein französischer Krieger sein und schossen den Unglücklichen tot! – Ach, daß Gott erbarm! Als nach zwei Tagen Tröster mit seinen Flüchtlingen wieder heimkam, starrte ihnen die blutige Leiche aus dem Bett entgegen.[402]

---

401 Der Name ›Elisabeth‹ war in Fröschweiler sehr häufig, ausweislich des Geburtenregisters 1843–1852 waren aber nur drei Mädchen dieses Namens am 6. 8. 1870 genau 20 Jahre alt: Elisabeth Wüstner, geb. 9. 5. 1850, Elisabeth Bastian, geb. 12. 12. 1849 und Elisabeth Richert, geb. 16. 9. 1849; vgl. ABR 4 E 146/10.

402 Auch diese Geschichte berichtet Klein nicht wahrheitsgemäß. Der vermeintliche ›Oheim‹, also Onkel des jungen Trösters, war ausweislich des Totenscheins tatsächlich dessen Bruder ›Joseph Troester‹, 29 Jahre alt, Sohn des verstorbenen ›Joseph Troester‹ aus Eberbach. Der Vater konnte also auch nicht mehr aus dem brennenden Fröschweiler gerettet werden. Um sechs Uhr abends des 6. 8. 1870 meldeten ›Georges Troester‹, »frère« und ›Antoine Moritz‹, »ami« des Verstorbenen, den um 16 Uhr erfolgten Tod von ›Joseph Troester‹.

In Fröschweiler war die alte Zaißnerin mit vielen andern in Bäckerjörris Keller geflohen. Das Dorf war bereits mit Sturm genommen, und die deutschen Truppen strömten unter mächtigem Siegesgeschrei durch die Straßen. Da prallten noch einmal Schüsse an jene Kellertür, und die Bäcker-Rosine hatte eine verstümmelte Hand, und die alte fünfundsiebzigjährige Frau war eine Leiche.[403] Und wo ist sie [121] hingekommen? Kein Mensch hat erfahren, wo sie begraben liegt. Die Soldaten haben sie mit erschlagenen Waffenbrüdern des Sonntags in der Frühe auf dem Felde verscharrt … So wurde auch der alte Eiser-Henner[404] durch eine Kugel am Arm verwundet und blieb bis an sein Ende ein verkrüppelter Mann. Der Wodli-Jakob[405] war in der Angst unter einen Schrank gekrochen, wurde aber von den siegestrunkenen Soldaten aus seinem Versteck hervorgeschleift und so jämmerlich traktiert, daß er seitdem oft in Zustände verfällt, die an Verrücktheit grenzen, und von Geldsummen phantasiert, die er gefunden haben will, aber niemals gesehen, geschweige besessen hat. In Wörth wollte ein 24jähriger Jüngling zum Speicher hinaus der Schlacht zusehen, eine Kugel durchbohrte ihm die Brust – er siechte noch sechs Monate und starb an der Schwindsucht. Eine Frau war ans Fenster getreten und stürzte, tödlich getroffen, zu Boden.[406] Drei Männer wurden durch Kugeln verwundet, gelangten aber wieder zur Genesung. – In Spachbach war ein junger Mann, Vater von mehreren unmündigen Kindern, mit andern Leuten aus dem Keller getreten und wollte eben nach Hause eilen, um Brot für die Verwundeten zu holen, – da wurde er unter der Anklage, er hätte geschossen, was erwiesenermaßen nicht der Fall war, auf der Stelle unerbittlich erschossen. Die Steine am Wege

Man findet die Leiche also kurz nach dem Tod des Erschossenen. Die ganze sentimentale und in der ›Jubelausgabe‹ schön illustrierte Fluchtgeschichte Trösters erscheint daher fragwürdig; vgl. Klein 1897, S. 134. Joseph Trösters Beruf wird mit ›Tagelöhner‹ angegeben; vgl. ABR 4 E 146/9.

403 ›Die alte Zaißnerin‹, ›Catherine Elisabeth Lienhardt‹, Witwe von ›Jean Géoffrai Zaissner‹, starb ausweislich des Totenscheins am 6. 8. 1870 um 17 Uhr mit 62, nicht mit 75 Jahren; vgl. ABR 4 E 146/9.

404 ›Eiser-Henner‹, nachgewiesen im Zensus von 1866 als ›Henri Eiser‹, 58 Jahre alt; vgl. ABR 7 M 376.

405 ›Wodli-Jakob‹, nachgewiesen im Zensus von 1866 als ›Jacques Wodli‹, 25 Jahre alt; ABR 7 M 376.

406 Die einzige Tote in Wörth vom 6. 8. 1870 ist ausweislich des Sterberegisters eine ›Marie Wetzel‹, geb. ›Sturm‹, 60 Jahre alt; vgl. ABR 4 E 550/17; vgl. Schiler, S. 109, der den Namen bestätigt, die Todesgeschichte aber etwas anders erzählt.

hätten sich erbarmen mögen! – Sein armes, krüppelhaftes Weib hat sich schier zu Tode gewinselt.[407]

Ein anderer, ebenfalls junger Mann, sollte sofort niedergemacht werden, wurde jedoch begnadigt. Der Schrecken aber hatte ihn zerschmettert, – er starb plötzlich und hinterließ eine schwer gedrückte Familie.

[122] In Langensulzbach sollte ein ganzer Trupp von Menschen standrechtlich erschossen werden, weil sie angeblich sich am Kampfe beteiligt hätten, – sie wurden aber durch die energische und selbstvergessene Dazwischenkunft des dortigen Pfarrers gerettet. Aber in Gunstett? O, Gunstett bleibt ein dunkler Punkt in der Geschichte jenes verhängnisvollen Tages! Haben die dortigen Einwohner wirklich auf deutsche Soldaten geschossen? Kein Mensch hat es ergründen können bis auf den heutigen Tag. Der Erzähler hat alles versucht, um der Wahrheit auf die Spur zu kommen, unmöglich. Die Offiziere und Soldaten haben steif und fest behauptet, die Gunstetter haben aus den Häusern und Kellern geschossen – und die Gunstetter leugnen, schwören, sie seien unschuldig gewesen. Wer wird, wer kann den Schleier dieses Geheimnisses lüften? Gott weiß es! – In einer so düstern, haß- und rachedurchglühten Zeit ist ja vieles, alles möglich. Es wird uns später auf diesem Gebiet nochmals eine gräßliche Mordgeschichte vor die Seele treten; ob sie aber mehr Licht in dieses Dunkel werfen wird, steht zu bezweifeln. Nein, in Gunstett ist es schauerlich zugegangen.

Ein Schwindsüchtiger ist im Bett erschossen worden; etliche aber meinen, er sei nicht krank gewesen, sondern habe sich, nachdem die Tat an ihm vollbracht in das Bett verkrochen. – Ein Gastwirt wurde mit seiner Frau an der Haustür niedergemacht[408]; seine zwei Kinder wurden schwer verwundet; eines derselben ist mit zerschmettertem

---

407 Diese fürchterliche Geschichte ist belegt. Auf dem Totenschein von ›Philippe Bricka‹, 43 Jahre alt, von Beruf Bauer, ist ausdrücklich vermerkt, dass er um 15 Uhr von Preußen hingerichtet wurde; vgl. ABR 4 E 341/8. Seine Frau war eine geborene ›Christine Huhn‹, 45 Jahre alt; vgl. ABR 7 M 573. Zur meist stressbedingten Überreaktion von deutschen Soldaten, die glaubten von Zivilisten beschossen zu werden, vgl. die eindrücklichen Berichte des bayerischen Infanteristen Florian Kühnhauser, Kühnhauser, S. 70 ff.

408 Ausweislich des Totenscheins ›Jean Herberger‹, Gastwirt, 51 Jahre alt und seine Frau ›Dorothee‹, geb. ›Lehmann‹, 48 Jahre alt; sie wurden um 15 Uhr erschossen. Ebenfalls um 15 Uhr in Gunstett starb ›George Stephan‹, 14 Jahre alt. Er könnte der erwähnte Schwindsüchtige sein, der erschossen wurde; vgl. ABR 4 E 177/12.

Arm bis nach Hagenau gelaufen. – Was hatten diese Menschen verübt? Ist es wahr, daß sie geschossen, daß sie den Soldaten Speise und Trank verweigert haben? Geh, und frage die Gräber, sie werden schweigen und bei den Lebenden ist keine [123] Stimme noch Antwort. Rätselhaft bleibt vorderhand die Tatsache, daß die Deutschen *hier*, in Fröschweiler, wo der Widerstand am hartnäckigsten war, wo der Sieg so ungeheure Opfer forderte, wo im Unterdorf sozusagen jedes Haus einzeln erobert werden mußte, derartige Untaten nicht verübt haben.

Die Plünderung.

Wir kehren nun wieder nach Fröschweiler zurück und erzählen weiter, wie es uns nach der Schlacht am Abend des 6. August ergangen ist. Es war halb sechs Uhr, als wir den Pfarrhof erreicht hatten. Du lieber Gott! was war alles zwischen unserm Weggehen und Wiederkommen vorgefallen? Frankreich aufs Haupt geschlagen … unsere Heimat ein Schauplatz der Verwüstung … wir mußten alle bitterlich weinen … Die Haustür war aufgesprengt, doch merkten wir keine Spur von Verheerung. Wir durchsuchten die Räume; überall alles in Ordnung; – auch die dunkle feuchte Küchenkammer: hier regte sich etwas in der Finsternis. Qui vive? Wer ist da? Ein langes, dumpfes Stöhnen war die Antwort. Man kann sich denken, wie uns zumute ward. Wir machten die Läden und Fenster auf; sechs Turkos lagen zusammengekauert auf einer Bütte voll nasser Wäsche. Ihr Anblick war herzzerreißend. Sie waren alle schwer verwundet: dem einen war die Kugel durch die Brust gefahren, dem andern durch den Unterleib; dem dritten, einem großen Neger, waren beide Augen und der obere Teil der Nase aus dem Kopf geschossen. Ach wie kläglich, wie schmerzensreich lagen diese Schlachtopfer da in [124] ihrem Blute! Wie krümmte sich ihr verstümmelter Leib unter furchtbaren Wehen! Wie zitterten und bebten sie an allen Gebeinen! Wie lechzte der große, aufgesperrte Mund nach einem Trunk Wasser. »De l'eau! de l'eau!« Es gelang uns endlich, sie aus ihrem Versteck herauszubringen: einer stürzte unter der Tür zusammen, kroch auf allen Vieren durch den Hof und fiel durchs hintere Scheunentor in den Garten, wo er, den Kopf und das Gesicht zur Erde gewendet, verblutete. Der lange Neger legte sich mitten in den Hof, in die Sonne, bedeckte sein Angesicht mit einem Tüchlein und phantasierte, bald singend, bald heulend, mit gen Himmel aufgehobenen Händen,[409] bis er den Geist aufgab. – Diese ganze Szene hatte einige Minuten gedauert … Auf der Straße war ein wütendes Getöse … wir ahnten aber nicht, was jetzt über uns kommen sollte. Was wissen doch die Menschen vom Krieg, solange sie nur Kalender-Historien gelesen, aber niemals einen Krieg erlebt haben! Ich stand in der Haustür. Plötzlich drangen die Soldaten haufenweise in den Hofraum. Sie waren außer sich vor Hitze, vor Durst und

409 Hier folgt im Original eine mit * markierte Fußnote: ›Dieses war der Araber Gebetform.‹

Erschöpfung. – »Sie haben doch Wein? Geben Sie uns einige Flaschen Wein!« – »Ja, ja. – Sie sollen Wein bekommen, – nur ruhig, ich will holen«; ich stieg in den Keller – kein einziger folgte – und brachte sogleich mehrere Flaschen. »Hier, meine Herren« … O weh! Hunderte von ausgestreckten Händen griffen durcheinander … »Mir auch eine! mir auch! mir auch!« – Mir wurde angst und bange. – »Seien Sie doch ruhig … Sie sollen alle haben … Ich hole wieder!« Damit eilte ich die Treppe hinunter. – Ja [125] ruhig! ja warten! ein ganzer Schwarm stürzt mit herab in den Keller. Jetzt ging's los. – Wie wilde Tiere fielen sie über die Kiste her, daraus ich die Flaschen langte. »Ha! da ist Wein! Ich hab eine!« »Ich will auch eine! Donnerwetter ich will auch Wein!« – Ich konnte nichts mehr wehren; im Nu war keine einzige Flasche mehr vorhanden. Und immer zahlreicher, stürmischer brachen sie in den Keller herunter. »Wir müssen Wein haben! Da ist Wein! und da ist Wein!« – und klopften an die Fässer. »Aufmachen! auf der Stelle oder wir schießen in die Fässer!« Ich konnte mich kaum noch meines Lebens erwehren, sie hätten mich erdrückt, unter den Füßen zerstampft! … »Habt um Gottes willen Geduld und laßt mich hinaus, ich will den Küfer[410] holen.« Endlich entkam ich ihren Händen … Jetzt hatte der Greuel der Verwüstung freien Lauf. Jetzt erbrachen sie die Fässer, eins nach dem andern; der Wein floß in Strömen; keiner wollte weichen, alle wollten auf einmal trinken. (Abb. 35) »Ich auch! ich auch! und dabei schalten, rannten und stießen sie einander … Krawall, Handgemenge … Lachen, Fluchen … ein entsetzlicher Spektakel. Ich stand im Hofe und sah zu. Was machen? Laß fahren dahin … Endlich kam der Küfer mit Hammer und Bohrer. Es war zu spät. Die entfesselte Kriegsfurie war nicht mehr zu bändigen. Sie machten fort, unwiderstehlich, unerbittlich. – Nicht das geringste durfte übrig bleiben. Eingemachte Kirschen, Konfekt, Himbeerensirup, Gurken, Essig, Wein bis auf den letzten Tropfen, alles wurde mit fortgerissen! Und immer wieder fluteten neue Massen zum Hof herein. »Da ist Wein! Wir wollen auch Wein!« – »Wir haben keinen Wein mehr!« »Ja, Sie haben noch Wein … Man hat's uns gesagt … [126] Sie wollen ihn nicht herausgeben … wir werden ihn schon kriegen« … scharenweise drangen sie in den Keller, warfen die leeren Fässer hin und her, konnten aber nichts mehr finden und stürmten weiter. – Und doch war, ohne daß wir es nur wußten,

410 ›Küfer‹, ›Kellermeister‹; vgl. Wahrig, S. 798.

Abb. 35

noch ein kleines Fäßchen geblieben, aber auch dieses sollte noch genommen werden. Die allgemeine Verheerung war geschehen, da kam ein württembergischer Leutnant und sagte: »Sie haben noch ein Fäßchen Wein« … Ich wollte protestieren … »Ja, ja da unten, ganz in der Ecke, ist noch ein Fäßchen Wein – es ist mir leid … ich muß es haben.« Wir gingen mit ihm und fanden in der Tat, weit vom Lager weggerollt, ein kleines Tönnchen. Es war der Freundestrunk, der einst auf der Wanderung von Paris mit ins Elsaß gegangen war. Er wiederholte: »Nehmen Sie mir's nicht übel, ich *muß* es haben,« in einem Tone, worin ein *warmes* Herz die Erbarmungslosigkeit des Krieges aussprach. – »In Gottes Namen!« – Und er schleppte es fort. Zwei Monate später erhielten wir von Götzenbrück aus, bei Bitsch[411], einen freundlichen Brief, worin der edle Kriegsmann um Entschuldigung bittet. Er hätte es eben *tun müssen.* Dieses Schreiben hat uns sehr wohl getan.

411 ›Götzenbrück‹, 10 km südlich von Bitsch gelegene Gemeinde.

Vier Jahre später, am 6. August 1874, hatten wir an der Straße nach Elsaßhausen das Monument der gefallenen Württemberger eingeweiht.[412] Es war ein schönes Fest.

Oberstleutnant v. Linck[413] und Major v. Malblankt[414] hatten ergreifende Reden gehalten, wie denn die Schwaben, weiß Gott, wackere Leute sind. Nach der Feierlichkeit waren die Offiziere ein Weilchen in unserem Hause beisammen. Auf dem Trottoir aber vor den Fenstern spazierte einer auf und [127] ab und wollte nicht hereinkommen. Ich ging hinaus und bat ihn freundlich, er solle doch uns und den anderen Herren zulieb auch hereintreten. Er hatte allerlei Entschuldigungen. Endlich ging er mit. Wir schauten einander näher ins Gesicht; die Brille war mir sogleich aufgefallen. Wie jenesmal in Weißenburg – es ging nicht mehr länger … »Kennen Sie mich noch?« – »Ich habe Sie schon gesehen.« – »Ich bin der Leutnant (soll ich ihn nennen?), der Ihnen anno 1870 das letzte Fäßchen Wein genommen hat.« – »Nun, deswegen sollen Sie doch heute ein Gläschen mit uns trinken,« und es war ein freudiges Wiedersehen.

412 Das Denkmal zu Ehren des 3. Württembergischen Jägerbataillons steht noch heute an der Straße von Elsasshausen nach Fröschweiler. Der ursprünglich krönende Obelisk ist allerdings nach 1918 durch eine Kugel ersetzt worden. 1895 zählte man rund um Wörth bereits »12 grössere Denkmäler und 25 Denk- und Grabsteine und -kreuze ohne diejenigen auf den Kirchhöfen zu Wörth, Fröschweiler, Morsbronn, Walburg u. s. w.«, Scheib, S. 161.

413 Der Ludwigsburger Karl Friedrich Gotthold von Linck (1825–1906), Oberstleutnant im 3. Württemberger Jägerbataillon, hatte am 6. 8. 1870 einen Schuss durch den Unterarm erhalten; vgl. Württemberger Verlustliste, S. 2253, zur Rolle Lincks am 6. 8. 1870 vgl. Großer Generalstab, S. 281.

414 Gemeint ist wohl Friedrich von Malblanc (1828–1874), Major im 3. Infanterieregiment.

Die verlorne und wiedergefundene Kuh.

So war denn der Keller rein ausgeplündert. Noch mehr als zehnmal wurden alle Fässer immer wieder durcheinander geworfen. Es war nichts mehr vorhanden – und wie im Keller, so ging's im ganzen Hause. Es war nicht möglich, der losgelassenen Kampfeswut, dem Hunger und Durst der Soldaten zu widerstehen. In der Küche wurden alle Gefäße, Häfen, Kübel hervorgeholt, ausgeleert (einer hat sogar Petroleum getrunken!), zerschlagen oder fort ins Lager geschleppt. In den Stuben wurden alle Möbel aufgerissen, alles Vorhandene unzählige Male durcheinander geworfen; alle Winkel bis auf den Taubenschlag hinauf wurden durchsucht, ob etwa noch Nahrungsmittel aufzuspüren wären. Und wie wir auch den immer wieder Kommenden beteuerten: »Wir haben nichts mehr!«, sie glaubten es nicht; sie wurden böse und [128] schalten und suchten und fluchten, und wir konnten doch keine Vorräte mehr aus der Erde zaubern. Das waren schreckliche Momente. Und doch auch wieder Gnade und Bewahrung mitten in der Bedrängnis. In der Wohnstube hatte ich in einem Pult in prächtiger, strategischer Ausführung die Festungspläne von Straßburg, Rastatt, Mainz, Koblenz etc., die ich in den letzten Tagen genauer anschauen wollte. Man kommt ja in solchen Zeiten auf allerlei Gedanken, zumal in einem einsamen Dorfe, wo zum Kriegführen und Weltteilen nicht gerade besondere Anstalten getroffen sind. Mein Festungskarten-Studium hätte mir aber saure Früchte tragen können, wenn so ein schäumender Eisenfresser, wie jenes Männchen mit den strammen Hosen, die Dokumente bei mir gefunden und mich sofort als Spion der Vendetta des deutschen Heeres überliefert hätte! Es scheint jedoch, der glückliche Finder hatte von Straßburg, Mainz und Koblenz nur sehr allgemeine Begriffe … kurz, die Sachen sind verschwunden, und ich bin darum in keiner Weise behelligt worden. Für meine Studierstube und für meine Bücher war mir besonders bange. Unzählige Male wurde die Tür aufgerissen: – das Zimmer niemals betreten. – In der oberen Stube wollte ein Soldat den Spiegelschrank mit der Axt aufhauen … Meine Frau stellte sich davor und wehrte mit Geschrei und Tränen … Ein anderer kam dazu und fragte den Wüterich, was er da mache. – »Geht dich nichts an! ich habe Hunger und Durst.« – »Geht mich nichts an? Ein Soldat darf keine Roheiten begehen!« – »Was hat mir ein Rekrut zu sagen?« – »Was Rekrut? Ich Rekrut? Du Rekrut! Ich diene meinem König schon zwei Jahre

… – du Rekrut!« [129] Griff den Widersacher: – allmächtiger Gott, sie gehen mit Bajonetten aufeinander los! … Wir wollten abwehren, wir schrieen – es half alles nichts; sie rollten schlagend, raufend die Stiege hinunter.

Im Hofe ging's denselben Gang der Verwüstung wie im Hause. Die Hühner wurden alle erwürgt, die Schweine totgeschossen; Heu, Stroh, Wagen, die Bienenstöcke, alles, was irgendwie einem Heere dienen kann, wurde unbarmherzig fortgenommen. Und wehe dem, der in solchen Augenblicken den entbrannten Leidenschaften des Menschen Widerstand leisten wollte. Der würde Öl ins Feuer gießen und elendiglich zugrunde gehen. – Einmal, warum sollt' ich's nicht erzählen, wollte auch mir die Geduld reißen, und ich machte den Versuch, der Plünderung Einhalt zu tun. Mein Wägelein, welches ich zum Filialdienst[415] so nötig brauchte, war schon fort, und sie fingen nun auch an, das Heu mit greulicher Energie herunterzuwerfen. Da kam ich auf den unglückseligen Gedanken, ein Schloß an die Dachluke zu legen und so den Heuschober nach außen zu verschließen. Das hatte aber der schlaue Unteroffizier beim Fortgehen bemerkt, kam bald wieder mit einem ungeheuren Troß von Mannschaften und nun ging's *wagenvollweise*, ein Transport nach dem andern zum Hof hinaus. Ich mußte zusehen und ärgerte mich nachher über diese gefährliche Selbsthilfe – das Unglück war aber geschehen, ich konnte nichts mehr ändern. Ich reklamierte zwar und protestierte nach Kräften; er solle doch nicht alles nehmen … ich sei doch der Pfarrer etc.; »das ist eben recht,« war die Antwort – und im Grunde hatte er auch recht. In solchen Momenten muß man seine Seele in Geduld fassen, und [130] wenn auch das Herz trauert über den Verlust so vieler Güter, so darf man sich doch nicht fleischlich und eigenmächtig wehren gegen die Gerichte, welche Gott über einen verhängt hat. Es ist der Gemeinde nicht besser gegangen, und so durfte auch dem Hirten keine Schonung auf Unkosten anderer widerfahren, 's ist nur ein Elend, daß man solche Wahrheiten nicht schon zum voraus oder doch, wenn's not tut, auf der Stelle erkennt. Übrigens, wie kann man von einem kampfesmüden und kampfeserbitterten Soldaten, der soeben sein Leben fürs Vaterland aufs Spiel gesetzt hat und vielleicht morgen für dasselbe bluten muß, wie kann

415 Filialkirchen sind Nebenkirchen einer Gemeinde in anderen Orten. Klein musste also nicht nur die Gemeinde in Fröschweiler betreuen, sondern Filialdienst in benachbarten Dörfern leisten.

man von ihm verlangen, daß er für irgend einen Gegenstand, den er braucht und haben muß, die geringste Nachsicht habe? Darüber lassen sich freilich, in Friedenszeiten hinterm warmen Ofen, allerlei menschenfreundliche Meinungen und Ansichten aufstellen, aber wenn der Soldat im Felde liegt oder bluttriefend aus der Schlacht hervorbricht und Hunger und Durst in seinen Gebeinen wüten, dann ist's anders … dann werden solche Träumereien hinfällig … dann wird's offenbar: wer Krieg sagt, sagt in diesem einzigen Worte eine Welt voll von Jammer und Elend.

Es läßt sich nicht leugnen, daß auch Roheiten und unnötige Härten vorkamen. Wenn eine alte Frau, mitten unter einem wütenden Haufen von Soldaten unter Androhung augenblicklicher Todesgefahr den Ölkrug an den Mund setzen und daraus trinken muß und dann monatelang jämmerlich dahinsiecht, so ist das eine Grausamkeit, für die es schwerlich eine Entschuldigung gibt; und wenn ein alter, ehrsamer Herr von jeder Flasche Wein, die er dem tobenden Haufen austeilt, zuerst kosten muß, vor ge- [131] spannten Gewehren und klirrenden Säbeln, und endlich vor lauter Kosten das Konzept und das Gleichgewicht verliert, so ist das ein herzloses Verfahren, dem niemand das Wort reden kann. Doch derlei Exzesse fallen unter Gottes Gericht. Es sind aber auch Beispiele von Milde und Barmherzigkeit zu verzeichnen, welche das Andenken an jene gräßlichen Tage lieblich und tröstend durchleuchten. Ein solches aus unsern persönlichen Erlebnissen: Wir hatten um sechs Uhr an Nahrungsvorräten nichts mehr, als die Milch von unsern zwei Kühen. Nun, wenn die uns bleiben, so werden wir nicht verhungern. Wenn nur die Kleinen heute Nacht und morgen noch satt werden, wir Alten können schon warten. Bis hierher hat Gott geholfen durch seine große Güte[416] … Überdem tritt ein Offizier mit einer Abteilung Soldaten in den Hof herein, schreitet rasch dem Hinterhofe zu, und in einem Augenblick sind beide Kühe gebunden, um ins Lager abgeführt zu werden. Ein Schrei des Entsetzens erhebt sich im ganzen Hofe. Mir selbst wird's jetzt auch bange. Ich eile hinaus und wage ganz ruhig ein Wort an den Offizier. »Herr Leutnant, ich habe jetzt nichts mehr als diese vier kleinen Kinder und zwei Augen zum Weinen. Wenn es Ihnen *möglich* ist, haben Sie Erbarmen, lassen Sie mir nur eine von den zwei Kühen, daß ich diese Würmlein heute abend noch einmal sättigen

416 Titel eines evangelischen Kirchenlieds von Aemilie Juliane von Schwarzburg-Rudolstadt aus dem Jahr 1699.

kann.« Sichtbar ergriffen erwidert der fremde Krieger: »Herr Pfarrer, glauben Sie mir, es tut mir leid, ich fühle mit Ihnen, aber ich kann nicht anders, *ich muß sie haben.*« – »Nun, wenn Sie sie haben müssen, kann ich mich dieses letzten Opfers nicht weigern; nehmen Sie's hin in Gottes Namen.« – Die Soldaten wollten fort. Der Offizier gibt einen Wink. »Nein, wir [132] nehmen nur eine;« und zu mir sich wendend: »Welche wollen Sie behalten?« – »Diese da!« – »Kinder, führt die Kuh wieder in den Stall.« Unter Loben und Danken trat ich wieder ins Haus, der Offizier begleitete mich hinein, verlangte Feder und Papier und schreibt einen Requisitionsschein[417], den er mir mit den Worten überreichte: »Das sind blutige Zeiten, Herr Prediger, aber seien Sie getrost, es wird auch wieder besser kommen.«

Des andern Tags, als ich vom Schlachtfeld kam, sind wir wieder beisammen, und es fließen Tränen und mancher Seufzer steigt zu Gott empor ... Da hören wir auf einmal das Hoftor aufsprengen, eine Kuh läuft brüllend zum Stalle hin ... wir eilen hinaus ... da steht wahrhaftig neben der andern unsere zweite vermißte Kuh. Sie hat den Strick noch am Halse und die Milch von gestern bringt sie wieder. Man denke sich unsere Freude; wir sind alle wie erstarrt vor Verwunderung. »Du guter Gott! wie bist du doch so freundlich und barmherzig! Ja, wahrlich, das Seufzen der Elenden hörest du, Herr! ihr Herz ist gewiß, daß dein Ohr darauf merket.«[418] – Wie ist aber das gute Tier zu uns gekommen? Sie ist doch aus einem fremden Dorfe und ist hier niemals im Felde gewesen ... Wer hat ihr den Rückweg gezeigt? Hat Gott jenem Offizier etwa gesagt, er solle sie durch seine Mannschaften zurückführen lassen? Wir wissen es nicht. Nur das wissen wir, daß Gottes Güte sie uns wieder geschenkt hat, und wenn auch fast kein Futter mehr in der Scheune blieb, so hat es doch auch nicht daran fehlen dürfen bis zur neuen Ernte. [133]

417 ›Requisitionsschein‹, eine Art Quittung für den Diebstahl. In der Theorie hätte Karl Klein gegen diesen Schein nach dem Krieg eine Bezahlung für die Kuh einfordern können.

418 Pfarrer Klein zitiert Ps. 10.17: »Das Verlangen der Elenden hörst Du, o HERR; du festigst ihr Herz, machst dein Ohr geneigt.« Eventuell auch eine Anspielung auf Ps 103 als Fortsetzung von Ps 102.

Die Plünderung im Dorfe.

Der letzte Laib Brot und der alte Bechtel.

Wie uns, so erging es ohne Ausnahme allen Einwohnern im Dorfe. Überall brachen die durstigen wütenden Gesellen haufenweise in die Gehöfte hinein; drangen, gleichviel bei offenen oder verschlossenen Türen, stracks in die Keller, durchlöcherten, zerschlugen die Fässer, füllten, soffen, verschütteten nach Herzenslust Wein, Obstwein, Essig, Schnaps, Kirschengeist, was ihnen unter die Hände fiel. Und die armen Bäuerlein standen dabei und sahen zu und mußten alles kosten, und manchem ist wohl der Ingrimm und das Herzeleid bis an die Seele gestiegen; denn wahrlich das tut weh, das geht ans Leben, wenn auf einmal, mir nichts, dir nichts, so ein gutes, lang gespartes Tröpflein weggeschnappt oder sündenmäßig verdorben wird! Aber was machen? Heulen? Meinetwegen! Dareinwettern? Probier's einer! Wer sich geduldig in sein Schicksal fügte, dem wurde kein Haar gekrümmt; wer sich halsstarrig stellte, der wurde mit Gewalt gebändigt. Und so waren denn in einem Nu alle Keller gründlich ausgeleert, alle Fässer, groß und klein, auf den Kopf gestellt, und ich glaube nicht, daß es zweien oder dreien gelungen ist, einen Tropfen für den kommenden Durst zu bewahren.

Dem schlauen Grünspecht hat freilich auch diesmal seine Verschmitztheit wieder geglückt. Kein Wunder! der kleine Keller war mit einigen Klaftern Holz vermauert ... O wie hat *er* nachgehends in die Faust gelacht und sich gütlich [134] getan, im stillen beim vollen Glase, während den andern das Herz im Leibe brannte ... aber er hat's doch bekommen; was er am Wein erlistet, das hat er fürs Wasser reichlich büßen müssen.[419] Nur schade für den köstlichen Wein, der in Menge verschüttet und zerstört worden ist. Wie viele

---

419 Im Jahr 1870 ist keine Familie ›Grünspecht‹ in Fröschweiler nachweisbar. Sie ist weder im Zensus von 1866, noch in den Geburtslisten der betreffenden Jahre ausgewiesen. Grünspecht ist im Jüdischen ein gebräuchlicher Familienname. Ausweislich der Geburtenliste gab es 1870 aber eine offensichtlich jüdische Familie ›Levy‹ in Fröschweiler, die sich hinter Kleins ›Grünspecht‹ verbergen könnte. Die 1870 und 1872 geborenen Söhne der Familie Levy hießen ›Elias‹ und ›Isaak‹. Die Geschichte vom ›listigen Juden‹, dem es mit Tricks gelingt, seinen Wein zu verstecken, würde zu gängigen antijudaistischen Narrativen des 19. Jhds. passen; vgl. ABR 7 M 376 und ABR 4 E 550/19. Vielleicht ist aber auch nur der Wildschütz Xaveri gemeint, bedeutet doch ›Grünspecht‹ im Volksmund auch ›Jäger‹. Für diese Deutung spräche die Wendung »auch diesmal«.

erschöpfte, verwundete Krieger hätte man damit erquicken können! Aber wer will einem Lawinensturz Einhalt gebieten? Von den Kellern ging's, wie bei uns, in die Stuben; Tischladen, Schränke, Kisten, Betten, alles wurde aufgebrochen, durchstöbert und was noch vorhanden, Brot, Milch, Eier, Speck, Zwiebeln etc. ohne Schonung und Erbarmen weggenommen. Denn wie schlau der Bauer auch sein mag im Verstecken, ebenso schlau, noch schlauer ist der hungrige Soldat im Suchen und Finden. In der Umgegend von Metz und Paris werden die Leute wahrscheinlich auch etwas von dieser Industrie zu erzählen wissen. Item, da wurde auch in Fröschweiler noch manches Eierkörblein ausgehoben, mancher Schnapskrug in der Kammer oder auf dem Speicher aus einem Spreu- oder Holzhaufen hervorgeholt, und es gab freudig lachende und auch schmerzlich verzerrte Gesichter. Natürlich durfte da und dort auch manches mitgehen, das keine Füße hatte und nicht gerade zum Waffenhandwerk unentbehrlich war; aber unter welchem Heere sind nicht auch Leute, die, wenn ihre Taten erst einmal auskommen, das Zelt mit dem Zuchthaus vertauschen müssen? Und das muß gleich hier mit rückhaltloser Offenheit bestätigt werden. Im deutschen Heere herrschte eine furchtbare unerbittliche Disziplin. Hatte da in Wörth ein Soldat eine Uhr gestohlen … Der Quartiermann, bei dem er logiert, ging dem Regiment nach bis gen Philippsburg, wurde vor der [135] ganzen Front hergeführt, erkannte den Täter wieder, und der Unglückselige wurde auf der Stelle niedergeschossen. Und jeden Morgen wurde den Mannschaften bei Todesstrafe eingeschärft, sie sollten sich gegen das siebente Gebot nicht vergreifen. Wir reden also von seltenen Ausnahmen. Nur eines konnten wir uns nicht erklären: das Verschwinden so vieler Mannshemden! Nachher haben wir's erfahren: eine ganze Menge der armen Jungen mußte beim Sturm über die Sauer bis an die Schultern durchs Wasser; und ich darf's wohl hinzusetzen: die trockenen Hemden haben wir ihnen von Herzen gegönnt. Ich hätt' mir auch eins genommen. – Aus den Kellern und Kammern ging's dann in die Ställe, in die Scheunen. An zweihundert Stück Rindvieh, fast alle Schweine, Hühner, Gänse, Schafe (von der Schloßherde sind ganz wenige entronnen) wurden niedergemacht oder fortgeschleppt. Auch Heu, Stroh – leider auch ungedroschenes Getreide, doch nur wo kein Stroh vorhanden war – Hafer, Roggen, Gerste wurde massenhaft aufgeladen und von dannen geführt. Da wollte auch manches Bäuerlein kein Heu oder kein Stroh oder keine Leiter haben … Es half aber kein Leugnen und kein Entschuldigen – er mußte hinauf, selbst hinauf, und wehe, wenn er keins herunterbrachte! und *kein Deutsch verstehen* wäre hierzulande wohl zu toll gewesen. Da gab's aber auch, Gott sei's geklagt, einheimische Schurken und Spitzbuben, die im Gedränge umherschlichen und den suchenden Unteroffizieren heimlich zuflüsterten: »Da wohn ich,« und wenn's hundertmal eine Lüge war! oder »da und dort wohnt ein reicher Mann, da ist Heu, Stroh, Frucht, Wein in Menge« und schonten so ihr eigen Hab und Gut zum Schaden anderer [136] Leute![420] So hat auch der Pfarrer

420 Eine anekdotisch Variante derartigen Verhaltens schildert Klein 1890 in den unveröffentlichten Skizzen: »Aber auch spaßhafte Auftritte hat es gegeben; wie denn im Kriege auch die Komik immer wieder zu ihrem Rechte kommen will: Hier ein Beispiel: Kommt da ein beutegieriger Dragonerwachtmeister mit seiner Schwadron an einen großen Bauernhof … Da steht ein langes, hageres, strupphäriges Männlein vor seiner ›Gerechtigkeit‹ und sagt in weinerlichem Tone: ›Ihr lieben Herren! ich hab gar nichts mehr … sie haben alles genommen … aber sehen Sie: dort oben an der Straße rechts, dort wohnt ein reicher Mann, der hat noch gar nichts geben brauchen, und der hat noch gestern abend gemeint: Wenn nur die malefitzigen Preußen alle beim Teufel wären! … ›So,‹ brummt der Wachtmeister und blinzelt so schelmisch mit den Augen… ›alles genommen … ei, ei … recht fatal … Wollen mal sehen … Kommt, Kinder, müssen doch dem ausgeraubten Bauer seine hübsche Scheuer betrachten …‹ und schreitet vorwärts, den Hof entlang … die Dragoner marschieren lächelnd hinten drein … ›Um Gotteswillen!! ich hab' doch nichts mehr … als noch ein klein bischen Heu für mein armes Vieh … und das heult und winselt ganz erbärmlich …‹ Der Wachtmeister läßt sich aber nicht irre machen. Er reißt das Scheunenthor auf. ›So, Halunke! du hast nichts mehr! und alles ist vollgepfropft bis unter die Hohlziegeln! Du willst mich zu einem andern schicken?! Wart', das sollst du büßen … Wo ist die Leiter? …‹ – ›Ich hab' keine Leiter!… sie ist mir gestern abend gestohlen worden.‹ ›Ach! du hast keine Leiter … du dummer Lümmel, meinst: wir kommen nicht auf den Heuboden hinauf … her, Kinder! Eine kleine Turnübung … Da, packt mal zwei den Schelm an den Armen … und du springst ihm den Buckel hinauf … und du, krabbelst an deinem Kameraden in die Höhe … was gilt's? es reicht bis an den Gerüstbalken …‹ Der Bauer schreit Zeter Mordio! und ›ich hab' doch keine Leiter! Ihr bringt mich ja um! ich bin des Todes! …‹ Es hilft aber kein Wehren und Sträuben im Nu sitzt ihm einer auf der Schulter und wieder einer auf dem ersten … unter schallendem Hohngelächter sind sie droben, und nun geht's los … Jetzt werfen sie herunter, was ihnen gerade unter die Hände kommt: Heu, Stroh, Weizen, was Zeug hält, ganze Haufen … 26 mal mehr, als sie gewollt und gebraucht hätten … ›So, Kinder!‹ ruft zwischen hinein der unerbittliche Wachtmeister … ›auch noch etwas für die 3te Schwadron …‹ Dem Bauer wird's ein übers andere mal grün und gelb vor den Augen … aber was machen? Wehren kann er sich nicht. Fortlaufen darf er nicht … Endlich heißt's: ›so, jetzt könnts ungefähr genug sein …‹ Und die Dragoner steigen an dem gebrandschatzten Bauer herab – auch diese Schmach muß er noch ertragen – und schleppen den ganzen Plunder lachend von dannen. – ›So‹, sagt der Wachtmeister, ›jetzt hast du einen Denkzettel … steck' ihn hinters Ohr …‹ und wiederum steht der Bauer am Hofthor und schaut trübselig hinaus in das wogende Kriegsgetümmel: aber, ich bin gut dafür: die ersehnte Schadenfreude ist ihm vergangen«; Gümbel, S. 219 ff.

manchen Troß zugeschickt bekommen von gottlosen Halunken und Tagedieben, die sich dann die Hände reiben konnten.

Es sei ihnen nicht zugerechnet; aber manchem hat seitdem schon die Gerechtigkeit Gottes sein Handwerk gelegt und seinen Lohn gegeben. Und ist's nicht eine wahre Teufelei, was drüben in Reisejockels Scheune vollbracht werden sollte? Der fand in seinem *Weizenstock* einen Feuerbrand, der seine ganze Hofgerechtigkeit in Flammen stecken sollte, aber überm Hineinstoßen ausgelöscht war! Ach, du großer Gott, welche Leidenschaften doch der Krieg im Menschenherzen entzündet! wie in solchen Zeiten die ganze Grundsuppe sündlicher Verkommenheit sich ausschäumt! – Doch, bekennen wir's mit Freuden, das sind auch nur Ausnahmen gewesen. Unser Volk, im ganzen, hat noch einen sittlich guten Kern, und wenn es denselben bewahren darf, so können wir schon zufrieden sein.

So hatte denn die Plünderung alle Nahrungsvorräte in einigen Augenblicken verschlungen. Trostlos standen unsere Leute vor den Ruinen ihrer irdischen Habe. Ach, wie viele Seufzer sind an jenem Abend gen Himmel gestiegen! Wie viele Tränen über Vater- und Mutterwangen herabgeflossen, und doch, wie hart, wie schonungslos die Hand des Siegers uns niedergeworfen hatte, es schlug unterm fremden Waffenrock manch fühlend, mitleidig Herz. Sie *mußten* es ja tun, und wer, nach solch einer Schlacht, hätte es nicht getan? Und wie mancher tat um unsers Jammers willen dennoch nur halb, was er ganz hätte tun dürfen! Nur einige Beispiele. Gerade da unten wohnte ein Bäuerlein, nicht reich an irdischen Gütern, wohl aber an unmündigen Kindern.[421] Da war auch Jammer und Elend, [137] als am Abend nach der Schlacht alles drunter und drüber ging, und der letzte Laib Brot, im Bett verborgen, jeden Augenblick in Feindeshände fallen konnte. Der Vater seufzte, die Kinder heulten vor Schrecken, aller Augen waren nach dem letzten Bissen gerichtet, als eben wieder ein Trupp Soldaten das Hoftor hereinstürmte. Die Mutter merkt die Gefahr, langt den Laib Brot zum Bett heraus und spricht: »Bärbele[422], geschwind, da setz dich drauf! Deck's mit deinem Röckle zu und steh ja nicht auf, wenn sie kommen.« Gesagt,

421 ›Ein Bäuerlein‹, nachgewiesen im Zensus von 1866 als ›Jacques Füllenwarth‹, 49 Jahre alt, Arbeiter, verheiratet mit ›Barbe‹, geb. ›Reiss‹. Die beiden haben 1866 sieben Kinder; vgl. ABR 7 M 376.

422 ›Bärbele‹, nachgewiesen im Zensus von 1866 als ›Barbe Füllenwarth‹, 3 Jahre alt, 1870 also 7 Jahre alt; vgl. ABR 7 M 376.

getan. Die Soldaten dringen in die Stube, durchstöbern alle Winkel. Das Kind sitzt unbeweglich auf seinem Platze. Sie haben ihn nicht gefunden. Es kommen wieder andere, durchsuchen alle Betten, Schränke und Kisten, die kleine Hüterin verzuckt keine Miene. 's ist nichts mehr da. Endlich wird aber das Kindlein müde: »Mutter,« ruft es, »ich kann jetzt nicht mehr aus dem Brote sitzen!« steht auf und verläßt seinen Posten. (Abb. 36 und 37) Was jetzt anfangen? Es kommen ja schon wieder Soldaten! »Christian[423] lauf schnell und versteck ihn in den Taubenschlag!« Und im Handumdrehen ist der köstliche Vorrat unter den Hohlziegeln. – Aber auch dort droben gibt's keine sichere Stätte, denn wo die Bayern nicht auf ebenem Wege hinkommen, da steigen sie die Leiter hinauf … Und so wird auch endlich der Taubenschlag erreicht, erbrochen und der letzte Laib Brot in Beschlag genommen. Triumphierend kommen sie herunter, und schon sind viele Hände nach dem Brote ausgestreckt, aber die Kleinen wimmern gar kläglich, und das Bäuerlein faßt sich ein Herz zu den fremden Kriegern: »Ihr lieben Herren, seid doch gut gegen uns! wir haben ja schon zehn Laib gegeben, und das ist alles, was wir [138] haben für unsere Kinder … ihr habt ja auch vielleicht Geschwister und Kinder … laßt uns nur ein wenig, daß wir nicht Hungers sterben.« Und die Soldaten sind auch nicht so unmenschlich und ohne Gottesfurcht; sie fühlen auch der Besiegten Weh und Jammer … Der, welcher den Fund getan hat, zieht den Säbel und haut den Laib Brot in zwei Teile, überreicht dem zitternden Familienvater die Hälfte und spricht: »Da Bauer, iß dich satt mit deinen Kindern … das andere brauch ich für mich und meine Kameraden.« Und die armen Leutlein haben sich's unter Loben und Danken trefflich schmecken lassen, und gewiß hat's dem edlen Krieger und seinen Streitgenossen auch trefflich geschmeckt und der Segen Gottes wird ihn begleitet haben auf seinen Wegen. Solche Beispiele wären viele zu erzählen: wie droben im Oberdorf einer armen Witwe auf ihr händeringendes Flehen die schon losgebundene Kuh wieder geschenkt wurde; wie in dem und jenem Hause ein bißchen Lebensvorrat genommen und wieder zurückgegeben worden; wie sogar die feindlichen Sieger mit ganz ausgeraubten Familien ihren eigenen Bissen geteilt haben, 's ist hart, sehr hart zugegangen; aber im allgemeinen sind Mißhandlungen und Unmenschlichkeiten nicht zu beklagen gewesen.

423 ›Christian‹, nachgewiesen im Zensus von 1866 als ›Chrétien Füllenwarth‹, Bruder des Vaters, 52 Jahre alt; vgl. ABR 7 M 376.

Abb. 36

Auch komische Szenen durften nicht fehlen. Nur eine unter vielen. Da oben an der Straßenecke, gerade der Kirche gegenüber, wohnte mit seiner Frau ein alter ergrauter Napoleonsdiener (wie man sie nannte), dem in der Schlacht bei Leipzig das Bein zerschmettert worden war und der neben dem privilegierten Tabakhandel ein kleines Spezereigeschäft trieb. Er hatte ein hübsches Sümmchen Geld zu- [139] sammengeschachert[424] und den ganzen Tag während der Schlacht in der Hosentasche verborgen … kam aber auf den fatalen Gedanken, er müßte es besser verstecken und ersann folgende Kriegslist: er verbarg zuerst eine gewisse Quantität Kaffee, Zucker und Viktualien unter die Matratze, deckte das Bett hübsch ordentlich zurecht und legte sich hinein. Da nahm er den Geldsäckel und steckte ihn in die Herzgrube. Sein altes Weib legte sich gehorsamlich neben ihn. Nun kam ein großer Troß Soldaten

424 ›Zusammengeschachert‹, abwertendes Wort ›Schacher‹ aus dem Hebräischen für ›Gaunerei‹; vgl. Wahrig, S. 1103.

Abb. 37

und stürmte zuerst in den Laden hinein. Es rumpelte und rappelte in den Schubladen, Ölkrügen, Sirupfässern, ein Spektakel zum Entsetzen. Der alte Bechtel lag neben dran und muckst sich nicht. Endlich brachen sie aber auch in die Stube. »Ha, Alter, was macht ihr da im Bett?« – »Ihr lieben Herren, ich bin krank! ich hab ein krankes Bein!« – »Ihr habt noch Zucker, Kaffee und sonstiges Zeug, heraus!« – Frau Bechtel: »Ihr lieben Herren, wir sind krank!« – »Was krank: … Ihr seid nicht krank … aus dem Bett heraus« … und einer zupfte energisch unten am Leintuch. – Bechtel[425] drückte das Beutelein immer fester in die Herzgrube. – »Ihr lieben Herren, ich kann nicht aufstehen, mein Bein, mein Bein!« – Es half aber kein Bein und kein Kranksein, sie schrieen und zerrten immer gewaltiger: heraus, heraus! da fielen die Kaffeebohnen auf den Boden, und der Zucker etc. kam auch zum Vorschein, und der arme Bechtel mußte heraus, und überm Herauskrabbeln rutschte das Beutelein aus der Herzgrube – ein Riesengelächter ertönte von allen Seiten. In einem Augenblick war der Schwarm verlaufen. Die alten Leutlein nahmen sich zusammen, schauten einander verblüfft in die Augen: »Du, wo ist [140] das Geld?« Der Kaffee war fort, der Zucker war verschwunden. Die Goldstücklein waren nicht mehr zu finden. – Waren sie in die Spalten des wurmstichigen Dielenbodens gefallen, oder hatte sie einer zum Spaß annektiert? Da müßte man den alten Bechtel fragen, er ist aber seitdem auch von hinnen geschieden.[426]

425 Ein Ehepaar Bechtel ist im Zensus nicht nachgewiesen. Auch hier wird wieder eine traditionell antijudaistische Geschichte erzählt. Der einzige ›Marchand‹, also Händler, der das passende Alter zur Geschichte hätte, immerhin hat er 1813 in der Völkerschlacht von Leipzig ein Bein verloren, ist ›Jacques Moock‹, verheiratet mit ›Sara‹, geborene ›Apfel‹. Beide sind im Zensus von 1866 bereits 68 Jahre alt. Es ist denkbar, dass ›Moock‹ als 15-Jähriger in Leipzig Napoleon I. gedient hat.

426 Jacques Moock, hier jetzt als ›Jakob Mock‹ angegeben, starb am 26. 9. 1874. Der auf dem Totenschein angegebene Name des Vaters und des Sohnes sind eindeutig jüdischen Ursprungs. Der Vater hieß ›Aaron Mock‹, der Sohn ›Samuel‹; vgl. ABR 4 E 146/12.

Abb. 38

Die Büßerschar.

Aber wir müssen noch einmal nach Wörth zurück.[427] Eine tragische Szene spielte dort unten gleich nach der Schlacht; und die zahlreichen Opfer sollten noch am selben Abend zur Schlachtbank geführt werden. (Abb. 38)

Der Ratsschreiber, welcher bei der Zerstörung der Brücken mit Hand angelegt hatte, befand sich im Lazarett, am Lager eines deutschen Offiziers. Da polterten plötzlich gegen zehn Soldaten herein und ergriffen ihn unter der Anklage, er habe auf sie geschossen. Der Ratsschreiber wehrte sich und protestierte, beteuerte und beschwor bei Seel und Seligkeit, er habe nicht geschossen … er sei unschuldig; es half aber kein Bitten, kein Flehen – er wurde mit Kolbenstößen die Stiege hinuntergeschlagen. Da war sein ältester Sohn, den man unter derselben Anklage verhaftet hatte. Und nun wurden beide auf der Stelle an eine Mauer gedrückt und ein Offizier wollte schon Feuer kommandieren; da fiel der [141] arme Mann auf die Kniee, flehte um Gnade und Erbarmen, und die Mordgewehre senkten sich wieder. Es war aber dazu noch verraten worden, daß er an dem

427 Hier folgt im Original eine mit * markierte Fußnote: ›Da die Plünderung in Wörth, Spachbach, Oberdorf, Gunstett, Langensulzbach, Morsbrunn etc. etc. in milderer Weise geschah, so ist es überflüssig, diesen Gegenstand noch weiter zu erörtern.‹

Niederreißen der Brücke sich beteiligt hatte, und seine Frau hatte ihn doch herzlich vor jenem Patriotismus gewarnt. Endlich führte man ihn zwischen zwei Bajonetten auf den alten Turm, wo zwei französische Zeitungsschreiber während der Schlacht ihre Beobachtungen gemacht und ihren Skribentenvorwitz[428] getrieben hatten – jetzt aber nicht mehr zu finden waren.[429] Man kam ans Schloß des Herrn Trautmann-Rosa; die Tür war zugeriegelt; man wollte sie einschlagen, da erschien der alte Burgphilosoph und machte auf. Nun wurde das ganze Haus, Gänge und Stuben, Ecken und Schlupfwinkel durchstöbert, der Ratsschreiber und der Schloßherr wurden überall mitgeschleppt und dann wieder auf den Turm gebracht. Die Zeitungshelden waren verschwunden. Da verloren die Soldaten die Geduld und drohten, den Schloßherrn augenblicklich niederzuschießen, wenn er die zwei französischen Spione nicht herausgäbe. Endlich traten sie ans Tageslicht. Man wollte ihnen stante pede den Garaus machen – es geschah aber auch nicht – das summarische Abschlachten ist eben doch eine bedenkliche Sache … Hier wollte der Ratsschreiber den Wirrwarr benutzen und durchs Gedränge schlüpfen … er müsse ja ins Lazarett … »Franzosenhund, wenn du noch einen Schritt machst, bist du des Todes!« Es war kein Entrinnen mehr möglich. Sie wurden herausgeführt auf die Straße, an einen Strick gebunden; der Ratsschreiber, die zwei Zeitungsschreiber, Herr Trautmann-Rosa und sein Sohn Edmund[430], sein Dienstknecht; andere unter demselben Vorwand Gefangene: Stoß- [142]
kopf und sein Sohn Emil, Trautmann, der Eisenhändler und sein Sohn Robert[431], Notar Seltenmayer etc.[432] – wie todeswürdige Missetäter an einen Strick gebunden … und nun ging's vorwärts unter

428 ›Skribentenvorwitz‹, von lat. ›scribere‹, ›schreiben‹, hier abwertend gemeint als berufstypische Dreistigkeit von Journalisten.

429 Es handelte sich um Journalisten der Zeitungen ›Gaulois‹ und ›Figaro‹; vgl. die Tagebucheintragungen des Kronprinzen bei Meisner, S. 42.

430 ›Sohn Edmund‹, nachgewiesen im Zensus von Wörth 1880 als ›Edmund Trautmann‹, verheiratet mit ›Maria‹, geb. ›Weber‹; vgl. ABR 294 D/A 550.

431 ›Der Eisenhändler und sein Sohn Robert‹, nachgewiesen im Zensus von 1866 als ›Philipp Jacques Trautmann‹, 59 Jahre alt, und ›Robert Trautmann, 20½‹ Jahre alt; vgl. ABR 7 M 811.

432 Nach Schiler noch »Schreiner Hell, Georg Folz, Conditor Mutschler sen., Stenger sen. Zusammen etwa 30 Männer«; vgl. Schiler, S. 92. ›Mutschler‹ nachgewiesen im Zensus von 1866 als ›Geoffrai Mutschler, patissier‹, 50 Jahre alt; ›Stenger se.‹ nachgewiesen im Zensus von 1866 als ›Louis Stenger‹, 82 Jahre alt; vgl. ABR 7 M 811.

Fluchen, Verwünschungen, Backenschlägen, Kolbenstößen durch die heranflutenden Truppenmassen hindurch. »Schießt die Hunde nieder! schießt sie nieder!« O die Bejammernswerten: sie schrieen um Hilfe, sie flehten in allen Tönen um Erbarmen; sie beteuerten ihre Unschuld … »Fort mit ihnen! fort mit den Halunken und Mördern!« – und abermals regnete es Püffe und Mißhandlungen. Der fast achtzigjährige Herr Trautmann-Rosa war ein Bild des Entsetzens; sein ganzes Gesicht war mit Blut bedeckt, ein Kolbenstoß hatte ihm den Fuß verwundet, er konnte nicht gehen, er mußte wörtlich fortgeschleppt werden. So defilierte die grauenhafte Galeerensklavenkolonne durch Wörth. Am Fenster standen des Ratsschreibers Kinder und heulten händeringend ihrem Vater das letzte Lebewohl nach … Aber unaufhaltsam, unerbittlich mußten sie vorwärts, immer durch geschlossene Reihen von Soldaten. Ach, da hat mancher sein Mütlein durch Schimpfen, Spucken, Schlagen an den wehrlosen Schlachtopfern gekühlt; es geht ja in solchen wüsten Tagen nicht anders; – endlich war der Berg überstiegen. In Diefenbach wurde Halt gemacht. Dort war der Prinz von Sachsen-Koburg[433] ein rettender Engel auf der Marterstraße[434] der Geplagten. Die zwei Zeitungsschreiber faßten sich ein Herz und sagten ihm in französischer Sprache, wie sie unschuldigerweise an diesen Strick gekommen, und wie ihre Leidensgefährten brave, ehrliche Bürger aus Wörth seien, und baten um Gnade und Rettung. Der Prinz antwortete freundlich, es stehe [143] nicht in seiner Macht, sie zu befreien, sie müßten eben ins Hauptquartier nach Sulz vor den Kronprinzen geführt werden … aber der Strick wurde ihnen abgenommen und zum Schutze eine Begleitung von Gendarmen mitgegeben. Sie dankten ihrem Wohltäter für solche Barmherzigkeit und schritten nun, je zwei und zwei, ihrem Schicksal weiter entgegen. Keiner hatte mehr eine Kopfbedeckung, Hüte und Mützen waren unter den Ohrfeigen nach allen Winden geflogen, keiner hatte mehr ein ganzes, menschliches

433 Vermutlich ist Alfred von Sachsen-Coburg (1844–1900) gemeint, zweitgeborener Sohn der englischen Queen Victoria (1819–1901) aus der Ehe mit Albert von Sachsen-Gotha (1819–1861) und damit Schwager des Kronprinzen, der mit Victoria, erstgeborene Tochter der Queen verheiratet war. Alfred von Sachsen-Gotha wird als englischer Militär im Hauptquartier des Kronprinzen als ›Schlachtenbummler‹ mitgereist sein. Zum Phänomen der ›Schlachtenbummler‹ vgl. Arand 2018, u. a. S. 265.

434 ›Marterstraße‹, Anspielung auf die Marter, das Martyrium der Heiligen, die in der christlichen Frühphase für ihren Glauben gestorben sind; vgl. Wahrig, S. 863.

Gesicht; eine grauenerregende Bande! Und immer vorwärts durch die deutschen Heereskolonnen, und immer wieder: »Was sind das für Banditen?« – »Es sind Franzosenhunde, sie haben auf unsere Verwundeten geschossen.« – »Macht sie nieder!« – und die Säbel blinkten und die Bajonette drohten, die Rippenstöße dröhnten … Sie waren aufgerieben, todesmatt … Da rief der Stoßkopf in der Angst der Verzweiflung: »Schießt uns doch um Gotteswillen gleich tot, warum uns so lange martern?« Man führte sie in ein Feldstück, und ihre letzte Stunde sollte schlagen, aber die Gendarmen hatten die Verantwortung und schützten sie wieder: sie waren nochmals gerettet. In Kutzenhausen[435] wurde wieder Halt gemacht; sie durften trinken. Der Durst hatte sie schon stundenlang entsetzlich gepeinigt. Ha! welch süßes Labsal in solcher Angst und Marterhitze. Das war Trost und Kühlung für die verschmachtenden Herzen und Gebeine! Und hat's der erquickende Wassertrunk oder eine neu aufleuchtende Hoffnung getan? Einer von den Mißhandelten soll plötzlich ausgerufen haben: »Lasset uns doch los! wir sind ja auch evangelische Christen!« und die Peiniger waren *Polen*[436]! »Ah, du bist ein Lutheraner? Kameraden, auf den Hund, er ist ein Lutheraner!« … und [144] der arme Schelm bekam für sein mutiges Glaubensbekenntnis eine Extradosis Stöße und Schläge.

Endlich kamen sie nach Sulz, wurden dort gegen eine Mauer aufgestellt, ein Schauspiel der neugierigen Menge der drohenden Soldaten – und bald darauf, weil sie hier keinen Augenblick mehr sicher waren, ins Gefängnis geworfen. Doch gab man ihnen Wasser, ihre lechzende Zunge zu netzen. Noch am selben Abend wurden sie verhört – eine gräßliche Nacht peinigte ihre müden Seelen. Von Zeit zu Zeit rief die Schildwache in den Kerker hinunter: »Eure letzte Stunde hat geschlagen … Morgen früh werdet ihr erschossen werden …« Was die Unglücklichen in dieser Nacht gelitten, können sie selbst nicht, kann niemand beschreiben.

435 ›Kutzenhausen‹, 10 km östlich von Fröschweiler gelegene Gemeinde.

436 ›Polen‹, in der preußischen Armee dienten zahlreiche ethnische Polen aus den Ostgebieten. Sofern sie nicht aus dem protestantisch geprägten Masuren stammten, waren sie katholisch; vgl. exemplarisch Arand 2018, S. 193.

Es waren aber bereits einflußreiche Persönlichkeiten ins Mittel getreten. Pfarrer Haut[437], Bürgermeister Petri[438], auch der Schlachtenmaler *Bleibtreu*[439], welcher bei Dr. Sadoul[440] schon Näheres erfahren, hatten Vorstellungen gemacht und Fürsprache beim höchsten Kommando eingelegt. Den andern Morgen wurden sie abermals verhört; die zwei Korrespondenten des Figaro wurden vor den Kronprinzen gerufen. Er war milde und freundlich, lobte die Tapferkeit, den Heldenmut der französischen Armee und befahl, … die Gefangenen sofort in Freiheit zu setzen. Welche frohe Kunde drang jetzt ins Gefängnis! Welches freudige Aufatmen durchbebte die gefolterten Herzen! … Sie traten heraus … man gab ihnen die abgenommenen Gegenstände wieder … Sie kehrten nach Wörth zurück … jubelnd umarmten sie ihre Lieben … aber sie waren alle zehn Jahre älter geworden. [145]

---

437 ›Pfarrer Haut‹, nachgewiesen im Zensus von Sulz 1866 als ›Chrétien Frédéric Hauth‹, 52 Jahre alt; vgl ABR 7 M 708.

438 ›Bürgermeister Petri‹, nachgewiesen im Zensus von Sulz 1866 als ›Chrétien Petri‹, 40 Jahre alt, Notar; vgl. ABR 7 M 708.

439 ›Georg Bleibtreu‹ (1828–1892), Historien- und Schlachtenmaler. Gemeinsam mit anderen ausgesuchten Malern und Schriftstellern war Bleibtreu einer jener zahlreichen Schlachtenbummler, die noch während der Kämpfe im Gefolge der Heeresleitung mitzogen, um kriegsverherrlichende Bilder zu produzieren; vgl. Arand 2018, S. 268.

440 ›Dr. Sadoul‹, nachgewiesen im Zensus von Wörth 1866 als ›Louis Sadoul‹, 44 Jahre alt, Arzt, verheiratet mit ›Anna‹, geb. ›Chastelain‹, 30 Jahre alt, drei Kinder; vgl. ABR 7 M 811. Sadoul publizierte 1909 einen Führer über das Schlachtfeld von Wörth, der bis vor einigen Jahren noch originalverpackt im kleinen Museum von Wörth verkauft wurde.

Der Triumphzug und der Tränenzug.

6. August abends.

Während das alles geschah und das siegreiche Heer teils in geschlossenen Kolonnen vorüberflutete, teils in aufgelösten Haufen das eroberte Dorf ausplünderte, erscholl plötzlich von Wörth herauf ein unbeschreibliches Getöse. Es mußte wieder etwas Neues, Außerordentliches im Anzuge sein. Die Soldaten sprangen, wie von elektrischem Feuer entzündet, zu allen Häusern und Höfen heraus, stellten sich in Reih und Glied und bildeten aus beiden Seiten der Straße eine undurchdringliche Mauer. Ich stand auf der Haustreppe. »Was ist denn?« – »Der Kronprinz kommt! – der Kronprinz kommt!« – ich kann nicht sagen, wie diese Nachricht meine Seele durchzuckte … ich rief meinen Leuten: »Schnell heraus, der Kronprinz von Preußen kommt!« Und das Getöse dringt immer näher, und das Triumphgeschrei wird immer größer … Jetzt sind sie im Unterdorf … horch, wie sie jubeln! – gebt acht! – jetzt biegen sie um die brennende Kirche … Die Trommeln wirbeln, die Siegeslieder brausen – eine ungeheure Begeisterung flammt durch die Reihen – alle Häupter sind entblößt, die Mützen fliegen hoch empor, und aus aller Mund tönt ein tausendfaches donnerndes Hurra! Hoch! Hurra! Wir stehen da, wie verzaubert … Wahrhaftig, da zieht er, umgeben und gefolgt von seinen Generalen (Kirchbach trägt einen Kranz von Eichenlaub[441]!), an unsern Blicken vorüber.

Wie sein Angesicht vor Freude strahlt, und wie er so wohlwollend die jubelnden Scharen begrüßt … Kein Wunder … Sie haben ihr Blut vergossen und ihr Hurrarufen [146] läutet dem geschlagenen Cäsar[442] zum Grabe … Welch großartiges, majestätisches Schauspiel! Was doch in diesem Augenblick sein fürstliches Herz empfunden haben mag?[443] Durch Flammen und Ruinen über die blutige Walstatt … Ob durch die Siegesfreude auch eine Ahnung zieht von dem tausendfachen Weh, das der Krieg über die Völker wälzt? und ob

---

441 ›Eichenlaub‹, einerseits war Eichenlaub seit den Befreiungskriegen 1813–1815 Symbol der Deutschen, zum anderen war die Eichenlaubkrone als ›corona civica‹ Ehrenzeichen des römischen Militärs.

442 ›Cäsar‹, gemeint ist Kaiser Napoleon III.

443 Zu dieser Frage Kleins gibt das Tagebuch des Kronprinzen Aufschluss. Der Kronprinz ist in erster Linie sehr stolz auf den Sieg; vgl. Arand 2018, S. 263.

es ihm nicht lieber wäre, einst wie ein rechter Salomo[444] Deutschland im Frieden zu regieren, als mit Siegespalmen geschmückt auf schäumendem Schlachtroß über blutgetränkte Gefilde zu ziehen; ... wir glauben's gerne; sein Blick ist milde, seine ganze Erscheinung erweckt Vertrauen: wir vernehmen es auch aus den wenigen Worten, die er zu den verzagten Einwohnern spricht: »Die Leute sollen sich nicht fürchten.« Auch sieht man's den immer wieder Hurra rufenden Kriegern an: sie haben ihn lieb, denn er ist ihres Vaterlandes Hoffnung. Und ihm sieht man's auch an, er hat das Bewußtsein: »Ich bin das Haupt: *Ich schlage*, wenn sie streiten« ... Gott weiß, was die Zukunft in ihrem verschleierten Schoße birgt! ... Item: Hebel[445] sagt: »Die gold'nen Kronen drücken schwer; 's isch net als wenn's a Strohhut wär«[446] ... – Der Siegeszug bewegt sich vorwärts in der Richtung nach Reichshofen. Im Oberdorf aber schwenkt der hohe Feldherr rechts ab in die Schindergasse, ... dort liegt in Reisehenners Stube der tapfere General Raoul[447], blutend aus vielen Wunden, mit zerbrochenem Schwert und brechendem Herzen. Der deutsche Sieger tritt in die Bauernhütte ein, schaut freundlich in die fieberglühenden Augen, drückt teilnahmsvoll die todesmatte Hand – ein Wort huldvoller Anerkennung, eine Träne hochherzigen Mitleids vergelten den erbitterten Widerstand, und noch einmal, [147] unter gewaltigen Siegesmärschen und unter endlosem Freudengeschrei wogt der Triumphzug vorüber.[448] Wir schauen zu ... unser Herz möchte in Stücke zerspringen ... überall Schrecken, Brand und Verwüstung, und hier vor unsern Augen in stolzer Ruhmespracht der fremde Eroberer, in unbändiger Begeisterung die feindlichen Scharen ... O Krieg, wie schmerzlich, wie tränenreich sind deine Folgen! ... Jetzt rauschen die Feierklänge weiter hinab ins Tal ... aus dem Kirchturm schlagen die Flammen hoch gen Himmel und leuchten weit hinaus ins Schlachtgefilde. Aber das Getöse will kein Ende nehmen. Es naht ein

444 ›Salomo‹, biblischer König des vereinigten Königreichs Israel im 10. Jhd. v. Chr.; sein Name leitet sich vom hebr. ›Shalom‹, ›Frieden‹ ab. Er soll 40 Jahre regiert und Israels ›Goldenes Zeitalter‹ geprägt haben.

445 ›Hebel‹, Johann Peter Hebel (1760–1828), deutscher Schriftsteller und protestantischer Prälat. Hebel schrieb Gedichte in alemannischer Mundart.

446 Zitat aus Hebels Gedicht ›Der zufriedene Landmann‹, 3. Strophe: »Doch trinkt er wenig Freud und Lust, / es isch em näume gar nit iust. / Die goldene Chrone drucke schwer; / 's isch nit, as wenns e Schie-Hut wär.«

447 Verschreibung Kleins, gemeint ist General Raoult; vgl. Anm. 253.

448 Vgl. die Schilderungen des Kronprinzen in seinem Tagebuch bei Meisner, S. 37 ff.

Abb. 39

anderer Zug. (Abb. 39) Da kommen sie als Gefangene, hundert-, tausendweise, aus allen Waffengattungen, unsere armen geschlagenen ... vor etlichen Tagen noch so fröhlichen, siegesgewissen Soldaten! Da kommen sie, entwaffnet, zerrissen, staubbedeckt, niedergeschlagen, wie verurteilte Missetäter ... umschlossen, gedrängt, verhöhnt von deutschen Truppen, welche sie triumphierend ins Lager abführten! Ist's möglich? Ganze Haufen, Kanonen, Mitrailleusen, Wagen und sonstige Siegesbeute ... Ganze Bataillone ... Welche Demütigung, welche Niederlage! ... und für uns alle, welch wehmutsvoller Anblick, welch herzzerreißendes Schauspiel! Da kommen sie! todesmüde von dem langen, schweren Kampfe, bleich vor Schrecken, Gram und Verzweiflung, und – *Vorwärts!* donnert's hinterdrein und: *Viktoria!* schallt's von allen Seiten. Spott und Verwünschung regnet's von tausend Lippen. Und sie können, dürfen nicht zucken – sie sind ja vernichtet ... Siehe, wie dort ein deutscher Reiter mit blankem Säbel gegen einen französischen Offizier lossprengt und ihm seinen Degen aus der Scheide reißt, und wie dem Gefangenen [148] vor Schmerz und Schmach die Tränen über die Wangen rollen! wie dort einem Turko, der keuchend, sterbensmüde sich dahinschleppt, die Kolbenstöße auf den Rücken fallen! Wie so manches Schimpfwort, so manche Roheit den geschlagenen Feind in die Gefangenschaft begleiten! Ach so etwas vergißt man zeitlebens nimmer ... ja, ja! das ist ein Tränenzug, – wir sahen ihn, und auch unsere Tränen fließen: so mancher winkt mit nassen Augen ein dankbares Lebewohl zu unsern Fenstern herüber, und wir können ihm nichts mehr mitgeben als einen Seufzer voll Mitleid … Und seht, wie dort auf der Bahre ein Verwundeter so kläglich wimmert! – Sie möchten ihn von einer Seite der Straße zur andern tragen, wo die Ärzte an Menschenleibern blutig hantieren – aber sie kommen nicht durchs Gedränge; denn durch solche Siegeszüge darf auch ein Verschmachtender keine Lücke brechen. Er soll zuschauen und … sterben … und stirbt, und sein letztes Wehegeheul verhallt im Freudenjubel, und sein letzter Blick bricht über der Schmach seines Vaterlandes und seiner gefangenen Brüder. Das ist der Krieg! das ist der Krieg, nicht wie oft krankhafte Phantasie ihn träumt, das ist der Krieg in seiner wahren entsetzlichen Gestalt.

Aber die vielen Gefangenen! … immer wieder neue Transporte … Wir begreifen es endlich. Sie haben unser Dorf mit Sturm genommen. Sie haben unser Heer unter eiserner Umarmung zusammengedrückt, und die Tore der Flucht den Großenwald hinab waren zu enge.[449] Fahret wohl, ihr tapfern, schmachbedeckten Zeugen einer

449 Der Maler Heinrich Lang (1838–1891), Schlachtenbummler im Gefolge des Kronprinzen, gibt einen eindrucksvollen Bericht von den Resten der chaotischen Flucht der französischen Truppen auf der Chaussee nach Reichshofen durch den Wald: »Hier sprach sich auch die Wirkung des ›sauve qui peut‹, der panischen Flucht, in überschwenglicher Verschiedenheit aus. In tausend merkwürdigen Variationen ließen da die Gruppen von toten und verwundeten Menschen und Tieren, von weggeworfenem, zusammengetretenem, überfahrenem, wie von einem Wirbelsturm durch- und übereinandergeschleudertem Material […] eine deutliche und bestimmte Vorstellung fassen, mit welch rücksichtloser Wucht, mit welcher verheerenden Gewalt solche in toller Flucht durch- und ineinanderrasende Truppenmassen sich gegenseitig der wirklichen Vernichtung nahebringen können. […] Man muß diese Situation wirklich gesehen haben, um es zu glauben, daß über ein im Straßengraben liegenden Fahrzeug zwei oder drei andre hinwegzurasen versuchen, wie sie aneinander zerschellen, die Pferde, in die Speichen tretend, die Beine brechen, andere Fuhrwerke wieder im Übereinanderkollern sich so verklemmen, daß an der aufwärts festgesperrten Deichsel die Pferde im Geschirr schwebend hängen. Man muß es gesehen haben […] daß hinabgeschleuderte Wagen in ein so wildes Kollern kommen konnten, daß sie, mit den hinteren Rädern am Boden stehend, mit den Vorderrädern hoch an einem Baumstamm lehnten, was einen förmlichen Satz oder Sprung voraussetzen läßt. Es sah aus, wie wenn diesen Fahrzeugen Leben und Bewegung angezaubert wäre, wie ein verrückter, vierrädriger Hexentanz!«; Lang, S. 29 f. Auch Katharina Klein schildert die Zustände auf der Fluchtstrecke der französischen Truppen: »Und im großen Wald – ach, wie sah es da aus! Da lagen – man hätte ganze Wagen voll haben können – zerfetzte Papiere, Bücher und eine Masse zertrümmerter Gegenstände […]. Da lagen schöne, lange Teppiche von afrikanischen Schafen und Ziegen, eine wahre Pracht«; Klein, Ergänzungsblätter, S. 47.

Abb. 40

glorreichen Vergangenheit! Das Glücksrad[450] ist zerbrochen! Fahret wohl, ihr unglücklichen Opfer napoleonischer und nationaler Missetat! Die Stunde der Vergeltung ist gekommen! [149]

450 ›Glücksrad‹, mittelalterliche Vorstellung im Zusammenhang mit der antiken Göttin des Glücks ›Fortuna‹, die am Rad des Lebens dreht und dabei willkürlich Glück wie Unglück verteilt.

Die Schreckensnacht.

Alle diese Begebenheiten: die Plünderung, der Triumphzug des Kronprinzen – der Tränenzug der Gefangenen waren schnell aufeinander gefolgt und hatten uns dermaßen betäubt und erschüttert, daß niemand eines klaren Gedankens oder Handelns mehr fähig war. – Das Menschen-, Pferde- und Wagengetümmel war auch so groß, daß sich niemand ohne Lebensgefahr auf die Straße hätte hinauswagen können. Und so griffen denn die Flammen im Kirchturm immer weiter um sich, und die Verwundeten wären bei lebendigem Leibe verbrannt, wenn nicht ihr Jammergeschrei endlich durch Mauern- und Menschenmassen herzzerreißend gedrungen wäre. (Abb. 40) »Rettet uns! Traget uns fort! Habt Erbarmen! wir müssen des Feuertodes sterben!« – Und gottlob! es war noch Zeit. Die beiden Söhne des Grafen, mein Bruder, die Schloßknechte und einige andere beherzte Männer, auch deutsche Soldaten drangen in die Kirche, erfaßten die Unglückseligen und schleppten sie in den Schloßhof hinüber. Dort waren alle Räume schon überfüllt durch Hunderte von Verwundeten, und es blieb keine andere Möglichkeit, als die Geretteten unter freiem Himmel auf die Kirchenbänke und zwischen die Kirchenbänke auf die nackte Erde zu betten. Und doch wie froh und dankbar waren sie jetzt in frischer Luft, dem gräßlichen Feuertode entronnen! Doch es will Abend werden.[451] Gottlob, daß dieser Schreckenstag sich endlich neigt und die Nacht ihre dunkeln Fittiche über den Greuel der Verwüstung breitet! Nun wird's doch Ruhe werden, und wär's auch nur für einige Stunden, [150] und Frieden, solange die Finsternis die streitenden Völker deckt … Ja Ruhe! daß Gott sich erbarmen möchte … Auf den Schreckenstag folgt eine Schreckensnacht, deren schauerliches Andenken oft jetzt noch wie ein Alp auf unserer Seele lastet … Da stehen wir in unsern zerschossenen, ausgeplünderten Häusern: Welch eine grauenerregende Aussicht: Feuer in Elsaßhausen, Feuer im Oberdorfe, Feuer in der Kirche, Flammen überall, die weit ins Tal hinab, ins Land hinein die Kunde von unserm Jammer tragen! Ach, was müssen sie jetzt empfinden, unsere Entflohenen, Verirrten, die vom Gebirge, aus der Oberbronner Steingruben herüber die Rauch- und Feuersäulen in der Heimat sehen! »Ist's mein Vaterhaus? Ist's

451 ›Doch es will Abend werden‹. Zitat aus Lk 24.29: »Und sie nötigten ihn und sprachen: Bleibe bei uns; denn es will Abend werden, und der Tag hat sich geneigt. Und er ging hinein, bei ihnen zu bleiben.«

deine Hütte?« – Gewiß, sie möchten vergehen vor Herzeleid, und es kann doch niemand sie suchen, noch trösten. Ja Ruhe! Draußen auf der Straße welch ein Getümmel … Wie die Heeresmassen unaufhörlich vorüberfluten! Wagen, Reiter, Fußvolk, Kanonen, Munitionskolonnen … *Vorwärts! Vorwärts* … 's ist gerade, wie wenn unsichtbare Heerführer den Kriegsmarsch durch die Berge bliesen … Und wieder kommen neue Regimenter, als seien Hunderttausende von Rachegeistern herangezogen, um mit dem Schwert der Vergeltung dem Feinde nachzustürmen … O weh, weh, wenn diese verbündeten Germanen, die mit solcher Begeisterung, mit solchen Waffen vorwärts dringen, den Störenfried Europas ereilen … Das sind furchtbare Menschen … die haben eine Liebe zum Vaterland, eine Treue zu ihren Fürsten, die wir gar nicht kennen. Da heißt's: Einer für alle, alle für einen![452] – Ist's aber möglich? Vor kurzer Zeit, da war's so stille, so heimlich hier oben … *Frieden*, tiefer Frieden und [151] jetzt? – wer hätte das geahnt? Krieg und Kriegsgeschrei und Blutvergießen, Brand und Verheerung … O ihr ruhmsüchtigen Toren, kommt heran und weidet eure verdüsterte Seele an diesem entsetzlichen Schauspiel! Vielleicht erfaßt euch doch ein mächtiges Grauen und euer *leichtsinniges* Herz lernt erbeben vor dem fluchwürdigen Werk eurer Hände!

Sind sie bald alle vorüber? meint man nicht, die Erde habe sich aufgetan und wälze einen Heereshaufen nach dem andern vorwärts, immer vorwärts in das Land hinein, dem Feind in den Rücken? … Aber da tönt ja durch das Kriegsgetümmel von allen unsern Feldern herüber Musik und Lobgesang zu unsern Ohren. Horch, wie seltsam, wie erhebend, wie überwältigend rauscht das über das Schlachtfeld hin in die Mitternacht hinein! Es wird uns unaussprechlich weh und doch wieder so selig zu Mute … Es zieht unsere erschrockenen Gemüter unwillkürlich mächtig himmelwärts … Das sind ja unsere Lieder! »Bis hierher hat mich Gott gebracht durch Seine große Güte.« »Eine feste Burg ist unser Gott, ein' gute Wehr und Waffen.« »Allein Gott in der Höh' sei Ehr.« »Nun danket alle Gott« etc. Das sind ja unsere Lieder![453]

452 ›Einer für alle, alle für einen!‹, Motto der Musketiere in Alexandre Dumas' d. Ä. (1802–1870) Roman ›Die drei Musketiere‹ (1844).

453 Es handelt sich um protestantische Choräle, von denen besonders ›Nun danket alle Gott‹, als ›Choral von Leuthen‹ bereits eine berühmte militärische Nutzung gefunden hatte. Nach der für Preußen siegreichen Schlacht von Leuthen vom 5. 12. 1757 sollen 25 000 erschöpfte preußische Sieger in der Nacht den Choral angestimmt haben. Die historische Szene war auch Mittelpunkt des propagandistischen Historienfilms ›Der Choral von Leuthen‹ von 1933 mit Otto Gebühr (1877–1954) als Darsteller König Friedrichs II. von Preußen.

Das sind Heimatsklänge aus vergangenen Tagen … Das sind Dankes- und Siegespsalmen, die einst unsere deutschen Väter gesungen und die auch unserm Herzen lieb geblieben … Was soll das bedeuten? Sollte Gott der Herr, der Lenker der Weltgeschichte, etwas Großes vorhaben mit unserm elsässischen Volke und dasselbe unter schmerzlichem Losreißen wieder zurückführen zum alten Mutterland? O, das wird lange und peinliche Kämpfe geben … Er tue, wie's ihm wohlgefällt!

Aber es tönen auch Trauerpsalmen in diesen nächtlichen [152] Stunden, gewiß über offenen Gräbern, über gefallenen teuern Kameraden. Ach, so manches junge Leben liegt im Streite geopfert, so manches Bruders- und Freundesauge im Tode geschlossen. Schauderhaft ist ja die Ernte gewesen, welche heute der unerbittliche Schnitter[454] unter beiden Völkern dahingemäht hat … Wir werden sie sehen die Scharen von Eltern, Geschwistern, Witwen und Waisen, die herüberpilgern werden zu unsern Höhen, um die Gräber ihrer Lieben[455] zu suchen und einen Kranz, mit schwarzem Flor umwunden, auf ihre Ruhestätte zu legen. Und wie viele von den Tausenden Verwundeter, die jetzt auf dem Schlachtgefilde liegen, deren Wehegeschrei in dieser Nacht zu unsern Ohren dringt, werden in den nächsten Tagen oder nach langen, bangen Leidenswochen ihr Leben noch aushauchen?[456] – Es ist ein Uhr. – Noch immer stehen wir da am Fenster und schauen hinaus in die tosende, flammenerleuchtete Nacht. Die Feuersbrunst hat allmählich das ganze Kirchengebäude umschlungen. Der Zeiger an der Uhr ist stehen geblieben, er sagt nichts mehr … Die alte Zeit ist vergangen.[457] Die Glocken sind in feurigen Strömen heruntergeflossen; ihr Mund ist verstummt; Schlachtendonner war ihr letzt' Geläute … Der ganze Turm ist schon eingestürzt, er zeigt nicht mehr nach oben, er schaut nicht mehr ins Tal hinab, jetzt senkt sich auch das Schiff und stürzt zusammen. Ein fürchterliches Krachen und die

454 ›Schnitter‹, Personifikation des ›Todes‹.

455 Da die allermeisten Toten in Massengräbern bestattet wurden, wird es für die Angehörigen nicht immer einfach gewesen sein, in Erfahrung zu bringen, wo der jeweilige Tote ruht. Einfacher war dies das bei Offizierseinzelgräbern.

456 Zur von Stöhnen und Schreien der Sterbenden geprägten Nacht vgl. Arand, 2018, S. 254 ff., darin zeitgenössische Berichte.

457 ›Die alte Zeit ist vergangen.‹ Eventuell Anspielung auf 2 Kor 5.17: »Ist jemand in Christus, so ist er eine neue Kreatur; das Alte ist vergangen, siehe, Neues ist geworden.«

Rauchwolken dampfen schwarz empor! Die Flammenzungen flattern durch die Lüfte … noch einige Stunden und

»In den öden Fensterhöhlen
Wohnt das Grauen –
Und des Himmels Wolken schauen
Hoch hinein!«[458]

[153] O Schreckensnacht! wann wirst du fliehen? O ausgereckte Gotteshand! nehmen die Zornesschalen[459] noch kein Ende? – So – jetzt ist unsere Trübsal grenzenlos. Jetzt stehen wir da, eine verscheuchte hilflose Herde – und auch unsere geistliche Heimat liegt in Trümmern. Was soll aus uns werden? Wie jetzt die Gemeinde sammeln, trösten, pflegen, daß sie nicht vollends zugrunde gehe in dieser eisernen, schrecklichen Zeit?[460]

»Du aber, mein Herze, du zage nicht …
Aus Nacht, aus Nacht der Morgen bricht,
Es muß aus Tränen und Mühen
Eine Freudenernte erblühen …«[461]

Die Nacht ist hin! Dort drüben überm Liebfrauenberg geht der Morgenstern auf und die Sonne wirft ihre ersten Strahlen auf unsere Dächer. Wir müssen fort und sehen, was der gestrige Tag uns draußen gebracht, was er draußen angerichtet hat.

---

458 Erneut ein Zitat von Schiller, diesmal eine Strophe aus ›Das Lied von der Glocke‹ (1799): »Leergebrannt / Ist die Stätte, / Wilder Stürme rauhes Bette. / In den öden Fensterhöhlen / Wohnt das Grauen, / Und des Himmels Wolken schauen / Hoch hinein.«

459 Gemeint sind die sieben Schalen der Apokalypse in Offb. 16. Die letzte Schale in Offb. 16.17–18: »Und der siebente Engel goß aus seine Schale in die Luft; und es ging aus eine Stimme vom Himmel aus dem Stuhl, die sprach: Es ist geschehen. Und es wurden Stimmen und Donner und Blitze; und ward ein solches Erdbeben, wie solches nicht gewesen ist, seit Menschen auf Erden gewesen sind, solch Erdbeben also groß.«

460 ›Wie jetzt die Gemeinde sammeln, trösten, pflegen, daß sie nicht vollends zugrunde gehe in dieser eisernen, schrecklichen Zeit?‹ Möglicherweise Anspielung auf die apokalyptischen Visionen in Dan 2.29 ff.

461 Offensichtlich eine populäre Liedzeile; vgl. Ratzel, S. 203.

Abb. 41

Das Schlachtfeld.

Wer die Schrecken und Greuel des Krieges nur vom Hörensagen kennt und nicht aus Erfahrung weiß, welche Abgründe menschlichen Elends auf einem Schlachtfelde sich auftun, dem wollen wir als Augenzeugen den Rat erteilen: Nimm alles zusammen, was wir bis jetzt aus unsern Erlebnissen über Fröschweiler und seiner Einwohner Schicksal berichtet haben und wende es auf deine Heimat, auf dich selbst und deine Brüder an, und dann komm mit uns, wir wollen dich auf die Walstatt begleiten, damit du lernest, wessen der Mensch fähig ist und wie erschrecklich Gott in seinen Gerichten predigt. (Abb. 41)

[154] Wie es in deinem Hause aussieht, weißt du schon; 's ist alles noch im gestrigen Zustand, was die Plünderung nicht fortgerissen, liegt zerstreut, zertreten am Boden. Du tappst da herum und hast selbst nicht den Mut, etwas aufzuheben und zu sichern. Das Haus ist auch nicht mehr dein, überall liegen die Verwundeten und schreien nach Rettung … Aber komm jetzt mit hinaus auf die Straße und schau das Dörflein an in seiner kläglichen Zerrüttung: kennst du's noch? Siehst du die vielen Löcher in den Dächern? Das haben die Kugeln und Granaten getan … 's ist nur ein Wunder, daß ein Stein auf dem andern geblieben, doch Gott sei Dank! auch die deutschen Geschosse sind bei weitem nicht alle zerplatzt und haben nicht überall gezündet! Siehst du, wie die Fenster, die Läden, die Hoftore, die Kellertüren zerschossen sind, zerschlagen da herumliegen? Das hat der letzte Sturm, der Straßenkampf, die Wut der Soldaten angerichtet. – Du mußt acht geben … sie reiten dich nieder oder stampfen dich zu Boden … du hörst ja, wie sie johlen: »Alldeutschland nach

Frankreich hinein.« – Oder du stolperst über Leichname, Waffentrümmer, tote Pferde … Es wird dir bange? Du mußt nicht weinen; komm mit ins Oberdorf … Schau, wie's allenthalben noch raucht und flackert … Da haben die Bayern gehaust … Eins, zwei, drei Wohnhäuser, … fünf Scheunen liegen in Schutt und Asche. Und wo sind die Heimatlosen? Da stehen sie vor den Ruinen ihrer Habe und heulen, daß sich die Steine darob erbarmen möchten: »Ach Gott! wohin? wo aus? wo ein?« Nicht wahr, das ist herzzerreißend?

Aber laß uns eilen; 's ist Sonntag heute. Da stehen die ausgebrannten Kirchenmauern; schau hinein in die [155] glühende Feuermasse … sprich ein »Kyrie Eleison«[462] und komm mit ins Unterdorf. Da ist die Verheerung noch viel größer. Kein ganzes Fenster, fast keine Ziegeln mehr auf den Dächern, das Schulhaus in Bresche geschossen, die Schilder aus den Scheunen und Gehöftemauern gebrochen, zwei Wohnhäuser vollständig niedergebrannt, eine ganze Reihe von Scheunen ein Raub der Flammen, die untersten Häuser jämmerlich durchlöchert, das Vieh in den Stallungen getötet, die Friedhofmauer, die Grabsteine in Trümmern … 's ist eine staunenswerte Gottesgnade, daß nicht alles in Grund und Boden versunken. Und Elsaßhausen dort drüben. Du siehst die rauchenden Schutthaufen? Was meinst, daß noch von dem anmutigen Dörflein steht?[463]

Es wird dir weh ums Herz … Sei ruhig und laß deine Seele nicht in Jammer zerfließen, – du mußt mit uns kommen. Schau, das war vorgestern dein Garten; da standen deine Blumen, die du mit Liebe gepflegt, dein Gemüse und deine Pflanzen, deren du in Hoffnung dich freutest. Nun ist alles dahin! zerrissen, zertreten, vernichtet! Da hinter der Gartenmauer hatten sich noch auf dem Rückzug die Turkos verschanzt – du hast sie ja gegen fünf Uhr noch brüllen hören wie wilde Tiere in der Wüste. Gib acht! da liegt einer, das Hirn aus dem Kopf geschossen, – nach Jahren siehst du noch die dunklen Blutspuren an der Wand; – dort unter dem Apfelbaum liegt noch einer, das Angesicht schrecklich verzerrt, den Mund voll Erde, die Hand krampfhaft auf die Brust gedrückt, wo die tödliche Kugel ihn getroffen! Du bebst zurück? Da komm herüber und sieh, wie das Gartenhäuschen zugerichtet ist … da muß furchtbar gestürmt und gerungen worden sein … eine, zwei, drei, [156] vier, fünf Leichen,

462 ›Kyrie Eleison‹, gr. ›Herr erbarme Dich‹. Das Kyrie ist fester Bestandteil der christlichen Liturgie.

463 Zeichnung des zerstörten Elsasshausen bei Westram, S. 25.

lauter Afrikaner, eine große Hekatombe[464] von Opfern … Nicht wahr, das ist grauenhaft? Du kannst den Anblick solchen Würgens nicht ertragen? Komm, wir gehen hinaus ins Weite. Du mußt das Schlachtfeld sehen, den eigentlichen Schauplatz des Völkerkampfes, denn es liegt eine mächtige Bußpredigt[465] in diesem greulichen Schauspiel … Siehst du, wie da unten im Tal und bis zu unsern Hügeln herauf ein finsterer Nebelschleier über den Gefilden lagert? Ist's nicht wie ein großes Leichentuch, welches die seufzende Natur über diese *Schädelstätte*[466] gebreitet? Und fühlst du's auch, wie die Luft, von Rauch und Pulverdampf und Blutgeruch erfüllt, so schwül, so drückend ist, so unerträglich den Atem hemmt? Das ist etwas von dem Fluch, den der Mensch durch die Sünde in die ganze Schöpfung getragen hat. Sieh, das waren unsere Felder, unsere Kartoffeläcker, Weinberge, Wiesen … Da war's vorgestern noch so schön, so lieblich, und jetzt? – welche Verheerung, welche zerstampfte, rotgebrannte Wüste? Ist's nicht, wie wenn ein sengendes Feuer darüber hingefahren wäre und hätte alle deine Hoffnungen bis auf die Wurzel zerstört? Das hat die Kriegsfackel getan! Und wo sind die lieben kleinen Sänger, die Vögelein, die sonst so zahlreich, so lustig und fröhlich in Feld und Wald ihr Morgen- und Abendlied ertönen ließen? Gelt, du hast's gemerkt? Sie sind alle verstummt, verschwunden! Die hat der Kanonendonner verscheucht. – Aber mache dich los von dem Bilde deiner zerstörten irdischen Habe; schau um dich her und sieh allenthalben die Schreckensspuren des gestrigen Tages. Da liegen bunt durcheinander zerbrochene Wagen, Gewehre, Bajonette, Säbel, zerrissene blutige Kleider, Zelte, Tschakos[467], Tornister, [157] Gebetbücher, Photographien, tote, halb aufgezehrte Schlachttiere, Geflügel, verschüttete Speisen, Kochgeschirre, Fässer, Säcke, kurz alles, was ein Heer haben und verlieren kann.[468] Da liegen einzeln und haufenweise die toten, bereits hochaufgeschwollenen Pferde

---

464 ›Hekatombe‹, antikes kultisches Schlachtopfer, ursprünglich 100 Rinder.

465 Mahnung der Propheten des Alten Testaments zur Umkehr, u. a. Jes 8. Im Spätmittelalter zogen Bußprediger viele Gläubige mit Endzeitmahnungen in ihren Bann.

466 ›Schädelstätte‹, Anspielung auf Mk 15.22: »Und sie brachten Jesus an einen Ort namens Golgota, das heißt übersetzt: Schädelhöhe.«

467 ›Tschako‹, zylindrische Kopfbedeckung, Tschakos trugen die an der Schlacht beteiligten preußischen Jägerbataillone Nr. 5 und 11; vgl. Stein/Bauer, S. 115 ff.

468 Dieser oft heimlich eingesteckte ›Müll‹ war nicht nur Grundlage eines später lukrativen Handels mit Schlachtfeldtouristen auf der Suche nach Souvenirs, sondern bildet bis heute den Grundstock der Schlachtfeldmuseen.

jener unglücklichen Kürassiere, die bei Elsaßhausen und Morsbronn so vergeblich geopfert wurden. Da liegen die Söhne beider Nationen scharenweise an manchen Stellen, an der Wörther Hohl, beim Turkohäuschen, bei Elsaßhausen – zu Hunderten, Mann an Mann, auch Hand in Hand, mit geschlossenen oder starr offenen Augen, mit gebrochenem Herzen – dahingemäht in der Kraft und Blüte des Lebens, dahingefahren – (wer weiß? wie mancher) ohne Gebet, ohne Vergebung der Sünden, ohne Auferstehungshoffnung zum ewigen Leben. Nicht wahr, es wird dir schaurig auf diesem Totengefilde? Komm nur, du hast das gräßlichste noch nicht gesehen: laß uns wandeln durch die Leichenreihen, damit deine Seele erschüttert werde zu gründlichem Selbstgericht und heilsamer Todesbereitschaft auf dein Leben lang und du deinen Kindern und Kindeskindern Zeugnis geben könnest von den Schrecknissen dieser Tage. Da siehe diese verstümmelten Leiber … Dem einen ist ein Arm oder Bein abgeschlagen, dem andern der ganze Kopf vom Rumpfe geschossen; einem dritten die Hirnschale in Stücke zerschmettert; einem vierten der Leib aufgerissen, daß die Eingeweide verschüttet liegen … Ja wahrlich:

»Der schrecklichste der Schrecken,
Das ist der Mensch in seinem Wahn!«[469]

Wenn sie nur alle da wären, jene fluchwürdigen Missetäter, welche dieses Blutbad heraufbeschworen haben und [158] hineinschauen müßten in die bleichen Angesichter all dieser Erschlagenen! O sie würden mit Kainsangst[470] von dannen fliehen und unter dem Bann ihrer Verworfenheit in den tiefsten Abgrund versinken!

469 Wieder ein Zitat aus Schillers ›Das Lied von der Glocke‹. Der weitere Textzusammenhang bei Schiller: »Nichts Heiliges ist mehr, es lösen / Sich alle Bande frommer Scheu; / Der Gute räumt den Platz dem Bösen, / Und alle Laster walten frei. / Gefährlich ist's, den Leu zu wecken, / Verderblich ist des Tigers Zahn; / Jedoch der schrecklichste der Schrecken, / Das ist der Mensch in seinem Wahn. / Weh denen, die dem Ewigblinden / Des Lichtes Himmelsfackel leihn! / Sie strahlt ihm nicht, sie kann nur zünden, / Und äschert Städt' und Länder ein. //«

470 Anspielung auf den biblischen Kain, der seinen Bruder Abel erschlagen haben soll; Gen 4.8: »Da redete Kain mit seinem Bruder Abel. Und es begab sich, da sie auf dem Felde waren, erhob sich Kain wider seinen Bruder Abel und schlug ihn tot.« Indirekt bezeichnet Klein damit Deutsche und Franzosen als Brüder.

Und wenn sie nur auch da wären alle die kriegslustigen Revanchepropheten[471], diese heillosen Träumer, und miterleben müßten, nur einmal! die Schrecken und Greuel solchen Blutvergießens ... sie würden mit Scham und Entsetzen an ihre Brust schlagen und das Würgen satt bekommen in Ewigkeit.

471 Erneut bittere Kritik Kleins an der aggressiven Revancheideologie der 3. Republik, die zum Zeitpunkt der Abfassung der ›Chronik‹ bereits Staatsräson war; vgl. dazu Schivelbusch, S. 123 ff.

Die ersten Gräber.

Sonntags vormittags.

Von Sonntagsgedanken, Sonntagsruhe, Sonntagssegen allenthalben keine Ahnung ... Die meisten Einwohner wissen vor Betäubung und Verwirrung gar nicht mehr, wo sie sind und wie sie leben. Und in der ganzen Umgegend ist's dasselbe Getöse, dasselbe Kriegsgetümmel – überall sind die Gotteshäuser in Lazarette verwandelt, kein Friedensglöcklein ertönt herauf oder herüber ... es gibt heute wieder einen schweren Tag. Glühend heiß brennt die Sonne auf alle die Leichname hernieder; was wird es geben, wenn sie nicht bald, so schnell als möglich begraben werden? Es ist gewißlich wahr, ein fühlender Christenmensch muß in der tiefsten Seele ergrimmen! Wenn doch Menschenblut vergossen werden *muß*, warum hat nicht jedes kriegführende Heer eine Truppenabteilung[472], welche die Bestattung der Toten besorgt? Sind die Gefallenen nicht mehr so viel wert, daß man sie sammle [159] und liebe- und ehrenvoll begrabe, ehe die Verwesung ihre Leiber noch entsetzlicher entstellt? Oder ist des Jammers der Einwohner nicht genug, daß sie auch noch diesen auf sich nehmen sollen?

Es geht ein heimliches Gemurmel, die ganze Nacht seien große Totenwagen durchs Sauertal gerasselt und haben deutsche Gefallene in die Pfalz hinabgeschleppt, damit der Mut der Soldaten durch den Anblick massenhafter Leichenhaufen nicht erschüttert werde ... Ist's Wahrheit oder ist's ein Phantasiegespinst, welches dort unten in unsern Rebhügeln und Waldschluchten haust? Niemand kann's mit Bestimmtheit behaupten – allgemein aber wird's geglaubt. Die deutsche Vorsicht ist ja bekannt. Übrigens, wie kommt's, daß hier oben viel mehr französische als deutsche Tote liegen, da doch die Menschenschlächterei auf beiden Seiten gleich zahlreiche Opfer gekostet hat?[473] – Ich wollt', sie hätten auch in unsern Gärten und Feldern nicht bloß ihre Offiziere und besonders teure Kameraden, sondern alle, alle ohne Unterschied in die Erde gebettet! ... Denn,

---

472 In der Regel waren Pioniertruppen an den Bestattungen beteiligt.

473 Vgl. den Bericht eines Zeitzeugen, der das noch nicht aufgeräumte Schlachtfeld besuchte und über die Leichenberge am Ortausgang von Fröschweiler schreibt: »[...] ein Sumpf von Blut und Hirn und Eingeweiden [...]. Auf der letzten Höhe hat nur noch die Metzgerei in Masse gewüthet. Jede Schilderung erlahmt und jede treffende würde dem Leser übel machen«; Pietsch, S. 31.

um Gottes willen, wer soll es tun? Wie unsere auseinandergejagte Herde zusammenbringen? Viele Männer mußten mit ihren Wagen der deutschen Armee nachziehen[474], und die meisten Jünglinge sind immer noch auf der Flucht oder liegen aus Furcht vor dem Feinde in den Wäldern versteckt. Man versetze sich einmal in solch eine fürchterliche Lage ... Wenn nur die Toten im Dorf, in dessen unmittelbarer Umgebung aufgehoben und bestattet werden könnten, daß doch die Pestilenz nicht hereinbricht ... Die Durchmärsche dauern fort; ein Heereszug nach dem andern flutet landeinwärts den Vogesen zu; sie ziehen kalt und fremd vorüber und fragen nicht nach unserm Schmerz.

[160] Aber weilt nicht da drüben im Wirtshaus ein kommandierender General, der gestern mitgefochten hat; dessen herzensgute Schwester in Niederbronn wohnt – vielleicht, was gilt's, die Siegesfreude hat Mitleid, Erbarmen in der gestählten Kriegerbrust erweckt ... Mach dich auf, – geh zu ihm ... Bitte, flehe um Hilfe – er wird dich anhören, er wird, er *muß*, und tut er's nicht – in Gottes Namen. Gesagt, getan – den Amtsrock her, der wird schon bessern Eindruck machen, und ehe fünf Minuten vergehen, steh ich drüben am Wirtshaus und frage nach Sr. Exzellenz, Herrn General v. d. T.[475]! Eine Menge von Offizieren und Adjutanten gehen da aus und ein. Ich werde endlich angemeldet – es dauert ein Weilchen, und das arme Pfäfflein steht vor dem stattlichen Feldherrn, der von seinem zahlreichen Stabe umgeben ist. Mein Gott, wenn ich daran denke! Die Herren sind gerade beim Frühstück, sie essen und trinken nach Herzenslust. – Gerade sagt einer: »Exzellenz, es ist kein Wein mehr da« ... Ich gestehe, zum erstenmal wird's mir dunkel, bitter ums Herz, seit gestern keinen Bissen Brot, keinen Tropfen Wasser – keinen Augenblick Ruhe – und hier die Sieger beim stärkenden Mahle ... ich weiß auch nicht, was ich rede – die Tränen rieseln über mein Angesicht, ich bitte um Schonung für die Gemeinde, um einige Mannschaften, damit doch die Leichname von den Gassen aus unserer Mitte entfernt und begraben werden. Und ich habe keine Fehlbitte getan. Der General ist wohlwollend und freundlich und gibt Befehl, es sollen sogleich zwei Abteilungen Pioniere abgesandt werden mit der Weisung, die Arbeit in Angriff zu nehmen.

474 Vermutlich mehr oder weniger freiwillig und gegen Bezahlung als Fuhrmänner im Bagagetross; vgl. Mampel und Arand 2018, S. 158.

475 General von der Tann wohnte bei Familie Westram; vgl. Westram, S. 32.

Abb. 42

Ein schwerer Sorgenstein fällt von meinem Herzen, ich danke, so gut ich kann, und [161] nun geht's hinaus an die erste Bestattung der Toten. Aber welche Arbeit, in die dürre, felsenharte Erde eine große 4–5 Fuß tiefe Grube zu graben! Mehrere Stunden vergehen, ohne daß eine solche Ruhestätte vollendet ist. Unterdessen werden die Leichen herzugetragen – in kläglichem, manche in unbeschreiblich schauerlichem Zustande, endlich werden sie mit den Kleidern, die sie noch anhaben, hinabgelassen in das gemeinsame Grab, wo in festgeschlossener Reihe 30–40 Mann nebeneinander liegen. Das ist die erste Schicht. Dann kommt die zweite. Eine gleiche Zahl entseelter Kriegsopfer wird auf die erste gebettet – eine kurze Einsegnung wird über sie gesprochen, und ein abgebrochenes Reis bezeichnet einstweilen die Stätte, wo sie ruhen. Dann geht's zur zweiten Grube, wo dieselben Marterbilder uns entgegentreten, und wo in gleicher Weise der Tod seinen Raub verschlingt. Das ist die erste, durch die größte Not gebotene Beerdigungsarbeit. Viele, wenigstens doch 200 Gefallene sind in diesen Vormittagsstunden bestattet worden. (Abb. 42) Aber was ist diese Zahl gegen die, welche noch draußen liegen, denn nach allen Richtungen hin ist ja dieselbe Zerstörung. – Es muß wohl bald Mittag sein. Eine Ewigkeit schon gehe ich da herum in dieser brennenden Hitze. Ich bin todesmüde … wenn ich nur einmal wieder daheim wäre! … [162]

Die Gunstetter Mordgeschichte.

Sonntag ½ 12–12 Uhr.

Ich komme bis an den Schloßgarten. Da tritt ein Oberst heran und spricht die zornigen Worte: »Herr Pfarrer, Sie haben Halunken und Spitzbuben in Ihrer Gemeinde, denen muß sofort nach Gerechtigkeit gelohnt werden.« »Wieso, was ist denn geschehen?« »Sonderbar, Sie wissen also nicht, daß die Einwohner von Fröschweiler auf unsere Truppen geschossen, Verwundete meuchlings ermordet, Toten die Augen ausgestochen, die Zunge, die Ohren abgeschnitten haben?« – »Herr Oberst, ich kenne unsere Bauern – es sind friedliche Menschen … Solche Greueltaten sind hier nicht geschehen, unmöglich – wo sind die Leute?« – »Da kommen sie herüber« … Eine Menge Soldaten wogt zusammen. »Platz da! … Hier sind die Schlachtfeldhyänen[476] … Aufgeschaut! Der Pfarrer ist da! gebeichtet! kurz … das Armensündergebet[477] …« Von allen Seiten tönt's: »Aufhängen! an den Füßen aufhängen … hier an diese Bäume …« – »Ich bitte um Gottes willen, seien Sie menschlich … nur einen Augenblick … nur ein Wort! Die Leute sind ja nicht aus unserer Gemeinde …« »Nieder mit den Scheusalen! Aufgeknüpft das schändliche Franzosenvolk …« »Nein, Sie dürfen diese Schmach nicht auf unsere Gemeinde werfen! Um Ihrer Ehre willen … Sie dürfen Fröschweiler nicht ganz zugrunde richten …« – Das Racheschnauben wird einigermaßen gedämpft; die Flüche und Verwünschungen verstummen. Es wird möglich, die Beschuldigten zu be- [163] trachten. Welche Schreckensgestalten! Geknebelt an Händen und Füßen, die Köpfe blutrünstig geschlagen, das ganze Gesicht voll Kot, Beulen und Wunden, die Augen

476 ›Schlachtfeldhyänen‹, diesen Begriff verwendeten deutsche Soldaten für zivile Plünderer, die Toten oder Verletzten noch auf dem Schlachtfeld Wertgegenstände raubten, dabei häufig auch mordeten. Solches Verhalten ist zu reichhaltig belegt, als dass es nur als antifranzösische Propaganda abgetan werden könnte. Auch aus älteren Kriegen, z. B. 1866, wird von solchen Vorgängen berichtet; vgl. exemplarisch Fontane 1870, Bd. II, S. 649 f. Auch der bayerische Infanterist Florian Kühnhauser verwendet den Begriff ›Schlachtfeldhyänen‹ in seiner Schilderung des Vorgangs; vgl. Kühnhauser, S. 42.

477 Gemeint ist vermutlich das traditionelle katholische Mariengebet ›Ave Maria‹: »Gegrüßet seist du, Maria, voll der Gnade, / der Herr ist mit dir. / Du bist gebenedeit unter den Frauen, / und gebenedeit ist die Frucht deines Leibes, Jesus. // Heilige Maria, Mutter Gottes, / bitte für uns Sünder / jetzt und in der Stunde unseres Todes. // Amen. //«

fürchterlich aus ihren Höhlen getrieben, die Zunge, vor Durst geschwollen, zum Munde heraushängend; alle Kleider in Fetzen zerrissen, alle Glieder, von dem bloßen Scheitel bis zur nackten Fußsohle, erbärmlich zermartert.[478] Und welche Verzweiflung auf ihren Gesichtern! welche Höllenangst vor dem Tode! … »Wo seid ihr denn her?« – »Von Gunstett. – Sie kennen mich ja, Herr Pfarrer, ich bin der Sohn des Bürgermeisters![479]« – »Ja, ich kenne Sie.« – »Und mich kennen Sie auch, ich bin der Schullehrer!« – »So, du bist der Schullehrer? Du schwarzes Aas! Du Schandfleck der Menschheit! Ist das dein Unterricht, dein Beispiel unter den Kindern? Wart, du sollst höher hängen als alle anderen!« »Habt ihr denn wirklich solche Verbrechen verübt?« »Ja, ja, sie haben's getan, ich hab's gesehen, ich bin dabei gewesen, der Schulmeister hat mit zwei Flinten aus dem Keller geschossen – der Kleine, Schwarze dort (ein 15jähriger Knabe!) ist ertappt worden, wie er einem Verwundeten den Dolch in den Leib stieß.«[480] – »Nein, nein, wir haben nichts gemacht! So gewiß die Sonne am Himmel steht, wir sind unschuldig! O! O! wir müssen sterben! O nur noch eine Stunde leben! nur einen Trunk Wasser!« – »Nimmermehr! Die Hunde dürfen kein Wasser kriegen … keinen Tropfen Wasser … Vergeltung für unsere Brüder!« – »Soll ich den katholischen Feldprediger rufen, daß er mit euch bete?« – »Nein, nein, verlassen Sie uns nicht! Wenn Sie fortgehen, sind wir verloren! Die Herren sind ja Deutsche, Sie können gewiß Gnade für uns erlangen!« – [164] »Ich fordere euch abermals auf, vor dem Angesichte Gottes gebt der Wahrheit die Ehre! Habt ihr auf die Truppen geschossen oder Verwundete verstümmelt, so gesteht's doch, ehe ihr zum Tode geführt werdet und eure Seelen vor Gericht kommen!« – »Wir sind unschuldig! o meine arme Frau, meine armen

478 Florian Kühnhauser bestätigt diese Schilderung: »Die Kerle waren übrigens derartig zugerichtet, dass einem selbst das Herz blutete«; vgl. Kühnhauser, S. 42.

479 Der Bürgermeister hieß Philippe Théodore Kuhn, nachgewiesen im Zensus von 1866, 60 Jahre alt, verheiratet mit ›Marie‹, geb. ›Schleininger‹; ein leiblicher Sohn ist 1866 als ›Xavier‹, 21 Jahre, nachgewiesen; allerdings gibt es zu diesem Zeitpunkt auch einen adoptierter Jungen von 15 Jahren mit Namen ›Eugène Schleininger‹; vgl. ABR 7 M 406.

480 Als ›Instituteur‹ (Lehrer) ist im Zensus von 1866 ›André Erhard‹, 28 Jahre, verheiratet mit Julia, geb. ›Hasenfratz‹, nachgewiesen; beim Schulmeister lebte auch noch ›Eugène Pfister‹, Neffe der Ehefrau, 1866 10 Jahre alt, er könnte mit dem ›Knaben‹ gemeint sein; vgl. ABR 7 M 406.

Kinder!« – »Das Ding währt zu lang … Adjutant, gehen Sie schnell zum kommandierenden General und fragen Sie, ob das Todesurteil vollstreckt werden soll?« »Hört ihr's? Noch ein paar Minuten … Schnell abgemacht, ehe die Seele in die Ewigkeit fährt!« »Hurra! baumeln soll die Teufelsbrut, daß ein Schrecken über alle Franzosen komme! Wir wollen fürs Vaterland sterben, aber nicht ermordet sein!« – Jetzt naht der fürchterliche Augenblick … der Adjutant ist fort, was wird er für Antwort bringen? … Zittern und Beben[481], Heulen und Zähneknirschen[482] ergreift die Verurteilten. Einige brechen zusammen, andere erheben winselnd, schrecklich brüllend ihre Blicke und Hände gen Himmel: »Gute Nacht! Vater und Mutter! Gute Nacht! Frau und Kinder! O Jesus, Jesus!« – Mir wird schwindelig vor den Augen, das Herz möchte mir im Leibe erstarren. Aber es gilt einen letzten Versuch zur Rettung dieser Unglückseligen: »Meine Herren! die Schuld dieser Unglücklichen ist nicht erwiesen. Und welche Entscheidung der General auch treffe, tun Sie es nicht! Diese vierzehn Menschenleben sind in Ihrer Hand, geben Sie nicht zu, daß sie geopfert werden, ohne nochmalige gründliche Untersuchung. Sie haben einen großen Sieg erfochten, vergessen Sie nicht, des Siegers schönste Krone ist Erbarmen!«[483] – Der Adjutant kommt zurück; er ruft von weitem: »Nicht hinrichten, nicht aufhängen! Abführen nach [165] Sulz ins Hauptquartier des Kronprinzen!« – »Marsch!« – Die Gebundenen atmen auf aus dem Todesabgrund, machen kehrt und werden unter Flüchen und Mißhandlungen zum Lager hinausgestoßen. Was sie bis Sulz noch gelitten haben, hat niemand erfahren. Einer hat unterwegs den Geist aufgegeben, ein 80jähriger Greis[484], die andern wurden begnadigt.

Wenn ich jetzt zuweilen an die Stelle komme, wo ich mit ansah, wie jene verurteilten Missetäter ihre Galgenfrist zubrachten, da

---

481 ›Zittern und Beben‹. Anspielung auf Mk 14.33: »Und er nahm Petrus, Jakobus und Johannes mit sich. Da ergriff ihn Furcht und Angst.«

482 ›Heulen und Zähneknirschen‹. Anspielung auf Mt 8.12 und die Leiden der Verdammten: »Die aber, für die das Reich bestimmt war, werden hinausgeworfen in die äußerste Finsternis; dort werden sie heulen und mit den Zähnen knirschen.«

483 ›Erbarmen‹. Die ›Clementia Caesaris‹, die Barmherzigkeit des Kaisers gilt seit der Antike als eine der größten Herrschertugenden.

484 Gemeint ist ausweislich des Totenscheins ›Antoine Jucker‹, 82 Jahre, gestorben am 7. 8. 1870 um 7.15 Uhr bei Morsbronn; vgl. ABR 4 E 177/12.

durchrieselt ein unaussprechliches Schaudern meine Seele, und ich kann mich des Gedankens nicht erwehren: »O, wie muß es doch so trostlos, so schrecklich in der Hölle sein!«[485]

Fragt nun aber einer, und wie unzählige Male ist an den Erzähler diese Frage schon gerichtet worden: Was hältst du von dieser Greuelszene? Haben die Einwohner von Gunstett und anderen Orten (einer war von Birlenbach[486]) diese Untaten wirklich verübt, oder sind sie durch ein besonderes Mißgeschick, was ja auch möglich wäre, in diese gräßliche Todesgefahr geraten? – so bleibt die Antwort unabänderlich dieselbe: die Geschichte steht hier vor einem Geheimnis, welches hierzulande wenigstens niemand zu lösen vermag.[487] Die Anklagen der Offiziere und Soldaten waren so bestimmt, so hartnäckig, die Wut und die Mißhandlungen gegen die Unglücklichen so grenzenlos, daß auch der roheste Mensch zugestehen müßte, es wäre ein unverzeihliches Verbrechen, *unschuldige*, *wehrlose* Bürger so barbarisch zu martern! Man kann allerdings sagen, denn es ist leider wahr: in jedem Menschen schlummert ein wildes Tier; wenn das im Schlachtendonner seine Fesseln sprengt, wer kann es bändigen?

[166] Andererseits waren die Beteuerungen der Angeklagten auch angesichts des Todes so fest, so unerschütterlich, ihr Jammer- und Wehgeheul so haarsträubend, daß jeder Zuschauer sich sagen mußte: sie können doch unmöglich an der Schwelle der Ewigkeit ihre Seele noch mit Meineid belasten. Aber freilich kann auch hier nicht in Abrede gestellt werden: Der *Fanatismus*, der in diesem

---

485 Klein bezieht sich hier auf ein klassisches Bild des christlichen Katechismus: »Was die Hölle so schrecklich und leidenvoll macht, sind insbesondere vier Stücke: 1. Die ewige Trostlosigkeit […]«; vgl. Overberg, S. 267.

486 ›Birlenbach‹, heute Drachenbronn-Birlenbach, 20 km östlich von Fröschweiler gelegene Gemeinde.

487 Ob die Beschuldigten tatsächlich nach der Schlacht Verwundete ausgeraubt, verstümmelt und getötet haben, kann nicht mehr bewiesen werden. Der Vorwurf, dass in Gunstett Zivilisten aus Häusern auf Verwundete geschossen haben, ist allerdings wahrscheinlich zutreffend gewesen. Das Feldtagebuch eines Hauptmanns Eduard Müller vom 1. Nassauischen Infanterieregiment Nr. 87, das an der Brücke von Gunstett kämpfte, berichtet eindeutig von Schüssen aus den Häusern von Gunstett. Müller berichtet im Feldtagebuch ohne Absicht einer Veröffentlichung, sondern lediglich als Erinnerungsstütze. Er berichtet, was passierte, als er verwundet von der Sauer in das höhere gelegene Gunstett gehen wollte: »Auf dem Rückmarsche durch Gunnstedt fielen Schüsse aus den Häusern auf einzelne zurückgehende Verwundete«; vgl. Feldtagebuch Müller, fol. 6r.

ganzen Krieg im Hintergrunde spielte, ist eine heimtückische, blutdürstige Bestie, die vor keiner Missetat zurückschreckt. Wo ist die Wahrheit? Gott weiß es.[488]

488 Für Florian Kühnhauser stellte sich die Lage wie für Hauptmann Müller eindeutig dar. Den Ausgang der Geschichte kannte er aber nicht: »Ich meine, als sähe ich heute noch einen dieser Halunken mit seinem echt heuchlerischen Gesichtsausdruck, an Händen und Füßen gebunden, auf dem Karren liegend, wie er auf wiederholtes Befragen dem Priester seine Unschuld beschwor. Mit dem Fuß schon am Grab stehend, belog dieser Schurke noch seinen Gott, denn die anwesenden Feldgendarmen hatten ihn auf der Tat erwischt. (…) Wie das Urteil ausfiel, habe ich nie erfahren, im Soldatenmund wurde stets erzählt, dass diese Scheusale, nachdem sie sich ihr eigenes Grab gegraben hatten, erschossen worden waren«; vgl. Kühnhauser, S. 43. In den Worten Kleins drückt sich ebenfalls durchaus Zweifel aus, möglicherweise doch belogen worden zu sein.

Die Hungers- und Wassersnot.

Der Totenwagen.

Diese Mordgeschichte hat mich schier aufgerieben. Sie gehört zum Entsetzlichsten, was ich erlebt habe, ich glaube auch, ich wollte lieber sterben, als solch einen Tigerkampf noch einmal mit ansehen. Todesmüde komme ich endlich wieder heim. Es ist ein Uhr. Auf der Straße dasselbe Gedränge, in Hof und Haus dieselbe Verödung. Ich habe sehr Hunger … und meine Leute da droben … Wunderbar! die sind ganz vergnügt. Sie erzählen mir, ein deutscher Offizier sei gekommen und habe gefragt, ob sie Not litten, und als sie ihm gesagt, sie hätten heute noch nichts gegessen als ein wenig Milch, da habe der fremde Herr Brot und Speck auf den Tisch gelegt und habe mit ihnen geteilt und gegessen, sie seien satt geworden, und es sei noch übrig für mich, wenn ich heimkäme. Ach [167] du guter Gott, hab Dank für diese Wohltat und begleite mit deiner Gnade den barmherzigen Samariter[489] hinaus ins wilde, feindliche Leben! – Wenn nur alle unsere Leute im Dorf so ein Mittagsmahl hätten. Denn gewiß, sie haben alle Hunger und Durst, und nirgends mehr ist etwas vorhanden. Wie wird's ihnen ergehen? 's ist schon gar lang seit gestern morgen – und alle diese Schrecken und Erschütterungen … Wenn sie doch den Mut hätten und gingen hinaus und rafften sich Kartoffeln zusammen, aber kein Mensch traut sich aus der Höhle, niemand darf das Schlachtfeld betreten – die eiserne Rute des Krieges will's – sie sollen hungern … Oder wenn nur aus den Nachbardörfern die Freunde, die Verwandten herüberkämen und brächten Speis und Trank für die Unglücklichen! Ach, was sag ich? Sie sind schon frühe gekommen, aus Jägerthal, aus Langensulzbach etc., sie bringen Milch, Suppe, Brot, was sie gerade haben, aber sie dürfen nicht herein. Dort stehen sie mit ihren Liebesgaben vor dem undurchdringlichen Feindesgürtel, ihr Herz blutet wie das unsrige – sie dürfen nicht hindurch, wir sollen warten – das hat, wie es scheint, dieser Tag zur unerbittlichen Parole. Nun, in Gottes Namen! Wir leiden und schweigen; es geschieht doch nicht mehr und dauert

489 In Lk 10.25–37 wird das Gleichnis des ›Barmherzigen Samariters‹ erzählt (Lk 10.33–34): »Ein Samariter aber, der des Weges zog, kam hinzu und erbarmte sich seiner. Er ging hin, verband seine Wunden und goß Öl und Wein darauf. Dann hob er ihn auf sein Reittier, brachte ihn zu einer Herberge und trug Sorge um ihn.«

doch nicht länger, als der Allmächtige über uns verhängt hat. Und ich glaube, die Soldaten werden auch heute, wo die Not am größten, aus Mitleid ihren Mundvorrat mit den Einwohnern teilen; sie haben ja zu essen, und daß mancher ein fühlend Herz auch in Feindesland bewahrt hat, durften wir gestern schon erfahren. Die armen Leute sollen nur bitten, herzhaft bitten, kein braver Kriegsmann läßt den Besiegten erbarmungslos verderben. Er denkt [168] zurück an die Heimat, an Eltern und Geschwister, er denkt vorwärts an die kommenden Gefahren – es wird ihm jämmerlich zumute, und er teilt seinen Bissen mit den Elenden, gewiß, gewiß … Darum unverzagt, ist's auch ein schwerer Tag, Gott ist mit auf dem Plan – es darf doch niemand zugrunde geh'n … Der Mensch kann viel ertragen, sehr viel und wenn auch einmal die Gebeine vor Hunger klappern – ist auch gut. Da lernt man wieder den Wert der edlen Gottesgaben erkennen und bitten ums tägliche Brot[490] und danken dem Herrn, denn Er ist freundlich und Seine Güte währet ewiglich[491] … Viel peinlicher[492] aber als die Hungersnot ist der Wassermangel in dieser drückenden Hitze. Ach wie brennt einem das Herz, wie lechzt die Zunge nach einem labenden Trunke – und nirgends ist Wasser zu finden. Schon lange vor der Schlacht haben unsere Truppen alle Brunnen ausgeschöpft, nur ein einziger sprudelt noch aus mächtiger Quelle. Wer dahin könnte und schöpfen und trinken mit langen Zügen! Ha! welche unaussprechliche Erquickung … Aber es ist nicht möglich; das ganze Dorf ist von Soldaten überschwemmt: der Brunnen ist von durstigen Massen buchstäblich belagert, ein furchtbares Getümmel, sie schreien und streiten, Preußen, Bayern, Schwaben – sie drängen und stoßen einander und schöpfen und trinken und laufen von dannen – und wiederum sind andere da und wollen auch herzu, drängen sich heran und erhaschen die Beute. O ja! das sind heiße Stunden! da wird man aufgeschreckt zu heilsamer Nüchternheit; da vergeht einem die Lust nach Wein und köstlicher Labsal. Nur Wasser, nur Wasser; Gott erbarm dich: nur Wasser! – Wir nehmen vorlieb, wir sind [169] überglücklich mit Wasser … Kein Wasser! – O Wörth, wie beneidenswert ist dein Schicksal! Du liegst an den Ufern der Sauer … Dort rauschen die Wasserfluten so frisch

490 ›Tägliche Brot‹. Anspielung auf das ›Vaterunser‹: »Unser täglich Brot gib uns heute.«

491 ›Seine Güte währet ewiglich‹. Zitat aus mehreren Psalmen, u. a. Ps 106.1.

492 ›Peinlich‹, hier im Sinn von ›schmerzhaft‹ zu verstehen; vgl. Wahrig, S. 977.

und helle … und hier oben diese brennende Dürre. Wer doch hinab könnte und Wasser holen dürfte für sich und die dürstenden Brüder! Aber es darf nicht geschehen: überall heißt's: *niemand passiert*, und ob wir auch anhalten und flehen: *zurück!* es darf niemand zum Dorf hinaus! »So laßt doch den Wagen herein, den ein Freund aus Reichshofen, mit Fässern beladen, heraufgebracht hat, bis ans Kreuz, oben vorm Dorfe.« »Er darf nicht herein!« – Das ist die Schärfe des Schwerts, das ist Disziplin und Gehorsam im offenen Felde. Nun so sei's denn in Gottes Namen, wir wollen dulden und stille sein.[493] Eine Stunde vergeht um die andere. Es wird schon Hilfe kommen, ja sie kommt gewiß. Und wenn auch einmal vor Durst die Eingeweide brennen, da liegen Tausende von Verwundeten in viel schwererer Trübsalshitze. – Nur ruhig – solche Zeiten sind auch heilsam. Da lernt man wieder Gottes Gaben schätzen und dankbar genießen. Jetzt wissen wir, was ein Stücklein Brot, was ein Trunk Wasser für einen Wert hat. Wir werden's nicht vergessen unser Leben lang.

Aber was kommt da für ein Wagen das Dorf herab? Langsam bewegt sich der Zug durch die Heeressäulen – von Zeit zu Zeit hält er stille, und ein düsterer Gegenstand wird hinaufgeschoben. Ist's ein Schreckbild der Phantasie oder ist's Wirklichkeit? Kommet herzu und sehet das grausige Schauspiel! Es ist ein Totenwagen, der die Leichname an der Straße, in den Häusern sammelt, daß sie wegkommen aus den Augen, aus dem Lande der Lebendigen …[494]

[170] Wer hat's befohlen? Wir wissen es nicht. Aber schaut doch dahin. Kann man sich etwas Schauerlicheres denken! Da liegen schon, weiß nicht wie viele, in den Brettern, starr und bleich – und wiederum hält der Wagen, und andere Leichen werden hinaufgeworfen; die ausgestreckten Glieder sträuben sich hoch empor und die entseelten Menschenleiber rutschen durcheinander. Fahre weiter, du gräßlicher Erntewagen des Krieges![495] Fahre fort und bette die blutigen Garben in die Erde! Sie sind gefallen im Streite … Die Erlösten aber des Herrn werden wiederkommen mit Jauchzen.

---

493 ›Dulden und stille sein‹. Anspielung auf Ps 46.11: »Seid stille und erkennet, dass ich Gott bin! Ich will mich erheben unter den Völkern, ich will mich erheben auf Erden.«

494 ›Lande der Lebendigen.‹ Anspielung auf Ps 27.13: »Ich glaube aber doch, dass ich sehen werde die Güte des Herrn im Lande der Lebendigen.«

495 ›Erntewagen des Krieges‹. Anspielung auf Am 2.13: »Siehe, ich will's unter euch knarren machen, wie ein Wagen voll Garben knarrt.«

Die Verwundeten.

Wenden wir nun aber unsern Blick und unsere Herzen den Verwundeten zu, welche ihre Tapferkeit nicht in offener Schlacht mit dem Heldentod besiegeln durften, jetzt aber zu Tausenden in ihrem Blute, in ihren Schmerzen liegen. Die meisten sind, gottlob! gestern schon, andere heute noch gesammelt und in den verschiedenen Ortschaften der Umgegend untergebracht worden. Alle freilich deckt noch kein schirmendes Obdach: es werden immer noch einzelne aufgefunden und da und dort in irgend eine Herberge getragen. Mancher wird auch – wie jene zwei in der Liebfrauenberger Steingrube, oder wie jene zwei andern im Großenwalde – einsam und hilflos verschmachten. Sie gehören zu den teuren *Vermißten*, in deren Leidenskelch kein Tröpflein Trostes träufelt, auf deren Grab keine Vater- und Muttertränen fließen.[496] Ihr Heldentod ist doppelt groß vor der Geschichte. [171]

Fragen wir aber zuerst nach der *Zahl* der Verwundeten. Sie ist groß, sehr groß – wie könnte es in solch einer Schlacht, mit solch mörderischen Waffen anders sein? Die deutsche Verlustliste, an deren Genauigkeit niemand zweifeln wird, bietet folgendes Verzeichnis:

Verwundete Offiziere 383; Mannschaften 7297; zusammen eine Zahl von 7680 Verwundeten. Rechnet man dazu von den 1370 Vermißten auch nur ein Drittel, so ergibt sich deutscherseits eine Totalsumme von 8136 Verwundeten.[497]

Eine offizielle französische Verlustliste gibt es nicht, und es ist daher niemand imstande, absolut richtige Angaben zu machen. Indessen, wenn das französische Heer auch nur etwa 45 000 Mann stark in den Kampf gezogen ist, so war doch der Angriff des Feindes so furchtbar und der Widerstand bis zum letzten Augenblicke

496 ›Sie gehören zu den teuren *Vermißten*, in deren Leidenskelch Tröpflein Trostes träufelt, auf deren Grab keine Vater- und Muttertränen fließen‹. Eventuell Anspielung auf Mk 14.33–36: »Und er nahm Petrus, Jakobus und Johannes mit sich. Da ergriff ihn Furcht und Angst, und er sagte zu ihnen: Meine Seele ist zu Tode betrübt. Bleibt hier und wacht! Und er ging ein Stück weiter, warf sich auf die Erde nieder und betete, dass die Stunde, wenn möglich, an ihm vorübergehe. Er sprach: Abba, Vater, alles ist dir möglich. Nimm diesen Kelch von mir! Aber nicht, was ich will, sondern was du willst (soll geschehen).«

497 Die während des Krieges erschienenen Verlustlisten nannten keine Zahlen, nur Namen. Es ist unklar, auf welche Liste sich Klein genau bezieht. Die Zahlen für deutsche Verwundete sind bei Engel, S. 109, folgende: Offiziere 305 verwundet, 2 vermisst; Soldaten 6412 verwundet, 1412 vermisst.

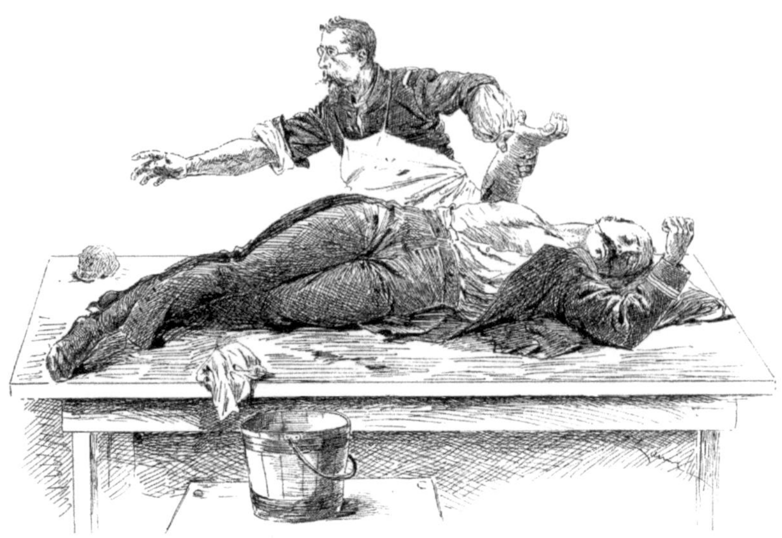

Abb. 43

so heldenmütig, daß wir schwerlich fehlgehen, wenn wir sagen, es sind in der französischen Armee ebensoviele Opfer als in der deutschen gefallen. Will man aber das nicht zugeben und der deutschen Übermacht durchaus größere Verluste zuschreiben, so streiche man 200, sogar 500 Mann, es bleiben immer noch, und die bleiben gewiß: 7636 französische Verwundete. Von den Toten beider Nationen wird weiter unten noch die Rede sein.

Wir haben also die runde Gesamtzahl von 15 700 Verwundeten. Dieselbe verteilt sich, nach sorgsam gemachten Erhebungen am 7. August, mit annähernder Genauigkeit, in folgender Weise (wir machen die Runde des Schlachtfeldes):

Eberbach 750 Verwundete, Morsbronn 800, Walburg[498] 220, Dürrenbach[499] 200, Brückmühle[500] 325, Gunstett 800, Spachbach, Oberdorf 750, Dieffenbach 800, Görsdorf 1170, Langensulzbach 850, Wörth 4800, Fröschweiler, Elsaßhausen 4000.

498 ›Walburg‹, heute Walbourg, 10 km südöstlich von Fröschweiler gelegene Gemeinde.

499 ›Dürrenbach‹, heute Durrenbach, 7 km südöstlich von Fröschweiler gelegene Gemeinde.

500 Die schon erwähnte Bruckmühl; vgl. Anm. 328 und Westram, S. 14.

[172] Die übrigen liegen in Reichshofen, Niederbronn, Hagenau, Straßburg etc., denn viele sind während der Schlacht dort hinabtransportiert worden, oder auch in der allgemeinen Flucht in jene Ortschaften entronnen. So hat der Erzähler einen französischen Artillerieoffizier kennen gelernt, dem eine Granate den rechten Arm abgeschlagen und den Leib aufgerissen hatte, und der doch so viel Energie bewahrte, daß er auf seinem Pferde bis nach der Eisenhütte in Reichshofen gelangt ist. Andere sind sogar, wie schon angedeutet, unerachtet ihrer Wunden bis nach Straßburg entflohen.

Was den körperlichen Zustand der Verwundeten betrifft, so läßt sich denken, welche Mannigfaltigkeit in den Verletzungen sich offenbart. Es gibt am menschlichen Leibe kein Glied, welches nicht an diesen Tausenden von Unglücklichen, wer weiß wie oftmals, getroffen oder verstümmelt worden wäre. – Viele natürlich – wir wollen sogar annehmen, die Hälfte – sind nur leicht verwundet.[501] Die feindliche Kugel hat sie eigentlich bloß gestreift, am Kopf, im Gesicht, am Hals, am Arm, an der Hand, am Schenkel, am Fuß, oder ist, ohne den Knochenbau zu zerschlagen oder sonst ein edles Organ zu treffen, durch irgend einen fleischigen Teil des Körpers gefahren. Glück zu: die sind keine Krüppel, keine dem Tod geweihten Opfer – sie bedürfen eine Weile sorglicher Pflege – aber bald stehen sie wieder da und greifen, wenn's not tut, aufs neue zu den Waffen. Viele aber auch, gewiß die Hälfte, sind schwer verwundet. Der Granatsplitter, die Kugel hat sie mörderisch getroffen; die Hirnschale zerschlagen, die Kinnlade weggerissen, den Arm oder auch beide Beine zerschmettert, die Lungen durchbohrt, die Eingeweide durchschossen, den Oberschenkel, die [173] Beine zertrümmert. Das sind die Bejammernswerten … O diese Marterbilder; sie möchten sterben und werden sterben, aber die Angst und die Schmerzen, die entsetzlichen Schmerzen tage-, wochen-, vielleicht monatelang bis zum endlichen Tode! (Abb. 43)

Und wo sind sie einstweilen alle untergebracht? Wie und wo es eben möglich gewesen. Die Offiziere in Privatwohnungen, in

501 Nach dem Krieg hat das Preußische Kriegsministerium eine vielbändige und minutiöse Veröffentlichung zu den Verletzungen, Todesarten und Behandlungen im Krieg von 1870/71 herausgegeben, die noch heute die exakteste und eindrucksvollste Quelle zu diesem Thema darstellt. Menge und Art der Verwundungen, die durch die industriell hergestellten Waffen verursacht wurden und das Militärsanitätswesen zeitweise zum Zusammenbruch führten, werden im sog. ›Sanitäts-Bericht‹ schonungslos aufgeführt; vgl. Sanitäts-Bericht 1884 ff. und Arand 2012, S. 27 ff.

guten und schlechten Betten, in gutwillig geöffneten oder gewaltsam erschlossenen Häusern … Die zuerst gekommenen Soldaten teilweise ebenfalls in Stuben und Kammern der Einwohner auf Matratzen, Strohlagern etc. Aber die große Masse? Wohin mit all den Tausenden? In den Ortschaften, welche nicht unmittelbar im Schlachtenrayon[502] lagen, und wo die Zahl der Verwundeten nicht über 300 bis 600 steigt – in die Kirchen, Schulhäuser, Pfarr- und Gemeindehäuser: aber in Wörth, Fröschweiler, im eigentlichen Zentrum des blutigen Kampfes, wo die Verstümmelten tausendweise sich häufen, wo schon während der Schlacht alle, auch die geräumigsten Lokale überfüllt worden sind – in die Scheunen, in die Stallungen, Schuppen, Gehöfte – auf trockene Dunghaufen, unter freiem Himmel. Doch wie ist der moralische Zustand dieser Kranken? Verschieden. Den Deutschen bleibt ein unermeßlicher Vorteil: ihr Vaterland ist gerettet, ihr Heer hat gesiegt; sie selbst haben tapfer mitgefochten; mancher hat bereits eine Auszeichnung bekommen: ob Wiedergenesung, ob Heldentod auf fremder Erde – Deutschland ist oben! Das hebt und stärkt die Leute. Daher bei leicht Verwundeten eine freudige Begeisterung mitten im Leiden, bei tödlich Getroffenen, abgesehen von höheren Trostesgründen, eine [174] ruhige Ergebung ins harte Los, bei einzelnen auch in Gottes Willen. »Es geht mir überall gut« – spricht ein polnischer, schmerzlich leidender Hauptmann[503] zu Pfarrer S., der ihn trösten will, – »es geht mir überall gut, wo mein König mich hinschickt.«

Bei den Franzosen ist's anders. Frankreich ist geschlagen. Der Ruhm der unüberwindlichen Armee ist dahin,– sie haben ihr Blut für eine schlechte Sache umsonst vergossen; ob leicht, ob schwer verwundet, sie sind gefangen, vernichtet. Das drückt und entmutigt die Braven. Daher bei unsern Offizieren und Soldaten ein Mißmut, eine Niedergeschlagenheit, die sich bei einzelnen zu heroischer Dulderkraft, bei andern zu förmlichem Wahnsinn steigert. Da liegt ein Offizier in unserm Hause, am Kopfe verwundet: es ist unmöglich, ein anderes Wort aus ihm herauszubringen als: oh la France! la France! Drüben im Schloß ein Hauptmann, vollständig verrückt, der den ganzen Tag schrecklich fechtend im Zimmer umherirrt und schreit:

502 Frz. ›Rayon‹, ›Bezirk‹; vgl. Wahrig, S. 1043.

503 Ausweislich der Verlustlisten gab es zwei polnischstämmige Hauptmänner, die in Frage kommen: Einen Hauptmann Patrunky vom 1. Niederschlesischen Infanterie-Regiment Nr. 46 und einen Hauptmann Frantzki vom Königs-Grenadier-Regiment Nr. 7; vgl. Verlustliste Nr. 2, S. 3 und 4.

»il est là! il est là!«[504] Im Elternhause ein Kürassierhauptmann, der bei jedem Fieberanfall Mark und Bein erschütternd kommandiert: »pratiquez la charge! pratiquez la charge!«[505] Und der wahnwitzige Zuave, der im Hemd auf der Gasse herumläuft und die Trommel schlägt zum schauerlichen Totentanz[506]! –

Was einen aber bei allen Verwundeten so ganz besonders wohltuend berührt, ist die rückhaltlose freundliche Gesinnung, mit welcher sie einander begegnen. Alle Feindschaft ist vergessen; friedlich, brüderlich liegt der Franzose neben dem Deutschen; mitleidig, hilfreich bietet der eine dem andern die Hand. *»Maman!«* stöhnt der Gallier, *»Mutter!«* seufzt der Germane – und *Kamerad* verstehen auf dem Schmerzens- [175] lager alle beide … o ja, es klingen im Menschenherzen auch noch edle Saiten, und es wird gewiß die Zeit noch kommen, wo unter *Einer* Fahne die Brüder einträchtig beieinander wohnen.[507]

504 Frz. ›il est là!‹, ›Er ist da!‹

505 Frz. ›Pratiquez la charge!‹, ›Führt den Angriff aus!‹

506 ›Totentanz‹, im 14. Jahrhundert während der europäischen Pestepidemien aufgekommenes Bildmotiv in der Malerei.

507 ›Wo unter *Einer* Fahne die Brüder einträchtig beieinander wohnen.‹ Anspielung auf Ps 133.1: »Siehe, wie gut und wie schön ist es, wenn Brüder miteinander in Eintracht wohnen.«

Die erste Pflege der Verwundeten.

Da sind die andern Ortschaften, Langensulzbach, Görsdorf, Dieffenbach, Wörth, Spachbach, Gunstett etc. auch wieder viel besser dran, als wir in unserm trübseligen Fröschweiler. Sie haben freilich auch schwer gelitten, doch sind sie nicht so hart beschossen und auch nicht so vollständig ausgeplündert worden, wie wir in unserm Dorfe. Es sind also wohl noch kleinere Vorräte an Lebensmitteln vorhanden. Jedenfalls haben sie, was die Verwundeten am allernötigsten brauchen, wonach sie mit tiefster Sehnsucht verlangen: gutes, frisches Wasser! Die staub- und blutbedeckten Kranken können doch gewaschen und der innere Brand, die Fieberglut, mit kühlendem Labsal gelöscht werden. Auch sind dort die Deutschen auf dem Plan mit ihrem unvergleichlichen Sanitätswesen, mit ihren zahlreichen Ärzten, Heil- und Rettungsmitteln aller Art. Da kann der Not der Verwundeten doch einigermaßen gesteuert werden. Aber hier in Fröschweiler! Wahrhaftig, man möchte von Sinnen kommen, wenn man in diese Jammertiefen hineinschaut. Da hat der Plünderungssturm alles, alles weggerissen; da ist auch mit übermenschlicher Anstrengung kein Wasser aufzutreiben, und den einen Brunnen, der noch Wasser hat, gäben die Soldaten nicht frei, wenn man sie niederschösse! Da sind im ganzen [176] nur acht französische Ärzte, und die wenigen Sanitätsvorräte, die sie mitgebracht, sind meistens verloren gegangen.[508] Haben sie doch heute schon ein totes Pferd abgezogen und daraus Beefsteaks für die hungernden Verwundeten gebraten. Und viertausend verstümmelte Menschen, die seit gestern auf Hilfe und Erquickung warten! Ist's nicht zum Rasendwerden? Da liegen die armen Schlachtschafe ... in den Schloßräumen 900, im Schulhaus 500, in unserm Hause 96, in jedem Bauernhause 10, 20, 30, in einigen bis 60 Mann. Sie wissen gar nicht, in welche öde Wüste der Krieg sie geworfen – sie bitten, flehen, stöhnen, wimmern so kläglich, so herzzerreißend: »à moi, à moi!« »zu mir, zu mir!« »Wasser, nur einen Trunk Wasser.«

508 Bereits am Abend des 6. 8. 1870 richtete das 3. preußische Sanitätsdetachement unter Leitung von Stabsarzt Dr. Schmiedt einen Verbandsplatz in Elsasshausen ein. Am 8. 8. 1870 übernahm das 9. preußische Feldlazarett unter Leitung von Oberstabsarzt Dr. Pfrenger den Verbandsplatz und richtete in neun verlassenen Häusern ein Lazarett ein, in denen bis zum 14. 8. 1870 insgesamt 408 Verwundete, darunter 199 Franzosen, medizinisch versorgt wurden; vgl. Sanitäts-Bericht I, S. 97 f. und Beilage 11.

Und wir stehen da, wir schauen sie an, wir hören ihr Jammergeschrei, wir weinen mit den Unglückseligen[509], wir möchten so gerne helfen – unaussprechliche Wehmut spricht aus ihren matten Augen – wir können nicht helfen. Sie müssen also verhungern und verschmachten? Ja viele, viele sind schon verschmachtet! Viele haben schon unter entsetzlichem Todesringen den Geist aufgegeben … und wir stehen da, gehen von einer Marterhöhle zur andern und sehen zu … wir sehen die verstümmelten Leiber vor der Fieberhitze sich krümmen, die aufgehobenen Hände hilflos zurückfallen, die starren Augen im Tode brechen – wir sehen es, und können nicht helfen. O, wer solches noch nicht erfahren hat, der kann wohl daheim über Krieg und Sieg viel phantasieren, er hat aber noch nicht aus der Tiefe rufen gelernt[510]:

»Verleih uns Frieden gnädiglich,
Herr Gott, zu unsern Zeiten.«[511]

So geht der Sonntag vorüber; ein ewig langer Leidens- [177] tag für die Gesunden und Kranken. O, was wird noch entstehen, wenn dieser Hungers- und Wassersnot nicht Abhilfe geschieht! Wenn diese schwüle, pestilenzialische Luft nicht verscheucht, nicht verbessert wird! Der Jammer hat allenthalben seinen höchsten Gipfel erstiegen. Es bleibt uns nur ein Trost:

»Wenn die Stunden sich gefunden,
Bricht die Hilf' mit Macht herein.«[512]

509 ›Wir weinen mit den Unglückseligen.‹ Anspielung auf Röm 12.15: »Freut euch mit den Fröhlichen, weint mit den Weinenden.«

510 ›Aus der Tiefe rufen gelernt.‹ Anspielung auf Ps 130.1: »Aus der Tiefe rufe ich, HERR, zu dir.«

511 Geistliche Liedstrophe, 1529 von Martin Luther aus dem Lateinischen übersetzt: »Verleih uns Frieden gnädiglich, / HERR Gott, zu unsern Zeiten. / Es ist doch ja kein andrer nicht, / der für uns könnte streiten, / denn du, unser Gott, alleine. //« Im katholischen Gotteslob im lateinischen Original unter Nr. 473 zu finden.

512 Achte Strophe des 1715 verfassten Trostlieds ›Gott will's machen‹ des evangelischen Theologen Johann Daniel Herrnschmidt (1675–1723): »Wann die Stunden sich gefunden, / bricht die Hilf mit Macht herein; / und dein Grämen zu beschämen, / wird es unversehens sein. //«

Und siehe, es läßt sich an, als wolle der allmächtige Gott sich unser erbarmen und uns heute noch ein Angeld[513] schenken, daß wir nicht vergehen sollen in unserm Elend. – Es ist Abend geworden. Der Himmel bedeckt sich mit schwarzen Wolken. Ach, wenn doch ein Wetter käme, ein Regenguß, ein mächtiger Platzregen! Welche Wohltat! Nur ruhig, es blitzt und donnert in den Bergen –, die Elemente müssen uns zu Hilfe kommen. Das Gewitter rückt näher, es lagert überm Schlachtfeld, die Donnerschläge dröhnen gewaltig, es wird immer dunkler; jetzt regnet's … wahrhaftig, es regnet … es regnet stark und stärker… o, seid gesegnet, ihr kühlenden Fluten – rauschet fort noch eine Stunde, die ganze Nacht hindurch und ergießt in Strömen Labsal auf die dürre Erde, in die brennenden Herzen! – Und es regnet fort, als wären die Schleusen des Himmels aufgetan – wir schauen zu und wissen gar nicht, wie eigentümlich uns zumute wird; man kann's nicht aussprechen, welchen wohltuenden Eindruck dieses Plätschern auf Leib und Seele macht. – Ja, jetzt könnte man sich hinlegen und ruhen von allen Mühseligkeiten der vergangenen Tage … schlafen, und wär's am harten Boden – schlafen wie ein Toter, einen langen, langen Schlummer … Aber wir dürfen nicht ruhen; die Truppenzüge fahren und reiten und marschieren ununter- [178] brochen vorüber, und wie gestern, so auch heute brechen die Soldaten in alle Häuser und Gehöfte ein. Sie wollen Stroh fürs Lager, Stroh zur Bedeckung … »Wir haben ja kein Stroh mehr!« »So nehmen wir Garben!« »Nehmt in Gottes Namen alles!« – Plötzlich ist's ruhig im Pfarrhof … da draußen steht eine Schildwache vorm Tor im Regen und läßt keinen Menschen mehr herein. Wer hat sie hingestellt? Ich weiß es nicht. Ist's eine Tat des Erbarmens, die der kommandierende General mir erwiesen? Wahrscheinlich. Ich bin einstweilen dankbar; wohl hab ich nichts mehr zu verlieren, aber ich bin doch geschützt in dieser stürmischen Nacht. Aber horch, welch Schreien und Jammern vom Schloßgarten herübertönt! … Zu Hilfe! zu Hilfe! um Gottes willen … Das sind unsere Verwundeten, die wir aus der Kirche getragen: die liegen ja unter freiem Himmel. Großer Gott! vorhin im Sonnenbrand, jetzt im Wasser … Geschwind fort, die gehen zugrunde: wir müssen sie retten. Die armen Jungen, wie sie frieren, mit den Zähnen klappern! Wie sie bitten, winseln um Obdach und Hilfe! Wir fassen sie an, einen nach dem andern, tragen sie aus dem Regen hinunter in die Schuppen, in die Ställe,

513 ›Angeld‹, gemeint ist eine ›Anzahlung‹.

zu Hunderten. Mehrere sind am Verscheiden: »o mon Dieu! o ma mère!«[514] Die sterben diese Nacht. Dort drüben kämpft einer unter entsetzlichen Schmerzen den letzten Todeskampf und befiehlt geduldig seinen Geist in Gottes Hände[515]; ein anderer – noch hör ich's in meinen Ohren – haucht unter schrecklichem Wehegeheul sein Leben aus. Endlich sind alle untergebracht. Stöhnen und Wehklagen verstummen allmählich unter des Regens Geplätscher. – Gute Nacht, ihr Armen! bis die Morgenröte graut, ist wieder manches Auge im Tode geschlossen. [179]

514 Frz. ›o mon Dieu! o ma mére!‹, ›Oh, mein Gott, oh, meine Mutter!‹

515 ›Gottes Hände‹. Anspielung auf Lk 23.46 und das Sterben Jesu: »Und Jesus rief laut: Vater, in deine Hände lege ich meinen Geist. Nach diesen Worten hauchte er den Geist aus.«

Die erste Hilfe.

Montag, den 8. August.

Endlich ist auch diese Nacht überstanden. Wir haben doch einige Stunden schlafen können. Die Schildwache steht noch vorm Hause; der gute Bursche ist bis auf die Haut durchnäßt; – es hat ihn eben, wie er sagt, niemand abgelöst. Es hat sehr viel geregnet. Die Luft ist ganz anders: frisch, rein – wir atmen wieder frei auf. Die Pulver- und Leichendünste sind fort; die Blutlachen weggewaschen. – Wir haben Wasser vom Himmel, wenigstens für diesen Tag. Gottes Güte sei gepriesen für die erste Hilfe, denn ohne diesen Regen wäre sicherlich die Pestilenz über uns hereingebrochen. Nun aber ist diese Gefahr abgewendet. – Wir sind wie neu geboren[516]; es kehrt wieder Mut und Hoffnung in die Herzen ein; denn nach der ersten Gotteshilfe dringt jetzt auch die erste Menschenhilfe zu uns herüber. Sie kommen aus den Nachbargemeinden und bringen ihre Liebesgaben: Milch, Suppe, Brot, oder was sie sonst ihrer eigenen Not abbrechen können. Da kommt der Pfarrer aus Jägerthal[517] mit Nahrungsmitteln und nimmt auch noch unsere kleinsten Kinder mit und beherbergt sie eine ganze Woche; es kommt der Pfarrer von Langensulzbach[518] und legt allerhand Proviant, auch Geld in unsere Hände. Es kommen Freunde aus Hagenau, zu Wagen, und schenken uns Schokolade, Reis, Fleisch, Decken, [180] und nehmen auch gleich eine Anzahl Verwundeter mit in ihre Pflege. Es kommen Vorräte aus Straßburg, ebenfalls Schokolade, Kaffee, Gries, zwei mächtige Kalbsbraten. Wenn wir nur alle die Gaben noch wüßten! Gott kennt sie; Er vergelte den edlen Gebern alles an

516 ›Wir sind wie neu geboren‹. Anspielung auf 2 Kor 5.17: »Darum: Ist jemand in Christus, so ist er eine neue Kreatur; das Alte ist vergangen, siehe, Neues ist geworden« und Tit 3.5: »Machte er uns selig – nicht um der Werke willen, die wir in Gerechtigkeit getan hätten, sondern nach seiner Barmherzigkeit – durch das Bad der Wiedergeburt und Erneuerung im Heiligen Geist.«

517 Hier folgt im Original eine mit einem * versehene Anmerkung: ›Hackenschmidt‹. Gemeint ist Karl Hackenschmidt, nachgewiesen im Zensus von 1866 in Ingweiler als ›Charles Hackenschmidt‹, ›vicaire‹, 27 Jahre alt; vgl. ABR 7 M 454. Hackenschmidt und Klein waren eng befreundet.

518 Hier folgt im Original eine mit zwei ** versehene Anmerkung: ›Jäger‹. Im Zensus von 1866 in Langensulzbach nachgewiesen als ›Charles Jaeger‹, 56 Jahre alt, verheiratet mit ›Wilhelmine‹ geb. ›Huefer‹, zwei Kinder; vgl. ABR 7 M 491.

Seinem Tage![519] Es kommt auch eine Kiste von der Großherzogin von Baden[520] mit dürrem Obst, Speck, Pumpernickel etc. etc. O, welchen Trost bereiten uns alle diese Zeugnisse brüderlicher Teilnahme, welche jetzt den Weg nach unserm unglücklichen Fröschweiler finden! Es ist aber auch hohe Zeit. Viele Einwohner taumeln einher wie wahnsinnig vor Hunger und Erschöpfung. – Jetzt kann der allergrößten Not gesteuert werden. Gott segne das wenige; es wird schon noch mehr kommen; gewiß … Und wunderbar – wir finden auch etwas Köstliches, dessen Wert wir nicht genug schätzen können. Da kommt ein Bauer und sagt, da draußen im Feld liege ein großes Faß, und da sei noch etwas drin, ob man's nicht holen solle für die Leute, für die Verwundeten? – »Geschwind nehmt Krüge und Kübel und holt's, was es auch sei, und bringt's her, wir teilen es aus« … Der geht und kommt bald wieder und bringt drei große Krüge voll des besten Kognak … Wir eilen damit fort ins Schloß, ins Schulhaus und stellen das Labsal zur Verfügung der Ärzte! ein stärkendes Tröpflein für viele! Wir finden noch etwas, ja noch viel mehr, wenn auch unter unsäglichen Strapazen. Da reitet an der Spitze eines Husarenregiments ein stattlicher Offizier, hoch zu Roß, doch wohlwollenden Angesichts. Was gilt's, in dem schlägt ein warmes Herz unterm strammen Waffenrock! Wir wagen es, hilft's nichts, schadet's nichts. Wir treten vor ihn, bitten um Lebensmittel für die Verwundeten; es könne uns ja so [181] eine Proviantkolonne etwas abtreten von ihrem Überfluß etc. Er hört uns teilnehmend an, kommandiert seinen Leuten: Vorwärts! macht kehrt, gibt ein Zeichen, ihm zu folgen, reitet das Dorf hinab, ich hinterdrein: so nah, so rasch wie möglich,– ja, ja, was wird aus mir werden? Er trabt immer weiter, das Feld hinein, ich folge nach im Kot bis an die Knöchel, ich kann schier nicht mehr mitkommen, aber es muß gehen … Endlich, ich denke meiner Lebtage daran, drunten gegen Wörth stoßen wir auf die ersehnte Proviantkolonne … Halt! »Herr Pfarrer, was wünschen Sie?« – »Was Sie mir geben; je mehr, je lieber!« – »Geben Sie gleich dem Herrn Pfarrer einen Sack Kaffee, einen Sack Reis, zwei Kisten Zwieback und einen Sack Salz!« – spricht's und sprengt seinem Regimente nach.

519 ›Er vergelte den edlen Gebern alles an Seinem Tage!‹ Eventuell Anspielung auf 2 Kor 9: ›Wie geschrieben steht (Psalm 112,9): ‚Er hat ausgestreut und den Armen gegeben; seine Gerechtigkeit bleibt in Ewigkeit.'‹

520 Luise von Preußen (1838–1923), Tochter König Wilhelms I., Gattin des Großherzogs Friedrich I. von Baden.

Wer ist's gewesen? Ich habe nicht gefragt. Mir ist's wie ein Traum; ich weiß mir vor Freude nicht zu helfen. Aber die Nahrungsmittel sind kein Traum; der ganze Vorrat wird mir sofort übergeben, ich gehe nach Hause, schicke einige Bauern mit Schubkarren hinaus; sie bringen die Beute ins Lazarett – so, Gott sei Dank – jetzt schaltet und waltet und kochet und speiset die Kranken und helfet, wo noch zu helfen ist. Ja fürwahr, bis hierher hat uns Gott gebracht durch seine große Güte. Jetzt sind wir gerettet, jetzt sind die bleichen, grinsenden Schreckbilder der Pestilenz und Hungersnot von uns abgewendet. Jetzt kann allenthalben an den Einwohnern und an den Verwundeten Samariterhilfe in Ausübung kommen. Was jene betrifft, so sind sie schon einigermaßen getröstet, sie fangen an zu glauben und zu erkennen, daß auch diese Kriegstrübsal wieder ein Ende nehmen werde. Die schwersten Erschütterungen sind überwunden, die erste Hilfe hat sie [182] beruhigt, gestärkt und ihnen die Hoffnung gegeben, daß sie auch fernere Teilnahme finden werden. Die Flüchtlinge sind zurückgekehrt und merken nun auch, daß keine Gefahr mehr vorhanden ist. Nirgends, oder doch bei den allerwenigsten, offenbart sich Zorn und Bitterkeit; sie sind gefaßt, erkennen Gottes große Führungen und ergeben sich geduldig ins unvermeidliche Schicksal. Wir werden später noch sehen, wie die barmherzige Liebe von allen Seiten, aus allen Landen sich über unsere Gemeinde ergossen hat. Was die Verwundeten anbelangt, so wollen wir nun über ihre fernere Pflegung und Versorgung hier noch Näheres mitteilen.

Weitere Pflege der Verwundeten.

In der vergangenen Nacht sind wieder viele gestorben. Was Wunder? Seit Samstag verwundet und die meisten ohne ärztliche Hilfe, ohne ein Krümchen Brot, ohne einen Tropfen Labsal? Sie mußten ja unterliegen. In unserm Schuppen sind auch mehrere Leichname. Die Toten werden allenthalben zu den hintern Scheunentoren hinausgeschafft und in den Grasgärten begraben: ein Baumreis oder zwei übereinander genagelte Holzstäbe bezeichnen die Ruhestätte. Viele unserer Leute denken gar nicht daran, daß die Turkos samt und sonders Mohammedaner sind, und so pflanzt denn manch Bäuerlein in seiner guten Einfalt ein Kreuz auf des verscharrten Turko Grab! Der Christenglaube mit seiner großen Auferstehungshoffnung ist doch noch eine Macht in unserm Volke.

[183] Für die Lebenden aber können jetzt bessere Rettungsmaßregeln getroffen werden. Es sind ja die unentbehrlichsten Heilmittel vorhanden. Gehen wir zuerst ins Schloß. Du liebe Zeit! welche Veränderung! Wie sind die schönen, freundlichen Räume zu einer großen Greuel- und Jammerstätte geworden! – Überall Verwundete, nur wenige Zimmer sind frei geblieben. Die Küche ist von den Ärzten in Beschlag genommen. Die Scheunen, Stallungen, Schuppen, Futtergänge sind überfüllt, – wie gesagt: 900 blutrünstige Menschen. Das kann unmöglich so fortgehen; ein wahrer Pesthauch qualmt aus allen diesen Elendshöhlen. Die Ärzte selber sagen: wenn nicht Luft und Raum gemacht wird, so haben wir in zwei Tagen den Typhus[521]. Aber was anfangen? Aus Jägerthal, Niederbronn, Hagenau, Sulz sind freilich schon wieder Freunde da, um Verwundete zu holen: – sie tun, was sie können, aber im ganzen ist die Erleichterung doch eine geringe; und zum Forttransportieren der Leute fehlen uns die Fuhrwerke; auch wird jede Bewegung durch die ewigen Truppenmärsche gehemmt … Not bricht Eisen![522]

521 An Typhus, Cholera und Ruhr starben im Krieg von 1870/71 mehr Menschen als an unmittelbarer Gewalteinwirkung; vgl. Sanitäts-Bericht, IV. A und Arand 2012, S. 46 ff. Auch der Sanitäts-Bericht I, S. 97, betont die überaus ungünstigen Voraussetzungen rund um Wörth bei der Versorgung der Verwundeten. Regen, verschmutztes Wasser und zerstörte Häuser zwangen zu einer raschen Evakuierung transportfähiger Verwundeter.

522 Klein zitiert ein deutsches Sprichwort, das in unterschiedlichen literarischen Zusammenhängen zu finden ist, so z. B. bei Christian Dietrich Grabbe (1801–1836) in ›Don Juan und Faust‹ (1828). IV. Akt, 1. Szene: »Leporello: Muß ich also lesen! / Nun, sei's versucht – die Not bricht Eisen – // Don Juan: Recht, / Wenn man so feig ist, mit dem Eisen nicht / Die Not zu brechen. / Nun, wirds bald?«

»Wie wär's,« sag' ich zum Oberstabsarzt[523], »wenn wir aus der Gesamtmasse der Verwundeten die leichter Verwundeten wegnähmen und im ganzen Dorfe, wo etwa noch Raum in Kammern und Scheunen vorhanden, in kleineren Abteilungen unterbrächten?« – Der meint, das könnte gelingen. Wir gehen in die Scheunen, Ställe und Schuppen und rufen: »Wer kann noch marschieren? Heraus! heraus!« O unvergeßlicher Augenblick! sie antworten von allen Seiten: »moi, moi, moi, aussi![524] nehmt mich mit! führet mich fort!« Sie erheben sich, die bleichen, starren Lazarusgestalten an allen Enden, sie schwanken, [184] kriechen auf allen Vieren heraus ins Freie, im Nu ist's eine lange Krüppelkolonne, und vorwärts geht's stöhnend, hinkend, krabbelnd, ein bunter Märtyrerzug, zum Schloßtor hinaus, die Straße neben den fröhlich einherschreitenden Truppen entlang, und stationenweise, wo noch ein Plätzchen frei, werden zwei, drei – vier, sechs dieser Unglücklichen abgesetzt, einquartiert bis auf weitere Verfügung. Die Bauern nehmen sie auf zu den andern; die Frauen, Jungfrauen, wer Herz und Hände hat, pflegen sie einstweilen und versorgen sie mit dem, was sie haben, wie es eben gehen kann. Freilich heißt's in manchem Hause: »Was sollen wir denn um Gottes willen für sie kochen?« – »Kocht Wasser und Salz und etwas Grünes oder ein paar Kartoffeln dazu … Marsch, wir müssen weiter!« – Gottlob, auch dieses Unternehmen ist gelungen. Aber seltsam mit diesen Kranken: sie möchten nur alle fort, weit fort aus unserer Mitte, gleichviel wohin, in welches Dorf, welche Stadt oder Gegend – das ist der Schrecken, das Heimweh, die Hoffnung … aber wir können's nicht erzwingen. Sie müssen bleiben, bis ihre Stunde kommt.

In den Schloßräumen ist jetzt die unmittelbare Gefahr ansteckender Seuchen beschworen. Es kann mit einiger Ruhe und Ordnung gearbeitet werden. Die wenigen Ärzte sind frisch auf dem Plan. Große Transporte von Wasser werden aus Reichshofen gebracht. Die Wunden werden ausgewaschen, verbunden – leider fehlt's gar sehr an Verbandzeug. – Im Hofe steht der Operationstisch; da werden, in schweren Fällen, die Menschenleiber darauf gelegt und die zerschmetterten Glieder, Arme und Beine, fallen unter der Säge, wie Holzsplitter unter der Axt des Wald- [185] manns. Da gibt's Auftritte! Marterbilder! Wehegeschrei! Und doch mitten in den

523 Vermutlich Dr. Pfrenger.

524 Frz. ›moi, moi, moi, aussi!‹ – ›Mich, mich, mich auch!‹

furchtbarsten Schmerzen diese Geduld, diese eiserne Standhaftigkeit! Wie froh sind die Armen, wenn endlich diese qualvolle Reihe an sie kommt; wie dankbar, wenn nach ausgestandener Operation einige Linderung die zerschlagenen Gebeine durchströmt, ein Hoffnungsstrahl die verschmachtende Seele erleuchtet! O, was kann man da lernen! Den Ärzten zur Seite stehen die paar Krankenwärter; vor allen unermüdlich auf dem Posten die zwei prächtigen Söhne des Grafen. Sie heben, tragen, waschen, verbinden, dienen wie Felddiakonen mit einer Aufopferungsfreudigkeit, mit einer Selbstverleugnung, die jedermann Bewunderung einflößt. Ebenso die Gräfin. Mit stiller Ergebung trägt sie die große Last und Hitze dieser Tage. Mit mütterlicher, sorglicher Liebe überwacht und ordnet sie alles, was zum Wohl und zur Rettung der verwundeten Krieger beitragen kann. Auch die Dienerschaft wetteifert in emsiger Geschäftigkeit, und, daß wir sie nicht vergessen, die jugendliche Karoline Hiller[525]: diese Selbsthingabe! diese Ausdauer! diese Todesverachtung!

Wie im Schloß, so geht's auch im Schulhaus. Dort schaltet und waltet der Oberstabsarzt, unser lieber Sarasin, ein edler, unvergleichlicher Mensch, angetan mit heldenmütiger Energie und herzgewinnender Freundlichkeit. Dort arbeitet er jetzt im blutigen Laboratorium an Hunderten verstümmelter Mitmenschen.[526] Soeben hat er einem Kürassier-Offizier, einem wahren Goliath, den Arm abgenommen, nachdem er ihm eine starke Dosis Kirschwasser eingeschüttet. Wie ein wildes Tier bäumt sich der ungeheure Körper, aber in einem Augenblick ist's geschehen; schon hat er wieder [186] einen andern unter den Händen. Die jungen Hilfsärzte besorgen das weitere. Fleischbrühe und sonstige Stärkungsmittel stehen zur Verfügung. Auch dort sind einige Krankenwärter. Der Schullehrer und seine Familie leisten kräftige und freudige Mithilfe. Einer meiner Brüder[527] besorgt die Kranken im elterlichen Hause (die lieben Alten sind wieder ausgewandert), greift auch sonst überall, wo es schwere

525 ›Karoline Hiller‹, nachgewiesen im Zensus von 1866 als ›Caroline Hiller‹, 17 Jahre alt, Tochter des Tagelöhners ›Georges Hiller‹ und seiner Frau ›Marguerite‹, geb. ›Decker‹; vgl. ABR 7 M 376.

526 Sarazin war bis zum 10. 8. 1870 in Fröschweiler tätig. Die Toten seiner Ambulanz wurden in einem Massengrab beerdigt. In den Tagen nach der Schlacht hat Sarazin 670 Verwundete versorgt. Der Arzt zog mit seinen Helfern und 50 bis 60 transportfähigen Verwundeten weiter nach Hagenau, wo es bessere Versorgungsmöglichkeiten für die Verletzen gab; vgl. Arand 2018, S. 257.

527 Der bereits erwähnte Jakob Klein.

Arbeit gibt, mit unverdrossenem Eifer zu. Im Pfarrhause geschieht, was möglich ist. Unsere Milch leistet gar köstliche Dienste. Ach, es sterben so viele; auch der liebe junge Sergeant ist im Verscheiden. – In allen andern Häusern hilft und dient die barmherzige Liebe. Wenn nur mehr Ärzte da wären; es ist rein unmöglich, daß die wenigen nur im Schloß und Schulhaus mit dem notdürftigsten ersten Verbande fertig werden. – Im Dorfe liegen sie noch fast alle in ihrem Blute, und der Tag ist wieder sehr heiß – das Herz möchte einem brechen – sie klagen, heulen, murren … ja, sie glauben sogar, man wolle ihnen geflissentlich nicht zu Hilfe kommen: »Ist denn niemand da, der Erbarmen mit uns hat? Sind wir denn Hunde, daß man uns mitleidslos zugrunde gehen läßt?« – Gott siehe darein, daß doch bald mehr Ärzte und mehr Krankenwärter nach Fröschweiler kommen. In Elsaßhausen, wo eine ungeheure Zahl von Verwundeten in Häusern, Ställen, zwischen Ruinen, auf Dunghaufen liegt, sind schon deutsche Ärzte. Die regieren und hausen dort mit absoluter Machtvollkommenheit. Sie lassen niemand ins Gebiet, ins Dorf. Mögen sie tun, was sie können; sie tun es; wenn nur Menschen gerettet werden, wir sind's zufrieden, wir danken von Herzen. Es wird gewiß auch hier noch mehr geschehen; wenn nur diese Nacht [187] erst einmal vorüber ist. Die Nachricht von dem entsetzlichen Elend auf dem Schlachtfelde ist ja schon nach allen Landen hinausgedrungen; nur Geduld … Heute ist schon wieder viel Jammer gestillt worden. Wir haben Speis und Trank erhalten; vielen Verwundeten ist der erste Samariterdienst widerfahren. Gott wird weiter sorgen.

Die württembergischen Ärzte.

Wenn doch nur einmal diese Truppenmärsche vorüber wären! Dieses ewige Tosen, Prasseln, Traben, Johlen, Tag und Nacht ohne Aufhören! Man wird ganz abgestumpft durch die immerwährende Betäubung. Wo sie nur alle herkommen? und frägt man, ob sie denn nicht alle bald da sind? so lachen sie und sagen: »Noch lange nicht; es kommen noch viele.« Und was sie alles mitschleppen! Wagen, Karren, Kisten, Fässer, Backöfen, Telegraphenstangen, Ochsenherden – eine ungeheure Kriegshaushaltung – o weh! die gehen sogleich nicht wieder nach Hause.

Endlich ist die Nacht doch auch wieder vergangen: walt's Gott, der neue Tag wird neue Hilfe bringen. Die schwerste Trübsal ist ja überstanden. Man gewöhnt sich auch nach und nach an dieses jämmerliche Leben; ja fürwahr! man ergibt sich noch ziemlich rasch in die unvermeidliche Heimsuchung; wer das nicht könnte, müßte aufgerieben werden … (Abb. 44)

Während diese Hoffnungen und Morgengedanken unsere Seele bewegen, tritt zu uns herein ein kleiner, schon bejahrter [188] Herr in württembergischer Uniform, gefolgt von mehreren jungen Leuten, wünscht: »Grüß Gott!« und sagt dann in befehlendem Tone: »Herr Pfarrer, ich muß sofort zehn bis zwanzig Scheunentore haben, wo kann ich die kriegen? Wo wohnt der Bürgermeister?« – »Scheunentore?« – »Ja, aber gleich, ich muß sie gleich haben!« – »Da nehmen Sie zuerst das meinige – dort unten, rechts wohnt der Bürgermeister – mit den Scheunentoren wird's aber nicht überall fix hergehen …« – »Nun, das bringen wir schon fertig – wer's nicht gutwillig gibt, dem schlagen wir's ein.« – Das ist kategorisch, aber der Mann hat recht, in solchen Zeiten kann man nur mit Gewalt etwas ausrichten. – »Was wollen Sie denn mit den Scheunentoren anfangen?« – »Das werden Sie gleich sehen.« – Es folgt eine unheimliche Pause. – »Was halten Sie denn von diesem Krieg?« – »Das will ich Ihnen gleich sagen: Jetzt wird noch eine Hauptschlacht geschlagen, dann gehen wir nach Paris – dort konventionieren[528] sie noch eine Zeitlang – schmeißen den Kaiser weg – wir nehmen die Stadt ein und die Geschichte ist fertig,« spricht's und geht zum Bürgermeister. Mir fährt der trockene Prophetenton durch alle Glieder. Wie oft aber hab' ich seitdem an das

528 ›Konventionieren‹, altertümlicher Begriff von lat. ›convenire‹, ›zusammenkommen, sich einigen‹; vgl. Wahrig, S. 777.

Abb. 44

dicke Männlein gedacht![529] … Wie er beim Bürgermeister angekommen, welche Maßregeln er getroffen, um in den Besitz der verlangten Scheunentore zu gelangen, weiß ich nicht genau – es hat, glaub' ich, da und dort Auftritte gegeben – es währt aber keine halbe Stunde, so sind die Scheunentore schon alle im Schloßgarten. Dort werden sie auf große Pfähle gelegt, im Nu ist ein weites, luftiges Lazarett[530] im Freien errichtet, und dann geht's an die Arbeit. Wo die Verwundeten in den Schloßräumen [189] noch zu dicht beieinander liegen, werden sie

529 Das 2. Württembergische Feldspital unter Leitung von Regimentsarzt Dr. August Schöner (1820–1883) verpflegte vom 8. bis 9. 8. 1870 im Fröschweiler Schlossgarten insgesamt 67 Verwundete; vgl. Sanitäts-Bericht I, S. 98. Die Personalakte von Schöner befindet sich im Hauptstaatsarchiv Stuttgart, M 430-1 Bü 2463. Wenn Klein Schöner als ›dickes Männlein‹ bezeichnet, scheint das zutreffend gewesen zu sein. In der Personalakte wird Schöner als 1,62 m großer, kurzsichtiger Brillenträger beschrieben. Seine Lebhaftigkeit, die aus seinem bei Klein geschilderten Auftreten hervorgeht, wird in der Personalakte ebenfalls deutlich betont. Schöner hatte bereits Erfahrung im 2. Feldspital im Krieg von 1866 sammeln können. Im Feldzug 1870/71 zog sich Schöner ein Lungenemphysem zu und er litt an chronischen Katarrhen.

530 Foto des Lazaretts bei Westram, S. 34.

aufgegriffen, hinausgetragen, auf Stroh gebettet, gewaschen, verbunden – wirklich ein herrlicher Gedanke! 's ist eine Freude zuzusehen, wie dieser Mann mit seinen Leuten, ohne sich um die französischen Ärzte zu kümmern, ohne sie im geringsten zu behelligen, kommt und geht und kommandiert und arbeitet mit einer Energie, mit einer Umsicht, die uns alle in Erstaunen setzt. Und aber auch eine Freude ist's zu sehen, wie den Kranken in dieser guten, frischen Luft so wohl wird nach langem Schmachten in geschlossenen, mit Pesthauch erfüllten Schuppen und Ställen. Jetzt geht's besser! Jetzt geht's vorwärts! Glück zu, wir bekommen einen neuen Befreiungstag! – Unser Doktor ist aber mit seinem Lazarett im Schloßgarten nicht zufrieden. Nachdem dort das Wichtigste und Nötigste getan ist, geht er weiter in die Häuser, wo seit Samstag und Sonntag die Verwundeten in ihrem Blute liegen und noch keine ärztliche Hilfe empfangen *konnten* und fängt an, Franzosen so gut wie Deutsche zu operieren, zu verbinden und zu pflegen. Man kann sich denken, wie froh und dankbar wir sind für diese unschätzbare Handreichung. Es ist wahrlich aber auch die höchste Zeit! Wir hätten es nie geglaubt, daß Menschenblut so rasch in Verwesung übergehen würde; daß Wunden an jungen, gesunden Körpern so schnell in Brand und Verjauchung[531] geraten könnten. Aber es ist leider nur zu wahr. Viele, viele unserer Verwundeten sind heute schon buchstäblich mit Würmern bedeckt! Was würde da entstanden sein, was hätte entstehen *müssen*, wenn nicht heute schon mächtigere Hilfe gekommen wäre! Aber wir sollen des Trostes und der Freude noch mehr erfahren. Da rückt soeben eine Schar von zwölf Jünglingen [190] an, den Tornister auf dem Rücken, freiwillige Krankenwärter aus Berlin.[532] Sie sind in selbstverleugnender Nächstenliebe herübergeeilt und wollen hier, wo es not tut, Hand anlegen zur Rettung der verwundeten Brüder. Seid gesegnet, ihr edlen Fremdlinge, in dieser harten, blutigen Schule des Lebens! Gehet hin mit den Ärzten in die Häuser zu den todesmutigen Kriegern! helfet reinigen, verbinden, pflegen, retten, was noch zu retten ist. Und sie gehen hin in den Schloßgarten, ins Schulhaus, in alle Häuser zu allen Verwundeten, und bald ist das erste Samariterwerk vollständig vollbracht, ist kein einziger mehr im Dorfe, dem nicht Linderung widerfahren wäre. Wir sind überglücklich; wir können nicht genug danken für all die Teilnahme und Hilfe, die uns heute schon geworden. Ja,

531 ›Verjauchung‹, im 19. Jahrhundert üblicher Begriff für ›Vereiterung‹.

532 Zur freiwilligen Krankenpflege vgl. Arand 1870/71, S. 165.

wir dürfen sagen: je höher die Sonne am Himmel steigt, desto mächtiger dringt die Liebe mit ihren Gaben und Opfern zu uns herüber. Unsere Freunde, unsere braven Landsleute kommen von allen Richtungen her, aus vielen Städten und Dörfern des Unterelsasses (wir können sie unmöglich alle nennen) und bringen Nahrungsvorräte, Rettungsmittel aller Art. Aus der Nähe von Weißenburg sendet einer ein ganzes Faß voll frischen Schweinefleisches nebst einem Fäßchen köstlichen Weines. Droben im Hanauerland ist ein anderer auf denselben Gedanken geraten. Was soll ich sagen? Schon tausendmal hab' ich seitdem gedacht und gesagt: »So wie Ihr mich damals mit meiner Gemeinde in fürchterlicher Drangsalshitze erquickt habt, so erquicke Euch der Herr im letzten Stündlein!« Auch von Straßburg sind wieder Vorräte angelangt: Reis, Kaffee, gedörrtes Gemüse und sonstiges für die Küche; auch ein großes Faß roten Weins. Es wird bekannt gemacht, [191] die Einwohner sollen sich in den Pfarrhof begeben; die Liebesgaben werden ausgeteilt; jeder Notleidende, und das sind ja alle, empfängt wenigstens eine »Kochet«[533], und es hat auch so weit gereicht, daß jede Haushaltung einen Liter Wein erhält.

Unsere Wohltäter von nah und fern kommen aber mit ihren Wagen, denn sie wollen nicht bloß bringen, sondern auch mitnehmen – mitnehmen die Verwundeten (wir können sie doch hier nicht sorglich genug pflegen) in ihre Häuser, in ihre Betten, in ihre aufopferungsfrohe Liebeshut. Sie laden sie auf, der eine zwei, der andere vier, der dritte sechs, die andern zehn, je mehr je lieber, je mehr je besser für die Kranken selbst und für uns alle. Und so wird denn die allergrößte Menge gelichtet; es gibt Luft, Befreiung an allen Enden – und morgen, gewiß morgen geht es wieder so und alle Tage, bis endlich die Verwundeten, zerstreut im ganzen Lande, ein gastfreundliches Obdach, eine liebevolle Pflegestätte gefunden haben. Dort können sie dann ruhen von der blutigen Arbeit, ruhen in Freundeshänden, an Freundesherzen, bis sie genesen und erstarken zu neuem fröhlichen Leben, oder auch (ach so viele!) einschlafen, walt's Gott, zur letzten, ewigen Ruhe. – Wir werden wohl noch einmal von ihnen reden; namentlich davon, wie sie in den Lazaretten der Umgegend gepflegt worden sind, und welche seelsorgerlichen Erfahrungen wir an manchem Kranken- und Sterbebett gemacht haben. Wir schreiten heute noch zu einem andern Rettungswerk, welches keine Stunde mehr länger aufgeschoben werden darf. [192]

533 ›Kochet‹, südwestdeutsch mundartlich für ›Mahlzeit‹.

Das Begraben der Toten.

Es sind, wie schon mitgeteilt, in der ersten Schreckensnacht vom 6. zum 7. August schon manche Tote, namentlich deutsche Offiziere und Soldaten, von ihren Kameraden und Mannschaften bestattet worden. Auch haben wir gesehen, wie am Sonntag, auf Befehl des Generals v. d. Tann, in der Nähe des Dorfes einige größere Gräber gemacht und mit Leichnamen angefüllt worden sind. Den Totenwagen haben wir zum Dorfe hinausbegleitet. Auch die vielen Verwundeten, welche seit Samstag abend gestorben sind, schlummern bereits im Schoße der Erde. Im ganzen ist also doch schon, allein in Fröschweiler, eine große Anzahl von Opfern zur Ruhe gebettet. In den umliegenden Ortschaften Wörth, Görsdorf, Spachbach, Gunstett etc. etc. ist dasselbe geschehen. Aber was sind die paar Hunderte gegen die Masse, gegen die Tausende von Menschen- und Pferdeleichen, die noch draußen auf dem Schlachtfelde liegen? Und in welchem Zustande sind bereits, nach drei Tagen, diese entseelten Opfer des blutigen Tages! Die brennende Hitze, dann Regen, dann wieder dieselbe Hitze … Man darf sie nicht beschreiben … Der Verwesungsgeruch verpestet die Luft … Das kann unmöglich doch länger dauern. Wir sind auch schon mehrmals aufgefordert worden, die Toten zu begraben und das Schlachtfeld zu reinigen. Soeben ist wieder ein Befehl ergangen: wenn die Einwohner nicht Hand anlegen, daß alle Leichname gesammelt und verscharrt werden, so wird das ganze Dorf übern Haufen geschossen! – Der spricht noch kategorischer als der Mann mit den [193] Scheunentoren! »Das Dorf wird übern Haufen geschossen!« O goldwertes Wort für so manchen, der bis jetzt sorglos und selbstsüchtig hinterm Laden gelegen und gemächlich zugeschaut hat, während andere allein sich in die Bresche gestellt haben. – Jetzt werden die Leute zusammengetrommelt: »Es wird bekannt gemacht, es solle jeder Bürger, der schaffen kann, hinunter auf den Kirchplatz kommen und solle Haue und Spaten und Schaufeln mitbringen, daß die Toten begraben werden.« – Im Nu sind alle versammelt, Männer, Jünglinge, Weiber, Jungfrauen, ein ganzes Heer von Totengräbern – und hat sich wieder der eine oder der andere verschlüpft und ist nicht erschienen, so wird er an den Ohren geholt, mit Gewalt herangezogen: »*Du mußt*, sonst wird dir dein Haus überm Kopf zusammengebrannt.« Und ist's auch mit dem Zusammenschießen und Niederbrennen nicht so ernstlich gemeint … es gibt Menschen in solchen Zeiten, die nur marschieren, wenn sie *müssen*, wenn der Schrecken ihre Füße beflügelt.

Abb. 45

Wo fangen wir nun aber zuerst an? Vor allen Dingen müssen die toten Pferde, die schon so abscheulich aufgeschwollen sind und einen so gräßlichen Gestank verbreiten, fortgeschleppt und verscharrt werden. – »Wie wär's,« sagt einer, »wenn wir Feuer unter die Tiere machten und verbrennten sie da, wo sie liegen?« Wir schleppen Holz hinaus, machen einen Scheiterhaufen, versuchen das Pferd darauf zu bringen – es geht nicht! Man kann das stinkende Aas nicht mehr anrühren. Das Tier ist zu groß, man müßte für jedes Pferd eine ungeheure Menge Holz verbrauchen … Der Versuch wird aufgegeben … – »So wollen wir sie hinunter ins Hummelloch[534] schleifen, in die tiefen Waldgräben werfen und mit Erde überschütten …« – Das könnte besser gelingen. [194] »Wer hat noch Vieh?« – »Geh, hol deine Ochsen; spann sie an die Pferdeleichen –, schaff sie fort, so schnell, so viel du kannst!« Der macht ein Gesicht und wehrt und sperrt sich … »*Du mußt!* ich sag dir, *du mußt!* oder ich verklag dich auf der Stelle, und Gott soll dir genaden …« – Das wirkt, er geht und holt seine Ochsen, ein anderer seine Kuh – ein dritter spannt zum zweiten … sonderbar, das Vieh sträubt und bäumt sich vor

534 ›Hummelloch‹, damals bewaldete Senke hinter dem Dorf Fröschweiler.

Ekel – will nicht stehen bleiben, nicht ziehen … Es geht wieder nicht … aber es *muß* gehen; endlich geht's, und mit Gewalt und Schlägen bringen wir doch einige Pferdeleichen fort – hinab gegen den Großenwald, in die tiefen Gründe des Hummellochs; dort werden von beiden Seiten große Erdmassen darauf geworfen. Die sind aus dem Wege. Aber leider bleiben die meisten noch liegen. Unsern Tieren fehlt die Kraft zum Fortschleppen und im Hummelloch mangelt's an Raum zum Verschütten. (Abb. 45) Wir müssen uns bescheiden, Gruben auf dem Schlachtfelde zu machen und die Pferde da, wo sie gefallen sind, so gut es gehen kann, zu vergraben. Das ist eine Arbeit; in die harte Erde ein solch großes, steifes, stinkendes Tier zu verscharren! Was wir da sehen, riechen, verschlucken müssen! du mein Gott! es dauern einen nur die Weiber und Mädchen; der Ekel wird sie noch umbringen; aber es *muß* sein, wir haben ja das Schlimmste zu befürchten.

Zugleich geht's ans Begraben der gefallenen Krieger. Wie treiben wir's da, daß alles in Ordnung zugehe, daß die kostbare Zeit und die vorhandenen Kräfte gehörig benutzt werden, daß keine Toten im Walde, in Gräben und an Zäunen liegen bleiben? Das beste ist, wir sondern uns in größere Abteilungen und übergeben einer jeden ihr [195] besonderes Gebiet. Unmittelbar hinter den Häusern fangen wir an und patrouillieren, die einen rechts bis dahin, die andern links bis dorthin! Andere wieder in anderer Richtung, zunächst im engern Kreise, ums Dorf herum, dann in weiteren Kreisen, durch die Gärten in die Felder, Wiesen, Weinberge, Wälder hinaus. Wo Tote liegen, wird Halt gemacht; die Leichname werden zusammengetragen, 4, 6, 10, 18, 30, je nachdem der Kampf gerade an dieser Stelle heftiger gewütet hat. Ein kleineres oder größeres Grab wird, unter unsäglichen Mühen, ausgeworfen und die starren, entstellten Schlachtopfer, aus beiden Nationen, von allen Waffengattungen, werden samt ihren Kleidern neben- und übereinander in die Tiefe gesenkt. Wer sind sie alle, diese teuern, in der Blütezeit des Lebens dahingerafften Helden? Wo ist ihre Wiege gestanden? Welches Eltern- oder Geschwisterherz wird bei der Todeskunde bluten und brechen? In welchem Seelenzustand ist der Gefallene von hinnen gefahren? Wir wissen es nicht! Wir können es im Drang der Arbeit und des Jammers nicht untersuchen – Gott weiß es. – Wir betten sie als Unbekannte in unsere heimatliche Erde, da mögen sie ruhen im stillen Todesschlummer bis zum großen Tage der Auferstehung. Wie gerne würden wir alle diese Leichen mit jener Pietät und Liebe behandeln, welche getauften Christen gebührt und überall zu teil wird. Wie gerne würden wir sie von ihrem Blute reinigen, mit Sterbekleidern schmücken, in Särge legen, begraben, jeden einzelnen in sein eigenes Grab und ihre Namen auf die Kreuze schreiben, unter denen sie schlafen! Aber von dem allen kann keine Rede sein. Es sind der Opfer zu viele, und sie müssen, wegen der Gefahr für die Lebendigen, von der Erde ver- [196] schwinden. Wir ziehen weiter in der eingeschlagenen Richtung. Schon wieder sind's 6, 8, 12–15 Leichen. Überall, wo ein Erdhügel sich erhebt, ein Graben sich öffnet, ein Zaun oder eine Baumgruppe sich befindet, liegen die Gefallenen zahlreicher. Die schwere Arbeit beginnt aufs neue; die einen schleppen die Toten heran, die andern spaten, die andern schaufeln, die andern stehen da und ruhen ein Weilchen; es dauert wohl allemal zwei Stunden, bis eine Grube fertig ist … und warum sollten wir's verhehlen? nicht sechs, sondern höchstens drei bis vier Fuß[535] tief sind die allermeisten; was nicht menschenmöglich ist, kann niemand verlangen. Wie das erste Mal, werden die Leichname so fest als möglich zusammen- und aufeinandergelegt, und über den Erschlagenen wölbt sich der Erdhügel mit dem grünen Reis[536].[537]

Während wir so auf unserm Gebiete die Beute des Todes verscharren, gehen die andern Abteilungen ihres Weges und vollbringen dasselbe Tagwerk, den härtesten Frondienst, wenn's nicht ein Liebesdienst wäre, der eine ruinierte Bevölkerung treffen kann. Es wird Abend; erschöpft an Leib und Seele kehren wir heim; was haben wir ausgerichtet? Nicht der zehnte Teil unserer Gemarkung ist durchzogen! Unsere Kräfte sind zu schwach und der Arbeiter sind zu wenig. Es bleibt nichts übrig, als einen Hilferuf an auswärtige Gemeinden zu richten; sie möchten um Gottes willen kommen und uns beistehen, morgen, übermorgen, wer weiß wie viele Tage noch, bis endlich das letzte Grab gegraben und der letzte der Gefallenen

535 Ein preußischer Fuß hatte die Länge von 29,261 cm.

536 ›Reis‹, süddeutsch für ›dünner Zweig‹; vgl. Wahrig, S. 1055.

537 Dabei hätte man 1870 aus Erfahrung wissen können, dass diese im Wortsinne oberflächliche Art des Begrabens problematisch ist. Die Toten der Schlacht von Königgrätz (3. 7. 1866) wurden in Massengräbern in einer Tiefe von 50 cm vergraben. Aus diesem Gräbern soll noch jahrelang grün-violetter Schleim ausgetreten sein und angrenzende Felder vergiftet haben; vgl. Wolf, Erinnerungen, S. 119 f.

bestattet ist![538] Das geschieht denn auch; sie rücken scharenweise heran, aus allen Ortschaften, ganze Kolonnen von Toten- [197] gräbern, und marschieren kreuz und quer durch Wiesen und Felder. An manchen Stellen liegen enorm viel Tote. Bei Elsaßhausen, gegen den Niederwald hinab, werden 10–12 Meter lange Gräber ausgeworfen. An der Straße von Elsaßhausen nach Wörth verschlingt ein einziges Grab etliche Hunderte von Leichnamen; am nördlichen Ausgang von Wörth wird ein großer Garten in einen Gottesacker umgewandelt; in den Rebgeländen, Schluchten, an den Abhängen gegen das Turkohäuschen, im Bergwald erheben sich ganze Gruppen von Totenhügeln! Es schaudert einen heute noch, wenn man durch diese Gefilde wandelt!

Wie wir in Fröschweiler mit Hilfe auswärtiger Menschenfreunde an der Bestattung der Gefallenen arbeiten, so mühen sich jetzt unter derselben Aufgabe die Einwohner der benachbarten Gemeinden. Allenthalben gilt's, die niedergemähten Garben einzuheimsen, damit der fahle Reiter[539] mit der Pestilenzfackel uns nicht ereile.

Endlich, nach acht bis zehn der qualvollsten Tage unseres Lebens ist die düstere Arbeit vollendet, sie sind geborgen in der stillen Erde, die Opfer des blutigen Tages, Requiescant in pace![540] – aber sag an: sind sie jetzt alle, alle begraben? Nein, nicht alle. Wochen, Monate später finden wir noch einzelne, verirrt im Walde, verkrochen in Höhlen, sitzend unter Bäumen im Großenwald – einsam verschmachtet – Totengerippe, denen keine Ruhestätte geworden. – Sie soll ihnen werden: Requiescant in pace! – Doch wie viele sind's denn, junge, hoffnungsreiche Menschenleben, die der 6. August hinweggerafft hat? Deutschland beklagt in seiner Verlustliste 1585 tote Offiziere und Mannschaften! Wir dürfen mit Gewißheit annehmen,

---

538 Friedrich Nietzsche (1844–1900), Professor in Basel, und 1870 als freiwilliger Sanitäter tätig, kommt am 28. 8. 1870 nach Wörth und wird zum Beerdigungseinsatz noch immer nicht bestatteter Toter herangezogen. Zugleich muss Nietzsche Leichen von Offizieren exhumieren, deren Angehörige die Überführung in die Heimat wünschen; vgl. Arand 2018, S. 360 f. Der Vorgang des Bestattens zog sich trotz der Hilfe deutscher Pioniere über Wochen hin.

539 ›Fahle Reiter‹, gemeint ist eines der vier Pferde der Apokalypse, Offb 6.7: »Als das Lamm das vierte Siegel öffnete, hörte ich die Stimme des vierten Lebewesens rufen: Komm! Da sah ich und siehe, ein fahles Pferd; und der auf ihm saß, heißt ›der Tod‹; und die Unterwelt zog hinter ihm her. Und ihnen wurde die Macht gegeben über ein Viertel der Erde, Macht, zu töten durch Schwert, Hunger und Tod und durch die Tiere der Erde.« Das vierte Pferd bringt Furcht, Krankheit und Tod.

540 Lat. ›Requiescant in pace!‹ – ›Sie mögen in Frieden ruhen!‹.

daß Frankreich ebensoviele [198] seiner Söhne beweint. Das sind zusammen 3170. Deutschland verzeichnet 1373 Vermißte; Frankreich wird nicht weniger angeben. Wo sind die Vermißten hingekommen? Wir haben früher ein Drittel davon zu den Verwundeten gerechnet. Sollten wir irren, wenn wir sagen: ein weiteres Drittel ist tot! macht wieder 915 Gefallene. Es sind schon 4085! Und wie viele Verwundete sind unmittelbar nach der Schlacht und in den ersten Tagen vom 6.–10. August gestorben! Gewiß, es sind nicht weniger, als gefallen sind, hernach ihren Wunden erlegen, gibt 8170 Tote! – Machen wir die Rechnung anders: wir haben auf dem ganzen Schlachtfelde 800 offiziell aufgenommene Krieger-Grabstätten. Ganz selten liegt einer *allein*; in vielen Gräbern liegen 30, 40, 60, 80 und weit über 100 Mann. Nimmt man durchschnittlich 10 Mann, so kommt obige Zahl heraus; nimmt man, was nicht übertrieben ist, zwölf, so beziffert sich die Gesamtzahl der Gefallenen auf 9600 Mann. Sind's zu viel? Sind's zu wenig? Die Tränen tausender von Familien rufen laut: es sind ihrer *genug*, übergenug![541]

541 Die Zahl deutscher Toter nach Engel, S. 109: 132 Offiziere, 1313 Soldaten. Für die französische Seite liegen keine exakten Zahlen vor. Die Bewohner von Fröschweiler, Wörth und den anderen umliegenden Gemeinden legten gemeinsam mit den deutschen Helfern insgesamt 828 Grabstellen, darunter zahlreiche Massengräber, an. 1892/93 wurden die meisten Gebeine gesammelt und es bleiben nur einige Einzel- und Massengräber übrig; vgl. Scheib, S. 160. Horning 1900, S. 43, berichtet von den Exhumierungen. Viele der dabei gefundenen Ausrüstungsgegenstände wurden dann später in Fröschweiler in kleinen Privatausstellungen mit angeschlossener Schankwirtschaft gezeigt: »Besonders wehmütig berühren die Überreste aus den ausgegrabenen Massengräbern. In Reih und Glied, die Helme zum Teil noch auf den Totenschädeln, wurden sie gefunden. Die Tabackpfeifchen, die ins Grab mitgenommen, waren noch unversehrt, ein Fläschchen war noch halb gefüllt.«

Abb. 46

Der erste Gottesdienst.

So vergeht die erste Zeit. Jeder Tag bringt neue Plage und neue Hilfe; doch sind die allerschwersten Nöten überstanden; man sieht und hört wieder voneinander und die Hoffnung auf bessere Zeiten erweckt neuen Lebensmut in den Herzen. (Abb. 46)

Man kann sich aber gar nicht vorstellen, welch niederdrückenden Einfluß die Zerstörung der Kirche auf das ganze [199] Gemeindeleben ausübt.[542] Jetzt wird's uns erst recht klar, was wir verloren haben. Seit der Zeiger am Zifferblatt der Turmuhr stille steht, leben wir alle so aufs Geratewohl in den Tag hinein; niemand weiß genau, welche Zeit es ist; jeder stellt seine Uhr nach der Sonne Lauf oder nach eigenem Gutdünken …

Seit der eherne Mund der Glocken verstummt ist, lagert ein düsteres Schweigen über allen feierlichen Begebenheiten, welche sie vormals mit ihren Klängen begleitet. Kein Morgenbote begrüßt die ersten Sonnenstrahlen; kein Glockenton fällt des Mittags in des

542 Zeichnung der niedergebrannten Kirche bei Westram, S. 23. Die Kirche war als Neubau erst 1846 geweiht worden; vgl. Schönniger, S. 6.

Lebens Last und Hitze; kein Abendläuten weckt das Gebet: »Ach bleib bei uns, Herr Jesu Christ.«[543] – Stille, mitten im Gewühl und Getümmel, – ach, so peinlich stille kommt und geht die Zeit … Und stirbt einer, hüben oder drüben, kein Scheidezeichen[544] verkündet das letzte Stündlein, kein »Grabgesang« ertönt zum letzten Wege! – O, wer es mitempfinden könnte, mit welcher Wehmut diese Vereinsamung unsere Gemüter erfüllt! … Und wenn es jetzt Sonntag wird, – der zweite Sonntag ist gekommen, und rings umher im Lande wallen sie zum Hause Gottes – wo sollen wir unsere Gottesdienste wieder feiern? Die Kirche in Nähweiler ist noch nicht gebaut, zum Glück noch gar nicht angefangen, sonst läge sie vielleicht auch in Schutt und Asche – und hier ist keine Möglichkeit, die Gemeinde zu versammeln, als im Schulhaus. Nun, in Gottes Namen! das Wort und die Gnadenmittel[545] sind uns ja geblieben, und die Kraft dieser ewigen Heilsschätze ist an keinen Ort gebunden … Wir ziehen mit unserm ganzen kirchlichen Leben ins Schulhaus.

Die noch daliegenden Verwundeten werden sonstwo [200] untergebracht; alles Stroh-, Verband- und Lazarettzeug wird hinausgeschafft; der Boden wird zwei-, dreimal gescheuert, gewaschen; der Blut- und Leichengeruch endlich vertrieben. Die Jammerhöhle gleicht wieder einer menschlichen Wohnung. – Wir dürfen noch dankbar sein; der Schulsaal ist geräumig; er faßt wohl, wenn die Leute demütig und geduldig sind, etliche hundert Seelen. Die Schulbänke werden wieder hereingetragen, etwa zwölf Kirchenbänke werden davor und dahinter und längs der Mauern und Fenster aufgestellt; andere Bänke und Stühle können im Notfall die Leute noch mitbringen … Gottlob, es geht, es geht gut, es muß gehen … 's ist sonstwo, in ähnlichen Zeiten, schon schwerer gegangen.

Einen Altar können wir freilich nirgends aufstellen; eine Kanzel auch nicht – wir fügen uns in die unvermeidlichen Verhältnisse – der Schulkatheder ist hoch genug zum Predigtstuhl, und der Pultdeckel kann auch die heiligen Gefäße zu Tauf und Abendmahl aufnehmen. Ein Harmonium ist aus früheren Zeiten noch vorhanden, und ein Glöcklein wird's nach langer schmerzlicher Wartezeit auch wieder

543 Die ›Läuteordnung‹ legt für jede Gemeinde fest, wann welche Glocken wie geläutet werden. Normalerweise würden die Glocken in Fröschweiler zu festgesetzten Zeiten klingen.

544 ›Scheidezeichen‹, gemeint ist das Totengeläut.

545 ›Gnadenmittel‹, gemeint sind die Sakramente ›Taufe‹ und ›Abendmahl‹.

geben … So ist denn unser provisorisches Gotteshaus am Abend des 12. August fertig hergerichtet.[546] Unsere Schulkinder gehen von Haus zu Haus und verkünden den Einwohnern: morgen um 10 Uhr wird wieder »Kirche« gehalten, und man solle sich beizeiten in der Schulstube einfinden. Und siehe! sie kommen scharenweise das Dorf herunter, schreiten gebeugten Hauptes und gedrückten Herzens an den hohlen Umfassungsmauern der niedergebrannten Kirche vorüber, vereinigen sich in der Schulstube, bald ist der ganze Raum gedrängt voll Menschen – es kommen [201] noch andere – sie rücken noch näher zusammen – alle, groß und klein durcheinander, wie sie hereingetreten sind.[547]

So, jetzt ist die Herde zum erstenmal wieder beisammen; ach Gott! nach welchen Schrecken und Heimsuchungen! Man schaut sich verwundert an, wie beim Wiedersehen nach gefahrvoller Trennung: »Du auch da! – Du auch noch am Leben!« – Es wird gesungen … Wer kann noch singen? Unter Tränenströmen wird das Lied angestimmt: »Aus tiefer Not schrei ich zu Dir!«[548] – O wenn ich zurückdenke an diesen schmerzensreichen und doch so gesegneten Augenblick … »Aus tiefer Not schrei ich zu Dir!« … Es ist gerade, als wollten alle Herzen in Stücke zerspringen … niemand kann das beschreiben – und doch fühlen wir so lebendig, wie Gottes Barmherzigkeit mitten im Sturme über uns gewaltet hat. Nach dem Gesang wird derselbe Bußpsalm (Ps. 130[549]) auch gebetet und aufs neue geht lautes Weinen und Schluchzen durch die ganze Versammlung; sind wir doch von den ausgestandenen Ängsten und Wehen noch so mächtig

---

546 Der Gottesdienst fand also am 13. 8. 1870 statt, nicht wie irrtümlich bei Arand 2018 angegeben am 14. 8. 1870; vgl. Arand 2018, S. 285.

547 Offensichtlich gab es in der evangelischen Gemeinde von Fröschweiler keine nach Geschlecht oder Alter gegliederte Sitzordnung, wie sie im 19. Jhd. oftmals üblich war.

548 Protestantisches Kirchenlied Martin Luthers als Umdichtung von Psalm 130, verfasst 1524, im katholischen Gotteslob mit Auslassungen als Nr. 277 zu finden.

549 Ps 130.1–8, Sechster Bußpsalm ›De profundis‹: »Aus der Tiefe rufe ich zu dir, o HERR. Höre, HERR, auf meine Stimme! Mögen deine Ohren lauschen auf mein lautes Flehen! Wolltest du auf Sünden achten, HERR, wer könnte dann, o HERR, bestehen? Ja, Vergebung ist bei dir, auf daß man dir in Ehrfurcht diene. Ich hoffe auf den Herrn; es hofft meine Seele; ich harre auf sein Wort. Meine Seele harrt auf den Herrn mehr als die Wächter auf den Morgen. Mehr als die Wächter auf den Morgen harre Israel auf den Herrn! Denn beim Herrn ist Huld, und bei ihm Erlösung in Fülle. Er wird Israel erlösen von allen seinen Sünden.«

erschüttert, daß die Errettung aus der Tiefe uns alle überwältigt wie die Träumenden[550]; daß auch die trotzigsten Herzen, und wär's nur für heute, in Dank und Buße zerfließen. Und nun soll auch gepredigt werden. Predigen! über solche Ereignisse; nach solchen Drangsalen! … Da liegt vor uns das Wort: »Herr, Deine Güte ist es, daß es nicht gar aus ist mit uns.«[551] Was sollen wir sagen? Ein paar arme Worte: »Seid stille, das ist der Herr, der jetzt wieder einmal mit den Völkern und den einzelnen redet! Es ist der Herr, der seine Worfschaufel in der Hand hat und ohne Ansehen der Person seine Reichssache im Gericht über die Sünde führt, der seine Rettungs- [202] gedanken an Siegern und Besiegten verherrlichen will etc. Es ist der Herr, der auch hier seine züchtigende Hand über uns ausgestreckt hat, daß wir ihm dienen lernen in heiligem Schmuck[552], der uns in die Tiefe geworfen und aus der Tiefe wieder herausgezogen hat, daß wir in Feuer und Wassersnot, in Hunger und Pestilenz nicht untergegangen sind … Also nur ruhig! Gott sitzt im Regimente; seine Wege sind oft wunderbare, schmerzensreiche Wege – aber darin steht des Christen seligster Frieden, dieselben ohne Furcht und sonder Grauen zu wandeln, denn es sind Heilswege etc.« Nun wird nochmals gesungen: »Und ob es währt bis in die Nacht und wieder an den Morgen«[553] und gebetet … und wir haben wieder Sonntag gefeiert; wir sind alle gestärkt und getröstet; unser kirchliches Leben ist gerettet.

Von jetzt an halten wir regelmäßig, jeden Sonntag zweimal, unsere Gottesdienste und alle andern Amtshandlungen im Schulhaus. Unsere Lage ist freilich schwer, es geht alles in gedrückter Knechtsgestalt; oft mangelt's an Raum, an Luft; bei der Austeilung der Sakramente an den unentbehrlichsten Einrichtungen … Aber

---

550 ›Daß die Errettung aus der Tiefe uns alle überwältigt wie die Träumenden.‹ Anspielung auf Ps 126: »Ein Wallfahrtslied. Wenn der HERR die Gefangenen Zions erlösen wird, so werden wir sein wie die Träumenden.«

551 Klgl 3.22 in der Lutherbibel: »Die Güte des Herrn ist's, daß wir nicht gar aus sind; seine Barmherzigkeit hat noch kein Ende.« In der katholischen Version: »Die Huld des Herrn ist nicht erschöpft, nicht ist beendet sein Mitleid.«

552 ›Es ist der, der auch hier seine züchtigende Hand über uns ausgestreckt hat, daß wir ihm dienen lernen in heiligem Schmuck‹. Anspielung auf Ps 29.2: »Bringet dar dem Herrn die Ehre seines Namens, betet an den Herrn in heiligem Schmuck!«

553 Vierte Strophe von ›Aus tiefer Not schrei ich zu Dir‹: »Und ob es währt bis in die Nacht und wieder an den Morgen, / doch soll mein Herz an Gottes Macht verzweifeln nicht noch sorgen. / So tu Israel rechter Art, / der aus dem Geist geboren ward, / und seines Gottes harre.« (Kirchenlied von Martin Luther, 1523/24)

wir sind doch zufrieden, Pfarrer und Gemeinde gewöhnen sich nach und nach an die beschränkten Verhältnisse. – Es wird ja, zu seiner Zeit, auch diesem Notstande abgeholfen werden. Unterdessen ist es gut, zumal in unsern Zeiten, wenn eine Gemeinde unter schmerzlicher Entbehrung den Wert eines schönen geräumigen Gotteshauses wieder kennen lernt! Jetzt wär's manchem nicht mehr zu früh und zu weit und zu kalt, wenn die Kirche noch stünde, und er könnte kommen und sich hinsetzen, so recht behaglich, wo's ihm beliebte! Es ist gut, wenn die Leute unter der Zuchtrute des Allmächtigen [203] wieder einmal in die Selbstprüfung getrieben werden: »Wie oft ist's Sonntag gewesen, ich habe ihn nicht geheiligt! Wie oft haben die Glocken gerufen, ich hab's nicht vernommen! Wie oft hat der Herr geredet, ich habe sein Wort verachtet!« – Und es ist auch gut, wenn der Pfarrer durch solche Heimsuchungen ein privatissimum[554] gelesen bekommt: »Wie hast du in diesen leergebrannten Mauern deines Amtes gewartet[555]? Was hast du gepredigt? Wie hast du die Seelen geweidet?« Es ist gut, und mancher könnt's trefflich brauchen, wenn der Pfarrer mit seiner Predigt von der hohen Kanzel herabsteigen muß, mitten unter das arme Volk – »denn unten sitzen Bäuerlein, die wollen keine Adler sein.« Ja sicherlich, wenn man in einem niedrigen Schulkatheder steht und einem die Zuhörer wörtlich von allen Seiten belagern, müssen die Gedanken schlicht und die Worte einfach werden. Die Adlersfittige werden einem gestutzt – die Predigt wird ganz anders – viel einfacher – verständlicher – liebreicher. Unsere Kanzeln stehen alleweil immer noch viel zu hoch droben, Notabene in figürlichem Sinne; daher kommt's, daß die meisten unserer Predigten über die Köpfe dahinfahren. – Und es ist auch gut, wenn die Schafe einmal recht eng zusammengepfercht werden; man kann die wilden stößigen Böcke viel energischer an den Hörnern kriegen! Der stolze Pharisäer[556] lernt sich neben ein unmündiges Kindlein

554 ›Privatissimum‹, Begriff aus der akademischen Lehrwelt, Vorlesung für einen ausgesuchten Kreis an Studenten. Hier sinnvollere, ebenfalls gebräuchliche Nebenbedeutung im Sinne von ›Ermahnung‹.

555 Im Original so, gemeint ist aber sicher ›gewaltet‹.

556 ›Pharisäer‹, ursprünglich Gruppe jüdischer Schriftgelehrter, im NT als ›Heuchler‹ herabgesetzt. Anspielung auf Lk 18.10: »Es gingen zwei Menschen hinauf in den Tempel, um zu beten, der eine ein Pharisäer, der andere ein Zöllner.«

setzen[557]; der reiche Kornbauer kann's neben dem armen Tagelöhner aushalten; die unversöhnliche Dorfbase[558] muß der Nachbarin Platz machen. Ja ich bin gut dafür: auch die Gemeindeglieder werden viel gelassener, demütiger, friedfertiger. Und so harren wir denn in Geduld! kommt Zeit, kommt Rat.[559] Und geht der [204] Krieg wieder zu Ende, dann kommt auch Hilfe – gleichviel, aus welcher Himmelsrichtung die Wagschale der Gerichte Gottes sie herbeiführt. Dann bauen wir wieder ein Kirchlein. Aber die Schulstube wird unserm Geschlecht in dankbarer Erinnerung bleiben.

557 ›Unmündiges Kindlein‹. Eventuell Anspielung auf Mk 10.15: »Wahrlich, ich sage euch: Wer das Reich Gottes nicht empfängt wie ein Kind, der wird nicht hineinkommen.«

558 ›Base‹, veraltet für ›Cousine‹; vgl. Wahrig, S. 232.

559 Deutsche Redensart, u. a. bei Goethe in einem gleichnamigen Gedicht literarisch verarbeitet: »Kommt Zeit, kommt Rat – Wer will denn alles gleich ergründen! / Sobald der Schnee schmilzt, wird sich's finden. / Hier hilft nun weiter kein Bemühn! / Sind's Rosen, nun, sie werden blühn.«

Das Reinigen des Schlachtfeldes.

Wir müssen nochmals einen Gang hinaus auf das Schlachtfeld machen. Es ist schon tüchtig aufgeräumt worden. Die wertvollen Gegenstände, Kleider, Mäntel, eine Menge neuer Schuhe, Zelte, ganze Ballen Tuch von allen Farben, kostbare Waffen, goldene und silberne Epauletten, Ehrenkreuze, Uhren – wohl auch manch goldgespicktes Kistchen oder Beutelchen – und so viele andere verlorene und nicht verlorene Sachen haben schon längst Füße bekommen und sind nach allen Himmelsrichtungen gewandert. Im ganzen aber gleicht das Schlachtfeld immer noch einer mit tausenderlei Trümmern besäten Wüste. Doch die Deutschen wollen das nicht länger mehr dulden. Sie sagen: »All das Zeug ist unser! Wir haben's erobert und – ihr müßt's aufheben, zusammentragen … und wenn's nicht geschieht … und wer etwas nimmt oder verheimlicht, der …« Ja, ja, wir verstehen euer Latein – wir müssen noch einmal fronen; denn: »Bist du nicht willig, so brauch ich Gewalt!«[560] – Es ist auch Zeit, daß der ganze Greuel fortgeschafft wird; es würde doch nur Unheil für die Gesundheit, Ruhe und Sicherheit der Einwohner daraus entstehen. – Dazu können unsere Felder auch nicht in [205] diesem Zustande bleiben. An manchen Stellen ist der Boden so zerstampft und verwüstet, daß man gar nicht mehr erkennt, was in den Äckern gewesen ist, daß die Grenzlinien zwischen den Grundstücken gar nicht mehr existieren. Und doch muß wieder gearbeitet und gelebt sein! Es ist noch ziemlich früh im Jahr, es könnte auf den Wiesen, Kleefeldern noch einiges Spätfutter wachsen. Das alles leuchtet ein.

Die Sache wird dem Wodlijörri auf die Trommel gegeben[561]; die Leute versammeln sich, mit Rechen, Schaufeln, Heugabeln versehen, auf dem Kirchenplatz, und wie beim Begraben, ziehen die Patrouillen, 30–40 Köpfe stark, ihres Weges. Diejenigen Gebiete, wo die Säuberung am dringendsten not tut, sind unsere Wiesen. Da hatten die französischen Soldaten meistens ihre Lagerstätten aufgeschlagen, und das Schlachtenwetter ist in seiner wütendsten Heftigkeit drüber hingefahren. – Hast du, lieber Leser, solch ein erstürmtes Lager schon gesehen? Fürwahr etwas Merkwürdigeres kann deine

---

560 Weiteres Zitat aus Goethes ›Erlkönig‹: »›Ich liebe dich, mich reizt deine schöne Gestalt; / Und bist du nicht willig, so brauch' ich Gewalt.‹ / Mein Vater, mein Vater, jetzt fasst er mich an! / Erlkönig hat mir ein Leids getan!«

561 Der ›Wodlijörri‹ hatte die Aufgabe des Gemeindedieners. Mit seiner Trommel verkündete er Erlasse und Nachrichten. Er verstarb 1904; vgl. Westram, S. 33.

Einbildungskraft sich nicht ausmalen. – Wie meinst du, muß es auf einer Wiesenfläche aussehen, wenn einmal etliche tausend Mann 10–14 Tage darauf gehaust haben? Was da alles für Abwürfe: verlegenes Stroh, halbverbrannte Holzscheiter, Aschenhaufen, verschüttete Nahrungsmittel, Knochen, Papier, Lumpen und sonstiger Kehricht durcheinander liegen!

Bedenke, was für eine Menge Sachen der Soldat in seinen Taschen hat: Geldbeutel, Tabakspfeife, Messer, Soldbuch, Briefe, Photographien, Andenken etc., und im Tornister: Hemden, Strümpfe, Kamm, Spiegel, Bürsten, Büchsen, Knopfgabel, Schraubenzieher, kleinere Waffengeräte; und auf dem Tornister: Gamelle[562], Kochgeschirr, Schuhe, Löffel, [206] Mantel, Zeltpflöcke, Zelttücher – und um den Mann vollends zu schürzen: Helm, Flinte, Bajonett[563], Patronentasche … Bedenke, was sonst noch alles zum Soldatenleben und zum Kriegführen gehört: Trommeln, Musikinstrumente, Wagen, Karren, Proviantkisten, Säcke, Fässer, Geschirre, Geschosse, Waffen und Equipierungsgegenstände[564] aller Art, – wer kann die Mannigfaltigkeit des Heerwesens beschreiben? Und nun wird die Schlacht geschlagen – eine der mörderischsten der neueren Geschichte, – nach zehnstündiger heroischer Gegenwehr räumen die Franzosen das Feld, und die Deutschen dringen siegesjubelnd in die eroberten Positionen ein. Jetzt kannst du dir ungefähr eine Vorstellung von dem Anblick des Schlachtfeldes machen. Alles, was wir oben genannt haben, liegt in tausenden von Gegenständen in unbeschreiblicher Unordnung durcheinander. Die Lagerstätten sind damit buchstäblich übersäet. Und was einen noch mehr Wunder nimmt, fast alle diese Überbleibsel sind wie absichtlich vernichtet worden: die meisten Gewehre zerschlagen, die Säbel verbogen, die Kochgeschirre eingetreten, die Tornister zerschnitten, die Zeltpflöcke zerbrochen … Es kommt einem gerade vor, als hätte sich nach der Schlacht der Zorn des Feindes oder die enttäuschte Habsucht der Langfinger an allen diesen Gegenständen gerächt und was nicht brauchbar schien oder keinen Wert versprach, dem Untergang preisgegeben. – Item, 's ist ein klägliches Schauspiel, und man kann sich des Gedankens nicht erwehren: »Wenn die vielen zu Krieg und

---

562 Frz. ›Gamelle‹, ›Essgeschirr‹.

563 ›Bajonett‹, Stichwaffe, an der Seite getragen für den Nahkampf auf das Gewehr ›gepflanzt‹.

564 ›Equipierungsgegenstände‹, ›Ausrüstungsgegenstände‹.

Abb. 47

Blutvergießen hinausgeworfenen Millionen zu stillen Friedenswerken, zum Aufbau des Reiches Gottes verwendet würden, wie ganz anders stünde es doch um die Wohlfahrt der Völker!« [207] (Abb. 47)

Wir fragen uns nun, was mit all den Trümmern anfangen? Etliche meinen, man solle Stück um Stück auflesen, ins Dorf hineinschaffen und befohlenermaßen abliefern. Aber da würden wir in vielen Wochen nicht fertig. Wir machen es anders. Was Gegenstände sind, die der Feind ausdrücklich gefordert hat und entweder wirklich brauchen kann, oder aus Sicherheitsgründen requirieren[565] muß: Flinten, Bajonette, Kürasse, Tschakos, Geschirre, Sättel etc. etc. tragen wir zusammen, die übrigen tausendfältigen Rudera[566] sollen unsertwegen zugrunde gehen! Es bleibt aber kein anderes Mittel, um die Wiesen und Äcker zu säubern, als das: wir putzen mit Rechen und Schaufeln jeden Fleck Landes, gleichviel, was in den wüsten Kehrichthaufen zu liegen kommt, und diese Haufen, alle paar Schritt gibt's wieder einen, zünden wir an und verbrennen den ganzen Greuel zu Asche! So kommen wir davon, und der Rauch, welcher sich allenthalben verbreitet, kann der öffentlichen Gesundheit nur heilsam sein. – Gesagt, getan – wir fronen wacker darauf los – von Wiese zu Wiese – überall flackern unsere Trümmerhaufen – lustig knattern die verlorenen Patronen in die Lüfte – das Blei wird schon Liebhaber finden, und in einigen Tagen ist auch diese harte Zwangsarbeit vollendet. Unsere Wiesen fangen an zu grünen; an manchen Stellen wunderbar rasch und üppig; es gibt noch einiges

565 ›Requirieren‹, ›beschlagnahmen‹.

566 Lat. ›rudera‹, ›Schutt‹.

»Ohmed«[567]; glücklich wer noch Kühe hat. – Und die deutschen Sieger haben die Genugtuung, daß auf dem Kirchenplatz in Fröschweiler, auf dem Gemeindeplatz in Wörth und in allen umliegenden Ortschaften ganze Berge von Kürassen, Chassepots, Tornistern und sonstige Siegesbeute sich türmen.[568] Da liegt das Kriegszeug einige Tage; die vorübermarschie- [208] renden Truppen sehen's mit Staunen und Freude. Dann kommen deutsche Wagen und transportieren die eroberten Impedimenta[569] über den Rhein.

Ob aber *alles* (namentlich alle Chassepotflinten) pünktlich abgeliefert worden ist, ob nicht auf manchem Heuschober, in mancher Kindeswiege noch ein Vaterlandsfreund verborgen steckt, das werden wir bald vernehmen.

567 ›Ohmed‹, süddeutscher Begriff für den zweiten Heuschnitt; vgl. Wahrig, S. 953.

568 Foto der aufgehäuften Schlachtfeldfunde vor dem Schloss von Wörth bei Westram, S. 35.

569 Lat. ›impedimenta‹, ›Ausrüstungsgegenstände‹.

Die Verwundeten in den Lazaretten.

Wir haben gesehen, in welcher Weise und mit welchem Erfolg die Verwundeten in Fröschweiler bis jetzt versorgt worden sind. In den ersten Tagen nach der Schlacht war unsere Lage so trostlos, daß wir nur mit ihnen *leiden* konnten, sobald aber die helfende Liebe von allen Seiten zu uns herüberdrang, wurde auch den Kranken die möglichste Handreichung zu teil. Und ist auch in der ersten Bedrängnis manchem tapfern Krieger das Herz vor Durst und Erschöpfung gebrochen, so sind später doch auch viele durch die uns zugeflossenen Samaritergaben gerettet worden. Fragen wir nun, welche Hilfe die Verwundeten auf dem übrigen Gebiet des Schlachtfeldes gefunden haben.

Es ist schon bekannt, in welchem Zahlenverhältnis die Verwundeten am 6. und 7. August in die umliegenden Ortschaften untergebracht worden sind. Nirgends ist die Anhäufung verstümmelter Menschen so groß, als in Wörth und Fröschweiler; und doch gibt's auch in Morsbronn, Gunstett, Diefenbach, Spachbach, Görsdorf, Langensulzbach etc. des Jammers genug zu stillen. Die Geschichte darf es aber auch [209] freimütig bekennen: überall tut unsere wackere Bevölkerung, die Pfarrer, Bürgermeister, Lehrer und Lehrerinnen an der Spitze, mit warmer Liebe und unverdrossener Hingabe ihre Schuldigkeit. Einzelne traurige Ausnahmen fallen dem öffentlichen Mitleid anheim.

Überall werden denn auch, wie in Fröschweiler, sobald die Möglichkeit vorhanden ist, die weniger lebensgefährlich Verwundeten abgeholt und im ganzen Vaterlande in Privatpflege oder in Lazarette aufgenommen.[570] Was die barmherzige Nächstenliebe in so vielen elsässischen Familien, in den allenthalben eingerichteten Lazaretten in Weißenburg, Sulz, Niederbronn, Hagenau, Bischweiler[571], Pfaffenhofen[572], Buchsweiler[573], Ingweiler, Straßburg etc. etc. an diesen

570 Es ist unklar, welches ›Vaterland‹ Klein hier meint. Verwundete, die an von deutschen Truppen eroberten Orten gepflegt wurden, kamen jedenfalls, sobald sie transportfähig waren und unabhängig von ihrer Nationalität, mit Sanitätszügen zur Pflege in die deutschen Länder; vgl. exemplarisch den Fall der Pflegeeinrichtungen im württembergischen Ludwigsburg bei Arand 2012.

571 ›Bischweiler‹, heute Bischwiller, Kleinstadt bei Hagenau, 25 km südöstlich von Fröschweiler.

572 ›Pfaffenhofen‹, 20 km südwestlich von Fröschweiler gelegene Gemeinde.

573 ›Buchsweiler‹, heute Bouxwiller, 30 km südwestlich von Fröschweiler gelegene Gemeinde.

Unglücklichen geleistet hat, das weiß Gott: unsere Aufgabe ist nicht, hier näher darauf einzugehen.

Die deutschen transportfähigen Kranken werden meistens durch die Pfalz und über den Rhein geführt und bei ihren Verwandten oder in heimatlichen Pflegestätten untergebracht.[574] Was dort zur Rettung der leidenden Schlachtopfer geschehen, das weiß Gott auch, und es mögen andere gebührend davon erzählen. Wir beschränken uns auf den engeren Rahmen des Schlachtfeldes und unsere persönlichen Erlebnisse.

Die schwer Getroffenen müssen hier bleiben. In jedem Dorfe sind die Schulgebäude, Gemeindehäuser – in Wörth auch die verlassene Gendarmerie – und die ansehnlichsten Privatwohnungen in Lazarette verwandelt. Man kann sich diese Lazarette in den ersten Tagen nach der Katastrophe vorstellen: von Blutgeruch und Jammergestöhn erfüllte Elendhöhlen. Doch bald sind bessere Einrichtungen getroffen. Eine Menge aus rohen Brettern verfertigte Bettstellen werden [210] aneinander gereiht; die Kranken bekommen ein menschenwürdiges Lager. Die deutschen Ärzte sind seit Samstag abends überall auf dem Plan; wie Dr. Sadoul während der Schlacht und bis heut auf dem Posten gestanden, bedarf keines Lobes. Daß man aber den Straßburger Ärzten keinen Raum zu menschenfreundlicher Mithilfe gestattet, ist sehr zu bedauern. Sie haben es gut gemeint und sind, fürwahr, edle Männer und erprobte Fachleute. Aber so geht es eben, auch der Sieg besänftigt nicht alle Herzen ... Die deutschen Ärzte beherrschen also die Lage auf der ganzen Linie; sie schalten und walten in unbeschränkter und unermüdlicher Tätigkeit und der Wahrheit die Ehre! sie sehen keine Uniformen, sondern nur hilfsbedürftige Mitmenschen.

Gottlob, das Rettungswerk schreitet vorwärts. Die Operationen gehen rasch von statten; – überall dieselbe blutige Arbeit, dieselben Schmerzensbilder. Bald sind die ersten Mühsale überwunden, die gedrängten Reihen gelichtet. Aber unsere Lazarette sind noch immer angefüllt.

Doch dürfen wir sagen: die Pflege der Verwundeten geht ihren geordneten Gang. Die nötigen Verband- und Heilmittel sind reichlich vorhanden; für Speis und Trank wird in bester Weise gesorgt; die Gemeinden, namentlich Wörth, bringen große Opfer für Stroh,

574 Pflege bei Verwandten blieb deutschen Offizieren vorbehalten, wie aus den Verlustlisten ersichtlich ist.

Brot, Eis, Apothekerwaren etc.; die Société internationale[575] (Straßburg) wetteifert in hochherziger Liebe; Deutschland sendet seine besten Gaben, die Schweizer kommen mit vollen Händen.

Ein zahlreiches Wärterpersonal steht den Ärzten zur Seite. Da sind unsere Diakonissinnen[576] (Wörth, Reichshofen); ihre Treue und Selbstverleugnung ist bekannt. Da sind die grauen schlesischen Schwestern: brave, unermüdliche [211] Seelen.[577] Da sind auch die Brüder vom Bonifaziusverein[578], tüchtige, zuverlässige Gehilfen. Einer dieser Brüder macht Operationen, Gipsverbände trotz den besten Chirurgen. Zwei Feldprediger, ein katholischer und ein evangelischer, überwachen das ganze Gebiet und üben die Seelsorge.[579] – Wahrlich, wir können für die armen Kranken nur froh und dankbar sein, sie ruhen in guten Händen.

Die Zahl der Verwundeten ist in steter Abnahme begriffen! die gemeinsamen Gräber auf den Friedhöfen wölben sich immer länger! die Genesenden werden nach allen Richtungen fortgeschafft. Die Tage kommen und gehen: die Kriegsereignisse nehmen einen immer verhängnisvolleren Lauf; die Schlachten bei Metz[580] werden geschla-

575 Vermutlich ist die ›Société internationale pour les secours aux blessés des armées de terre et de mer‹, eine 1865 gegründete Vorläuferorganisation des ›Roten Kreuzes‹ gemeint.

576 ›Diakonissinnen‹, weibliches Pflegepersonal aus evangelischen Schwesterngemeinschaften; vgl. exemplarisch das Wirken der württembergischen Diakonissin Julie von Wöllwarth, geschildert in Arand 2018, S. 307 ff.

577 Mit den ›grauen, schlesischen Schwestern‹, sind Ordensschwestern vom katholischen Orden der ›Schwestern von der Heiligen Elisabeth‹ gemeint, die schon im Krieg von 1864 als Pflegerinnen tätig waren.

578 ›Bonifaziusverein‹, 1849 gegründeter katholischer Hilfsverein, allerdings ›Bonifatiusverein‹ geschrieben.

579 Zur Rolle der Konfessionen im Krieg vgl. Arand 2018, S. 167 ff. und Rak. Georg Hammon, evangelischer Pfarrer in Kempten/Allgäu leistete zumindest einen Tag geistlich Hilfe in Fröschweiler; vgl. Hammon, S. 22 f. Ein weiterer Feldgeistlicher war der evangelische Theologieprofessor Edmund Pfleiderer aus Tübingen. Er richtete am Sonntag, 7. 8. 1870, bei Fröschweiler einen Feldgottesdienst aus; vgl. Pfleiderer, S. 34. Auch Pfleiderer bleibt nur kurz. Unmittelbar nach der Schlacht war die Seelsorge für die vielen Sterbenden kaum zu leisten: »Wo sollte man anfangen, wo aufhören? Lagen doch […] allein in Fröschweiler und Wörth gegen 9000 Verwundete alle durcheinander. Was wollten da ein paar verfügbare Stunden sagen?«, Pfleiderer, S. 36. Einen eindrucksvollen Bericht der Seelsorgetätigkeit in den Lazaretten rund um Wörth liefert Schuster, S. 1 ff. Der evangelische Richard Schuster aus Karlsruhe war mehrere Wochen im badischen Feldlazarett in Gunstett tätig.

580 14 .8. 1870, Schlacht von Colombey-Nouilly, 16. 8. 1870, Schlacht von Vionville/Mars-la-Tour, 18. 8. 1870, Schlacht von Gravelotte/St. Privat.

gen; Napoleon bei Sedan gefangen[581], Straßburg belagert. – Die Walstatt bei Wörth tritt mehr in den Hintergrund. Die meisten deutschen Ärzte, die Feldgeistlichen, die Brüder und Schwestern ziehen ihres Weges. – Dr. Sadoul behält die Leitung mehrerer Lazarette; Rektor Hinz[582] die katholische, der Erzähler die evangelische Seelsorge (der damalige Pfarrer in Wörth[583] war schon leidend und starb dann auch im November[584] – die Krankenpflege wird nach und nach in Wörth zentralisiert. Es sind immer noch viele solcher Bejammernswerter in unserer Mitte; die ärmsten, mühseligsten von allen! Durch die Brust, den Leib, den Oberschenkel geschossen; an Armen oder Beinen zu Krüppeln verstümmelt. Was die schon gelitten haben und noch leiden werden, bis der Todesbote endlich einkehrt [212] und ihrem qualvollen Martyrium ein Ende macht! Ach, wenn man so in die Lazarette hineinkommt und sieht diese hagern abgemagerten Gestalten, diese hochgeschwollenen gräßlichen Wundenmale und schaut hinein in die bleichen Angesichter, in die großen starren Augen: »Wie geht's dir?« – »Es geht mir schwer!« – »Und dir?« – »Ach, ich habe große Schmerzen!« – »Und dir?« – »Wenn ich's nur einmal überstanden hätte!« – »Und dir?« – »Ach, wenn ich nur in der Heimat wäre!« – Du guter Gott! wenn man so zusehen muß, wie diese Jünglinge in hoffnungslosem Siechtum langsam verschmachten, buchstäblich verjauchen … da lernt man so recht lebendig mitfühlen und mitleiden des Krieges Weh und Jammer. – Es ist aber auch wahr: was die teilnehmendste Liebe vermag, was die opferfreudigste Barmherzigkeit erfinden kann, das wird aufgeboten, um diesen Unglücklichen ihre langen, schweren Leidenstage zu versüßen. Sie haben reichlich, was sie nur wünschen können; gute Betten, Hemden, Strümpfe, Pantoffeln, Flanellsachen, Braten, Wildbret, Kaffee, stärkende Weine, Süßigkeiten, Tabak – ja, es werden vielleicht manche verwöhnt, um nicht mehr zu sagen, durch allzu begeisterte Liebesbeweise. Über einzelne Fälle schweigt

581 Napoleon III. begab sich am 2. 9. 1870 bei Sedan freiwillig in deutsche Gefangenschaft; vgl. Einführung.

582 Klein meint den Curé François Jacques Gintz, nachgewiesen im Zensus von Wörth 1866, 47 Jahre alt; vgl. ABR 7 M 811.

583 Im Sterberegister 1870 nachgewiesen als Jean-Georg Dangler, 73 Jahre alt, gestorben am 6. 11. 1870; vgl. ABR 4 E 550/17.

584 Hier folgt im Original eine mit * markierte Anmerkung: ›Auch Pfarrer Jäger aus Langensulzbach wurde sehr oft nach Wörth gerufen und hatte dort in den Lazaretten und auf dem Kirchhofe viel zu tun.‹

die Geschichte. Und wo kommen die Spenden alle her? Aus Wörth selbst, aus allen Ortschaften des Elsasses, aus Straßburg, aus allen Teilen des geschlagenen Vaterlandes …

Nebenher wirkt die deutsche Opferwilligkeit. Aus allen Gauen des Reiches strömen die Liebesgaben nach dem Schauplatz des Kampfes. Die Sanitätsdepots in Walburg, Hagenau etc. sorgen mit freigebigster Handreichung für alle Bedürfnisse. So werden die Verwundeten in unsern [213] Lazaretten behandelt. Es vergehen Wochen, Monate –langsam schreiten die einen zur Genesung, die andern zum Tode; die meisten zum Tode. Allmählich kommt das Weihnachtsfest mit seinem fürchterlichen Winter. Die deutschen Waffen haben schon längst eine Wagenburg um die Hauptstadt geschlagen[585]: noch immer bleiben einzelne Verwundete in Wörth, in Reichshofen. Endlich, tief im Jahre 1871, hat sich der letzte Zuave verabschiedet; er ruht in der großen Totenschanze bei seinen Kameraden.

585 Der Belagerungsring um Paris wurde am 19. 9. 1870 geschlossen; vgl. Arand 2018, S. 408 ff.

Ben Salah[586] und die Schwester Klementine.

An die Pflege der Verwundeten in Wörth knüpft sich eine Begebenheit, die hier wohl ein kleines Plätzchen einnehmen darf. Die Geschichte ist interessant, aber sie nimmt ein tragisches Ende. Doch zur Sache. Ein Turko, der jüngste unter sechs Brüdern, die im 1. Regiment auf dem linken Flügel gegen die anstürmenden Preußen und Bayern gefochten haben, ein achtzehnjähriger, schwächlicher Knabe ist der Held unserer Historia. Der stürzt mitten im Schlachtgetümmel[587] (das 46. deutsche Regiment hatte bereits fast alle seine Offiziere verloren[588]) den Rebhügel herab und entreißt dem sinkenden Fahnenträger die Standarte! Die Deutschen sehen den verwegenen Schwarzen und acht Schüsse schmettern denselben zu Boden. Ben Salah ist aber nicht tot; plötzlich erhebt er sich wieder; wie eine angeschossene [214] Hyäne blitzt er dem Feind entgegen und erobert zum zweiten Male die deutsche Fahne; sechs Schüsse sind die Antwort auf die verzweifelte Heldentat. Ben Salah liegt mit vierzehn Wunden, an allen Gliedern jämmerlich zerschossen in seinem Blute. Er scheint tot. Die deutschen Kolonnen marschieren vorwärts – ein Turkoleichnam mehr oder weniger – sie stürmen vorüber. Ben Salah ist aber nicht tot – er atmet noch und wird mit einer Masse anderer Verwundeter nach Langensulzbach hinabgetragen. Kein Mensch gibt einen Pfennig für das Leben des ausgebluteten Jünglings; doch soll er seine Seele in Freundeshand unter schirmendem Obdach aushauchen. Das Schicksal will, daß er ins Lazarett der Mädchenschule[589]

586 Hier folgt im Original eine mit * markierte Anmerkung: ›Kadour‹. Kadour bedeutet im Arabischen ›Der Mächtige‹.

587 Hier folgt im Original eine mit ** markierte Anmerkung: ›Die Episode geschah im Lagensulzbacher Walde‹.

588 Das 1. Niederschlesische Infanterieregiment Nr. 46 verlor am 6. 8. 1870 ausweislich der Verlustlisten tatsächlich einen Hauptmann, einen Premierleutnant, acht Secondeleutnants und einen Portepéefähnrich durch Tod, einen Oberst, einen Major, vier Hauptmänner, fünf Premierleutnants, acht Secondeleutnants, einen Portepéefähnrich, zwei Unteroffiziere und einen Oberstabsarzt durch Verwundung; vgl. Verlustliste Nr. 1, S. 1 und 4.

589 Das 4. preußische Feldlazarett des V. Korps führte bis zum 19. 9. 1870 im Schloss, in der Schule und im Kommunalhaus von Wörth ein Lazarett, in dem insgesamt 813 Verwundete gepflegt wurden; vgl. Sanitäts-Bericht I, S. 97. Oberstabsarzt Dr. Krause verblieb noch bis zum 24. 11. 1870 in Wörth zur weiteren Behandlung einiger Schwerverwundeter; vgl. Sanitäts-Bericht I, Beilage 11.

aufgenommen wird.[590] Dort wirkt in heiligem Liebeseifer und nie ermattender Barmherzigkeit die Schwester Klementine, eine bejahrte, ehrwürdige Frau, welcher jedermann das Zeugnis gibt, sie arbeite so recht in gottesfürchtiger Einfalt, wie an den Kindern, so auch an den kranken Soldaten. Ben Salah ist also in Pflege bei der Schwester Klementine.[591] Er hat, wie gesagt, vierzehn [215] Wunden: ein kläglich zugerichtetes Gemächte! … Schwester Klementine wäscht, verbindet, hebt, trägt, behütet Tag und Nacht diesen Allerelendesten mit besonderer Sorglichkeit, mit wahrhaft mütterlicher Treue; 's ist aber auch rührend, mit welcher Ehrfurcht und Zärtlichkeit der Mohammedaner an seiner christlichen Wohltäterin hängt. Er ist mitten in seinen Schmerzen der glücklichste Mensch, den man sich denken mag. Nur kann er es nicht ertragen, wenn die Sora[592] weint, daß so viele Verwundete sterben. »Sora, wenn du weinst, kann ich nicht gesund werden!« – Er spricht wenig französisch, aber was er kann, das gilt dem Gouvernement und der Sora! Die Sora ist sein Trost, seine Liebe, sein Engel! – Ben Salah stirbt nicht. Warum sollte er auch sterben? Er lebt so gerne, und wie stolz und gnädig schaut er zum Bett heraus, wenn von allen Seiten die Neugierigen kommen und das große Mirakulum[593], den vierzehn Wunden reichen Helden bewundern! Ja die Sora selbst ist ganz selig vergnügt, daß der liebe Bon Dieu diesen pauvre innocent (daß der liebe Gott diesen armen Unschuldigen) ihren Händen anvertraut hat: männiglich darf ihn sehen, das ist allemal eine herzliche Freude.

---

590 Hier folgt im Original eine mit * markierte Anmerkung: ›Hier ist eine geschichtliche Berichtigung anzubringen. Ben Salah wurde nicht gleich im Anfang ins Lazarett der Mädchenschule von Langensulzbach gebracht. Nachdem die Generale des II. bayer. Armeekorps von Hartmann und des V. preuß. v. Kirchbach mit ihrem Stabe das Pfarrhaus in Langensulzbach als ihr Hauptquartier verlassen hatten, wurde Ben Salah dorthin gebracht, wo er sieben Wochen in Pflege verblieb. Mehrere Kugeln wurden ihm von durchziehenden Ärzten und von Pfarrer Jäger ausgeschnitten. Das linke Bein sollte ihm von deutschen Ärzten abgenommen werden; allein die Pfarrfamilie ließ diese Operation nicht zu. Ben Salah kam also erst darnach in Pflege bei der Schwester Klementine.‹

591 Im Zensus von Wörth des Jahres 1866 sind folgende Lehrerinnen aufgeführt, von denen jedoch keine vom Alter her zur Beschreibung von ›Schwester Klementine‹ passt: ›Elise Schustel‹, 23 Jahre, und ›Elise Loew‹, 34 Jahre; vgl. ABR 7 M 811.

592 Vermutlich versucht Klein, hier das afrikanische Französisch des Verwundeten abzubilden: ›Sora‹ soll wohl ›Soeur‹, ›Schwester‹ heißen.

593 ›Mirakulum‹, lat. ›miraculum‹, ›Wunder‹.

So klopft denn auch eines Tages der Erzähler auf seinem Lazarettgang an die Türe der Schwester Klementine. »Ach! nicht wahr, Sie wollen meinen kleinen Turko sehen? Das arme Kind! Kommen Sie doch herein. Da liegt er … so brav, so geduldig!« … »Ben Salah, schau, der Herr will dich besuchen … gelt, du willst recht lieb und folgsam sein?« Ben Salah nickte bejahend mit seinem vernähten Gesicht unter seinen Kissen hervor. – »Hast die Flasche Wein auf dem Nachttischchen ganz ausgetrunken?« – »Ja, Sora.« [216] – »Das ist zu viel, zu viel, warum hast du denn das getan?« – »Warum hast du ihn hingestellt?« – »O Ben Salah, du machst mir Kummer, wenn du nicht besser folgst, wirst du nicht mehr gesund werden!« – Ben Salah lächelt und verspricht zu parieren. In der Tat, ein charmantes, braunes Gesichtchen! – Ich reich' ihm die Hand und will weiter … »Sag schön adieu! und bedank dich.« – Ben Salah streckt mir ein kleines Beutelein entgegen: »Gouvernement verloren … *für Schuhe!* …« Der kleine Schelm! so kriegt er tagtäglich sein Almosen, und die gute Sora läßt ihn gewähren: »Le pauvre petit[594] – hat gar nichts, und wer ihm gibt, verdient einen Gotteslohn!«[595]

So liegt er da wochenlang. Der zusammengeflickte Krüppel fängt aber an, sich wieder zu regen, zu bewegen, zuerst im Zimmer, dann im Hausgang, dann im Hofe. – Von der Sora aber kann er sich nicht trennen. Wo die Sora hingeht, da krappelt Ben Salah hinten nach; ein eigentümliches Schauspiel … die reinste mütterliche und kindliche Liebe. Es kommt aber die Zeit, wo die Sora wieder in die Schule

594 Frz. ›Le pauvre petit‹, ›Der arme Kleine‹.

595 Bis zu diesem Punkt der Erzählung bestätigt auch die Schilderung Katharina Kleins die Geschichte von Ben Salah und Schwester Klementine. Im weiteren Verlauf setzt Kleins Schwester jedoch einen bemerkenswert anderen Schwerpunkt. Sie berichtet von einem Besuch deutscher Soldaten im Lazarett: »Sie fragten, ob es wohl erlaubt wäre, den jungen Turko zu sehen, welcher eine Fahne erobert und dabei so schreckliche Verwundungen erlitten habe. […] Der blasse, schmächtige Jüngling streckte die Hand aus dem Bette und sagte in gebrochenem Französisch: ›Avancez. Camarades, avancez. Ben Salah pas faché. Ce n'est pas vous qui m'avez fait ce mal, c'est le feu. Donner la main, camarades.‹ (Kommt näher, Kameraden, kommt näher, Ben Salah nicht böse. Ihr habt mir dieses Weh nicht gemacht, es war das Feuer. Die Hand geben, Kameraden!) – Es war eine helle Freude, diese Kameradschaft zu sehen, und wie die deutschen Soldaten um das Bett des Unglücklichen sich scharten und sich zuflüsterten: ›So habe ich mir die Turkos nicht vorgestellt.‹ – ›Der ist ja gerade wie andere Menschen!‹ Ich habe mir die Turkos als Ungeheuer oder als Menschen gedacht, die einem Affen ähnlich sind, usw. usw. – Mit herzlichem Händedruck, gute, baldige Genesung wünschend, verabschiedeten sich die Soldaten, es waren Bayern«; Klein, Ergänzungsblätter, S. 71 f.

Abb. 48

muß. Was jetzt! Wo soll der genesende Pflegling während der Schule bleiben? Was kann's aber auch schaden, wenn der arme Heide sich in der Schule aufhält? Ben Salah geht mit in die Schule und sitzt in der Ecke, während die Mädchen Unterricht erhalten, mit übereinandergeschlagenen Beinen, zusammengekauert am Boden. O heilige Einfalt! o schweres Verhängnis! Kommt eines Tages unerwartet ein Herr von Sturmeck, ein gestrenger Herr, und gewahrt den unglücklichen Jungen: »Schwester! Schwester! um Gottes willen, was haben Sie denn da für ein Ungeheuer in der Schule? einen Soldaten, einen Turko!! [217] hinaus, hinaus! das ist ja eine Schmach, ein Greuel!« … Schwester Klementine ist wie vom Blitz getroffen … sie will alles erklären, sich entschuldigen … Der Herr Kommissär aber rennt im tiefsten Ingrimm von dannen … Zwei Tage darauf erhält die edle, allgemein verehrte Lehrerin den Befehl, Wörth augenblicklich zu verlassen. – Sie gehorcht und geht, – ohne von den Familien oder von den Kindern Abschied nehmen zu dürfen – sie geht gebrochenen Herzens, und acht Tage später, im Kloster St. Johann[596] in Basel, gibt sie unter furchtbaren Schmerzen ihren Geist auf. (Abb. 48) Ben Salah aber wird sofort aufgegriffen und nach Hagenau transportiert. Was später aus ihm geworden ist, hat hier zu Lande niemand bestimmt erfahren, er soll nach Afrika zurückgebracht worden sein.[597]

596 Ein Kloster St. Johann in Basel ist unbekannt, allerdings heißt ein Stadtteil von Basel St. Johann. In der ›Jubelausgabe‹ ist Schwester Klementine im Habit einer Benediktinerin dargestellt; vgl. Klein 1897, S. 235. Das einzige Benediktinerinnenkloster in der Schweiz mit Namen ›St. Johann‹ befindet sich in Müstair.

597 Die ganze aus heutiger Sicht rassistisch-paternalistisch grundierte Geschichte ist nicht überprüfbar. Die verfehlte Ansicht, dass Afrikaner wie Kinder zu behandeln seien, war im 19. Jhd. eine geistige Grundlage für Kolonialismus und Imperialismus, die insbesondere von den christlichen Kirchen verbreitet wurde. Die Geschichte, die Katharina Klein erzählt, betont im Gegensatz zu Karl Klein die Möglichkeit, rassistische Vorurteile zu überwinden. Gegen den Rassismus des evangelischen Pfarrers Pfleiderer nimmt sich der Rassismus Karl Kleins allerdings vergleichsweise zurückhaltend aus. Pfleiderer urteilt über Turkos aus einer Herrenmenschenperspektive, die schon auf die Verbrechen des 20. Jhds. verweist: »Es sind das ja ohne Zweifel auch Menschen, und sie mögen sich mit dem ihnen vorerst beschiedenem Maß von Menschlichkeit in ihrer afrikanischen Wüste ganz erträglich ausnehmen und benehmen. Aber losgelassen in Europa bei einem Krieg von Kulturvölkern, gehetzt […] gegen die ›blonden deutschen Jungfrauen‹ waren sie […] eben einfach wilde Tiere«, Pfleiderer, S. 30 f.

Ein Lichtblick in einer dunkeln Scheune.

Als jene verhängnisvolle Nacht gekommen war, wo die beiden Heere sich schlagfertig gegenüberstanden, – wie mußte da vom obersten Feldherrn an bis zum bescheidensten Soldaten herab ein heimliches Todesgrauen durch alle Seelen rauschen: »Wer weiß, wie nahe mir mein Ende!«[598] Wie mochte zugleich die suchende Hirtenliebe Jesu Christi an alle Herzen klopfen: »Kehre wieder, kehre wieder, so will ich mich dein erbarmen!«[599] Und hat nicht die Missionsarbeit des heiligen Geistes unter den gezückten Schwertern angesichts des aufsteigenden blutigen Morgenrots Raum gefunden in vielen Gott entfremdeten Gemütern? hat sie nicht Helden gezeugt, welche sterbend [218] die Krone des Lebens errangen? Das wird der letzte Ostermorgen einst offenbaren, wenn die Gräber auf unsern Gefilden sich öffnen[600] und die Erlöseten des Herrn wieder kommen werden mit Frohlocken.[601] Manchem, das wissen wir, hat die feindliche Kugel nicht bloß die Brust, sondern auch das Gewissen durchbohrt, und er hat unter Zöllners Buße[602] und fröhlichem Armensünderlob[603] seinen Geist in Gottes Hände befohlen. Nur einige Beispiele.

Es war in der Schreckensnacht um 11 Uhr. Die Flammen schlugen hoch empor aus der brennenden Kirche, draußen auf der Straße ist ein Kriegsgetümmel, daß die Erde erbebt, eine Siegesfreude, die Mark und Bein durchdringt ... da kommt außer Atem ein Bauer gelaufen und bittet, ich solle so schnell wie möglich in sein Haus kommen. Ich mache mich auf, und er führt mich

598 ›Wer weiß, wie nahe mir mein Ende‹, Titel eines evangelischen Kirchenliedes von Aemilie Juliane von Schwarzburg-Rudolstadt (1637–1706) und einer Kantate von Johann Sebastian Bach (1685–1750), BWV 27, aus dem Jahr 1726.

599 Vgl. Jer 3.12: »Gehe hin und rufe diese Worte gegen die Mitternacht und sprich: Kehre wieder, du abtrünnige Israel, spricht der HERR, so will ich mein Antlitz nicht gegen euch verstellen. Denn ich bin barmherzig, spricht der HERR, und ich will nicht ewiglich zürnen.«

600 ›Wenn die Gräber auf unseren Gefilden sich öffnen‹. Anspielung auf die Vision von der Auferweckung Israels in Ez 37.

601 ›Frohlocken‹. Anspielung auf Ps 100.2.: »Dienet dem HERRN mit Freuden, kommt vor sein Angesicht mit Frohlocken!«

602 ›Zöllners Buße‹. Eventuell Anspielung auf den Zöllner Zachäus in Lk 19.

603 Vgl. Lk 18.13: »Und der Zöllner stand von ferne, wollte auch seine Augen nicht aufheben gen Himmel, sondern schlug an seine Brust und sprach: Gott, sei mir Sünder gnädig!«

durch die tosenden Menschenmassen hindurch in seine Scheune! Ach, wie liegen sie da? auf Stroh gebettet, dicht nebeneinander, die verstümmelten Krieger! Es möchte einem das Herz im Leibe brechen über dem Jammern und Stöhnen der hilflosen Schlachtopfer, deren entstellte Gesichter und fieberglühende Augen so schaurig, so geisterhaft durch die matterleuchtete Finsternis glänzen! – Einer besonders liegt in fürchterlichen Wehen: er ist zweimal getroffen und kämpft einen doppelten Todeskampf; denn die eine Wunde brennt mit unsäglichen Schmerzen in der durchschossenen Brust, die andere mit schrecklicher Qual im aufgewachten Gewissen. O wer das sehen könnte! Wie bei jedem Atemzuge ein ächzendes, heiseres Gepfeife durch die durchbohrten Lungen zieht, und wie die Stoßseufzer aus der erschrockenen Seele sich losringen, wie die Bußtränen über die bleichen Wangen heruntertriefen! Und [219] was hat der Arme erst ausgestanden, bis er den Mut und die Kraft erlangt, Trost und Hilfe zu suchen in solchem Verschmachten! Er hat gemeint, er befinde sich hier unter einer fanatischen Bevölkerung, die ihn vielleicht verspotten oder gar mißhandeln würde, wenn er es wagte, seinen Glauben zu bekennen. Und so hat er stundenlang das verzehrende Feuer seiner Wunde und seines Gewissens ausgehalten, bis er endlich, am Rand der Verzweiflung ausgerufen: »Ist denn kein evangelischer Pfarrer zu finden, der mir beistünde in der letzten Not?« Als ihm gesagt wird, er sei von Glaubensbrüdern umgeben, fällt es wie Trostesbalsam auf sein gequältes Herz, und als ich neben ihm kniee und ihn grüße mit dem Gruß des Friedens[604], fällt eine Zentnerlast von seiner Seele: »O Herr Prediger, wie bin ich so froh, daß Sie noch zu mir kommen … ich bin sehr schwer verwundet, ich werde meinen Geist aufgeben. Aber es brennt mich so sehr in meinem Herzen – ich bin ein großer Sünder, ich habe meiner Mutter viel Herzeleid bereitet! Aber ich will meine Sünden beichten – ja, ja, beichten, und Sie sollen mit mir beten und mir Vergebung meiner Sünden zusprechen. Ich will das heilige Abendmahl genießen, denn ich muß einen Heiland haben, sonst geh ich verloren!« Ich sage ihm, er solle sich nicht fürchten: »Christus ist ja für uns Gottlose gestorben.«[605] – »Ja gottlos! ich bin auch

604 Seit dem frühen Christentum gebräuchliche Grußformel ›Der Friede sei mit dir‹, in der katholischen Liturgie fester Bestandteil jeder Messe.

605 ›Gottlose‹. Zitat aus Röm 5.6: »Denn Christus ist, als wir noch schwach waren, für die zu dieser Zeit noch Gottlosen gestorben.«

gottlos, sehr gottlos gewesen. – Ich bin der verlorene Sohn[606] – aber ich will umkehren … O wenn ich noch einmal leben dürfte, wie wollt ich umkehren, wie wollt ich ein anderes Leben führen!« Dann folgen wieder die unaussprechlichen Stoßseufzer und die Tränengüsse: »Meine Sünden, meine Sünden! kann ich meiner vielen [220] schweren Sünden los werden? Wird mich Christus nicht verstoßen?« – »Nimmermehr, und wenn deine Sünden blutrot wären, so sollen sie doch weiß wie Wolle werden.[607] Verzage nicht, glaube

606 Gleichnis vom verlorenen Sohn in Lk 11–32: »Weiter sagte Jesus: Ein Mann hatte zwei Söhne. Der jüngere von ihnen sagte zu seinem Vater: Vater, gib mir das Erbteil, das mir zusteht! Da teilte der Vater das Vermögen unter sie auf. Nach wenigen Tagen packte der jüngere Sohn alles zusammen und zog in ein fernes Land. Dort führte er ein zügelloses Leben und verschleuderte sein Vermögen. Als er alles durchgebracht hatte, kam eine große Hungersnot über jenes Land und er begann Not zu leiden. Da ging er zu einem Bürger des Landes und drängte sich ihm auf; der schickte ihn aufs Feld zum Schweinehüten. Er hätte gern seinen Hunger mit den Futterschoten gestillt, die die Schweine fraßen; aber niemand gab ihm davon. Da ging er in sich und sagte: Wie viele Tagelöhner meines Vaters haben Brot im Überfluss, ich aber komme hier vor Hunger um. Ich will aufbrechen und zu meinem Vater gehen und zu ihm sagen: Vater, ich habe mich gegen den Himmel und gegen dich versündigt. Ich bin nicht mehr wert, dein Sohn zu sein; mach mich zu einem deiner Tagelöhner! Dann brach er auf und ging zu seinem Vater. Der Vater sah ihn schon von Weitem kommen und er hatte Mitleid mit ihm. Er lief dem Sohn entgegen, fiel ihm um den Hals und küsste ihn. Da sagte der Sohn zu ihm: Vater, ich habe mich gegen den Himmel und gegen dich versündigt; ich bin nicht mehr wert, dein Sohn zu sein. Der Vater aber sagte zu seinen Knechten: Holt schnell das beste Gewand und zieht es ihm an, steckt einen Ring an seine Hand und gebt ihm Sandalen an die Füße! Bringt das Mastkalb her und schlachtet es; wir wollen essen und fröhlich sein. Denn dieser, mein Sohn, war tot und lebt wieder; er war verloren und ist wiedergefunden worden. Und sie begannen, ein Fest zu feiern. Sein älterer Sohn aber war auf dem Feld. Als er heimging und in die Nähe des Hauses kam, hörte er Musik und Tanz. Da rief er einen der Knechte und fragte, was das bedeuten solle. Der Knecht antwortete ihm: Dein Bruder ist gekommen und dein Vater hat das Mastkalb schlachten lassen, weil er ihn gesund wiederbekommen hat. Da wurde er zornig und wollte nicht hineingehen. Sein Vater aber kam heraus und redete ihm gut zu. Doch er erwiderte seinem Vater: Siehe, so viele Jahre schon diene ich dir und nie habe ich dein Gebot übertreten; mir aber hast du nie einen Ziegenbock geschenkt, damit ich mit meinen Freunden ein Fest feiern konnte. Kaum aber ist der hier gekommen, dein Sohn, der dein Vermögen mit Dirnen durchgebracht hat, da hast du für ihn das Mastkalb geschlachtet. Der Vater antwortete ihm: Mein Kind, du bist immer bei mir und alles, was mein ist, ist auch dein. Aber man muss doch ein Fest feiern und sich freuen; denn dieser, dein Bruder, war tot und lebt wieder; er war verloren und ist wiedergefunden worden.«

607 ›Weiß wie Wolle werden‹. Zitat aus Jes 1.18: »Kommt doch, wir wollen miteinander rechten, spricht der HERR. Sind eure Sünden wie Scharlach, weiß wie Schnee werden sie. Sind sie rot wie Purpur, wie Wolle werden sie.«

nur!«[608] – Er wurde ruhiger, ich spüre, er ist gerettet! Er fängt an zu beten: Sprüche, Liederverse, alles, was er in seiner Jugend gelernt hat, ja ganze Psalmen, einen nach dem andern! Es ist, als löse sich allmählich der ganze schwere Bann seines Lebens, und als ich ihn frage, ob er denn jetzt zuversichtlich glaube, Christi Blut sei auch für ihn geflossen, antwortete er mit solcher Freude und Gewißheit, daß ich unter Loben und Danken ihm das heilige Abendmahl reichen kann mit der tiefsten Überzeugung: der ist wie ein Brand aus dem Feuer gerissen.[609] – Als er mir die Hand zum Abschied reicht, ist er so selig, so freudenreich, daß seine röchelnde Stimme wie Lobgesang aus der Ewigkeit ertönt. – Und als ich den andern Abend wieder in die Scheune komme, um, wie ich meine, die entseelte Hülle zum kurzen Todesschlaf einzusegnen, liegt der liebe Jüngling nicht mehr auf seinem Strohlager, sondern ist bereits auf sein händeringendes Bitten mit vielen andern weggeführt worden. Ob er irgendwo, unter liebevoller Pflege zum Leben genesen, oder bald selig entschlafen sei, vermögen wir nicht zu berichten. Wallt er aber jetzt noch im Leibe, so mögen jene heißen Stunden in der fremden einsamen Scheune ihm so unvergeßlich bleiben, wie sie uns geblieben sind. Dann kann er sich rühmen, ein Ehrenkreuz errungen zu haben, das viel lieblicher schmückt als tausend eiserne Kreuze[610]. [221]

608 ›Verzage nicht, glaube nur.‹ Anspielung auf Mk 9.23: »Jesus sagte zu ihm: Wenn Du kannst? Alles kann, wer glaubt.«

609 ›Brand aus dem Feuer gerissen.‹ Anspielung auf Am 4.11: »Ich brachte über euch eine Zerstörung wie die, die Gott über Sodom und Gomorra verhängte; ihr wart wie ein Holzscheit, das man aus dem Feuer herausholt. Und dennoch seid ihr nicht umgekehrt zu mir.« Ganz ähnlich auch in Sach 3.2.

610 ›Eisernes Kreuz‹, preußisches Militärehrenzeichen, gestiftet durch König Friedrich Wilhelm III. 1813 zu Beginn der Befreiungskriege, zum Krieg 1870 neu gestiftet durch König Wilhelm I. Das sog. ›EK‹ wurde in I. und II. Klasse verliehen.

Eine sanfte Heimfahrt.

Bei Reichshofen, auf der Eisenschmelz, hat die opferfreudige Liebe des Fabrikdirektors und einiger Familien auch manchen Offizier und manchen Soldaten in Privat- und Lazarettpflege aufgenommen und arbeitet wochen-, monatelang mit unverdrossener Geduld an der Wiederherstellung der Verwundeten ... Dort liegt, mitten unter vielen dahinsiechenden Kameraden, mit durchschossenem Unterleib[611] und zerschmettertem Bein in sicherer Todesaussicht – ein gar lieber junger Mensch, so sanft und freundlich, so still und ergeben, so aufrichtig in seiner Buße und so siegesgewiß in seiner Hoffnung. Eines Tages läßt er mich schleunigst rufen; von ferne glänzen seine großen hellen Augen, und ein seliges Lächeln spielt auf dem todesmüden Angesicht. – »O geben Sie mir noch das heilige Abendmahl: ich fühle es wohl, ich werde sterben ... Es geht mir aber gut ... nur will ich noch den Leib und das Blut meines Heilandes genießen, zur letzten Zehrung durchs dunkle Tal![612] Ach ja, ich werde sterben! – Ich hätte noch gerne gelebt und meine Heimat, meine Eltern wieder gesehen, aber es ist auch so gut – ich komme doch heim, und meine Wunden werden dann nicht mehr so wehe tun!« – Ich frage ihn, ob er sein Sündenelend erfahren und in Christi Blut und Gerechtigkeit[613] heimzufahren gewißlich glaube? – »Ja, o ja, ich bin ein großer Sünder, aber ich fürchte mich nicht, denn ich weiß aus diesem Worte (und dabei zeigte er sein Neues Testament): Jesus nimmt die Sünder an.«[614] – Ich reiche ihm das heilige Abendmahl. [222] O welche Freude, welche Herrlichkeit! Als der Segen über ihn gesprochen ist, bricht er in die Worte aus: »So, jetzt bin ich mit meinem Heiland vereinigt! jetzt kann das Stündlein kommen, ich sterbe so gerne, denn ich bin selig!« – Nun verlangt auch noch ein anderer das heilige Sakrament, und nach diesem alle Krankenwärter; es ist wie ein Hauch Gottes, der durch alle diese Totengebeine[615]

611 Der Name des Betreffenden ist nicht mehr ermittelbar. Ausweislich der Verlustlisten waren Unterleibsschüsse die häufigsten Verwundungsarten am 6. 8. 1870.

612 ›Zehrung durchs dunkle Tal.‹ Anspielung auf Ps 23.4: »Auch wenn ich gehe im finsteren Tal, ich fürchte kein Unheil, denn du bist bei mir, dein Stock und dein Stab, sie trösten mich.«

613 ›Christi Blut und Gerechtigkeit.‹ Titel eines gleichnamigen Kirchenliedes von Nikolaus Graf von Zinzendorf (1700–1760).

614 ›Jesus nimmt die Sünder an‹. Titel eines gleichnamigen Kirchenlieds von Erdmann Neumeister (1671–1756).

615 ›Totengebeine‹. Wieder Anspielung auf Ez 37.

bläst, und gewiß wird die Gnade manches Herz noch ergreifen und nicht mehr loslassen, bis es zu der Sterbensfreudigkeit gelangt, die von jenem Totenbett aus so wunderbar sich offenbart. – Der liebe Kranke wird aber noch nicht so bald abgerufen. Noch öfters dürfen wir ihn sehen und an seinem kindlichen Glauben und seiner großen Geduld uns freuen. Allemal, wenn wir ihn fragen: »Wie geht es heute?« antwortete er: »Es geht mir immer besser, ich komme jeden Tag näher heim zu meinem lieben Heiland! O wie sehne ich mich, abzuscheiden und bei Ihm zu sein, wo kein Krieg und keine Wunden und kein Tod mehr sein wird ewiglich!«[616] – Endlich ist ihm auch die schmerzlich ersehnte Simeonsheimfahrt[617] geworden; er liegt und schläft ganz im Frieden[618] und harrt der seligen Auferstehung; das Los ist ihm gefallen aufs lieblichste, ihm ist ein schön Erbteil geworden.[619]

(Abb. 49) Einige Monate später kommt aus Württemberg ein armes, altes Bäuerlein, das den weiten, weiten Weg zu Fuß gemacht hat, um die Ruhestätte seines entschlafenen Sohnes zu besuchen – auf Wiedersehen! Er ist sehr arm und hat so ganz das Kleid und den Pilgerstab eines Jüngers[620], der durch viel Trübsal nach den himmlischen Friedenshütten wandert; uns aber scheint es, als trage er auf dem gebeugten Haupt eine Krone, und er trägt sie auch; denn ein frommes, im Herrn ent- [223] schlafenes Kind, wie das hier beweinte, ist seiner Eltern allerschönste Zier, und wenn je, so gilt hier das Wort: »Die mit Tränen säen, werden mit Freuden ernten.«[621]

Gehen wir noch einen solchen wehmütig-freudigen Gang, diesmal nach Wörth, wo in unseren Lazaretten noch so viele Hoffnungslose langsam dahinwelken.

Dort liegt in der Kleinkinderschulstube in brennender Fieberhitze ein junger Lehrer aus Berlin, ebenfalls durch die Brust ge-

616 ›Kein Tod mehr sein wird ewiglich.‹ Zitat aus Offb 21.4: »Er wird alle Tränen von ihren Augen abwischen: Der Tod wird nicht mehr sein, keine Trauer, keine Klage, keine Mühsal.«

617 Bezieht sich auf Lk 2.29, als Simeon spricht: »Eine gute Heimfahrt, nun lässest Du Deinen Diener im Frieden fahren; denn meine Augen haben den Heiland gesehen.«

618 ›Er liegt und schläft ganz im Frieden‹. Anspielung auf Ps 4.9: »In Frieden leg ich mich nieder und schlafe; denn du allein, HERR, läßt mich sorglos wohnen.«

619 ›Ihm ist ein schön Erbteil geworden‹. Wörtlich aus Ps 16.6.

620 ›Pilgerstab eines Jüngers‹. Anspielung auf die Aussendung der Jünger in Mk 6 und Lk 10.

621 ›Die mit Tränen säen, werden mit Freuden ernten.‹ Zitat aus Ps 126.5.

Abb. 49

schossen![622] Zu Hause hatte er eine junge Frau zurückgelassen, mit welcher er vor sechs Wochen vor dem Traualtar gestanden. Mein Gott! wie zerbrochen, wie auflösungsbedürftig sehnt sich der müde Streiter nach endlicher Ruhe! Doch der heiße Kampf neigt jetzt zum Ende; die röchelnden Atemzüge gehen schwerer; die starren Augen fangen an zu brechen, und blasse Todesschauer lagern auf dem schönen Angesicht. – Es ist so feierlich stille in diesen Räumen … Die übrigen Kranken schauen teilnahmsvoll herüber zu dem sterbenden

622 Nach Verlustliste Nr. 44 von Ende August könnte es sich um »Füs. Otto Stutterheim aus Berlin, T. S. d. d. Brust« oder um »Füs. Ernst Parow aus Berlin, T. S. d. d. Brust« beide vom Westfälischen Füsilierregiment Nr. 37, 10. und 11. Kompanie, gehandelt haben. Die Kombination ›Tot – Schuss durch die Brust – aus Berlin‹ findet sich im Zusammenhang mit der Schlacht von Wörth-Fröschweiler nur bei den beiden; vgl. Verlustliste, S. 348 f. Das Adressbuch Berlin von 1870 nennt drei Einträge unter ›Stutterheim‹, darunter aber keinen ›Otto‹. unter ›Parow‹ gibt es nur einen Eintrag, vermutlich ist das der Vater: »Parow, W., Dr. med., praktischer Arzt« in der »Krausenstr. 37«; vgl. Adressbuch 1870, S. 742 und S. 547. Im Adressbuch Berlin 1888 ist allerdings ein »Dr. phil. W. Parow,« »Ob.Lehrer a.d. Friedr. Werderschen Oberrealschule« ausgewiesen, möglicherweise ein Bruder von Ernst Parow. Vielleicht waren beide Brüder Lehrer; vgl. Adressbuch 1888, S. 829.

Waffenbruder; die schlesische Schwester kniet zu seinen Füßen. Ich trete heran; er faßt meine Hand, zieht mich herab zu seinen bebenden Lippen, und mit zitternder Stimme spricht er die Worte: »Nur leise, leise, ich bin so müde!« – Ich setze mich zu ihm; ich halte die dargereichte Hand in der meinigen; ich schaue hinein, lange, lange, unter fürbittendem Seufzen in die nassen hohlen Augen … Was soll ich tun? Er hat das heilige Abendmahl begehrt, und deswegen bin ich heute gekommen … Mittlerweile hat die Schwester ein kleines Tischchen hergebracht, es mit einem weißen Tüchlein bedeckt, ein Kruzifix darauf gestellt und Kerzen angezündet … Es ist mir so seltsam und doch so ruhig zu Mute. – Die Schwester kniet nieder – [224] ich lasse sie gewähren und knüpfe an, ganz leise, an das Bild des Gekreuzigten, welches vor uns steht, und rede von der Sünde Weh und Elend und von der ewigen Liebe Gottes in Christo Jesu, der unsere Sünden getragen und des Todes Bitterkeit verbüßt und uns ein ewiges Leben erworben hat … Da wendet der sterbende Krieger sein Angesicht herüber, schaut mit unbeschreiblicher Sehnsucht nach dem Kruzifix und sagt: *»Ach, das spricht so zu mir!«* Ich rede weiter von des letzten Stündleins Nähe, von der Gnade und Vergebung, die auch ihm bereitet sei; er solle nur als ein armer Sünder mit getrostem Glauben seinen Heiland ergreifen … Da blickt er wieder herüber auf das Christusbild, diesmal mit helleuchtenden Augen, und sagt mit bewegter Stimme: *»Ach, das spricht so zu mir!«* Nun reiche ich ihm das heilige Abendmahl (noch nie habe ich es freudiger getan) und segne ihn ein zum letzten Todesgang. Er ist ganz ruhig; noch brennen die Kerzen auf dem kleinen Altar, noch ruht sein Blick unverwandt auf dem Christusbilde; in den verlöschenden Zügen aber weht ein Hauch der Verklärung. – Die Nacht kommt heran; er hat überwunden. Des andern Tags geben wir ihm das Geleite hinaus auf den Friedhof. Das Söhnlein aber, auf dessen Haupt er die segnende Vaterhand nicht legen durfte, wachse heran zu seiner gebeugten Mutter Trost und Freude.[623]

623 Auch Katharina Klein schildert einen Besuch bei dem sterbenden Berliner Lehrer: »Dort in einer Ecke lag auch der junge Lehrer, von welchem die Chronik erzählt. Seine Wunden schienen ausgeblutet, sein Herz ausgelitten zu haben; man sah ihm an, daß seine Stunden gezählt waren. Als wir uns seinem Bette näherten, hauchte er mit leiser Stimme die Worte: ›Bin so schwach – so müde – werde bald heimgehen dürfen.‹ Dieser Arme war noch nicht ganz durchs dunkle Tal. ›Gottes ewiges Licht gehe vor dir her und leuchte dir dorthin, wo es keinen Krieg und keine Wunden mehr gibt. Es leuchte dir zum ewigen Leben […]. Amen!‹ – Das war mein Gebet beim Anblick des stillen Dulders«; Klein, Ergänzungsblätter, S. 72 f.

Das sind einzelne Beispiele aus unsern seelsorgerlichen Erfahrungen an verwundeten und sterbenden Kriegern. Wir könnten dieselben vermehren; sie genügen aber und beweisen, wie die Friedensgedanken Gottes in der schmerzensreichen Sichtungsarbeit am 6. August 1870 sich auch am *Wehrstande* verherrlicht haben. [225]

Auf die Frage, ob solche Erfahrungen nicht auch von französischen Soldaten zu verzeichnen wären, diene zur Antwort: In der französischen Armee waren verhältnismäßig nur sehr wenige Protestanten. An Verwundeten habe ich nur einen, und zwar den ersten, der ins Schulhaus aufgenommen wurde, kennen gelernt. Und da andrerseits alle französischen Truppenteile ihre Feldgeistlichen hatten, so konnten wir keine Veranlassung nehmen, in direkter Weise Seelsorge an den Verwundeten zu üben. Daß wir aber nichtsdestoweniger keine Gelegenheit versäumt haben, einem leidenden, sterbenden Krieger, welcher Konfession er auch angehören mochte, ein Wort der Ermunterung und des Trostes in sein brechendes Herz hineinzurufen, das bedarf wohl keines Beweises. Doch darüber ziemt sich gebührendes Schweigen.

Daß auch in den französischen Reihen manch braves Landeskind eines christlichen Heldentodes gestorben, davon haben wir Beweise, und das glauben wir ganz gewiß, wenn auch eingehendere Berichte solches nicht öffentlich dartun. – Wir erinnern nur, was uns betrifft, an die Neuen Testamente, die auf dem Schlachtfelde gefunden worden sind, und an jene Bibel, welche monatelang allenthalben, zuletzt noch auf Wunsch und Befehl Ihrer Majestät der Kaiserin, aber vergeblich, gesucht worden ist. [226]

Allseitige Hilfe.

Wir haben es gesehen, wie bei der ersten Kunde von dem Unglück Fröschweilers und seiner Bewohner sich ein Schrei des Entsetzens durchs ganze Elsaß erhob und überall, wie vom Blitze entzündet, die innigste Teilnahme für die schwer betroffenen Mitbürger erwachte. Bekannte und unbekannte Wohltäter kommen, sobald der eiserne Feindesgürtel den Zuzug gestattet, von nah und fern und bringen ihre Liebesgaben so reichlich und freudenvoll, daß dem himmelschreienden Elend der ersten Tage abgeholfen und den drohenden Gefahren der nächsten Folgezeit Einhalt geboten wird. Das sind Lichtblicke in unsere Finsternis, Balsamtropfen in die tiefen Wunden. Da lernt man auch Landsleute besser kennen, zu welchen man sich eines ganz andern versehen hätte. Und dieser Wetteifer helfender Barmherzigkeit ist kein Strohfeuer, das gar bald ausgeflackert hätte … 's ist eine mächtige Liebesglut, die je länger je weiter um sich greift und auch dann noch fortbrennt, wenn der deutsche Reichsadler längst über Versailles' Türmen schwebt[624]. – Wir können aber hier nicht alle einzelnen Opfer verzeichnen, welche das Elsaß und die Elsässer in allen Landen zur Rettung der Verwundeten und zur Wiederaufrichtung unserer heimgesuchten Gemeinde gebracht haben. Wir wollen auch die einzelnen Namen nicht durch verspätete Lobeserhebungen verherrlichen. Es genüge unser aufrichtiges: Vergelt's Gott, ihr edlen Freunde – und des Herrn Segen über euch auf Kind und Kindeskinder!

Unsere Trübsal findet aber nicht allein in der engeren [227] Heimat einen Mitleid weckenden Widerhall. Sobald die Nachricht von dem Siege bei Wörth über die deutsche Grenze dringt, durchzuckt eine ungeheure Begeisterung das ganze Volk, und von der Nordsee bis zu den Alpen ertönt das Losungswort: »Auf! und helfet den Geschlagenen im Elsaß.« Die ersten Träger dieses Hilferufes sind die Zeitungen. Sie fliegen nach allen Himmelsgegenden und verkünden in hunderttausendfachem Chor die Schilderung unseres traurigen Schicksals. Gleichzeitig erheben die Augenzeugen ihre Stimmen und verbreiten bis in die weiteste Ferne die Hiobspost: »Fröschweiler und

624 Bereits vor dem 1. 1. 1871, dem offiziellen Inkrafttreten der neuen Reichsverfassung des Reichs, wehte seit Beginn der Belagerung von Paris am 19. 9. 1870 die schwarz-weiß-rote Flagge des Norddeutschen Bundes in Versailles, auch über dem Schloss Ludwigs XIV. Die Fahne des Norddeutschen Bundes wurde ab 1. 1. 1871 auch Reichsflagge.

Umgegend hat furchtbar gelitten.« – Und in allen deutschen Landen, auch in der Schweiz, in Österreich, England, Amerika öffnen sich Herzen und Hände ... Überall werden die Gaben von den Redaktionen, Buchhandlungen, Pfarrämtern und einzelnen Privatpersonen gesammelt und nach dem Schauplatz der Heimsuchung herübergesendet. Viele Wohltäter schicken ihre Beiträge direkt mit Zeugnissen herzlicher Teilnahme, oder auch anonym, mit Angabe eines Trostspruches. Es kommen alle möglichen Liebesspenden, – an Kleidern für groß und klein: Hemden, Strümpfe, Stiefel, Röcke, Wämser, wollene Jacken, Leintücher, Decken etc. etc.; an Nahrungsmitteln: Brot, Fleisch, Reis, Kaffee, Fett, Mehl, gedörrtes Obst, Kartoffeln; an Geld: größere und kleinere Summen zur beliebigen Austeilung an die Obdachlosen, Kranken, Notleidenden – welches Elend sie auch betroffen. Das sind Sonnenstrahlen in unsere dunkeln Tage; so wird der sinkende Mut wieder aufgerichtet. Und diese allgemeine Opferwilligkeit ist kein berechneter Annexionsversuch auf das elsässische Volksgemüt, und der offen und ehrlich ausgesprochene Dank für alle diese Wohl- [228] taten ist auch kein Vaterlandsverrat. Diese helfende Liebe ist eine nationale Ehrenschuld, welche das deutsche Volk auch dann lösen würde, wenn der Ausgang des Krieges ein anderer sein sollte; und die freimütige Anerkennung fremder Hilfe ist eine elsässische Ehrenpflicht, die wir auch dann nicht verleugnen würden, wenn wir nach wie vor französische Bürger blieben! – Doch zurück zur Sache.

Auch der deutschen und ausländischen Freunde Namen und Liebesbeweise wollen wir in dieser Chronik nicht einzeln anführen: wir rufen ihnen allen zu: »Habt Dank für jede Handreichung, eure Barmherzigkeit bleibt unvergessen!«

So können wir, wenn auch nicht ganz ohne Sorgen, doch ohne Furcht, dem herannahenden Winter entgegensehen. Unsere Vorratskammer im Gemeindehause ist in guter Verfassung. Fast täglich treffen neue Sendungen ein. Oft sind es ganze Kisten, Säcke, Wagen voll Nahrungsmittel. Eine Verteilungskommission verwaltet die anvertrauten Gaben. Alle zehn oder vierzehn Tage wird eine allgemeine Bescherung gehalten. Da kommen dann die Frauen mit ihren Körben, Schüsseln etc. »Wie viele Seelen habt ihr zu Hause?« – »So und so viele.« – »Und ihr?« – »Vier, sechs, acht Personen.« – »Da habt ihr euer Quantum[625].« – So geht's dem ABC nach und alle

625 Lat. ›quantum‹, ›wie viel‹, hier gemeint: ›Menge, Anteil‹.

kriegen ihren Anteil. Die meisten sind zufrieden und dankbar; einzelne reklamieren und murren ... wie überall! Wer kann's jedem recht machen? allen genug geben? Die Hauptsache ist, daß es bei der Verteilung richtig zugeht und niemand Mangel leidet. Und wir können mit Wahrheit und mit freudigem Danke bekennen: sie essen alle und werden satt! – Beim Austeilen von Kleidern, Bettzeug etc. gibt's größere Schwierigkeiten: [229] ein Stück ist besser, schöner als das andere, die einen haben alles, die andern weniger verloren; was diesem not tut, möchte jener auch haben. Die Bedürftigsten sind die Abgebrannten: sie werden auch in erster Linie berücksichtigt. Es folgt Loben und Schelten; das Menschenherz ist überall dasselbe, – wir handeln nach bestem Gewissen und fahren weiter.

Jetzt können wir den Typhus[626], welcher mit Blitzesschnelle in einzelne Familien einschlägt, soweit es Menschen möglich ist, mit Nachdruck bekämpfen. Die Krankheit ergreift vorzugsweise diejenigen Leute, welche durch Schrecken und Entbehrung besonders gelitten haben. Allein schnelle Hilfe, kräftige Nahrung, warme Decken etc. wirken so rasch und erfolgreich, daß die Seuche zu keinem eigentlichen Ausbruch kommt. Doch fallen mehrere Opfer.

Ein schwerer Sorgenstein ist vom Herzen genommen. Die Schuld, welche wir gemacht haben, um den Obdachlosen die nötige Saatfrucht zu kaufen, ist gedeckt, unser Vertrauen ist nicht zu schanden geworden. Jetzt kann der Erzähler mit den ihm persönlich übermittelten Gaben haushalten und bald da einer darbenden Witwe, bald dort einem alten Manne, bald jener notleidenden Familie nachhaltig unter die Arme greifen. Wer würde es glauben? und doch ist's Wahrheit: durch meine Hand allein wurden in den Jahren 1870 und 1871 über 8000 Franken an einheimische und auswärtige Arme verabreicht. Durch die Unterstützungskommission wurden ebenfalls mehrere tausend Franken ausgeteilt. Das sind Kriegserfahrungen, die einem zeitlebens teuer bleiben.

Noch einer besonderen Wohltat muß ich hier rühmend gedenken. Ein Armenfreund aus Süddeutschland kommt [230] persönlich herüber und holt acht unserer ärmsten Kinder und nährt und pflegt und erzieht dieselben jahrelang mit unermüdlicher Geduld und Barmherzigkeit.

Für die geisteskranke Elisabeth wird ebenfalls in Süddeutschland in einer Heilanstalt und später in Privatpflege ein ganzes Jahr

626 Vgl. zur Verbreitung von Typhus 1870/71 Sanitäts-Bericht IV.A.

aufs beste und liebevollste gesorgt. – Eine Diakonissenanstalt am Rhein[627] sendet eine Schwester nach Fröschweiler mit dem freundlichen Anerbieten, vier Kinder aufzunehmen, welche dort seit Jahren eine vortreffliche christliche Erziehung und Ausbildung genießen. Das sind Denksteine, welche wir mit innigstem Danke aufrichten und darauf schreiben: »Bis hierher hat der Herr geholfen!«[628]

Aber unser Weihnachtsfest im grimmigen siebenziger Winter! Am Christabend ist unser Notkirchlein wieder gedrängt voll Menschen; der Tannenbaum strahlt in herrlicher Lichterpracht; die deutschen Kinder, welche, wie sie sagen, »die elsässischen Kinder lieb haben«, wollen unsern Kleinen eine Bescherung bereiten. Man denke sich, was da alles an Geschenken, Spielsachen, Puppen, Lebkuchen etc. auf dem Weihnachtstisch aufgetürmt ist! Dazu hat der Erzähler in Hagenau auf einmal für tausend Franken Kleiderstoffe gekauft. Alle diese Schätze sollen heute abends ausgeteilt werden. Seht ihr die freudigen Gesichter und die funkelnden Augen und die ausgestreckten ungeduldigen Händchen? Der Christabendgottesdienst ist gehalten; der *»Tannenbaum«* wird mit riesiger Begeisterung gesungen – und jedes Kind (von allen Konfessionen), von der Mutterbrust bis zu vierzehn Jahren, bekommt ein vollständiges funkelnagelneues Kleid! Die alten Männer be- [231] kommen warme Joppen[629], Unterhosen; die Mütterlein wollene Wämser[630] … Diese Freude, dieser Jubel! Ja, wir können sagen: Wenn wir auch des Leidens viel gehabt haben, so sind wir doch auch reichlich getröstet worden.[631]

627 Vermutlich ist die Diakonissenanstalt in Kaiserswerth gemeint; vgl. Sanitäts-Bericht I, S. 408, Anm. 1.

628 Bis hierher hat der Herr geholfen! Zitat aus 1 Sam 7.12: »Samuel nahm einen Stein und stellte ihn zwischen Mizpa und Jeschana auf. Er nannte ihn Eben-Eser, Stein der Hilfe und sagte: Bis hierher hat uns der HERR geholfen.«

629 ›Joppe‹, süddeutsch mundartlich für ›Jacke‹; vgl. Wahrig, S. 708.

630 ›Wämser‹, Plural von ›Wams‹, ursprünglich unter Ritterrüstungen getragener Waffenrock; kurzes, eng anliegendes Oberkleid; vgl. Wahrig, S. 1407.

631 ›So sind wir doch auch reichlich getröstet worden.‹ Anspielung auf 2 Kor 1.5: »Wie uns nämlich die Leiden Christi überreich zuteilgeworden sind, so wird uns durch Christus auch überreicher Trost teil.«

Nähere Bekanntschaft mit der Feldgendarmerie.

Wie oft haben wir's, gleich im Anfang, unsern Leuten gesagt: Hütet euch und holt beileibe nichts vom Schlachtfeld! Der Feind hat's erobert, und paßt auf! wer nicht hört, muß fühlen. – Wie's aber in solchen greulichen Zeiten geht: die Köpfe sind verwirrt; die Herzen leidenschaftlich entzündet; die einen verstehen's und gehorchen – die andern wollen's nicht verstehen und folgen ihren Gelüsten. Sie sagen: »Krieg ist Krieg ... man muß sich wärmen, wenn man beim Feuer ist ... und wer kann das eine Sünde nennen, wenn ich mir einen Mantel oder ein paar Zelttücher oder einige Decken oder ein verlorenes Chassepotgewehr aufhebe? 's geht ja doch alles zugrunde; und die andern holen ja auch«; und dergleichen ... In der Tat, da strolchen seit der Schlacht eine ganze Masse fremder, unheimlicher Kerle herum, die kripsen und krapsen[632] zusammen, was ihnen unter die Hände kommt, und schleppen ganze Wagen voll Sachen fort und lassen dafür den Verdacht zurück, der auf die Einheimischen fällt. Kurz die Versuchung ist für manchen zu groß, das böse Beispiel zu mächtig; man geht auch und nimmt *»sein Teil«* und ver- [232] steckt's, so gut man kann, »bis der Rummel vorüber ...« Aber es ist einmal doch unrecht; jedenfalls hat's Einer gesehen, der auch ins »heimliche Gemach« hineinschaut! Doch auch die Preußen haben es erfahren, dafür hat in edler Uneigennützigkeit der Nachbar gesorgt. Soeben rückt die Feldgendarmerie zum Dorf herein, und wie ein Lauffeuer fliegt's durch alle Gassen: »Die Gendarmen kommen, um Haussuchung zu halten.« Gar manchem wird's bitter weh dabei! »Wär ich doch ...! hätt' ich doch ...! sie finden's, sie finden's nicht ... Na, *der muß* es dann aber auch herausgeben – wart', dir will ich's einreiben« ... just, wie's in andern Ländern auch gegangen wäre – und schon gegangen ist und gehen wird, solange Krieg und Blutvergießen nicht aufhören und Gerechtigkeit und Frieden nicht unter den Völkern wohnen.

Einer der ersten Besuche gilt dem Pfarrhaus. »Haben Sie etwas vom Schlachtfeld? Waffen, Geräte oder sonstige Gegenstände?« – »Meines Wissens nichts als diese Streitaxt – die steht schon seit dem 6. August hier im Hausgang (es war die Art, mit welcher der wütende Soldat den Spiegelschrank hatte aufhauen wollen); ich würde sie gerne als ein Andenken bewahren.« – Der Offizier nimmt

632 Süddeutsch mundartliche Wendung, ›zusammenkramen‹, ›raffen‹.

die Axt in die Hand, schaut mich an, lächelt ganz harmlos in seinen Bart, schaut aber auch seine Begleiter an, die machen unheimliche Gesichter. – »Es ist mir leid, ich kann Ihnen die Axt nicht lassen,« spricht's, behält die Waffe und verschwindet.

Vom Pfarrhofe geht's weiter, aber nicht der Reihe nach von Haus zu Haus, sondern bald dahin, bald dorthin – vom Unter- ins Oberdorf, aus der Tränkgasse in den Schlittweg. Auf diese Weise ist niemand einen Augenblick sicher; [233] keiner kann den andern mehr warnen … Ja, sie sind schlau, diese grüngelben Spürhunde[633].

Jetzt sind sie beim *Kohlenpeter*, durchstöbern die ganze »Gerechtigkeit«. Der Kohlenpeter hat nichts – und doch ist er so jämmerlich verdutzt; er loddelt an Leib und Seele … Endlich kommen sie auch an die Wiege; die Wiege ist so auffallend aufgebauscht … »Was ist da drin?« – »Das Bett von unserm Jokele[634].« – »So, will doch 'mal sehen, was der Jokele für ein gutes Bett hat,« sagt's und fängt an abzudecken … Der Jokele schreit: »Mein Bett, mein Bett!« Dem Kohlenpeter wird's schwarz vor den Augen – die Gendarmen halten sich die Bäuche vor Lachen – wollene Decken! eins, zwei, vier, sechs – zehn – fünfzehn – zwanzig – – vierundzwanzig wollene Decken spazieren zur Wiege heraus! Man stelle sich die Szene vor, im Hause, im Hofe, auf der Straße. Der Gendarmerieoffizier aber sagt kurz und schneidig: »So Bauer, hätt'st zwei gehabt, wären sie dein geblieben; jetzt kriegst keine.«

Die Untersuchungsrunde geht weiter: sie kommen zum Glasertoni[635]. – »Gebt mal geschwind Eure Sachen heraus.« – »Ihr Herren, ich hab nichts …« – »Ihr habt nichts? Ihr habt ein neues Musikinstrument? Wollt Ihr's gutwillig ausliefern, oder wir blasen Euch einen Galoppmarsch auf.« – »Ich hab kein Musikinstrument.« – Und sie suchen und suchen in der Stube, in der Küche, in Kammer und Keller und Laubschuppen … das »Saxhorn[636]« will nicht zum

633 Preußische Landgendarmen trugen Pickelhaube sowie dunkelgrünen Rock mit gelben Ärmelaufschlägen und Krägen. Die Geschichte überliefert auch Katharina Klein; vgl. Klein, Ergänzungsblätter, S. 66.

634 Ein ›Peter‹, der einen Sohn ›Jokele‹, Jakob zum Sohn hat, war Peter Füllenwarth, nachgewiesen im Zensus von 1880; vgl. ABR 294 D/A 146. In der Übersicht der Geburten ist zweimal die Geburt eines Jakob Füllenwarth angegeben, einmal 1867 und das andere Mal 1868; vgl. ABR 4 E 550/19. Im Zensus von 1866 ist ›Pierre Füllenwarth‹ 18 Jahre alt, ein Beruf wird nicht angegeben; vgl. ABR 7 M 376.

635 Weder im Zensus von 1866 noch im Zensus von 1880 nachweisbar.

636 ›Saxhorn‹, ›Bügelhorn‹, militärisches Blasinstrument.

Vorschein kommen. »Wo habt Ihr's versteckt? es soll Euch nichts geschehen, Ihr kriegt ein hübsches Trinkgeld …« Der Glasertoni läßt sich nicht aus der Fassung bringen: [234] »Suchet!« Und aufs neue werden alle Möbel durchschnüffelt, Heu, Stroh, alles durcheinander geworfen … die Gendarmen sind außer sich, sie schäumen vor Zorn … der Glasertoni bewahrt die größte Kaltblütigkeit … Sie finden das »Saxhorn« wahrhaftig nicht – und doch steckt's im Hause, und nach Jahren wird zuweilen noch ein Stücklein darauf geblasen![637]

So durchmustern sie das ganze Dorf, sie dringen in die dunkelsten Ecken, in die geheimsten Gemächer. Fast überall finden sie etwas: eine Chassepotflinte oder ein Bajonett, ein paar Decken, Zelttücher, einen Mantel oder sonst ein Kleidungsstück; im ganzen aber ist's ein mäßiger Fund: die meisten haben ihre Hände und ihr Gewissen rein bewahrt; nur einzelne haben wüst gehaust; denen wird denn auch alles unerbittlich entrissen. Und wie sie auch brummen und heulen und winseln – unter Spott und Hohngelächter wird die Beute von dannen geschleppt. Wo hingegen die Gendarmen sehen, daß die Leute bescheiden, ehrlich, auch wohl arm und hilfsbedürftig sind, da lassen sie gerne, oder geben sogar eine Kapote[638], einige Teppiche, Zelttücher etc. Und wie oft Spaß und Ernst in solchen Zeiten zusammentreffen – mein Großvater selig hat's tausendmal erzählt, wie anno 1814 die Russen kamen und der naseweise Balzer Philipp neben den Kosaken herlief und die rotbärtigen Männer angaffte, bis ihm einer die große Trommel an den Hals hing, und der arme Teufel mußte die Trommel acht Stunden weit schleppen bis nach Pfalzburg[639] – gerade so geht's auch heute bei den Haussuchungen dem Meyerhenner im Oberdorf. Dem juckt's auch hinter den Ohren, und er stellt sich so recht unschuldig und selbstgefällig ans Hoftor und lugt zu, wie die Gendarmen da herumhausieren[640]

637 Da die Beteiligten der beiden hier erzählten Geschichten – anders als meistens sonst – nicht nachweisbar sind, könnte es sein, dass sich Karl Klein wie schon an anderer Stelle literarische Freiheiten genommen hat.

638 Der ›Kapote‹, eigentlich ›Capote‹, war ein zweireihiger blaugrauer Filzmantel, den die französische Infanterie trug; vgl. Arand 2018, S. 138.

639 ›Pfalzburg‹, heute ›Phalsbourg‹, 50 km südwestlich von Fröschweiler gelegene Festungsstadt, die 1870 vier Monate lang von deutschen Truppen belagert wurde.

640 ›Herumhausieren‹, eigentlich ›von Haus zu Haus gehen und Waren anbieten‹; vgl. Wahrig, S. 617.

Abb. 50

und muß [235] herzlich lachen, wie der stramme Arm der Gerechtigkeit ganze große Kochkannen voll Bleikugeln zutage fördert. Auf einmal heißt's: »Komm her, Bauer!« Und wie der Meyerhenner sich taub stellen will … ruft's: »kommst gleich, oder ich …« und zielt mit der Flinte … Was will er machen? Übel oder wohl, er muß kommen. – »Bauer, da trag diese Kannen!« – »Ich?« – »Ja!« – »Ich, die Kannen tragen?« – »So schnell eine Geiß tritt, oder du bekommst Prügel!« – Der Meyerhenner wird grün und gelb vor Zorn und Entsetzen … »Ich die Kannen tragen? Ich trag sie nicht!« – »Du trägst sie doch!« – »Ich will aber nicht!« – *»Du mußt«* … und wer mit Gewalt gebändigt wird und die Kannen tragen *muß*, ist der Meyerhenner. – Ein Weltspektakel erhebt sich auf der Straße, zu allen Fenstern gucken und lachen die Neugierigen heraus … und siehe, da marschiert der Meyerhenner, wie ein ertappter Missetäter, zwischen den Gendarmen und trägt die Bleikannen. – Er protestiert, schimpft, heult Zetermordio[641] … es kann nichts helfen. – Da kommt er das Dorf herunter, ganz entstellt, halb tot vor Zorn und

641 ›Zetermordio‹, ›lautes Jammergeschrei‹; vgl. Wahrig, S. 1463.

Schande … Wie er mich von weitem sieht: »Herr Pfarrer! das überleb' ich nicht! ich werd' krank! ich bekomme die Leberkrankheit! stellen Sie sich's vor: ich *muß* die Kannen tragen und hab doch keine Bleikugel im Haus …« Endlich ist der ganze Troß vorm Kirchenplatz; der gefolterte Sündenbock wird losgelassen, er läuft kopfüber, kopfunter durch die Gärten nach Haus, schäumt hinter geschlossenen Läden seinen Ingrimm aus, wird auch nicht gerade krank, aber ich bin gut dafür: seiner Lebtag vergißt er seinen Gang mit den Bleikannen zwischen den Gendarmen nicht.[642] (Abb. 50) [236]

642 Von der demütigenden Szene berichtet auch Katharina Klein. Sie betont allerdings, dass sich der Meyerhenner weigerte, weil er sich für einen »der Vornehmsten des Dorfes« gehalten habe; vgl. Klein, Ergänzungsblätter, S. 67 f.

Wie der Erzähler zu einem Reitpferd kommt.

So passieren denn allerlei Geschichten, gute und böse, erfreuliche und unerfreuliche, und dem Chronikschreiber ist schier zu Mute, als sollte er die Feder niederlegen; sonst könnte doch am Ende der Leser des langen Geplauders überdrüssig werden. Indessen hat man doch mit allen Menschen Geduld, und so wollen wir denn folgende Historie noch zum besten geben.

Es ist dem Erzähler, wie bekannt, am Tage der Plünderung wie allen anderen schlimm genug ergangen. Doch die Verluste werden ja täglich ersetzt, und von Mangel ist schon längst keine Rede. Eine recht schmerzliche Einbuße aber bleibt mein armes Wägelein, welches mir zu meinen Filialdiensten, namentlich zum Abendgottesdienst in Reichshofen fast unentbehrlich geworden. Was anfangen? In der Nacht anderthalb Stunden zu Fuße zu gehen, ist unmöglich, und Fuhren gibt's überhaupt keine auf unserm Berge. Da hör' ich: der hat ein verwundetes Pferd aufgefangen, gepflegt und behalten dürfen; *jenem* ist zum Betrieb seines Ackerbaues von der deutschen Militärbehörde ein Pferd oder Maulesel überlassen worden … Wie wär's, denk' ich, wenn du 'mal über die erlittene Unbill Beschwerde führtest und zur Ausrichtung deines Amtes irgend ein fahr- oder tragbares Vehikulum[643] erlangen könntest? – Gedacht, getan. Ich gehe eines Tages nach Niederbronn aufs Etappenkommando und rede dem dortigen Machthaber so beweglich als möglich ans Herz, wie peinlich der Verlust des Wägelchens für mich sei, wie beschwerlich das Hin- und Herreisen [237] bei dunkler, stürmischer Herbstnacht, und ob ich denn nicht zum Ersatz für mein frevelhaft entrissenes Eigentum ein Pferd oder einen Maulesel bekommen könnte; ich sei zwar des Reitens nicht besonders kundig, aber mit Vorsicht möchte es doch gehen; und was sonst noch alles dem gravitätischen Etappenkommandanten vordemonstriert werden konnte. Der hört meine Ansprache geduldig an, streicht ein Weilchen den strammen Schnurrbart und sagt dann in gutmütigem Tone: »Nun ja, ich verstehe wohl, da muß was geschehen.« – Ich danke verbindlichst und denke in meinem Sinn: »Du bekommst ganz gewiß ein Pferd oder einen Maulesel.« – Doch langsam! Denk an den unglücklichen Xaveri!

---

643 ›Vehikulum‹, lat. ›vehiculum‹, ›Wagen‹.

Es dauert etwa vierzehn Tage, da erhalte ich vom Etappenkommando aus Niederbronn den kurzen Bescheid, man bedauere, aber es sei weder ein Pferd noch ein Maulesel vorhanden, den man dem Pfarrer zu Fröschweiler zur Verfügung stellen könne. So, denk ich, jetzt bist du schon abgefertigt – du kutschierst nach wie vorher mit Schusters Rappen. Das Ding ist ärgerlich. – Wär ich doch früher gegangen! – Aber in Kriegszeiten lernt man sich fügen und stille sein … Zwei Tage später kommt wieder ein Schreiben, ich solle mich nach Weißenburg begeben, um dort beim Etappenkommando das erbetene Pferd in Empfang zu nehmen. Man denke sich meine Überraschung! Also doch gelungen, – und den andern Tag wandere ich mit einem pferdekundigen Bauern nach Weißenburg. – Weißenburg ist alleweil auch eine eroberte Stadt, und überall begegnet man trüben Gesichtern. Doch, darüber ein andermal – ich melde mich beim Etappenkommandanten [238] – ich sei der und der, und Sie haben die Freundlichkeit gehabt, mir ein Pferd zu bewilligen etc. – »Ja,« sagte der alte Herr, »es sind noch zwei vorhanden: ein kräftiger Brauner und ein alter immens großer Schimmel – ich rate Ihnen aber, nehmen Sie den Braunen, – Sie bekommen ein gutes Pferd. Um neun Uhr bin ich in der Kaserne, dann können Sie wählen.« Stimmt nicht übel, denk ich, und mit freudigem Herzklopfen steh ich um neun Uhr mit meinem Begleiter vor der Kaserne. Da kommt der Etappenkommandant. – »Jetzt wollen wir die Sache abmachen; wird bald richtig sein.« – Wir treten in die Stallungen – und daß ich's nicht vergesse, mehrere Seebacher[644] Bauern, welche täglich für die Armee Fuhrdienste leisten, gehen auch mit in den Stall, keiner aber weiß, wer ich bin oder was mein Verlangen. – Der Etappenkommandant: »Führt einmal den Braunen heraus; laßt ihn laufen!« … Ein Soldat jagt etlichemal im Kasernenhof hin und her und bringt den Braunen wieder zu uns. Drauf sagt der Etappenkommandant zu einem der Seebacher Bauern: »Was ist das Pferd wert?« – Der blinzelt so recht schelmisch mit den Brauen: »Was soll ich sagen? 500 Franken!« – Mir fährt ein Schrecken durch alle Glieder. – Der Etappenkommandant zum zweiten Bauern: »Was meint Ihr? Was ist das Pferd wert?« – Der dreht den Kopf so gegen die Schulter, schiebt die Pelzmütze aufs Ohr: »500 Franken ist ein bißchen viel! Ich meine 400 Franken!« – Ja, ja, denk ich, was wird's mit dir geben! du mußt das Pferd bezahlen und hast kein Geld in der Tasche. – Der

644 ›Seebach‹, neun Kilometer südlich von Weißenburg gelegene Gemeinde.

Etappenkommandant zum dritten Bauern: »Und Ihr! Was soll das Pferd gelten?« – Der muß mir etwas abgemerkt haben – der [239] stellt sich so recht pfiffig unterländerisch[645] hin, mustert nochmals den Braunen vom Kopf bis zum Schwanze, guckt ihm ins Maul: »Herr, ich will Ihnen etwas sagen (mit Verlaub zu reden), die Zeiten sind bös, der Gaul ist nicht mehr ganz jung; ich glaube 350 Franken!« – Der Etappenkommandant: »Abgemacht! Herr Pfarrer, Sie haben das Pferd zu 350 Franken!« – Mir will's schwach werden, die Angsttropfen stehen mir auf der Stirn … Du liebe Zeit: jetzt hast du ein Pferd gekauft! 350 Franken! …, wär ich doch daheim geblieben und meiner Lebtag zu Fuß gegangen! Aber jetzt ist's geschehen, du hast's; du mußt's behalten. Der Etappenkommandant: »Herr Pfarrer, in einer halben Stunde kommen Sie zu mir und dann regulieren wir die Sache!« Ich mache ein verzweifeltes Kompliment und steh noch wie versteinert unter den Seebacher Bauern. »Ach, hätten wir aber das gewußt, daß Sie das Pferd kaufen, wir hätten ganz anders geredet … Na, 's ist doch nicht zu teuer …« Ich schaffe mich jetzt zum Kasernenhof hinaus, ich weiß mir gar nicht zu helfen, und doch bin ich froh, daß kein Betrug geschehen. Nun, geh's, wie's wolle, – ich hab den Gaul, ich *muß* ihn haben; der Hauptmann wird mir auch nicht gleich den Kopf herunterreißen – fort zum Hauptmann; jetzt will ich erst reiten nach Herzenslust … Ich klopfe an: »Herein!« Da steh ich ganz kläglich betroffen vor meinem Schuldherrn. Der Etappenkommandant: »Herr Pfarrer, das war alles pro forma[646]; sehen Sie, bei uns muß alles regelrecht zugehen. Sie erhalten das Pferd, das einen Wert von 350 Franken hat. Sie bescheinigen bloß, daß Sie es empfangen haben und damit ist die ganze Geschichte fertig.« Jetzt wird's mir wieder besser; ich unter- [240] schreibe den Revers[647] mit fröhlichem Herzen, danke dem Hauptmann für alle freundlichen Bemühungen, kauf mir beim ersten besten Sattler einen Zaum und reite des Abends, still vergnügt, auf der Gebirgsstraße nach Hause. – Der Braune ist ein gutes, sanftes Tier – und belohnt seit langer Zeit die sorgen- und strapazenreiche Fahrt nach Weißenburg durch treue und nützliche Dienste.

---

645 ›Unterländisch‹, als ›Unterland‹ wird das nördliche Elsass bezeichnet, heute heißen die beiden Elsässer Departements entsprechend ›Bas-Rhin‹ (Unter-Rhein) und ›Haut-Rhin‹ (Ober-Rhein).

646 Lat. ›pro forma‹, ›nur den Regeln nach‹, hier im Sinne von ›nur zum Schein‹.

647 ›Revers‹, Wort mit je nach Aussprache unterschiedlichen Bedeutungen, hier ist ›Kaufvertrag‹ gemeint; vgl. Wahrig S. 1065.

Die Ruhigen. Die Betrogenen. Die Hirnwütigen.

Halten wir wieder 'mal eine Rundschau auf dem Theater des Krieges. Die Ereignisse sind bekannt und kommen hier nur sofern in Betracht, als sie unser elsässisches Volksleben berühren. War das Gefecht bei Weißenburg schon von schlimmer Vorbedeutung, so ist die Niederlage bei Wörth von der verhängnisvollsten Tragweite für den ganzen Feldzug. Mac Mahon, auf welchen der Kaiser, das Heer und das Volk ihr bestes Vertrauen stützten, – Mac Mahon ist aufs Haupt geschlagen; die afrikanischen Kerntruppen, der Stolz und Schrecken der Rheinarmee, sind aufgerieben; das Elsaß, die schönste Provinz des Landes, ist vom Feinde überflutet; die Vogesen, wo einst unsere Väter der Invasion unter Tod und Vernichtung ein Ende machten, stehen offen, und der sieggekrönte Teutone[648] verfolgt den fliehenden Gallier auf den Fersen nach den katalaunischen Feldern[649], … ein ahnungsschweres Beben durchschauert alle Herzen und von Basel bis nach Weißenburg schwebt auf allen Lippen nur noch eine Frage: »Wo ist Frankreich? [241] Wo ist unser großes, unüberwindliches Vaterland?« Die Antwort folgt in Donnerstreichen: Spichern, Vionville, Mars-la-Tour, Gravelotte, Sedan, Straßburg!

O Straßburg, o Straßburg, du wunderschöne Stadt! Warum haben sie dich am 7. August nicht ohne Schwertstreich genommen? Sie haben nicht gewollt – oder nicht gewußt, wie nackt und öde deine Mauern dastanden … Sie haben dich mit eiserner Umarmung eingeschlossen, an allen Orten geängstet, mit Schrecken, Feuer, Tod und Verderben überschüttet. – Wir haben jeden Schuh vernommen, jede Brandgranate fliegen sehen, die auf deines Hauptes Krone, auf deine wehrlosen Bürger gefahren … Endlich bist du gefallen, und wir hören noch in unsern Ohren des alten Werder Donnerstimme in St. Thomas‹ Hallen: »Jetzt sind wir hier und danken Gott für das, was er an uns getan hat.«[650]

648 ›Teutone‹, nordgermanisches Volk der Antike.

649 In der ›Schlacht auf den Katalaunischen Feldern‹ bei Châlons-en-Champagne besiegte im Jahr 451 ein römisch-westgotisches Heer die Hunnen und beendete so deren Siegeszug.

650 Kommandant der deutschen Truppen während der Belagerung von Straßburg war General August von Werder (1808–1887); vgl. Arand 2018, S. 338 ff. Nach der Kapitulation Straßburgs wurde am 30. 9. 1870 in der protestantischen St. Thomas-Kirche unter Anleitung von Werders ein Gedenkgottesdienst abgehalten; vgl. Fontane 1871, Bd. II, S. 438 f.

Auf Straßburgs rauchendem Trümmerhaufen ist auch unser Schicksal entschieden. Was Frankreich mit dem linken unteren Rheinufer sicher getan hätte, wenn sein Siegesstern nicht verblichen wäre, das will Deutschland bei seinen ungeheuren Erfolgen mit dem linken oberen nicht versäumen. Das eroberte Elsaß-Lothringen bleibt der Lohn seiner blutigen Opfer. Das sind, wie gesagt, die bekannten Tatsachen, welche die Geschichte aus den letzten August- und Septembertagen zu verzeichnen hat. Was aber nicht so bekannt ist, und worauf es bei unserer Aufgabe besonders ankommt, das sind die seltsamen Erfahrungen, die wir im Verlaufe jener Zeit und im Gefolge jener Begebenheiten machen dürfen.

Zuerst einiges Nähere über die *Nachrichtsquellen*. Man kann sich denken, wie gespannt, wie heißhungrig in [242] solchen Tagen das Volksgemüt nach Neuigkeiten verlangt. »Was ist schon wieder geschehen? Sieg oder Niederlage? Franzosen oder Preußen?« – Hierzulande erfahren wir alles durch doppelte, grundverschiedene *Depeschen*. Die einen stammen aus dem deutschen Hauptquartier oder von der provisorischen deutschen Regierung. Sie enthalten ein paar kurze nüchterne Worte: So und so, nicht mehr und nicht weniger – aber allemal gerade genug, um ganz Europa zu verkündigen: »Die Franzosen sind geschlagen – Bazaine ist rettungslos nach Metz zurückgeworfen – Napoleon ist gefangen – das Kaiserreich in Trümmern – die ganze Armee entwaffnet – Straßburg genommen« etc. Wie Keulenschläge fahren diese Depeschen auf unsere Köpfe, und was das Merkwürdigste bei denselben ist, sie sind allemal *buchstäblich* wahr von A bis Z – und wer sie nicht glauben will und nicht glauben mag, der kann sich doch zwei bis drei Tage nachher der Macht der Tatsachen nicht mehr verschließen: »'s ist also doch so.« – Da *läßt* sich nichts mehr wegzweifeln, wegjammern – das sind Gottes Gedanken, Gottes Führungen in der Geschichte … Man ergibt sich drein? wer will's ändern; – »Und 's ist doch nicht wahr, 's ist nicht möglich! Wir können's nicht glauben! wer's glaubt ist ein Schurke, ein elender Prussien! Da sind auch *andere* Depeschen! Da schau, lies, hör, sperr Nas und Mund auf, du dummer elsässischer Bauer!« – In der Tat, da sind andere Depeschen, ganze Massen französischer Depeschen – … Woher des Weges? Das will niemand wissen, keiner sagen … Etliche wissen's aber doch – sie kommen nicht alle von jenseits der Vogesen; im Elsaß kann man im Notfall auch Depeschen fabrizieren. Und durch wen? [243] Geheime Boten tragen sie auf der bloßen Haut, in den Stiefeln, im

Munde herum und schieben sie, wo's nicht anders geht, des Nachts durch die Türspalten in die Häuser … Und der Inhalt! »O Elsaß! verzage nicht! Nur Geduld, nur Glauben, nur Hoffnung! Frankreich bekommt Hilfe! Die Bayern sind müde; Österreich kann nicht mehr länger zusehen; Rußland steht in Waffen; der heilige Vater betet; die Himmelskönigin[651] wird hören; Frankreich wird siegen!« etc. etc. Eine andere Sorte von Depeschen: »Bei Chaumont haben unsere Truppen 50 000 Preußen in eine Steingrube geworfen und Schutzmauern aus ihren Leibern aufgetürmt! – Mac Mahon lockt den Feind in die Ebene von Chalons, eine zweite Hunnenschlacht wird sie alle vernichten, – Bourbaki wird in den nächsten Tagen Straßburg entsetzen, – dann wehe Baden, Württemberg, Bayern … Ein großer schwarzer Sarg ist durch Hagenau transportiert worden; man sagt, der Kronprinz ist tot …« Jetzt stelle sich einer solchen Unsinn vor und denke sich recht lebendig in unsere Lage. Wie durch diese geheimen Depeschen die Neuigkeitswut sich aller Geister bemächtigt! Wie diese satanisch lügenhaften Siegeshoffnungen die Gemüter verwirren; die Herzen zu wirklich wahnsinniger »Vaterlandsliebe«, zu wahrhaft bestialischem Feindeshaß entflammen! O wehe den freveln Händen, welche dieses wilde Feuer sündlicher Leidenschaften angezündet haben! Sie wissen, daß sie lügen, – aber pereat mundus, dummodo imperem![652] Jetzt werden wir unseres Lebens nicht mehr froh werden … jetzt sind wir nicht allein ein erobertes – und malgré tout[653] wieder deutsch gewordenes, sondern vielleicht auf Generationen hinaus ein unglückliches, ruiniertes Volk! – Die Lüge, [244] die Verblendung, die Unbußfertigkeit, das Mißtrauen, die Verleumdung, der Haß, die Rachsucht – mit einem Wort der Fanatismus in seiner wüstesten, verheerendsten Gestalt hat alle unsere Verhältnisse – unsere politischen, bürgerlichen, religiösen, ja Freundes- und Familienverhältnisse getrübt, vergiftet, zerfressen – ! – Ja, noch einmal, wehe über die unsauberen Geister, die im düstern Hintergrund lauern und mit dämonischer Schadenfreude Brand um Brand in diese Flammenglut werfen! Sie wissen, was sie tun, und die Geschichte wird ihnen einst das Kainszeichen

651 ›Himmelskönigin‹. Gemeint ist Maria, Mutter Gottes.

652 Lat. ›pereat mundus, dummodo imperem!‹ – ›Die Welt gehe unter, wenn ich nur herrschen möge!‹

653 Frz. ›malgré tout‹, ›nichtsdestotrotz‹.

auf die Stirne drücken – aber sie fürchten sich auch nicht vor der Geschichte, denn sie haben kein Gewissen.[654]

Jetzt gibt es im Elsaß drei verschiedene Klassen von Menschen: Erstens die *Ruhigen.* Sie beugen sich unter die allmächtige Hand Gottes.[655] – Sie erkennen in den großartigen Umwälzungen die Vorsehung dessen, der Krieg und Frieden schafft und sein Reich durch Gericht und Gnade auf Erden baut. Viele unter ihnen trennen sich mit Wehmut, mit aufrichtigem Schmerz vom alten Adoptiv-Vaterland. Sie haben Frankreichs Volk und Sprache, Sitten und Eigenschaften kennen und lieben gelernt – und fürwahr! es ist dort noch mehr des Schönen, Edlen und Guten, als man früher glaubte. – Sie sind auch durch soziale Bande oder Familienverhältnisse mit Frankreich verbunden. Es wird ihnen schwer, auf allen Lebensgebieten plötzlich von Westen nach Osten zu schauen. Aber sie sind doch ruhig und stille und bewahren, mitten im Gewühl entfesselter Leidenschaften, Vernunft und Menschenliebe. – Etliche unter ihnen begrüßen mit Freuden und Begeisterung die neue Ordnung der Dinge. Die sind durch Abstammung, Studien, Berufs-, Familien- und [245] Lebensverhältnisse nahe mit Deutschland verwandt, überschätzen wohl auch in jugendlicher, poetischer oder religiöser Begeisterung die Vorzüge Deutschlands im Vergleich mit Frankreich. Einzelne Unklugheiten und allzuhochfliegende Zukunftsträume werden schon gebührend bestraft und vielleicht bald vereitelt werden. Aber sie meinen es ehrlich, und im Grunde, was geht mich die politische Denkweise meines Nächsten an?

Die *Betrogenen.* Das sind, auf allen sozialen Stufen, die gebildeten, ehrsamen, menschlich guten, auch religiös überzeugten Durchschnittsleute. Sie hängen mit fester Liebe und aufrichtiger Vaterlandstreue an Frankreich; an Frankreichs Landkarte, an Frankreichs Hauptstadt; an Frankreichs Ruhm, an Frankreichs Gesittung, Politik und Journalistik; an Frankreichs Mode, an Frankreichs Küche etc. etc. – nicht weil das alles schöner und

654 Wiederholte Kritik Kleins an der unversöhnlichen Revancheideologie der 3. Französischen Republik, die u. a. durch Léon Gambetta (1838–1882) energisch vertreten wurde. Doch auch französische Schriftsteller wie Guy de Maupassant (1850–1893) und Léon Bloy (1846–1917) vertraten wirkungsvoll dezidiert antideutsche Positionen; vgl. dazu zuletzt Bohrer.

655 ›Sie beugen sich unter die allmächtige Hand Gottes‹. Zitat aus 1 Petr 5.6: »Beugt euch also in Demut unter die mächtige Hand Gottes, damit er euch erhört, wenn eure Zeit gekommen ist!«

besser sei als in Deutschland, sondern einzig und allein weil's französisch ist – noch einmal: weil's französisch ist. Wie gesagt – brave Leute. Was ihnen aber durchweg abgeht, ist jedes geschichtliche Sensorium[656]. Sie haben keinen Blick in die großen allgemeinen Gedanken und Führungen Gottes; kein Gemerk für diesen ganzen Krieg, weder warum er eigentlich begonnen hat, noch wie er ausgehen möchte, noch was eigentlich hinter den Kulissen geplant war. – Sie sind die *Betrogenen*; sie glauben in ihrem philiströsen Chauvinismus[657] die unmöglichsten Gerüchte, die unsinnigsten Faseleien: »Frankreich wird siegen, muß *siegen*, wir bleiben französisch.« – Aber die Tatsachen? – »Was Tatsachen? Wir bleiben französisch.« – Naive Träumer! Die Zukunft wird's lehren, wenn die Pickelhaube auf eurem Schädel sitzt … Aber mit diesen Leuten kann man doch noch reden. Wenn auch ihr Gedankenhorizont von [246] allerlei Phantasiegebilden umwoben ist – das Herz ist ihnen doch nicht im Leibe zusammengeschrumpft; der Fanatismus hat sie doch nicht zu Unmenschen herabgewürdigt.

Die *Hirnwütigen*. Du erschrickst, lieber Leser? Ja, ich sage dir, bei uns gibt's jetzt eine Klasse von Menschen, man kann sie nicht anders nennen als die *Hirnwütigen*. Das sind, in allen gesellschaftlichen Schichten, die rohen, unwissenden, ungebildeten, halbgebildeten, verbildeten, politisch und religiös herabgekommenen Elemente unseres Volkes. Soll ich dir ein solches Exemplar abkonterfeien[658]? Schau, da geht einer. Welche Lebensrolle er bis jetzt gespielt hat, weiß ich nicht. – Dem Ansehen nach kann er ein Beamter, Zeitungsschreiber, Commis voyageur[659], Wissenschaftsheld, Geldmann oder gewöhnlicher Kulturkämpfer sein – gilt auch gleich. – Nimm 'mal den Mann aufs Korn[660]. Siehst, wie der so majestätisch düster einherschreitet? Ist's nicht Catos Schatten aus

656 Lat. ›Sensorium‹, ›Sinn, Bewusstsein‹.

657 ›Chauvinismus‹, ursprüngliche Bezeichnung für übersteigerten Nationalismus, abgeleitet von der literarischen Figur eines ›Nicolas Chauvin‹, heute auch als Begriff für frauenfeindliches Männergehabe gebräuchlich; vgl. Wahrig, S. 314.

658 ›Abkonterfeien‹, veraltet für ›abmalen‹; vgl. Wahrig, S. 775.

659 Frz. ›commis voyageur‹, ›Handlungsreisender‹.

660 ›Aufs Korn nehmen‹, ist eine Bezeichnung aus dem Schusswaffengebrauch, mit ›Kimme‹ und ›Korn‹ wird bei einem Gewehr gezielt.

der Unterwelt[661]? Ja! – Jetzt horch aber auch, was der Mann redet, wie der große Armeen aus dem Boden stampft, Kanonen und Mitrailleusen hervorzaubert; Allianzen in ganz Europa schmiedet, geniale Schlachtenpläne entwirft, Vernichtungssiege bei Metz, Paris, Orleans, Belfort erficht und dann mit dem Ruf: vengeance! vengeance! über den Rhein bricht und Freiburg, Rastatt, Mainz, Koblenz, Berlin in Schutt und Asche verwandelt. Du lächelst, lieber Leser, über solche kindische Bramarbasierereien[662]? Gib acht! der Mann ist seiner Sache ganz gewiß – so gewiß als der Münsterknopf[663] noch auf dem Turme sitzt – und sein Preußenhaß hat keine Grenzen ... Horch! wie er schilt, schimpft, flucht, lästert, haut, sticht, schießt, sengt, brennt, tötet, ausrottet ohne Pardon noch Erbarmen! Es graut dir, lieber [247] Leser, vor solcher Gemeinheit, vor solcher Verwilderung? Gelt, du bedauerst den Mann und möchtest ihm ein Körnlein Vernunft in sein zerrüttetes Gehirn und ein Fünklein Menschenliebe in sein verödetes Herz hineinhauchen? – Laß bleiben und geh ihm aus dem Wege ... Foenum habet in cornu[664], er ist *hirnwütig*, und wenn er erst merkt, daß du ein Ruhiger bist, so geht's dir nicht gut! Ich warn' dich, es geht dir nicht gut! – Später wird er vielleicht wieder einmal zur Genesung kommen. – Du frägst: Gibt's denn aber auch Hirnwütige unterm Landvolk? O du blöder Kalendermann[665], kennst das Landvolk nicht! – Ja, gerade unterm Landvolk gibt's die

---

661 Vielleicht Bezug des belesenen Klein auf das ›Gastmahl‹ (Convivio) von Dantes Alighieri (1265–1321), in dem Cato der Jüngere (95–46 v. Chr.), ein republikanischer römischer Politiker und Gegner Cäsars, als Wächter des Fegefeuers dargestellt wird. Auch Cato der Ältere (234–149 v. Chr.), der Inbegriff römischer Sittenstrenge, könnte gemeint sein. Zuweilen sind Kleins Anspielungen nicht eindeutig aufzulösen.

662 ›Bramabasiereien‹, ›Großsprechereien‹; vgl. Wahrig, S. 292.

663 ›Turmknopf‹. Als Turmknopf (oder ›Turmknauf‹ oder ›Turmkugel‹) wird die oberste Verzierung eines Kirchturms bezeichnet. Hier bezieht sich Klein offensichtlich auf den Kirchturm des Straßburger Münsters.

664 Lat. ›Foenum habet in cornu‹ – wörtlich ›Er hat Heu auf dem Horn‹, gemeint ist ›Er ist von Sinnen, rasend‹. Zitat aus Satire I.4.33 des römischen Dichters Quintus Horatius Flaccus (65–8 v. Chr.)

665 Etwas rätselhafte Formulierung. Im 18. und 19. Jhd. erfreuten sich Publikationen, die ›Kalender für die Gebildeten Stände‹ o. ä. hießen und die sich an ein städtisches Publikum mit Nachrichten aller Art wandten, großer Beliebtheit. So könnte ein »blöder Kalendermann« ein Städter ohne Bezug zur Landbevölkerung sein, der sich sein Bild nicht aus eigener Anschauung formt, sondern aus der Lektüre von ›Kalendern‹. Klein betont zwar seine Volkstümlichkeit als Landpfarrer, ist aber selbst nicht ohne Dünkel.

meisten und *Hirnwütigsten* von allen! Der Städter hat in solchen Zeiten meistens keine tieferen Motive als den *politischen* Haß … Was der vermag, hast du vernommen. Wenn aber beim Bauern zum politischen Haß, den er mit dem Städter gemein hat, auch noch ein *anderer Haß*, der tiefste, grimmigste, unversöhnlichste, der in Menschenherzen schlummert, hinzutritt und täglich geflissentlich aufgestachelt, unablässig geschürt wird – o dann hört alles auf: dann möchte man unter Heulen und Wehklagen sein Angesicht verhüllen … Doch es ist genug … Gott wird sich über unser Volk auch wieder erbarmen – die Zeit wird vieles ändern. – Es wird auch wieder Vernunft und Friede und Liebe in unser Land, in alle Herzen einkehren, wir hoffen es, und unsere Hoffnung wird nicht zu schanden werden. [248]

Die Bausteine zur Gedächtniskirche.

Lassen wir uns unterdessen durch solche trübselige Umstände nicht entmutigen; sie sind die unausbleiblichen Folgen des Krieges in jedem eroberten Lande – und wenden wir unsere Blicke auf ein stilles Friedenswerk, welches unter mühevoller Arbeit langsam zu schöner Vollendung gedeiht.

Unser kirchliches Leben geht zwar seit dem 13. August 1870 seinen geregelten und gesegneten Gang. Wie schmerzlich aber eine Gemeinde von 700 Seelen den Mangel eines Gotteshauses empfindet, das weiß nur der, welcher solche Notstände selbst erfahren hat. Wird auch der leiblichen Trübsal durch mildtätige Handreichung der Brüder täglich Abhilfe geschafft, so bleibt doch unsere geistliche Vereinsamung ein schwerer Kummerstein, der je länger, je drückender auf Hirt und Herde lastet. Wie aber diesen Kummerstein los werden? Wo Hilfe suchen? Der Krieg wütet mit ununterbrochener Heftigkeit fort und steigert sich allmählich zum Vernichtungskampf. Wer wird den Sieg davon tragen? Das weiß Gott … wie aber auch die Würfel schließlich fallen: von staatlicher Unterstützung ist jedenfalls vorderhand nichts zu hoffen; die Gemeinde liegt zerbrochen am Boden und unsere Pfarrei hat keinen Heller Vermögen … In solch einer trostlosen Lage ist guter Rat teuer, und jeder nur halbwegs wohlwollende Mensch kann sich vorstellen, wie sehnlich allenthalben der Wunsch sich regte: »Ach! wenn wir doch wieder ein Kirchlein hätten!«

Nur getrost, das Kirchlein wird kommen … Es handelt [249] sich ja nicht um eine politische Angelegenheit, sondern um Gottes Reichssache, und es gibt in allen Landen noch Herzen, welche für das Evangelium schlagen, und Hände, die sich für heimgesuchte Brüder auftun. Den ersten Baustein (ein Zwanzigfrankstück) zum Wiederaufbau der eingeäscherten Kirche spendete ein durchreisender Schweizer; der zweite, ein preußischer Taler, kommt durch die Feldpost aus der Umgegend von Nancy von einem Unteroffizier und seinen Mannschaften. »Wir haben«, sagen sie, »die alte Kirche zerstören helfen und senden ein Scherflein[666] zum Aufbau der neuen.« – Diese zwei Liebesgaben bilden den ersten Grundstock zu unserm künftigen Baukapital; sie bestärkten uns in der Zuversicht:

666 ›Scherflein‹, ›Kleinigkeit‹, im Sinne von ›etwas Geringes beitragen‹. Ein ›Scherf‹ war ursprünglich eine Kupfermünze von geringem Wert.

es wird uns geholfen werden, aber der einzig mögliche Weg ist die Sammlung freiwilliger Beiträge unter unsern Glaubensgenossen.

Einige Tage später, am 14. August, sitze ich einmal so recht traurig und sorgenvoll auf den Ruinen der Kirche, Goßners neues Testament[667] in der Hand, und neben mir steht, den zerschossenen Arm in der Schlinge, der alte Eiserhenner[668] – Gott hab ihn selig! … Da tritt ein junger, unbekannter Mann auf mich zu, reicht mir freundlich die Hand und fängt an, mich zu trösten! »Ich solle doch nicht verzagen, das evangelische Deutschland werde gewiß das zerstörte Gotteshaus wieder aufrichten, und er wolle auch nach Kräften mithelfen etc.« Ich höre zu und weiß nicht, was ich antworten soll. Der fremde Wandersmann zieht seine Straße weiter … »Wer ist's? – Wird er auch Wort halten?«

Es ist Pastor S. Nielsen aus Potsdam[669], und wie er sein gegebenes Versprechen einlöst, darüber bringen schon [250] die nächsten Tage tatsächliche Beweise. – Sein Wirkungskreis ist Norddeutschland; seine erste Mitarbeit ein Hilferuf »von Brüdern zu Brüdern«[670], worin er die materielle Not, besonders aber die kirchliche Bedrängnis der Gemeinde Fröschweiler schildert und zu opferwilliger Handreichung auffordert. Dieser Hilferuf wird von befreundeten Redaktionen verbreitet; wohin er gelangt, erwacht die regste Teilnahme, die Gaben fließen in größern und kleinern Summen, sowohl zur Unterstützung der Bedürftigen, als zum Wiederaufbau der Kirche.[671]

Mit Aufrufen allein aber ist die Sache nicht getan. Es gilt namentlich in großen Städten das Interesse zu wecken, einflußreiche Persönlichkeiten zur Mitwirkung zu gewinnen. Unser norddeutscher

667 Johannes Evangelista Goßner (1773–1853), protestantischer Pfarrer und Missionar, veröffentlichte eine sehr populäre Ausgabe des Neuen Testaments, die bis Ende des 19. Jahrhunderts unter dem Titel ›Die heiligen Schriften des neuen Testaments‹ mehrfach neu aufgelegt wurde.

668 ›Heinrich Eiser‹ verstarb am 19. 1. 1874 mit 66 Jahren; vgl. ABR 4 E 146/12.

669 Samuel Nielsen; vgl. Horning 1872, S. 3. Im Adressbuch von Potsdam von 1877, S. 86 ist tatsächlich ein »Prediger Nielsen«, wenngleich ohne Vornamen, wohnhaft Mauerstr. 8a, angegeben. Nielsen war »Hilfsprediger« an der Garnisonkirche von Potsdam; vgl. Adressbuch Potsdam, S. 131.

670 Der genaue Titel war Nielsen, P.S.: ›Von Brüdern an Brüder‹. Berlin 1870. Der Aufruf hatte nur zwei Seiten.

671 Im September 1870 wandte sich dann auch das evangelische Konsistorium von Fröschweiler an die »deutschen Glaubensgenossen« mit der Bitte um Unterstützung; vgl. Schönniger, S. 6, der sich möglicherweise auf Nielsens Schrift bezieht, die wegen Kriegsverlusten nicht mehr auffindbar ist.

Freund ist unermüdlich. Zu seiner ungeheuren Korrespondenzlast übernimmt er auch die Mühe weiter und beschwerlicher Reisen. Er geht nach Leipzig, Bremen, Hamburg, Lübeck, Hannover, an den Rhein etc. und gründet überall unter schwierigen Verhältnissen, im Kreise hochgestellter Persönlichkeiten Sammelkomitees, welche unsere Angelegenheit in die Hand nehmen, befürworten, die Beiträge zentralisieren und direkt nach Fröschweiler senden. Unser Kummerstein wird leichter: der erste Baufond ist bereits auf Tausende angewachsen.

Gleichzeitig und ohne in die Tätigkeit unsers norddeutschen Vertreters störend einzugreifen, ergeht durch den Erzähler im Namen des Presbyteriums ein Hilferuf an die Superintendenten, Dekane, Pfarrer, Gustav-Adolf-Vereine. Unsere »dringende Bitte« findet ebenfalls große Verbreitung und freundliche Aufnahme. Aus allen Ländern und Provinzen rinnen die Liebesbächlein freudig herüber. Der [251] Zentralverein der Gustav-Adolf-Stiftung[672] tritt freigebig in die Schranken: die Haupt- und Zweigvereine bewilligen bedeutende Beiträge; eine große Anzahl von Gemeinden legt auf Anregung der Geistlichen ihre Opfer zusammen. Die Kirchenkollekte in Bayern erzielt allein gegen 20 000 Franken; das Stuttgarter Sonntagsblatt[673] nimmt einige »Kriegs- und Friedensbilder« auf und sendet wiederholt beträchtliche Sammlungen. Viele einzelne Geber aus allen Ständen schicken ihre Gaben direkt nach Fröschweiler. Bald ist's die Goldmünze des Reichen, bald das Scherflein der Witwe, bald der Kreuzer[674] des Handwerkers, bald der Sparpfennig des Kindes. Was soll ich viel sagen? Wir werden getröstet über Bitten und Verstehen! Was aber mehr noch als alle diese großen und kleinen Gaben unsere Herzen erfreut, das sind die Zeugnisse herzlicher Bruderliebe, welche fast immer dieselben begleiten. Ja! da erfährt man es so recht lebendig: es gibt noch eine Gemeinschaft der Gläubigen, und wenn ein Glied leidet, so

672 Der Gustav-Adolf-Verein wurde 1823, zum 200. Jahrestag der Schlacht von Lützen, in welcher der schwedische König Gustav II. Adolf als vorgeblicher Kämpfer des Protestantismus fiel. Gustav II. Adolf versuchte, den Dreißigjährigen Krieg für eine Ausweitung schwedischer Macht zu nutzen, war aber dennoch im 19. Jhd. eine bedeutende Identifikationsfigur im deutschen Protestantismus. Seit 1843 wurde der Name ›Gustav-Adolf-Stiftung‹ geführt. Die Unterstützung der Gustav-Adolf-Stiftung in Fröschweiler ist dokumentiert im Evangelischen Zentralarchiv Berlin (EZA) 2001/2970 und bei Schönniger, S. 7.

673 Das ›Stuttgarter Evangelische Sonntagsblatt‹ erschien von 1867 bis 1974.

674 Süddeutsche Kleingeldmünze.

leiden alle Glieder! Jetzt sind wir der schwersten Sorge enthoben. Unser Kapital ist auf die Summe von 70 000 Franken gestiegen und genügt zum Aufbau der einfachen Dorfkirche, welche wir in unsern Verhältnissen brauchen. Aber unsere bescheidenen Hoffnungen sollen nicht in Erfüllung gehen. Viele Wohltäter, deren Söhne, Brüder, Anverwandte auf unsern Gefilden begraben liegen, haben ihre Liebesgaben mit dem bestimmten Wunsche dargebracht, es möchte zur Erinnerung an die teuern Gefallenen eine würdige Gedächtniskirche erbaut werden. Eine große Anzahl von Gönnern, deren Begeisterung für das neu erstandene Deutsche Reich und die wiedergewonnenen Bruderstämme in hohen Wogen geht, äußern in nachdrücklicher [252] Weise denselben Gedanken: es müsse auf dem Schlachtfelde bei Wörth ein schönes monumentales Gotteshaus erstehen: Wiederum andere, welche mehr den Standpunkt des Reiches Gottes vertreten: es gezieme sich nach solchen wunderbaren Erfolgen, Freund und Feind gegenüber ein edles Friedensdenkmal zu errichten. So steht jetzt die Sache; so kommt die Kirchenbauangelegenheit in neuer Gestalt von außen an uns heran. Wir können nicht mehr mit den anvertrauten Gaben nach eigenem Gutdünken schalten. – Andrerseits begrüßen wir (warum es nicht ehrlich gestehen?) die Aussicht auf eine schöne Kirche mit inniger Freude.

Wie aber dieses Vorhaben zur Ausführung bringen? Wo die noch fehlenden Geldmittel hernehmen? Darüber noch folgende Mitteilungen.

Der Friede ist endlich geschlossen. Elsaß und Lothringen bleiben deutsche Provinzen. Die Regierung will aber die geschlagenen Wunden nach Kräften heilen: alle Zerstörungsschäden, alle Kriegsopfer in Stadt und Land sollen vollständig vergütet werden. Auch für unsere niedergebrannte Kirche wird der Gemeinde ein Schadenersatz von 68 660 Franken bewilligt. Die Möglichkeit, den Gedanken einer gotischen Kirche zu verwirklichen, rückt näher. – Aber noch mangeln bedeutende Summen. Da tritt die Regierung uns helfend zur Seite und gibt aus der Landeskasse einen Zuschuß von 10 000 Franken. Endlich fördert Seine Majestät der Kaiser die Entscheidung und gewährt huldvollst ein Gnadengeschenk von 30 000 Franken.[675]

---

675 Die genauen Zahlen zur Kirchenfinanzierung finden sich bei Horning 1872, S. 11 und bei Schönniger, S. 7.

Nun hat alles Sorgen und Zögern ein Ende. Auf der Fröschweiler Höhe, mitten im Zentrum des Schlachtfeldes, wird aus vereinten Kräften des deutschen Volkes eine [253] monumentale Gedächtniskirche erbaut. Die nötigen Mittel zum Rohbau sind vorhanden und werden einstweilen nutzbringend angelegt. – Geht's auch diesmal wieder nach dem alten Sprichwort: Gut Ding will Weile haben, so geht's doch vorwärts – dem schönen Ziele entgegen.

Abb. 51

Der Auf- und Ausbau der Gedächtniskirche.

Bevor jedoch der Bau in Angriff genommen werden kann, sind noch gar manche Fragen ins reine zu bringen. (Abb. 51)

Zunächst gilt es, eine friedliche Auseinandersetzung mit den Katholiken zu bewerkstelligen. Die Kirche war bis jetzt simultan[676], und obschon das Einvernehmen zwischen beiden Konfessionen stets ein freundliches gewesen, so wird doch allseitig der Gedanke ausgesprochen: das beste sei, wir gingen friedlich und schiedlich auseinander, und jede Glaubensgemeinschaft sorge für ein eigenes Gotteshaus. Das geschieht denn auch ohne jegliche Schwierigkeit,– die Katholiken erhalten die Hälfte des noch vorhandenen Materials und von der Entschädigungssumme den Betrag von 25 000 Franken.

Weiter handelt es sich darum, einen geeigneten Bauplatz zu gewinnen. Der beste und schönste ist ohne Zweifel der, worauf die alte Kirche gestanden. Aber einmal beanspruchen die Katholiken das Miteigentumsrecht, und andrerseits müßte noch ein Stück Landes angekauft werden. – Es entstehen kleine Mißhelligkeiten. Sobald aber geschichtlich nachgewiesen wird, daß die alte Kirche nebst

676 Ein ›Simultaneum‹ ist die gleichzeitige Nutzung eines Gotteshauses durch evangelische und katholische Gläubige. Diese Praxis war insbesondere in süddeutschen Territorien mit ausgeglichener konfessioneller Verteilung, z. B. der Kurpfalz, nicht unüblich. Vgl. die einseitige Darstellung bei Schönniger, S. 7.

Grund und Boden seit der Reformation als ein grundherrliches [254] Geschenk den Protestanten gehört, ist der Handel geschlichtet. Die Katholiken erhalten zum Ankauf eines beliebigen Bauplatzes die Summe von 3000 Franken und die Protestanten behalten den bisherigen Kirchenplatz; zur nötigen Vergrößerung desselben wird des Nachbars Garten um den Preis von 3000 Franken erworben. Soweit nimmt alles den gewünschten Fortgang.

Jetzt aber, wo sind die Pläne? An Plänemangel hat die Welt noch selten gelitten, wohl aber an Pläneüberfluß, und so ist's denn nicht zu verwundern, wenn wir hierzulande an Plänebeschwerden eine gute Zeit lang laborieren.

Ein ernstes Projekt im byzantinischen Stil mit Kuppel und Ruhmeshallen wird nach vorgenommener Prüfung als unpassend für unsere Örtlichkeit und Bedürfnisse allseitig abgelehnt.

Eine zweite Skizze, in gotischem Stil, mit Querschiff und Seitenportal, findet ebenfalls keinen Anklang. Ein dritter Plan, wiederum gotisch, ist eine zu deutliche Kopie einer bekannten neueren Kirche, müßte auch die vorhandenen Mittel weit überschreiten; auch er wird nach langer Prüfungs- und Wartezeit schließlich aufgegeben.

Ein vierter Plan, wiederum gotisch, mit auffallend hohem Chor, machte uns lange und erschrecklich zu schaffen – es ist des Beratens, Zeichnens, Kritisierens fast kein Ende – zuletzt nach langen peinlichen Verhandlungen stellt sich's heraus, der Gedanke sei undurchführbar. So vergeht die Zeit; wir stehen noch auf demselben Fleck, und unsere kirchlichen Notstände werden immer drückender – so verplanen wir aber auch hübsche Sümmchen, denn alle diese Operationen, Grundsteinlegungen kosten Geld … Endlich [255] wird uns ein Plan vorgelegt, dem alle Sachverständigen Anerkennung zollen und der auch von der Gemeindebehörde und von der Regierung genehmigt wird. Der Entwurf ist von Architekt Winkler in Straßburg[677], in goti-

677 Karl (Charles) Winkler (1834–1908). Winkler baute zahlreiche historistische Gebäude im Elsass. Er war auch am Erhalt mittelalterlicher Gebäude beteiligt. Daneben war Winkler auch Verfasser eines ›Leitfadens zur Erkennung der heimischen Altertümer‹. Nach anderen Angaben war der Architekt der Kirche allerdings ein »Kreisbaumeister Roerich«. Am Bauplan mitgewirkt haben demnach auch noch »Herr von Creling, Direktor der Kunstschule in Nürnberg, Herr Eberlein, Professor der gothischen Architektur«; vgl. Horning 1872, S. 11 f. – Mit »von Creling« ist der Maler und Bildhauer August von Kreling (1819–1876), Direktor der Kunstgewerbeschule Nürnberg, gemeint. Georg Eberlein (1819–1884), Architekt und Maler, war als Professor ebenfalls an der Kunstgewerbeschule Nürnberg tätig.

schem Stil XIII. Jahrhunderts, nicht stolz, nicht großartig, sondern einfach, edel und schön, so ganz unsern Bedürfnissen, der Lage des Dorfes und der nunmehr historischen Bedeutung seiner Umgebung entsprechend.

Jetzt ist unser Schifflein im richtigen Fahrwasser. Nun darf aber auch mit der Inangriffnahme des Werkes nicht länger mehr gezögert werden.[678] Am 16. April 1873 werden die Arbeiten für den Rohbau vergeben: am 2. Mai wird der erste Spatenstich zu den Fundamenten getan.[679] Bald sind die vier Meter tiefen Grundmauern aus der Erde gehoben – langsam steigen die Portale, die Strebepfeiler, die Seitenwände empor; 's ist eine Lust, nach langen schweren Kämpfen, dem Wachstum des Baues zuzuschauen. – Aber der Winter kommt, unsere Arbeiter sind weggegangen, wir müssen warten. – Die Frühlingssonne scheint wieder, ein fröhliches Leben beginnt in unserer Mitte. – Die Wochen kommen und schwinden – das äußere Mauerwerk an Schiff und Chor ist fertig, das Dachwerk vollendet; der Turm erhebt sich allmählich höher und höher, die Säulen ragen kühn hinauf zum Gewölbe … Wir hoffen, die Kirche könne dies Jahr noch eingeweiht werden. – Wir müssen Geduld haben, es läßt sich nichts überstürzen. Noch einmal breitet der Winter seine kalten Fittige über das unvollendete Gotteshaus – aber zum letztenmal. Sobald das Frühjahr gekommen, geht's wieder lustig vorwärts, die Skulptur- und Gipsarbeiten sind bald bewältigt, das [256] Plattenwerk ist gelegt, die Sakristei hergestellt, die Orgelvorbühne angebracht, die Turmesspitze erreicht, noch eine kleine Zeit – der Juni wird kaum vorüberfliehen – und die Gedächtniskirche schaut majestätisch ins Tal hinab, ins Land hinein, das würdigste aller Denkmale auf der blutgetränkten Walstatt, die schönste im Kranze ihrer elsässischen Schwestern seit den Tagen der Reformation! Wie steht's nun aber mit der inneren Einrichtung und Ausschmückung der Gedächtniskirche in Fröschweiler? Soll alles wohl gelingen, so muß der innere Ausbau mit dem Rohbau in harmonischem Einklang stehen.

678 Am 6. August 1872, genau zwei Jahre nach der Schlacht, erfolgte die feierliche Grundsteinlegung. Am selben Tag erfolgte auch der erste Spatenstich zum Bau der neuen katholischen Kirche, die nach der Aufhebung des Simultaneums nötig geworden war; vgl. Horning 1872, S. 3 ff. und Schönniger, S. 7. Der Erlös aus dem Verkauf des Büchleins von Horning sollte dem Ankauf der Inneneinrichtung dienen.

679 Die Bauausführung lag bei den Bauunternehmern »Reuß aus Buchsweiler und Müller aus Ingweiler«; Schönniger, S. 8.

Nur ruhig, auch dafür wird in erfreulichster Weise gesorgt werden. – In Norddeutschland hat Pastor Nielsen seine Bemühungen fortgesetzt, die Teilnahme für das begonnene Werk erhalten, neue Sympathien wachgerufen. – In Süddeutschland haben wir einen Mitarbeiter gefunden, welcher seit Jahren seine Kraft und Zeit im Dienste der Friedenskirche verzehrt. Wer kennt nicht den begeisterten, unermüdlichen, unerbittlichen, unwiderstehlichen Assessor Schöninger[680] in Nürnberg? Wer weiß nicht, mit welch rastlosem Eifer derselbe die Ausschmückung unserer Kirche betreibt? Was der Mann arbeitet, schreibt, schafft, zuwege bringt, 's ist wahrhaft unglaublich! Im Verein mit solchen Gehilfen darf uns nicht mehr bange werden. Wir appellieren nochmals an die opferfreudige Liebe unserer Glaubensgenossen im Deutschen Reiche, an die Gustav-Adolf-Vereine, besonders an die Frauenvereine; sie haben das Werk ins Leben gerufen, sie werden es auch seiner Vollendung entgegenführen. Und wir täuschen uns nicht. – Vom Throne des Fürsten bis zur Hütte des gemeinen Mannes herab wird uns die freigebigste Hand- [257] reichung zuteil.[681] Wir fassen alles in Kürze zusammen: der Kaiser schenkt der Gemeinde das nötige Kanonenerz zu drei Glocken und übernimmt die Stiftung des mittleren Chorfensters; der Kronprinz übernimmt das Ehrenprotektorat über die Gedächtniskirche und die Stiftung des 4. Chorfensters; Bayern spendete das 2., Württemberg das 5., Baden das 1. Chorfenster, die ganze Reihe mit Darstellungen aus dem neuen Testamente; 16 deutsche Fürsten treten für die Stiftung sämtlicher kleineren Schiffenster mit alttestamentlichen Figuren ein. Ferner werden uns dargebracht aus Norddeutschland: die heiligen Gefäße, das Kruzifix, Altar, Altarbild, eine Altarbibel, eine Altardecke, alles nach den Zeichnungen

680 Das Adressbuch von Nürnberg von 1876, S. 182, führt ›Joseph Schönniger, kgl. Landgerichtsassessor‹, wohnhaft in der ›Ludwigstr. 52‹ auf. ›Friedrich Schönniger, Kaufmann‹ wohnte unter derselben Anschrift. Joseph Schönniger veröffentlichte 1877 auch den in mehreren Anmerkungen bereits angeführten Rechenschaftsbericht zur Unterstützung des Kirchenbaus unter dem Titel ›Die evangelische Friedenskirche zu Fröschweiler im Elsaß mit ihrer inneren Einrichtung und Ausschmückung. Mittheilungen zur Rechenschafts-Ablage des Nürnberger Hilfs-Comité's‹. Schönniger war auch noch Ehrenmitglied in der Baukommission der Friedenskirche; vgl. Horning 1872, S. 11. Das Nürnberger Komitee zur Unterstützung des Neubaus gründete sich bereits im Februar 1871; vgl. Schönniger, S. 6.

681 Vgl. hierzu und zum Folgenden Schönniger, S. 9 ff. Dort auch eine detaillierte Baubeschreibung und eine Auflistung der Inneneinrichtung.

von Professor Wanderer[682]; vom Gustav-Adolf-Verein: die erforderlichen Gelder zum Glockenguß; aus Süddeutschland, durch das Nürnberger Komitee, empfangen wir: das vollständige Plattenwerk, die Orgel, den Kronleuchter, die Altarleuchter, eine Altardecke, den Taufsteinengel, die Kanzel, ein silbernes Taufgefäß, eine Hostienkapsel, acht große Schiffenster mit Damastglas, die nötigen Möbel in die Sakristei. – Die Gemeinde Fröschweiler beschafft die Turmuhr. Ist's nicht allenthalben ein heiliger Wetteifer, das neuerstandene Heiligtum würdig und lieblich zu schmücken? – Ja, sie haben es eingelöst, unsere deutschen Brüder und Schwestern, das Wort jenes Generals, welcher am Abend der Schlacht, angesichts der brennenden Kirche, zu uns sprach: Laßt sie in Gottes Namen brennen, wir bauen sie wieder auf! – Sie haben sie wieder aufgebaut, sie haben sie prächtig ausgestattet. Wir aber vergessen nicht unsere Schuldigkeit: Allen, die mitgeholfen haben, gelte unser tiefgefühltester Dank und unser herzlichstes: *Vergelt's Gott!* [258]

682 Friedrich Wanderer (1840–1910), Professor an der Kunstgewerbeschule Nürnberg.

Abb. 52

Die Einweihung der Friedenskirche.

Der 30. Juli ist gekommen.[683] Wie eine Braut im Ehrenkleide, so prangt die Friedenskirche im Festgewande. Wir feiern heute ihren Auferstehungstag! Das ganze Dorf ist frühe schon in Bewegung – alle Kirchweihrüstungen sind gemacht; siehe da kommen unsere Einwohner: die Männer im langen Hanauer Bauernrock; den »Dreimaster« fest auf der Stirn; die Weiber, das Gesangbuch in der Hand, in der hübschen dunkeln Sonntagstracht[684]; die Kinder freudestrahlend mit Kränzen und Blumen. (Abb. 52) Sie wallen zum neuen Eben-Ezer, das uns der Herr auf den Ruinen des alten errichtet. – Drunten am Schulhaus sammeln sich die Leute und harren in gespannter Erwartung der Dinge, die da kommen sollen.[685]

Jetzt treffen auch die Spitzen der Zivil- und Kirchenbehörden aus Straßburg, Weißenburg ein; die Festgäste aus Potsdam, Nürnberg, Speier, Darmstadt etc., die Geistlichen und Laien des

683 Gemeint ist der 30. 7. 1876.

684 Zur Elsässer Tracht vgl. Bruhn/Tilke, S. 141.

685 Der ganze Kapitelanfang ist identisch mit dem Text aus Horning 1872, S. 3, der jedoch die Feierlichkeiten zur Grundsteinlegung am 6. 8. 1872 beschreibt!

Konsistoriums[686] Wörth, sowie eine große Menge Volks aus allen Gauen des Unterlandes. Endlich schlägt die Weihestunde. Nach einigen kurzen Abschiedsworten im Schulhaus bewegt sich der Festzug unter dem Geläute des Gemeindeglöckleins nach der stattlichen Friedenskirche. Dort, unter dem Portal, wendet sich der Herr Oberpräsident von Elsaß-Lothringen[687] zu der versammelten Festgemeinde und spricht mit bewegter Stimme: »Der Friede hat allenthalben die Wunden des Krieges, auch die schwerste und letzte Wunde dieser Gemeinde, geheilt; als ein Denkmal vereinter Bruderliebe und deutscher [259] Zusammengehörigkeit ist diese Kirche aus ihren Trümmern erstanden; möge der Eingang in dieselbe ein gesegneter sein.« Nun schreiten die Behörden und Ehrengäste voran, und in einem Augenblick ist die ganze Kirche so gedrängt voll Menschen, daß weder mit guten Worten noch mit Gewalt mehr ein Plätzchen zu erhaschen ist. Die allermeisten müssen stehen in den Gängen, unter dem Portikus, auf der Straße zu Hunderten. Wir können's nicht ändern. – Nach und nach wird's stiller. Ein prachtvoller Chorgesang: »Der Herr ist unsere Zuversicht und Stärke, eine Hilfe in den großen Nöten, die uns betroffen haben«[688], ausgeführt von den Seminarzöglingen aus Straßburg, eröffnet den Festgottesdienst, und nun tritt Herr Inspektor B. aus Weißenburg[689] vor den Altar, spricht ein kurzes Gebet und beginnt die Weiherede. Er redet von der schweren Arbeit und dem schönen Gelingen des Werkes, vom heiligen Beruf der Kirche, Trost und Frieden in Herz, Haus, Gemeinde und Vaterland zu bringen und in allen Lagen und Verhältnissen des Lebens,

686 ›Konsistorium‹, kirchliche Verwaltungsbehörde. Repräsentant der Pfarrgemeinde Fröschweiler im Konsistorium Wörth war der Graf von Dürckheim-Montmartin; vgl. Horning 1872, S. 11.

687 Oberpräsident des ›Reichslandes Elsaß-Lothringen‹ war bis 1879 Eduard von Moeller (1814–1880), der einen integrativen Kurs im Umgang mit den neuen deutschen Bürgern versuchte; vgl. Kühner, S. 77. Eduard von Moeller war auch schon bei der Feier zur Grundsteinlegung zugegen. Seiner Initiative verdankte sich auch die Unterstützung des Kirchenbaus durch die Staatskasse Elsaß-Lothringens; vgl. Horning 1872, S. 3 ff.

688 ›Der HERR ist unsere Zuversicht‹. Kirchenlied nach Ps 46.2.: »Gott ist uns Zuflucht und Stärke, als Hilfe in Nöten vielfach bewährt.«

689 Gemeint ist Pfarrer Friedrich Bastian (1834–1893), verheiratet mit ›Caroline‹, geb. ›Guienand‹, vier Kinder, nachgewiesen im Zensus von Weißenburg des Jahres 1880; vgl. ABR 294 D/A 544. Bastian war seit 1874 Kircheninspektor und Präsident des evangelischen Kirchenkonsistoriums in Weißenburg. Außerdem gilt er als Vater der Bienenzucht im Elsass. Er hinterließ ein Buch zur Imkerei mit dem Titel ›Handbüchlein des elsässischen Bienenzüchters‹. Warum Klein Bastians Namen nicht nennt, ist unklar; vgl. Bopp, S. 233.

auch unter Kampf und Anfechtung, zu verkündigen und übergibt das neue Gotteshaus seinem heiligen Gebrauche. Jetzt erst ertönen die Glocken. Majestätisch dröhnt der Dreiklang vom Turme: alle Gemüter sind mächtig ergriffen; dann folgt die Orgel, leise steigend, in zarten Tönen, bis zum vollen, brausenden Lobgesang; herzergreifend rauschen die Feierklänge durch die Gewölbe; dann fallen mit der Orgel die Posaunen ein, und von tausend Lippen erschallt unser altes Siegeslied: »Ein' feste Burg ist unser Gott.« O, wer das alles miterlebt hat! Vor sechs Jahren: »Aus tiefster Not schrei ich zu dir« und heute: »Er hilft uns frei aus aller Not!«[690] Wie wunderbar wechseln die Zeiten Gottes!

[260] Nach einem vollständigen Altargottesdienst und einem zweiten Chorgesang: »Die Himmel erzählen die Ehre Gottes!«[691] besteigt der Ortspfarrer die Kanzel (Abb. 53) und hält die Weihepredigt über den Ostergruß des Auferstandenen, Joh. 20, 21, *»Friede sei mit euch!«*[692]

Er antwortet I. auf die Frage: Was ist's für ein Frieden, den wir heute herniederflehen?

Es ist nicht bloß ein äußerlicher Land- und Bürgerfrieden, der wohl unsere zeitliche Wohlfahrt schirmt, aber das tiefste Sehnen des Menschenherzens nicht stillen kann. Es ist der Friede Gottes! Der Friede, den der hl. Gott mit der empörten Menschheit wieder geschlossen hat; der Friede, wodurch die geheimnisvolle Macht der Sünde, des Satans und des Todes gebrochen, überwunden zu unseren Füßen liegt.

II. Worauf ruht dieser Gottesfriede?

Wie das ganze Christentum, auf den *Rettungstaten* Gottes in Christo Jesu, dessen Kommen, Leiden und Siegen die Erlösung schafft, wonach alle Geschlechter der Erde seufzen. Wo diese Rettungs- und Friedenstaten geleugnet, erschüttert werden, da graben sich Völker und einzelne Seelen ihr eigenes tiefes Grab, denn es bleibt wahr: »Die Geschichte ist der Menschheit Gewissen und das Christentum ist einst der Menschheit Gericht.«

III. Wie gelangen wir zu diesem Frieden?

---

690 ›Er hilft uns frei aus aller Not!‹. Dritte Zeile des Kirchenliedes ›Eine feste Burg ist unser Gott‹.

691 ›Die Himmel erzählen die Ehre Gottes!‹, Kirchenkantate von Johann Sebastian Bach, BWV 76, 1723 zum ersten Mal aufgeführt.

692 Joh 20.21: »Nochmals sprach Jesus zu ihnen: ›Friede sei mit euch! Wie mich der Vater gesandt hat, so sende ich auch euch.‹«

Abb. 53

Durch den Missionsdienst der heiligen Kirche, welche den Beruf hat, durch treues Haushalten über Gottes Geheimnisse[693] die Friedenstaten Gottes hinauszutragen zu aller Kreatur. – Wo ihr Zeugnis Eingang findet, wo die Sünderherzen zu gründlichem Selbstgericht und zu leben-[261] digem Glauben an Christum erwachen, da werden auch in den dunkelsten Tiefen sittlicher Verkommenheit Friedenskinder geboren, wie der Tau aus der Morgenröte.[694] Das soll und wird auch hier geschehen, wenn von heute an bis auf die spätesten Geschlechter die großen Rettungstaten Gottes rein und lauter verkündigt werden. – Nach dieser Predigt wird abermals ein Chor gesungen: »Wie lieblich ist deine Wohnung, o Herr!«[695] und nun folgen noch zwei kürzere Ansprachen von Pastor S. Nielsen aus Potsdam, der die reichgeschmückte Kirche im Namen der deutschen Wohltäter als ein Angeld herzlicher Bruderliebe der Gemeinde Fröschweiler übergibt[696]; von Dr. Eichenbrodt aus Darmstadt[697], der gar ernste und herzliche Worte des Trostes und der Ermahnung an die Versammlung richtet, dann singt die Fröschweiler Schuljugend noch den Lobgesang: »Das ist ein köstliches Ding, dem Herrn danken und lobsingen deinem Namen, du Höchster«[698], und Schlußgebet und Segen beendigen die erhebende Festfeier. Die Friedenskirche ist eingeweiht; aber jetzt geht's erst recht ans Beschauen des herrlichen Gotteshauses: jeder will alle die prächtigen Kunstschätze sehen und

---

693 ›Gottes Geheimnisse.‹ Anspielung auf 1 Kor 4.1: »So soll man uns betrachten: als Diener Christi und als Verwalter von Geheimnissen Gottes.«

694 ›Tau aus der Morgenröte‹. Anspielung auf Ps 110.3: »Dein Volk ist Bereitschaft am Tag deiner Macht. In der Pracht der Heiligkeit, aus dem Schoß der Morgenröte, für dich ist Tau deine Jugend.«

695 Kirchenlied nach Ps 84.2–3: »Wie lieblich sind deine Wohnungen, Herr Zebaoth! Meine Seele verlangt und sehnt sich nach den Vorhöfen des Herrn; mein Leib und Seele freuen sich in dem lebendigen Gott.«

696 Nielsen war bereits Gast der feierlichen Grundsteinlegung am 6.8.1870; vgl. Horning 1872, S. 3.

697 Das Adressbuch von Darmstadt kennt keinen Dr. Eichenbrodt, dafür aber einen Dr. Karl Eigenbrodt, »pract. Arzt, Steinstr. 20«; vgl. Adressbuch Darmstadt, S. 55. Eigenbrodt war erst Militärarzt, dann Leibarzt des Großherzogs Ludwig IV. von Hessen-Darmstadt; vgl. Pagel, Sp. 450. Karl Klein scheint kein gutes Namensgedächtnis gehabt zu haben.

698 Kirchenlied nach Ps 92.2–7: »Das ist ein köstlich Ding, dem Herrn danken und lobsingen deinem Namen, du Höchster, des Morgens deine Gnade und des Nachts deine Wahrheit verkündigen auf dem Psalter mit zehn Saiten, auf der Harfe und zum Klang der Zither. Denn, HERR, du lässt mich fröhlich singen von deinen Werken, und ich rühme die Taten deiner Hände. HERR wie sind deine Werke so groß! Deine Gedanken sind sehr tief.«

bewundern; den ganzen Tag wogt eine ungeheure Menschenmenge aus und ein, und bis in die späte Nacht verkündigt der Glockenschlag die Freude, welche uns nach langer Trübsal widerfahren ist.

Jetzt ist Fröschweiler nicht mehr das unbekannte Bauerndörflein auf der sonnigen Hochebene bei Wörth a/S., sondern der vielbesuchte Wallfahrtsort aller derer, die das Schlachtfeld vom 6. August 1870 und dessen erhabenstes Denkmal zu sehen wünschen. Wahr ist es auch: Elsaß hat in Stadt und Land manch schönes Gotteshaus, aber unter allen gebührt unstreitig die Palme der hiesigen *Friedenskirche.* [262]

Kaiser Wilhelm[699] in Fröschweiler.

Es vergehen einige Wochen. Neue Festlichkeiten stehen bevor. Am Abend des 26. September 1876 sind in Fröschweiler alle Vorbereitungen zum Empfang Sr. Majestät des Kaisers Wilhelm getroffen. Die Einwohner haben in freudigem Wetteifer ihre Häuser mit Blumen, Laubwerk und Bändern geziert; und kann auch nicht jeder bei oft bescheidenen Verhältnissen eine Fahne aushängen, so sind nichtsdestoweniger alle freudig bereit, den »Herrn Kaiser« aufs herzlichste zu bewillkommnen.[700]

Leider hat es die ganze Nacht hindurch geregnet, und noch um 7 Uhr morgens schauen unsere Leute bange fragend nach Westen, von woher die dunkeln Wolken die Festfreude zu beinträchtigen drohen. Plötzlich heitert sich der Himmel auf und bald kommen ganze Scharen von nah und fern, zu Fuß und zu Wagen, herangezogen, um mit uns den ländlichen Kaisertag zu begehen. – Am südlichen Eingang des Dorfes, wo die bescheidene Ehrenpforte aufgerichtet ist mit den Inschriften: »Willkommen! Der Herr mit Dir, Du streitbarer Held[701]!« (Abb. 54) haben sich unsere Einwohner, Graf Dürckheim und der Gemeinderat an der Spitze, in Reih und Glied aufgestellt und unter dem Portal der Friedenskirche harrt der

---

699 Wilhelm I. (1797–1888), seit 1861 König von Preußen, seit 18. 1. 1871 Kaiser des Deutschen Reichs. Der Besuch des Kaisers in Fröschweiler stand in Verbindung mit einer Reise des Monarchen nach Stuttgart, von wo aus er am 24. 9. 1876 weiter nach Weißenburg aufbrach. Am 25. 9. 1876 besuchte der Kaiser ein Kavalleriemanöver in Weißenburg, am 26. 9. 1876 verfolgte er gemeinsam mit 20 000 Zuschauer ein Wettrennen elsässischer Bauernmädchen in traditioneller Tracht und vergab dort die Siegespreise; vgl. Teltower Kreisblatt v. 27. 9. 1876, S. 312 f. und Berliner Börsen-Zeitung Nr. 450 v. 27. 9. 1876, o. S. Nach den Tagen im Elsass reiste Wilhelm I. über Karlsruhe zurück nach Stuttgart, von dort ging es nach Baden-Baden, wo er bis Mitte Oktober des Jahres blieb; vgl. Teltower Kreisblatt v. 4. 10. 1876, S. 321 und Berliner Börsen-Zeitung Nr. 454 v. 29. 9. 1876, o. S.

700 Auch Katharina Klein berichtet von den Vorbereitungen des Kaiserbesuchs und deutet ihn auch als politische Geste: »Man sagte sich, wenn der Kaiser zu uns kommt, so ist die Meinung nicht richtig, daß die Preußen nur nach dem Lande und seinen Produkten getrachtet haben, daß dagegen die Elsässer Stiefkinder im deutschen Reich bleiben sollen; wenn der Kaiser nach Fröschweiler kommt, so wird er nicht allein um der Schlachtfelder willen kommen, er wird auch ein Interesse an der Gemeinde und ihren Einwohnern haben«; Klein, Ergänzungsblätter, S. 78.

701 ›Streitbarer Held‹. Anspielung auf den Richter Gideon in Ri 6.12: »Da erschien ihm der Engel des HERRN und sagte zu ihm: Der HERR sei mit dir, starker Held.«

Abb. 54

Ortsgeistliche[702], umgeben von mehreren Pfarrern des Konsistoriums, der Ankunft des Monarchen entgegen. – Mittlerweile sind aus dem Bezirk Hagenau Deputationen von Gemeinderäten, Lehrern, Beamten und zahlreiches Landvolk eingetroffen und bilden Spalier von der Ehrenpforte aus zur evangelischen und abwärts bis zur katholischen Kirche. [263] Der Kaiser soll von Wörth, am großen deutschen Monument[703] vorbei, über Elsaßhausen kommen.

702 Auffälligerweise wechselt Klein hier die Erzählperspektive, indem er von sich in der 3. Person spricht. Das ganze Kapitel wirkt neben dem ansonsten so emotionalen und persönlichen Buch überaus distanziert und phrasenhaft. Es könnte sein, dass Klein hier lediglich einen Zeitungsbericht wiedergibt. Vgl. exemplarisch Teltower Kreisblatt v. 30. 9. 1876, S. 316: »Unter dem Portal empfing der protestantische Pfarrer Klein, umgeben von der Geistlichkeit des Sprengels, der (sic!) Kaiser mit einer Rede, welcher dieser erwidert (…).« Ähnlich die längere Schilderung in der ›Vossischen Zeitung‹ vom 30. 9. 1876, o. S., die ebenfalls den Verdacht nahelegt, dass das Kapitel eine Wiedergabe eines Zeitungsartikels sein könnte: »Unter dem Portal empfing der protestantische Pfarrer Klein, umgeben von der Geistlichkeit des Sprengels, den Kaiser mit einer Anrede. Dann fand eine Besichtigung der Architektur und Ornamentik des Gotteshauses statt, welchem durch Geschenke von reichen Glasmalereien ein wertvoller Schmuck verliehen ist.« In der französischen Ausgabe der ›Chronik‹ fehlt dieses Kapitel; vgl. Dubos.

703 Gemeint ist das Siegesdenkmal der 3. Armee, das offensichtlich schon 1876 an der Chaussee von Wörth nach Elsasshausen gestanden haben muss: Nach dem Ersten Weltkrieg, als Fröschweiler wieder an Frankreich fiel, wurde es als eines der wenigen deutschen Monumente abgerissen; vgl. Wolf, Erinnerungsraum, S. 178. Wilhelm I. besuchte in Wörth das Gemeindehaus und dann das Siegesdenkmal der 3. Armee, wie das Teltower Kreisblatt v. 30. 9. 1876, S. 316, ausdrücklich erwähnt. Bei Scheib, S. 164, heißt es allerdings dann wohl irrtümlich: »Dasselbe wurde am 7. August 1877 mit Feldgottesdienst und tief ergreifender Predigt in glühender Augustsonne eingeweiht.«

Kräftige Böllerschüsse und majestätisches Glockengeläute verkündigen um halb 10 Uhr das Herannahen des Herrschers und seines glänzenden Gefolges. Eine unbeschreibliche Begeisterung bemächtigt sich plötzlich aller Gemüter … und siehe! da naht, hehr und ruhig, die hohe, ungebrochene Heldengestalt. Ein donnerndes Hoch! ertönt von allen Lippen, und aller Augen sind auf den Landesherrn gerichtet, der zum erstenmal seine wiedergewonnenen Untertanen besucht und von seinem stattlichen Reitpferd hernieder nach allen Seiten hin mildfreundlichst die Grüße erwidert. Da erhebt Graf Dürckheim, tief bewegt, die Stimme und begrüßt den Kaiser im Namen der Gemeinde Fröschweiler.[704] – Der Kaiser erwidert einige huldvolle Worte und wiederum braust ein mächtiges »Hoch!« durch die Lüfte.[705] Der Zug bewegt sich langsam vorwärts nach der Friedenskirche, wo eine unabsehbare Volksmenge versammelt ist. Rüstig, wie ein Jüngling, steigt der greise Held vom Pferde, begleitet von seinem Sohne, dem Liebling des deutschen Volkes, und einer glänzenden Suite von Fürsten und Feldherren, und weilt einige Augenblicke unter der singenden Schuljugend, nimmt herzlich dankend ihre Blumensträußchen entgegen, die er mit dem Kronprinzen teilt, und tritt nun unter die Vorhalle der Kirche, wo ihn der Ortspfarrer Klein mit folgenden Worten begrüßt:

704 Die Rede Graf Dürckheims ist dokumentiert in der Provinzial-Correspondenz Berlin Nr. 40 v. 4. 10. 1876: »Auf dem historischem Boden, wo dreimal die Geschicke des Landes durch die Waffen entschieden wurden, begrüßt heute im Namen der hier versammelten Gemeinde Fröschweiler ehrfurchtsvoll Eure Kaiserliche Majestät als ihren erlauchten rechtmäßigen Landesherrn, ein Enkel des letzten deutschen Soldaten, der hier vor 200 Jahren Leib und Gut opferwillig, doch verzweifelnd für ein deutsches Elsaß dahingegeben – Die Geschichte bringt früher oder später ihre hohen Vergeltungen, weil sie ja stets von einer gerechten Vorsehung geleitet wird. So mußte es denn kommen, daß auf dem selben Boden, wo die Väter von dem sterbenden Reiche verlassen, einer fremden Macht unterlagen, das neue, durch glorreiche Führung des heldenmüthigen deutschen Volkes in Jugendkraft erstandene Reich die Enkel wiedergewonnen hat. – Daß die Enkel nimmermehr verlassen werden, das verbürgt uns heute die huldvolle Gegenwart Eurer Majestät, in deren hohen edlen Erscheinung uns sich die unerschütterliche stramme Treue der Hohenzollern und des ganzen deutschen Stammes so mächtig und doch so versöhnend darstellt.«

705 Auch die etwas dürren und bürokratischen Worte des Kaisers sind dokumentiert: »Ich danke herzlich der guten Gemeinde Fröschweiler und ihrem treuen Organ für die so freundliche Ansprache. Ich hoffe, daß das liebe Elsaß recht bald sich unter meiner Regierung in treuer Sorge verwaltet, mit den neuen Verhältnissen befreunden und ein treues, glückliches Glied des deutschen Volksverbandes sein wird«; Provinzial-Correspondenz Berlin Nr. 40 v. 4. 10. 1876.

»Allerdurchlauchtigster, großmächtigster Kaiser!
Allergnädigster Herr!

Mit tiefer Ehrfurcht und inniger Freude heißen wir Ew. Majestät willkommen am Eingang dieser Kirche, die [264] sich als ein Denkmal der Liebe des Deutschen Reiches und seiner erhabenen Fürsten, insbesondere Ew. Kais. Majestät und Sr. Kais. Hoheit des Kronprinzen zu unserm Lande auf diesem schlachtgeweihten Boden erhebt.

Begeistert sind von allen Seiten unsere Landbewohner herbeigeeilt, um in Ew. Majestät den Fürsten zu begrüßen, in dem sie als Christen, im Gehorsam unter Gottes wunderbare Fügungen, ihr rechtmäßiges Oberhaupt erkennen; den Fürsten, der, stark im Krieg und mild im Sieg, das Wohl aller seiner Untertanen auf väterlichem Herzen trägt; den Fürsten, der unbeirrt durch die widerchristlichen Strömungen dieser Zeit, ungeblendet von der Macht und Ehre dieser Welt, es sich nicht nehmen läßt, mit jenem heiligen Kriegshelden alter Zeit, stolz und demütig zugleich, zu bekennen: ›Ich und Mein Haus, wir wollen dem Herrn dienen‹.[706]

Ew. Majestät wolle huldvollst den Dank dieser Gemeinde entgegennehmen für die eifrige Fürsorge, mit welcher Sie hier und allerorten bemüht gewesen sind, die Wunden des Krieges zu heilen, und Ihr schirmendes Zepter auch ferner hoch halten, nicht bloß über diesem Gotteshaus, sondern über unserer ganzen evangelischen Landeskirche, die immer noch auf dem Grunde ihres guten Bekenntnisses steht und die in Ew. Majestät ihren obersten Schutzherrn auf Erden hat, daß diese Kirche ungestört bleibe in dem Erbe der Väter, im lauteren evangelischen Christenglauben, und also imstande sei, die Bevölkerungen, die sie umschließt, zu wahrer Gottes- und Menschenliebe und zu todesmutiger Treue gegen Fürst und Vaterland zu erziehen.

Der *Herr*, der bisher geholfen, segne Ew. Majestät und deren ganzes Haus. Er behüte Sie; der *Herr* lasse [265] leuchten Sein Angesicht über Sie und sei Ihnen gnädig; der *Herr* erhebe Sein Angesicht auf Sie und gebe Ihnen Seinen Frieden – Amen![707]«[708]

---

706 ›Ich und Mein Haus, wir wollen dem Herrn dienen‹. Wörtliches Zitat aus Jos 24.15.

707 ›Der *Herr* erhebe Sein Angesicht auf Sie und gebe Ihnen Seinen Frieden – Amen!‹ Aaronitischer Segen nach Num 6.22–26.

708 Gekürzte Version der Rede in Provinzial-Correspondenz Berlin Nr. 40 v. 4. 10. 1876.

Und »*Amen!*« wiederholen mit lauter Stimme nicht nur die anwesenden Geistlichen, sondern auch der Kronprinz und alle unter dem Portal versammelten hohen Gäste.

Der Kaiser hat, sichtlich bewegt, die Worte des Pfarrers aufgenommen, und seine Erwiderung sowie der warme Händedruck, mit dem er dem Pfarrer dankt, lassen dies deutlich erkennen. Er spricht: »Diese Kirche hat als Friedenskirche auf historischem Boden den Beruf, die Wunden des Krieges auch ferner noch zu heilen, und es ist Sache der Geistlichen, ihre Wirksamkeit nicht bloß am ganzen, sondern auch am einzelnen zu betätigen. Sie haben den Standpunkt berührt, auf dem ich auch stehe, und wer auf demselben mit mir steht, mit dem ist Gott!«[709] – Hierauf schreitet der hohe Herr, erhobenen Hauptes, von Pfarrer Klein und dem hohen Gefolge begleitet, zur Kirche hinein, dem Altar entgegen. Augenscheinlich erstaunt, drückt er mehrmals über die Schönheit und künstlerische Ausstattung derselben seine hohe Befriedigung aus; ebenso der Kronprinz und die sämtlichen anwesenden Herrschaften.

In der Sakristei, in der das wohlgetroffene Bild des Ehrenprotektors[710] angebracht ist, weilt Seine Majestät längere Zeit. Besonderes Wohlgefallen hat er an dem von Freiherrn v. Löffelholz aus Ansbach[711] sinnig und kunstvoll angelegten, mit einer Kriegschronik von Pfarrer Klein verbundenen »Helden- und Totenbuch«, worin die Bildnisse des Kaisers, des Kronprinzen und der bei Wörth beteiligten Korpskommandeurs, die Namen aller am 6. August 1870 [266] gefallenen deutschen Krieger, sowie die Leidensgeschichte des Ortes Fröschweiler vor, während und nach der Schlacht niedergelegt sind.[712] (Abb. 55) Dem gerade anwesenden

709 Leicht abweichende Version der Erwiderung des Kaisers in Provinzial-Correspondenz Berlin Nr. 40 v. 4. 10. 1876.

710 Wiedergabe des Bildes in Horning 1900, S. 45.

711 Wilhelm Christian Eberhard Friedrich Löffelholz von Kolberg (1809–1891). Löffelholz war Archivar und Heraldiker im 50 km von Ansbach entfernten Maihingen; vgl. Schönniger, S. 14.

712 Das im Stil mittelalterlicher Codices gestaltete Helden- und Totenbuch existiert noch. Es enthält eine ›Urschrift‹ der ›Fröschweiler Chronik‹ Karl Kleins, die bis 1876 abgeschlossen gewesen sein muss. Genaue Beschreibung des Buchs bei Schönniger, S. 13 f. Vgl. auch Dittrich, S. 20, der seine Schilderung des Helden- und Totenbuches 1895 beinah wörtlich bei Klein abgeschrieben hat. Abbildung der Sakristei mit dem Helden- und Totenbuch in Horning 1900, S. 46.

Abb. 55

Künstler wird ebenfalls von Seiner Majestät ein freundliches Wort der Anerkennung zuteil.

Auf die Bitte des Ortspfarrers Klein geruhten der hohe Herr und mit ihm der Kronprinz und das ganze Gefolge ihre Namen in das Fremdenbuch[713] einzutragen. – Nun fährt der Kaiser durchs Dorf nach der katholischen Kirche, wird dort vom Klerus empfangen und kehrt, von Graf Dürckheim begleitet, zu Fuß durch die freudig erregte Menge zurück. Es ist ein allen Herzen wohltuendes Schauspiel, das wir manchen nicht Anwesenden gerne zu betrachten und zu beherzigen geben möchten, wie der siegreiche Herrscher so frei, so liebreich und herzgewinnend da mit den Leuten verkehrt, bald dem, bald jenem ein freundliches Wort zuspricht, als wäre er schon längst ihr bekannter und huldvoller Landesvater, und wie andererseits das Volk diesen Beweisen vertrauensvoller Güte das richtige Verständnis durch seine ganze Haltung entgegenbringt, so daß jedem, der den Fürsten und die Bevölkerung kennt, die große Tragweite dieses ersten Besuches in die Augen springt. Nach einem halbstündigen Aufenthalt im Schloß, wo er die vom Grafen Dürckheim und seiner Gemahlin den höchsten Herrschaften dargebotene Erfrischung

713 Abbildung des Eintrags des Kaisers und seines Sohnes in Horning 1900, S. 47.

mit freundlichem Dank entgegennimmt, besteigt er mit dem Kronprinzen den Wagen und fährt, begleitet von lebhaften Zurufen, von Fröschweiler ab.

Es ist ein schöner Tag, und gewiß sprechen Kaiser und Volk beim Scheiden in ihrem Herzen:

»Auf Wiedersehen!«[714] [267]

714 Deutlich empathischer und persönlicher als Karl Klein schildert seine Schwester den Besuch. Bei ihr haben Kaiser und Kronprinz großen Eindruck hinterlassen: »Nach dem Besuch des Kaisers waren die Gemüter befriedigt, die Herzen zum guten Teil gewonnen; man kam zu dem Schluß: ›So wie es ist, soll es bleiben. Wir sind deutsch und bleiben deutsch‹«; Klein, Ergänzungsblätter, S. 81.

Schlußwort.

Hiermit lebe wohl, lieber Leser; unsere Kriegs- und Friedensbilder sind zu Ende. Welchen Eindruck sie dir gemacht haben und welches Urteil du über sie fällen magst, das stellen wir Gott und deinem Herzen anheim. Wir wollten dir durch diese Schilderungen zeigen, welche Drangsale der Krieg in seinem Gefolge hat. Denke daran und hilf abwenden die schweren Gerichte Gottes, denn jeder einzelne hat die Verantwortung für seines Volkes Wohlergehen und seines Vaterlandes Schicksal.

Der Erzähler hätte noch gar vieles zu sagen über Land und Leute, wie es seit sechs Jahren im Elsaß gegangen, wie es geht und gehen muß; wie es in Städten und Dörfern, in Kirche und Schule, im Familien- und Volksleben aussieht; welche Fort- und Rückschritte, Verbesserungen und Verböserungen allenthalben geschehen sind. Ach! eine ganze Menge von Fragen und Antworten liegen einem auf der Seele! Aber der Winter ist vor der Tür – es wird kalt und kälter. – Kommt Zeit, kommt Rat. – Wenn die Tage wieder länger und die Eiszapfen kürzer werden, wollen wir vielleicht einmal wieder einen Rundgang machen und sehen, wie viel Uhr es in den Reichslanden geschlagen hat.

(Abb. 56)

Abb. 56

Literatur und Quellen

Forschungsliteratur

Arand, Tobias: Ein zunehmend vergessener Krieg – Die Entwicklung der Erinnerung an den Deutsch-Französischen Krieg 1870/71, in: ›Der großartigste Krieg, der je geführt worden.‹ – Beiträge zur Geschichtskultur des Deutsch-Französischen Kriegs 1870/71, hrsg. v. T. Arand. Münster 2008. S. 9–36

Ders.: Gestorben für ›Vaterland‹ und ›Patrie‹ – die toten Krieger aus dem Feldzug von 1870/71 auf dem ›Alten Friedhof‹ in Ludwigsburg. Ludwigsburg 2012

Ders.: 1870/71. Die Geschichte des Deutsch-Französischen Krieges erzählt in Einzelschicksalen. Hamburg 2018

Ders.: »[…] dazu find ich keine Worte« – Der Blick auf den Krieg von 1870/71 in Erinnerungsbüchern deutscher Veteranen, in: Mährle, S. 85–98

Arand, Tobias/Bunnenberg, Christian: »Schlacht bei Wörth« oder »Bataille de Reichshoffen«? Die Erinnerung an den 6. August 1870 zwischen lokaler Denkmallandschaft und nationalen Deutungen, in: Kulturgeschichte der Schlacht, hrsg. v. M. Füssel und M. Sikora. Paderborn 2014, S. 183–204

Bauer, Gerhard/Protte, Katja/Wagner, Armin (Hrsg.): Ausst.-Kat. Dresden ›Krieg, Macht, Nation. Wie das deutsche Kaiserreich entstand‹. Dresden 2020

Becker, Frank: Bilder von Krieg und Nation. Die Einigungskriege in der bürgerlichen Öffentlichkeit Deutschlands 1864–1913. München 2001

Ders.: Kriegserfahrung in der Ära der Einigungskriege aus systemtheoretischer Perspektive, in: Die Erfahrung des Krieges. Erfahrungsgeschichtliche Perspektiven von der Französischen Revolution bis zum Zweiten Weltkrieg, hrsg. v. H. Carl u. a. Paderborn 2004. S. 147–173

Bendikowski, Tillmann: 1870/71. Der Mythos von der deutschen Einheit. München 2020

Bezzel, Ernst: Stählin, Adolf von, in: Rieser Biographien, hrsg. v. Albert Schlagbauer u. a. Nördlingen 1993. S. 384–385

Bohrer, Karl Heinz: Kein Wille zur Macht. München 2020

Braun, Oscar: Klein, Karl, in: Rieser Biographien, hrsg. v. Albert Schlagbaum u. a. Nördlingen 1993. S. 202

Bremm, Klaus-Jürgen: 1866. Bismarcks Krieg gegen die Habsburger. Darmstadt 2016

Ders.: 70/71. Preußens Triumph über Frankreich und die Folgen. Darmstadt 2020

Bruhn, Wolfgang/Tilk, Max: Kostümgeschichte in Bildern. Eine Übersicht der Kostüme aller Zeiten und Völker vom Altertum bis zur Neuzeit einschließlich der Volkstrachten Europas und der Trachten der außereuropäischen Länder. Wiesbaden o. J.

Buk-Swienty, Tom: Schlachtbank Düppel. 18. April 1864. Geschichte einer Schlacht. Hamburg 2011

Bunnenberg, Christian: Die ›Fröschweiler Chronik‹ – Die Schlacht von Wörth in den Erinnerungen des Pastors Karl Klein, in: Arand/Bunnenberg, S. 189–230

Ders.: Die »Fröschweiler Chronik« des elsässischen Pfarrers Karl Klein (1838–1898) – ein »Anti-Kriegsbuch« des Deutschen Kaiserreiches?, in: Erziehung zum Krieg? Erziehung zum Frieden? Friedenspädagogik im 20. Jahrhundert, hrsg. v. T. Kössler und A. Schwitanski. Essen 2014. S. 91–105

Buschmann, Nikolaus: »Moderne Versimpelung« des Krieges. Kriegsberichterstattung und öffentliche Kriegsdeutung an der Schwelle zum Zeitalter der Massenkommunikation (1850–1870), in: Die Erfahrung des Krieges. Erfahrungsgeschichtliche Perspektiven von der Französischen Revolution bis zum Zweiten Weltkrieg, hrsg. v. N. Buschmann u. a. Paderborn 2004. S. 97–124

Daniel, Ute: Bücher vom Kriegsschauplatz. Kriegsberichterstattung als Genre des 19. und frühen 20. Jahrhunderts, in: Geschichte für Leser. Populäre Geschichtsschreibung in Deutschland im 20. Jahrhundert, hrsg. v. W. Hardtwig u. a. Stuttgart 2005. S. 93–121

Delpérier, Louis/Mirouze, Laurent/Pommier, Christophe: Der Deutsch-Französische Krieg 1870/71. Uniformierung und Ausrüstung der deutschen und der französischen Armeen. Wien 2020

Epkenhans, Michael: Der Deutsch-Französische Krieg 1870/71. Ditzingen 2020

Fesser, Gerd: 1866. Königgrätz-Sadowa. Bismarcks Sieg über Österreich. Berlin 1994

Gieske, Uwe A.: Die unheilige Trias: Nation, Staat, Militär. Baptisten und andere Christen im Hitlerismus. Berlin 1999

Graf, Andreas: Familien- und Unterhaltungszeitschriften, in: Geschichte des deutschen Buchhandels im 19. und 20. Jahrhundert. Bd. 1. Das Kaiserreich 1871–1918, Teil 2, hrsg. v. G. Jäger Frankfurt a. M. 2003. S. 409–522

Haehling von Lanzenauer, Reiner: Der Zeppelinreiter Herbert Winsloe, in: Badische Heimat (2001). Sonderdruck. S. 478–488

Kettlitz, Eberhardt: Afrikanische Soldaten aus deutscher Sicht seit 1871. Stereotype, Vorurteile, Feindbilder und Rassismus. Frankfurt a. M. 2006

König, Mareike; Julien, Élise: Verfeindung und Verflechtung. Deutsch-Französische Geschichte. 1870–1918. Darmstadt 2021

Kühner, Julia: Das Elsass und seine Geschichte von 1870 bis zur Gegenwart, in: Arand/Bunnenberg, S. 71–90

Lachauer, Winfried: ›Die Bataille von Fröschweiler‹, in: ›Die Zeit‹ vom 4. 8. 1995, Nr. 32, S. 9–12

Ladurner, Ulrich: Solferino. Kleine Geschichte eines großen Schauplatzes. St. Pölten 2009

Loch, Thorsten/Zacharias, Lars: Königgrätz 1866. Zwischen politischem Konstrukt und militärischer Entscheidung, in: Bauer/Protte/Wagner: S. 130–139

Mährle, Wolfgang (Hrsg.): Ausst.-Kat. Stuttgart ›Nation im Siegesrausch. Württemberg und die Gründung des Deutschen Reichs 1870/71‹. Stuttgart 2020

Ders.: Das württembergische Heer im Deutsch-Französischen Krieg 1870/71, in: Mährle, S. 45–64

Mehrkens, Heidi: Statuswechsel. Kriegserfahrung und nationale Wahrnehmung im Deutsch-Französischen Krieg 1870/71. Essen 2008

MITTLER, MAX: Der Weg zum Ersten Weltkrieg: Wie neutral war die Schweiz? Kleinstaat und europäischer Imperialismus. Zürich 2003

NISSEN, MARTIN: Populäre Geschichtsschreibung. Historiker, Verleger und die deutsche Öffentlichkeit (1848–1900). Köln 2009

OPPERMANN, JOCHEN: Der Deutsch-Französische Krieg. Wiesbaden 2020

PFÄNDTNER, KARL-GEORG: Ernst Zimmer (1864–1924), in: Unser Jahrhundert. Kunst in den Sammlungen der Stadt Bamberg. Bamberg 1998. S. 151

RAK, CHRISTIAN: Krieg, Nation und Konfession. Die Erfahrung des deutsch-französischen Krieges von 1870/71. Paderborn 2004

RIEDER, HEINZ: Napoleon III. Abenteurer und Imperator. München 1998

RIES, HANS: Illustration und Illustratoren des Kinder- und Jugendbuchs im deutschsprachigen Raum 1871–1914. Das Bildangebot der Wilhelminischen Zeit. Geschichte und Ästhetik der Original- und Drucktechniken. Münster, Osnabrück 1992

SCHIVELBUSCH, WOLFGANG: Die Kultur der Niederlage. Der amerikanische Süden 1865, Frankreich 1871, Deutschland 1918. Darmstadt 2001

SCHUBERT, MICHAEL: Die Leinwandhelden, in: Fränkischer Sonntag. Beilage für Fränkischer Tag v. 10./11. 5. 2004. S. 1

STEIN, MARKUS/BAUER, GERHARD: Der Deutsch-Französische Krieg 1870/71. Uniformierung und Ausrüstung der deutschen Armeen. Wien 2020

STREICHER, JEAN-CLAUDE: Sur les victimes civiles des batailles de Wissembourg-Geisberg et Woerth-Froeschwiller de 4 et 6 août 1870. o. O. 2020 (unveröffentlichtes Manuskript)

THIEME, ULRICH/BECKER, FELIX: Allgemeines Lexikon der Bildenden Künstler von der Antike bis zur Gegenwart. Bd. 36. Leipzig 1999

WAHRIG, GERHARD: Deutsches Wörterbuch. Jubiläumsausgabe. Gütersloh 1986

WOLF, PHILIP: Die Geschichtskultur des Krieges – Der Erinnerungsraum Wörth im deutschen Kaiserreich, in: Arand/Bunnenberg, S. 131–188

Ältere Literatur

BARTH, DIETER: Das »Daheim« und sein Verleger August Klasing. Eine kultur- und zeitgeschichtliche Untersuchung über ein deutsches Familienblatt des XIX. Jahrhunderts, in: N. N.: 66. Jahresbericht des Historischen Vereins für die Grafschaft Ravensburg. Jg. 1968/1969. Bielefeld 1970. S. 95

BAUMANN, KURT/STROH, PAUL (HRSG.): 1870. Diesseits und jenseits der Grenze. Otterbach-Kaiserslautern 1976

BOPP, MARIE-JOSEPH: Die Evangelischen Gemeinden und Hohen Schulen in Elsass und Lothringen von der Reformation bis zur Gegenwart. Neustadt a. d. Aisch 1963

BRONNER, FRITZ: 1870/71 Elsass-Lothringen. Zeitgenössische Stimmen für und wider die Eingliederung in das Deutsche Reich. 2. Halbband. Frankfurt a. M. 1970

C. H. BECK VERLAGSBUCHHANDLUNG (HRSG.): Der Aquädukt 1963. München 1963

Koselleck, Reinhart: »Erfahrungsraum« und »Erfahrungshorizont« – zwei historische Kategorien, in: Vergangene Zukunft, hrsg. v. R. Koselleck. Frankfurt a. M. 1979. S. 349–375

Meier-Welcker, Hans: Der Kampf der Republik, in: Entscheidung 1870. Der deutsch-französische Krieg, hrsg. v. W. von Groote u. a. Stuttgart 1970. S. 105–164

Schick, Ingrid/Halem, Wilhelm von (Red.): Bilderlexikon der Uniformen. Von 1700 bis zur Gegenwart. München 1978

Schmolze, Gerhard: Nördlinger Dekan Augenzeuge der Schlacht von Wöhrd [sic!]. Die »Fröschweiler Erinnerung«, Bestseller des Verlages C. H. Beck – Jahrhunderterinnerung zum 6. August, in: Rieser Nachrichten vom 6. 8. 1970. S. 14

Spengler, Karl: Zwischen Versailles und Ismaning. Bayerische Lebensbilder. München 1974

Zipperer, Gustav Adolf: Erlebtes und Erdachtes. Eine Auswahl alten und neuen Schrifttums aus Nördlingen und dem Ries. Oettingen I. Bay. 1962

Archivquellen

Archives départemental du Bas Rhin (ABR)

Froeschwiller Recensement 1866, 7 M 376

Froeschwiller Recensement 1880, 294 D/A 146

Froeschwiller Etat Civil Registre de décès 1870, 4 E 146/9

Froeschwiller Etat Civil Registre de décès 1874, 4 E 146/12

Froeschwiller Etat Civil Tables décennales 1843–1852, 4 E 146/10

Froeschwiller Etat Civil Tables décennales 1863–1872, 4 E 550/19

Gunstett Recensement 1866, 7 M 406

Gunstett Etat Civil Registre de décès 1870, 4 E 177/12

Gunstett Etat Civil Registre de décès 1870, 4 E 177/12

Ingwiller Recensement 1866, 7 M 454

Langensoultzbach Recensement 1866, 7 M 491

Nehwiller-pres-Woerth Recensement 1866, 7 M 548

Nehwiller-pres-Woerth Etat Civil Registre de décès 1870, E 317/11

Oberdorf-Spachbach Etat civil Registre de décès 1870, 4 E 341/8

Oberdorf-Spachbach Recensement de 1866, 7 M 573

Soultz-sous-Fôrets, Recensement de 1866, 7 M 708

Wissembourg – Recensement de 1880, 294 D/A 544

Woerth Etat civil Registre de décès 1870, 4 E 550/17

Woerth, Recensement de 1866, 7 M 811

Woerth, Recensement de 1880 – 294 D/A 550

Bezirkskrankenhaus Kaufbeuren, Fachklinik für Psychiatrie, Psychotherapie, Psychosomatik und Neurologie

Krankenblatt Karl Klein

Bundesarchiv Berlin (BArch)

NSDAP-Mitgliederkarte

Evangelischen Zentralarchiv Berlin (EZA)

Gustav-Adolf-Verein/Unterstützung Kirchenbau Fröschweiler, EZA 2001/2970

Hauptstaatsarchiv Stuttgart (HstAS)

Personalakte Dr. August Schöner, M 430-1 Bü 2463

Klinikum Christophsbad, Göppingen

Krankenblatt Karl Klein

Landeskirchliches Archiv der Evangelisch-Lutherischen Kirche in Bayern (LAELKBayern)

Bestand Oberkonsistorium München (OKM)

Nr. 4683, 4684, 7356; Bestand PA Theol.: Nr. 2740/2

Bestand Bayerisches Dekanat (BD) Nördlingen: Nr. 572, 574

Müller, Eduard: Gebundene Briefsammlung und Feldtagebuch 1870/71, Privatbesitz

Museen der Stadt Bamberg (MSB)

Künstlerischer Nachlaß Ernst Zimmer Inv.-Nr. Gr 462-1 ff.

3 Fotografien, Akte Ernst Zimmer

Brief Stadtarchivar Bamberg Winfried Theuerer an Dr. Regine Hanemann, MSB, v. 4. 4. 2002, Akte Ernst Zimmer

Porträt Hindenburg Inv.-Nr. 297 D

Stadtarchiv Bamberg (StAB)

Bestand Ernst Zimmer BS 483-I und II

Stadtarchiv Nördlingen (StAN)

Nachlass Oscar Braun Entwurf, Ein Blatt zur Erinnerung an Dekan Karl Klein – dem Verfasser der ›Fröschweiler Chronik‹ anläßlich seines 150. Geburtstages (1988)

Gedruckte Quellen

(Bekannte Texte der Weltliteratur, auf die sich Karl Klein bezieht oder die er zitiert, z.B. von Friedrich Schiller, werden nicht eigens mit Textausgaben belegt.)

Adressbuch der Haupt- und Residenzstadt Darmstadt. Darmstadt 1874

Adreß-Buch für die Provinzial-Hauptstadt Danzig und deren Vorstädte. Langfuhr 1884

Adreßbuch von Nürnberg für das Jahr 1876. Nürnberg 1876

Allgemeine Moden-Zeitung, Nr. 10 v. 4. 3. 1900, S. 154

Allgemeiner Wohnungs-Anzeiger nebst Adreß- und Geschäftshandbuch für Berlin, dessen Umgebungen und Charlottenburg. Ausgabe 1870. Berlin 1870

Allgemeiner Wohnungs-Anzeiger für die königliche Residenzstadt Potsdam und Umgebung auf das Jahr 1877. Potsdam 1877

Bardtenschlager, Robert: Der Kürassier von Wörth. Geschichte eines elsässischen Soldaten aus dem Kriege von 1870–71. Reutlingen 1873

Bastian, Friedrich: Handbüchlein des elsässischen Bienenzüchters. Weißenburg 1874

Berliner Adreßbuch für das Jahr 1888. Bd. I. Berlin 1888

Berliner Adreßbuch für das Jahr 1889. Bd. II. Berlin 1889

Berliner Börsen-Zeitung Nr. 450 v. 27. 9. 1876 und Nr. 454 v. 29. 9. 1876

Bleibtreu, Carl: Wörth. Stuttgart 1900

Brockhaus' Konversations-Lexikon, Bd. 16. Mannheim [14]1895

Brümmer, Franz: Lexikon der deutschen Dichter und Prosaisten vom Beginn des 19. Jahrhunderts bis zur Gegenwart. Leipzig [6]1913. S. 5–6

Diehl, Johannes: Meine Kriegs-Erlebnisse von 1870/71. Minden I. W. 1904

Die Grenzboten, Zeitschrift für Politik, Litteratur [sic!] und Kunst, 51/1892. S. 190

Dietrich, Albert Frédéric Guillaume de: Recit de événements d'août 1870, abrufbar unter: http://www.netcomete.com/GuillaumeFredereicdeDietrich_articleJean_Salesse.pdf, (zuletzt eingesehen am 20. 6. 2020)

Dittrich, Max: Deutsche Heldengräber im Reichslande. Wanderstudien über die Schlachtfelder von 1870 in Elsaß-Lothringen. Dresden 1895

Dorsch, Paul: Elsäßische Wanderfahrten. Wörther und andere Erinnerungen. Stuttgart 1903

Ders.: Noch ein Schwabenbuch. Württembergs Söhne in Frankreich 1870/71. Calw, Stuttgart 1911

Dubos, Jean-Claude (Hrsg.): C. Klein. La Chronique de Frœschwiller. Scènes vécues. Pont-à-Mousson 1987

Engel, Ernst: Die Verluste der deutschen Armeen an Offizieren und Mannschaften im Kriege gegen Frankreich 1870 und 1871. Berlin 1872

Engels, Friedrich: Der Deutsch-Französische Krieg 1870/71. Sechzig Artikel aus der ›Pall Mall Gazette‹. Berlin (Ost) 1957

Fischbach, Gustave: Le Siège et le Bombardement de Strasbourg. Paris 1871

Fontane, Theodor: Der deutsche Krieg von 1866, Bd. I–II. Berlin 1870

Fontane, Theodor: Der Krieg gegen Frankreich. Bd. 1–4. Berlin 1871

Fränkel, Ludwig: Klein, Carl, in: Biographisches Jahrbuch und deutscher Nekrolog III. Band. hrsg. v. Anton Bettelheim. Berlin 1900. S. 262–263

Ders.: Klein, Karl, in: Allgemeine Deutsche Biographie (ADB) 51 (1906). S. 183–189

Gothaisches Genealogisches Taschenbuch der Gräflichen Häuser. Bände 1870–1879. Gotha 1870– 1879

Gothaisches Genealogisches Taschenbuch der Freiherrlichen Häuser. Bände 1874 und 1875. Gotha 1875

Großer Generalstab, Kriegsgeschichtliche Abteilung (Hrsg.): Der Deutsch-Französische Krieg 1870–71. Bd 1.1. Geschichte des Krieges bis zum Sturz des

Kaiserreichs. Vom Beginn der Feindseligkeiten bis zur Schlacht von Gravelotte. Berlin 1874

Gümbel, Theodor: Erinnerungen eines freiwilligen Krankenpflegers vom Kriegsschauplatz 1870. Nebst zwei Beigaben von anderen Verfassern: Fahrten eines Nichtkombattanten auf dem Kriegsschauplatz in den Augusttagen 1870. Herausgegeben von J. Zeitz. Aus den Tagen der Schlacht von Wörth am 6. August 1870. Ungedruckte Skizzen vom Verfasser der »Fröschweiler Chronik«. München 1890

Guggenbühl, Gottfried (Hrsg.): Quellen zur Allgemeinen Geschichte der Neuesten Zeit für höhere Schulen. 2., erw. Aufl. Zürich 1939

Hackenschmidt, D. Karl: Dekan Klein, der Verfasser der Fröschweiler Chronik, in: Daheim. Ein deutsches Familienblatt mit Illustrationen. Nr. 43/1898. S. 687–688

Ders.: Vor vierzig Jahren. Kriegserlebnisse. I. Jägerthal und Fröschweiler. II. Straßburg, 27.–29. September. (= Elsässische Schriftenreihe Heft 73). Straßburg 1910

Ders.: Dekan Karl Klein, in: Daheim. Jahreskalender 1900. S. 251–252

Harth, Fr.: Zum Tode Ernst Zimmers, in: Bamberger Tagblatt v. 17. 7. 1924. o. S.

Haussleiter, Johannes: Zur Erinnerung an Pfarrer und Dekan Klein, in: Klein 1912, S. VIII–XII

Hérisson, Maurice Graf d': Tagebuch eines Ordonnanz-Offiziers. 1. Juli 1870–Februar 1871. Augsburg, Leipzig 1885

Hammon, Georg: Einiges aus dem Tagebuche eines Feldgeistlichen im Kriege 1870/71. Kempten 1887

Horning, Friedrich Theodor: Grundsteinlegungs-Feier der evangelisch-lutherischen Friedens-Kirche zu Froeschweiler (bei Woerth im Unter-Elsass) am 6. August 1872. Hagenau 1872

Ders.: Das Schlachtfeld bei Wörth im Elsaß in Bildern. Mit 38 Illustrationen und einer Karte. o. O. (um 1895)

Ders.: Führer über das Wörther-Schlachtfeld. o. O. o. J. (um 1900)

Ders.: Geschichte der evangelisch-lutherischen Gemeinden des Konsistoriums Wörth an der Sauer. (Unter-Elsaß). Wörth a. d. S. 1909

Klein, Carl: La chronique de Froeschwiller. Neuchâtel 1911

Klein, Karl: Lichtblicke aus den Tagen von Wörth (2), in: Stuttgarter evangelisches Sonntagsblatt, 1872, Nr. 3, S. 19–20

Ders.: Lichtblicke aus den Tagen von Wörth (3), in: Stuttgarter evangelisches Sonntagsblatt, 1872, Nr. 9, S. 68–69

Ders.: Lichtblicke aus den Tagen von Wörth (4), in: Stuttgarter evangelisches Sonntagsblatt, 1872, Nr. 14, S. 103–104

Ders.: Fröschweiler Chronik. Kriegs- und Friedensbilder aus dem Jahre 1870. Illustrierte Prachtausgabe. München 1897

Ders.: Fröschweiler Chronik. Kriegs- und Friedensbilder aus dem Jahre 1870. München [30]1912

Ders.: Fröschweiler Chronik. Kriegs- und Friedensbilder aus dem Jahre 1870. Ansbach 1931

Ders.: Vor dreissig Jahren. Eine alte Geschichte für unsere neue Zeit, unserm Volk zu Nutz erzählt. Nördlingen 1880

Klein, Katharina: Fröschweiler Erinnerungen. Ergänzungsblätter zur ›Fröschweiler Chronik‹. München 1914

Klein, Tim: Geleitwort, in: Klein 1931, S. V–IX

Kühnhauser, Florian: Kriegs-Erinnerungen eines Soldaten des königlich-bayerischen Infanterie Leib-Regiments. Partenkirchen 1898 (Nachdruck Traunstein 2002)

Kürschner, Joseph (Hrsg.): Der große Krieg 1870–71 in Zeitberichten. Nach Paul von Elpons ›Tagebuch des deutsch-französischen Krieges‹ neu herausgegeben von Joseph Kürschner. Leipzig o. J. [1895]

Lang, Heinrich: Aus den Erinnerungen eines Schlachtenbummlers im Feldzuge 1870/71. München 1887

Ludwigsburger Tagblatt, 21. 10. 1870

Mampel, Friedrich: Erlebnisse eines badischen Kriegsfuhrmanns im Feldzuge 1870/71. Karlsruhe 1895

Matthäi, Wilhelm: Ein Gang über das Schlachtfeld von Woerth. Genaue Beschreibung des Schlachtfeldes, der Denkmäler und der wichtigsten Kämpfe, nebst Nachrichten über die bei den Denkmälern ruhenden Gefallenen. Straßburg [o. J., nach 1895]

Meisner, Heinrich Otto (Hrsg.): Kaiser Friedrich III. Das Kriegstagebuch 1870/71. Berlin, Leipzig 1926

Militär-Medizinal-Abtheilung des Königlich Preussischen Kriegsministeriums (Hrsg.): Sanitäts-Bericht über die Deutschen Heere im Kriege gegen Frankreich 1870/71. Berlin 1884 ff.

Neue Mülhauser Zeitung v. 29. 9. 1876, 30. 9. 1876 und 1. 10. 1876

Nielsen, P. S.: Von Brüdern an Brüder! Berlin 1870

N. N.: Notiz zu Todesfall Karl Klein, in: Münchner Neueste Nachrichten, 3. 5. 1898, S. 3

N. N.: Wörth, in: Meyers Konversations-Lexikon. Eine Enzyklopädie. Leipzig [4]1890. S. 751

N. N.: Zur Erinnerung an den k. Dekan und Hauptprediger Karl Klein in Nördlingen, Verfasser der ›Fröschweiler Chronik‹, geb. am 31. Mai 1838 zu Hirschland in Lothringen, gest. am 29. April 1898 zu Kaufbeuren. Nördlingen 1898

N. N.: Pressenotiz zu Wentzel/Runkel, in: Allgemeine Moden-Zeitung, Nr. 10, 4. 3. 1900, S. 154

N. N.: Ein Herold deutschen Waffenruhms, in: Augsburger Abendzeitung v. 12. 6. 1924

N. N.: Ernst Zimmer 60. Geburtstag des Schlachtenmalers Ernst Zimmer, in: Augsburger Abendzeitung v. 12. 6. 1924

N. N.: Ernst Zimmer †, in: Bamberger Tagblatt v. 17. 7. 1924, o. S.

N. N.: Ernst Zimmers Grableite, in: Bamberger Tagblatt v. 19. 7. 1924

N. N.: Zum Gedächtnis eines Bamberger Künstlers. Vor zehn Jahren starb Ernst Zimmer, in: Fränkisches Volk – Bamberger Tagblatt v. 16. 7. 1934, o. S.

N. N.: Ernst Zimmer zum Gedächtnis – Ein leidenschaftlicher Kämpfer für das neue Deutschland, in: Fränkisches Volk – Bamberger Tagblatt v. 16. 7. 1934, o. S.

N. N.: Wörth, in: Der Große Brockhaus. Handbuch des Wissens in zwanzig Bänden. Leipzig 1935, S. 458

Overberg, Bernhard: Christkatholisches Religions-Handbuch um sich und andere zu belehren. Bd. 1. Münster 1833

Pagel, Julius Leopold: Biographisches Lexikon hervorragender Ärzte des neunzehnten Jahrhunderts. Berlin, Wien 1901

Pfleiderer, Edmund: Erlebnisse eines Feldgeistlichen im Kriege 1870/71. München 1890

Pietsch, Ludwig: Von Berlin bis Paris. Kriegsbilder (1870–1871). Berlin 1871

Provinzial-Correspondenz Berlin Nr. 40 v. 4. 10. 1876

Ratzel, Friedrich: Glücksinseln und Träume. Gesammelte Aufsätze aus dem Grenzboten. Berlin 1911

Reichard, Max: Erinnerungen eines evangelischen Feldpredigers im französischen Lager vor Sewastopol 1855–1856. Bielefeld 1867

Sadoul, Louis: Führer durch das Schlachtfeld von Wörth. Metz 1909

Sarazin, Charles: Récits sur la dernière guerre franco-allemande. Paris 1887

Scheib, J. G.: Führer über die Schlachtfelder von Weissenburg und Wörth und zu den Ruinen des Lauter- und Sauerthales. Weissenburg im Elsaß 1895

Schiler, Friedrich: Die Schreckenstage von Wörth im Kriege 1870/71. Rückblicke eines Elsässers auf 22 Jahre. Straßburg 1893

Ders.: Die Schreckenstage von Wörth I. E. im Kriege 1870/71 und das jetzige Schlachtfeld – Rückblicke eines Elsässers. Straßburg 1910

Schirmer, Adolf: 1870 oder Die Heldin von Wörth. Volks-Roman. Berlin 1871

Schönniger, Joseph: Die evangelische Friedenskirche zu Fröschweiler im Elsaß mit ihrer inneren Einrichtung und Ausschmückung. Mittheilungen zur Rechenschafts-Ablage des Nürnberger Hilfs-Comité's. Nürnberg 1877

Servaes, Franz: Vom Kriege, in: Neue Freie Presse (Wien), 31. 5. 1899

Stein, Heinrich Konrad: Lehrbuch der Geschichte. Für Präparandenanstalten und Lehrer- und Lehrerinnenseminare. Band II (Deutsche und brandenburgisch-preußische Geschichte seit 1648; Lehrstoff der 2. Klasse der Präparandenanstalten). Paderborn 1912

Schultze-Klosterfelde, Walter: Weißenburg, Wörth, Sedan, Paris. Heitere und ernste Erinnerungen eines preußischen Offiziers aus dem Feldzuge 1870/71. Leipzig 1889

Staatsanzeiger für Württemberg: Amtliche Verlustlisten der württembergischen Felddivision im Feldzug 1870/71. o. O. (Stuttgart) 1870 und 1871

Sternegg, Johann Khoss von: Schlachtenatlas des XIX. Jahrhunderts. Der deutsch-französische Krieg 1870/71. Leipzig 1886

Tanera, Karl: Ernste und heitere Erinnerungen eines Ordonnanz-Offiziers im Jahre 1870/71. Illustrierte Ausgabe. München 1895

Ders.: Weißenburg, Wörth, Spichern. Nördlingen 1888

Ders.: Nser-ben-Abdallah, der Araberfritz. Erlebnisse eines deutschen Knaben unter den Arabern. Eine romantische Erzählung. München 1896

Ders.: Aus der Prima nach Tientsin. Erzählung aus unsern Tagen. Der reiferen deutschen Jugend gewidmet. Leipzig 1907

Ders.: Raupenhelm und Pickelhaube. Kriegserzählung aus den Jahren 1866 und 1870/71 für die reifere Jugend. Leipzig 1907

Ders.: Wolf der Junker. Kriegsgeschichtliche Erzählung aus der Zeit Ludwigs XIV. Leipzig 1909

Ders.: Rastlos vorwärts! Erlebnisse eines jungen Luftschiffers in Europa und Amerika. Reutlingen o. J. [um 1910]

Ders.: Vom Nordkap zur Sahara. Stuttgart, Berlin, Leipzig 1890

Teltower Kreisblatt v. 27. 9. 1876, vom 30. 9. 1876 und vom 4. 10. 1876

Trautmann-Rosa, Friedrich: Mein Entschwund'nes. Straßburg 1861

Ders.: Bei Gelegenheit des zweiten Ackerbaufestes zu Woerth a. d. Sauer. Straßburg 1868

Verlust-Listen der Königlich Preussischen Armee und der Grossherzoglich Badischen Division aus dem Feldzuge 1870–1871. Berlin 1871

Volkmer, August: Das geschichtliche Interesse Fünfzehnjähriger zur Kriegszeit, in: Vergangenheit und Gegenwart. Zeitschrift für den Erziehungsunterricht und staatsbürgerliche Erziehung in allen Schulgattungen. Heft 1, VIII (1918). S. 116–121

Vossische Zeitung v. 30. 9. 1876

Wentzel, Hans von/Runkel, Ferdinand: Fröschweiler. Volksschauspiel aus dem Kriege 1870/71 in drei Aufzügen. Leipzig 1914

Westram, Ernestine: Kriegserinnerungen aus Fröschweiler. Straßburg o. J. (um 1910)

Winkler, Charles/Gutmann, Karl: Leitfaden zur Erkennung der heimischen Altertümer. Colmar 1894

Wittstock, Oskar: 1870/71 im Erlebnis der Siebenbürger Sachsen, in: Deutsches Archiv für Landes- und Volksforschung. VI. Jahrgang (1942), Heft 1/2. S. 36–47

Wolf, Josef: Erinnerungen an den Krieg von 1866. Gleichzeitig Führer für das Königgrätzer Schlachtfeld. Hradec Králové 1935

Zola, Émile: Nana. Frankfurt a. M. 1994

Abbildungsnachweis

Abb. 37, Bild S. 154, w. o.
Abb. 38, Bild S. 158, w. o.
Abb. 39, Bild S. 164, w. o.
Abb. 40, Bild S. 168, w. o.
Abb. 41, Bild S. 179, w. o.
Abb. 42, Bild S. 183, oben, w. o.
Abb. 43, Bild, S. 206, w. o.
Abb. 44, Bild S. 209, w. o.
Abb. 45, Bild S. 213, w. o.
Abb. 46, Bild S. 223, w. o.
Abb. 47, Bild S. 227, w. o.
Abb. 48, Bild S. 235, w. o.
Abb. 49, Bild S. 239, w. o.
Abb. 50, Bild S. 250, w. o.
Abb. 51, Bild S. 264, w. o.
Abb. 52, Bild S. 266, w. o.
Abb. 53, Bild S. 268, w. o.
Abb. 54, Bild S. 271, w. o.
Abb. 55, Bild S. 275, w. o.
Abb. 56, Bild S. 277 oben, w. o.

Danksagung

Ganz herzlich möchten sich die Herausgeber bei den Menschen bedanken, die durch ihre Hilfe, Ideen, Anregungen und ihren Fleiß einen wesentlichen Anteil daran haben, dass dieses Buch erscheinen konnte.

Hinweise zu sachlichen Einzelfragen, die sich bei einem derart speziellen Thema wie diesem immer ergeben, erhielten wir von Herrn Oberst a. D. Gerhard Bronisch, Stuttgart, Herrn Michael Guggenbuhl, Stadtkonservator in Mulhouse, Frau Pastorin Esther Lenz, Wissembourg, Herrn Dr. Wolfgang Mährle, Hauptstaats- und Landesarchiv Stuttgart, Herrn Bernard Schaller, Bürgermeister von Froeschwiller, Herrn Winfried Theuerer, Stadtarchiv Bamberg sowie Herrn Hubert Walther, Woerth-en-Alsace. Frau Dr. Regina Hanemann, Direktorin der Museen der Stadt Bamberg, danken wir für einen langen und intensiven Tag des Gesprächs über den Maler Ernst Zimmer und die Möglichkeit, den künstlerischen Nachlass zu sondieren.

Wie stets danken wir Frau Jasmin Pfaff, Bibliothek der Pädagogischen Hochschule Ludwigsburg, die sich mittlerweile über keine noch so speziellen Fernleihwünsche mehr wundert und immer alles möglich macht.

Frau Prof. Dr. Gudrun Guttenberger, Professorin für evangelische Theologie der Pädagogischen Hochschule Ludwigsburg, sind wir für eine Kontrolle des Textes im Hinblick auf die biblischen und liturgischen Fallstricke, die Pastor Klein dem Leser/der Leserin mit seinen zahlreichen Bibelzitaten gelegt hat, dankbar. Ohne sie hätten wir sicher manches überlesen oder falsch verstanden.

Herrn Bernd Henninger, Heidelberg, Lektor des Osburg Verlages, danken wir für die wie immer direkte, freundliche und gründliche Art, mit der er unser Manuskript betreut hat. Unserem Verleger Dr. Wolf-Rüdiger Osburg sei zum wiederholten Mal Respekt bezeugt, dass er den Mut zu einem Buch wie diesem hat, das auf den ersten Blick zwar abseitig erscheint, in Wirklichkeit aber auf faszinierende Weise von einer zu Unrecht vergessenen Episode der deutsch-französischen und elsässischen Geschichte berichtet.

Schließlich sind wir froh, dass wir so großartige Mitarbeiter, Mitarbeiterinnen, Studenten und Studentinnen haben, ohne deren Hilfe gar nichts gegangen wäre. Elena Lewers M. Ed./MA und Pauline Hartmann BA, Ruhr-Universität Bochum, waren uns eine große

Hilfe bei der Erfassung und Abschrift der Textvorlagen, Markus Albuschat, Ruhr-Universität Bochum, hatte bei Eis und Kaffee eine für uns sehr arbeitssparende Idee, und Cathérine Pfauth BA, Pädagogische Hochschule Ludwigsburg, sei für unermüdliches Gegenlesen, Fragenstellen und Fehlerfinden gedankt.

Ludwigsburg/Bochum im Februar 2021

Tobias Arand/Christian Bunnenberg

Personenverzeichnis

Alle folgenden Angaben beziehen sich sowohl auf den Fließtext als auch die Fußnoten.